[明] 洪思等 撰
侯真平 婁曾泉 點校

黄道周年譜

附傳記

海峽出版發行集團
THE STRAITS PUBLISHING & DISTRIBUTING GROUP
福建人民出版社

圖書在版編目（CIP）數據

黄道周年譜 /［明］洪思等撰；侯真平，婁曾泉點校.--福州：福建人民出版社，2023.12(2024.11重印)

ISBN 978-7-211-09201-7

Ⅰ.①黄…　Ⅱ.①洪…　②侯…③婁…　Ⅲ.①黄道周（1585—1646）—年譜　Ⅳ.①K827=48

中國國家版本館CIP數據核字(2023)第216645號

黄道周年譜

作　　者：［明］洪思 等 撰　侯真平 婁曾泉 點校
責任編輯：林 頂
責任校對：李雪瑩
美術編輯：白 玫
出版發行：福建人民出版社
電　　話：0591-87533169（發行部）
網　　址：http://www.fjpph.com
電子郵箱：fjpph7221@126.com
地　　址：福建省福州市東水路76號
經　　銷：福建新華發行（集團）有限責任公司
印刷裝訂：福建建本文化産業股份有限公司
地　　址：福州市倉山區建新鎮紅江路6號金山工業集中區浦上工業園C區17#樓二層
電　　話：0755-86083235
開　　本：890毫米×1240毫米　1/32
印　　張：14.875
字　　數：263千字
版　　次：2023年12月第1版
印　　次：2024年11月第2次印刷
書　　號：ISBN 978-7-211-09201-7
定　　價：156.00元

再版説明

本書一九九九年九月福建人民出版社第一版售罄已久。隨着各界加强歷史研究和宣傳推廣，包括對黄道周研究和宣傳的日益延伸，本書再版可以爲之提供一定的幫助。

二〇二二年九月以來，中共漳浦縣委、漳浦縣人民政府決定把傳承和弘揚黄道周文化作爲漳浦文化建設工作的重點之一，這是正確的決定。本書修訂出版，幸蒙在列，於是進行了一些必要的修訂，然後付梓。

本次修訂的内容，主要是汲取一九九五年以來學界的新成果，例如福建省圖書館藏福州沈氏鈔本（明）林涵春《節義文章》中的黄道周傳記《國相黄道周》、（清）鄭亦鄒《黄道周傳》，以及關於黄道周年譜、傳記重要編撰者洪思的生卒年，和黄道周定居漳浦縣城之前的經歷，以及黄子平夫人林氏墓碑上的子孫名字等，黄道周長孫黄玉璘（後改姓張）生平等。

本點校者謹此感謝中共漳浦縣委、漳浦縣人民政府的再版資助、福建人民出版社的出版支持，以及友人們的真誠扶助。對於所有提供幫助者的感謝是應有之義。

點校者　二〇二四年八月二十九日

黄道周畫像

此漳浦黄忠端公待漏圖小像也。弘光乙酉，馬、阮當國，公去位還閩，畫師秣陵曹彥所作。藏海昌蔣氏。道光六年丙戌，餘杭訓導時樞假諸友人，摹勒上石，置洞霄宫三賢祠。祠故祀宋李忠定公、朱文公，蓋公講學大滌山所建，後人以公祔焉，從公志也。蔣翁杰又訪名手塑公像，以配李、朱二公。公之盛德不能忘於人若是，其至乎！八年戊子，閩中録公全集，梁茝鄰藩伯自吴門寄畫像至，因縮摹於卷端。士君子誦公之文，瞻公之容，齊〔一〕遬起敬，咨嗟歎慕於百世之下者，憬然如見端委立朝，不忘恭敬之心，抑其氣象晬乎金和而玉温，則又追思公正襟講道之時，未始不予人以可親也。於乎偉矣！

九年己丑冬十月福州後學陳壽祺謹識

（清陳壽祺編《黄漳浦集》卷首，道光十四年刊本）

【校勘記】

〔一〕「齊」，清陳壽祺編《黄漳浦集》道光十四年刊本原作「齋」，據文義改。

目録

【附録二】年譜按語序跋題識眉批提要

點校前言

本書收入黄道周年譜三種：（一）明洪思《黄子年譜》（不分卷）。（二）明莊起儔《漳浦黄先生年譜》二卷。（三）清鄭亦鄒《黄石齋年譜》（片斷，輯自清金光耀等《先儒黄子年譜集成》）。

同時，收入明清人所撰黄道周傳記十九篇，以及年譜的清人按語、序跋、眉批、題識十二篇，近人提要四篇，作爲附録，以供參考。

對於所收年譜及其序跋、題識、提要，均作必要的校勘，施以新式標點。

黄道周（一五八五——一六四六），明末著名的正直諍臣、抗清英雄、儒學大師、大書法家。字幼玄、幼平等，號石齋、石道人等，明謚忠烈，清謚忠端，明贈文明伯，福建漳浦人。天啟二年（一六二二）進士，改庶吉士，授編修。崇禎時，累官少詹事兼翰林院侍讀學士，剛正不阿，犯顔屢諫，名震天下。弘光時，官至禮部尚書。隆武時，任首輔，自請募師，北上抗清，兵敗江西婺源，不屈而死。一生精力主要用於治學講業，學識淵博，天文地理、經史百家無不隨問闡發。尤精於《易》，是明清兩代最具創見的《易》象數學家之一。著述頗富，有《榕壇問業》《易象正》《黃漳浦集》等百餘種。弟子達三四百人之衆，主要分布在閩浙贛蘇皖一帶，最著名的如方以智、彭士望、張履祥等。工書能畫，尤以書法被視爲明季最具創造性的書家之一，影響甚大，近世書畫大家吳昌碩、沈曾植、潘天壽、來楚生、諸樂三、沙孟海、章祖安等皆直承其風。

黃道周年譜，歷來著録凡六種：（一）明洪思《黃子年譜》（本書簡稱洪譜）。（二）明莊起儔《漳浦黃先生年譜》（本書簡稱莊譜）。（三）清鄭亦鄒《黃石齋年譜》（本書簡稱鄭譜）。（四）清黃玉璘《黃忠烈公年譜》（本書簡稱玉璘譜）。（五）清莊亨陽《黃忠端公年譜》（本書簡稱亨陽譜）。（六）清金光耀等《先儒黃子年譜集成》（本書簡稱金譜）。其中，玉璘譜與亨陽譜，皆不見存世。

洪譜　莊譜

洪思（一六二七——一七〇四），别名浩士、阿士、石秋，私謚文晦，明福建龍溪（今屬漳州市龍海縣）人。父京榜（一六〇二——一六五二），字尊光，崇禎六年（一六三三）已在漳浦北山執業於黃道周，隨後兩年又從學於漳州（「榕壇」等地）並掌門人修業事，參與編校《榕壇問業》。十二年，成舉人。十六年，參加校刊《孝經集傳》等書。十七年十月，護送黃道周北赴弘光朝之召，隨游武夷而歸。黃道周爲撰《洪尊光易洪圖孝經洪圖序》。隆武元年（一六四五），加入黃道周抗清義旅，任中書舍人兼監記推官。同年十二月二十五日，黃道周率中軍在江西婺源壹都明堂里戰敗被俘，京榜得脱，潛回家鄉，着道士服隱居深山，與子洪思共同搜集黃道周遺文。臨終，叮囑洪思繼續完成黃道周遺文搜集整理研究工作。所著尚有《邱園集》等。崇禎十七年，洪思以十八歲之齡，隨父出席黃道周主持的鄴山講問大會，舟中黃道周授以《孝經》，並爲所撰《洪圖贊》《九日詩》作序跋。明亡，隱於華安苦竹山敬身屏，杜門著書，秉承父志及黃道周遺屬蔡玉卿、黃子平之托，繼續四出搜訪黃道周遺文，於康熙四年（一六六五）以前編成《黃子文集》八十八卷、《石齋十二書》百九十六卷，並撰成《黃子傳》《收文序》以及該譜。搜集遺文之多，研究之精，是歷來首屈一指的。另著有《洪圖六經》《洪圖六史》《石秋子敬身録》《石秋子詩集》等。逝世之初，友人鄭亦鄒（鄭譜作者）爲撰《洪石秋子傳》。傳記又見清徐鼒《小腆紀傳》，今人李阿山《象陽洪氏史存》，以及省、府、縣志。

洪思雖然以弱冠問業於黃道周，而且由於不久（不超過四個月）黃道周便北赴弘光朝、隆武朝召用直至就義，所以無緣再追隨左右，但是該譜是在其父子長期搜集整理黃道周遺文，以及其父自崇禎六年（或此前）直至婺源兵敗都隨侍黃道周左右的基礎上完成的，因此該譜所述基本可信。該譜行文多取黃道周遺作的原文，而且《黃漳浦集》保留着許多洪京榜的回憶與洪思的注釋，皆可證明其父子倆對黃道周遺文進行過研究，並且採入該譜。

鑒於洪思《收文序》說「二十年漳上亂如雨」「今黃子以忠孝示天下，而天下尸而祝之將二十年所矣」，而黃道周就義於隆武二年（一六四六），「二十年」後當即康熙四年（一六六五）前後，這便是《收文序》撰成的時間。而《收文序》以及洪思的另一篇作品《黃子傳》，又都說洪譜被收入洪思自己編的《石齋十二書》中，於是可知洪譜早於《收文序》，即撰成於康熙四年以前。

莊起儔，字子鶴，與洪思同鄉。父莊烈，天啟二年（一六二二）成武進士，與同年進士黃道周在京師有所過從。起儔，崇禎十七年（一六四四）與洪思同期執業於黃道周。次年七八月間，加入黃道周抗清義旅，在建陽建議屯守閩北，勸阻出關進擊清軍，不爲所聽，遂以養母辭歸（可見此時其父已不在人世）。行前，與賴繼謹（後從黃道周就義）有過長談。黃道周就義後，參與疏請隆武帝從祀之，並乞路引，欲赴金陵收斂骸骨，未果。這些情況，散見於該譜中的自述。

在莊譜的道光九年（一八二九）黃鳴盛刊本卷首，保留着該譜的《明纂修弟子姓氏》：「漳浦張天維中賁、朱垣伯勤，龍溪莊起儔子鶴、侯世淮晉水、郭萬完聳侯、王經邦豐功、楊天宰玉成、莊六成儕鶴、朱用光元績、李時宗六甫、劉元長仁威、趙興梗楚材、鍾正岳視公、柯宰季容，平和張琠鎮璞。」但是，散見於該譜中的莊起儔自述，可以證明他是作者，所以倘若這份名單不假，則可以説莊起儔至少是執筆人，其餘只是參加校訂或者掛個名而已。這十五人同是黄道周的弟子，其中張天維資輩最高，崇禎時官至澤州、滄州、贛州知府，所以在此領銜；朱垣，名列第二，大約因是黄道周女婿，而且與張天維同是漳浦人的緣故；莊起儔居其三，名列龍溪同窗之首，而實際上他入門最晚，這也可以表明他是執筆人。侯世淮、王經邦、楊天宰、柯宰、張琠，見於《榕壇問業》《黄漳浦集》。

清陳壽祺在校莊譜時，加按語於卷首，强調莊起儔「嘗偕先生出師，至建陽而歸，尤多目見之事」，遂使讀者可能産生關於莊譜比洪譜可信的錯覺。實際上，不但洪思之及門與莊起儔同期，而且其父京榜此前隨侍黄道周已十餘年，又從征迄於兵敗之日；莊起儔雖然隨征至建陽，但是此時義旅尚處於初期的召募集結階段，所以其隨征前後的「目見之事」都遠遜於洪京榜。而且，向來未見莊起儔曾經像洪氏父子那樣大量搜集整理過黄道周著述。所以看來，其文獻之徵，遠在洪氏父子之下。

筆者認爲莊譜是後出的，是爲了訂補洪譜而撰的，因爲：（一）兩譜的行文多有雷同，足見二者之間必有沿襲關係。（二）由於洪思長期大量地搜集整理黃道周遺文，卻沒有資料表明莊起儔曾經如此，因此洪譜先出的可能性更大。（三）大體看來，莊譜詳於洪譜，其中有些重要記述是洪譜失載的，很難想像是洪思故意删去的，只能是出自洪思的疏忽，莊起儔見而補之的，例如莊譜多記了崇禎三年（一六三〇）黃道周主考浙江鄉試時拒絕私謁的情況（事有《黃漳浦集·自明試務疏》可證），表明次年黃道周被劾「非法割榜」實屬冤枉，事關老師名譽，理應爲之昭雪。（四）洪譜撰成之後，莊起儔仍可能在世。這只要看一看倆人的年齡，並聯係上述三項理由，便可同意之：雖然隆武元年莊起儔加入黃道周義旅，表明他已是成年人，而是時洪思十九歲，至康熙四年前後洪譜定稿時，洪思只不過三十九歲，莊起儔即使年紀稍長，也還是可能在世的。

在莊譜的清陳壽祺校本中，多處注有「洪譜略同」四字，然而實際上這兩譜在一些地方往往有些重要差異，如：（一）事關黃道周學術、思想淵源方面的有兩例：一例是萬曆二十年（一五九二），洪譜說黃道周「從里人講業於此」（按指「漁鼓溪之上」）；而莊譜說「從伯兄講業於漁鼓溪之頓坑者數年」（按「伯兄」指胞兄黃道琛匪石）。另一例見於萬曆二十六年，莊譜說黃道周「喜談黃白之術，有棄家騰舉意。適江西二王子至，先生修刺伏謁，言丹砂可化爲黃金。其說有驗。而是時神宗靜攝，頗好道家言，先生遂作書，將因王子上朝」，而洪譜付諸闕如。（二）事關黄道周早期理學思想及影響方面，例如洪譜説萬曆四十六年黄道周與來漳校士的學使岳和聲「探討羅文質公、李文靖公（按指宋代理學家羅從彦、李侗），極論喜怒哀樂未發之旨」，「子講學於榕城（按指福州），以學使岳公之招也」，而莊譜删去了作爲討論對像的羅、李的名字。（三）事關黄道周政治抱負及言行方面，例如天啟四年（一六二四），莊譜增補了「按先生疏有『初散館，請使朝鮮』之語」一句（事有《黄漳浦集》中的《慎喜怒以回天疏》《感恩疏》可證）。（四）事關黄道周家務方面，例如莊譜增補了崇禎元年（一六二八）黄道周安葬原配林氏於漳浦北山，以及遷葬祖母、伯、叔之事。諸如此類，不一而足。

無論洪譜，抑或莊譜，都有些疏訛（洪譜失誤五十七處，莊譜失誤八十三處），共同的典型錯誤有如下五例：（一）崇禎十三年，黄道周因江西巡撫解學龍薦舉，被崇禎帝疑爲結黨而下令逮入詔獄，五月二十三日辭别親友，自漳浦赴逮，六月十五日在南昌就逮，十八日離南昌，經南京、揚州、碭山、壽張，七月下旬抵達北京，而六月閣臣薛國觀罷歸，蔡國用卒於官，薛國觀次年七月逮至北京，八月賜死，可是兩譜説黄道周至壽張時接邸報稱薛以罪死，蔡尋廢卒。（二）黄道周八月初開始囚在刑部監獄，十二月底移往北鎮撫司拷問，次年五月二十日移回刑部擬讞，十二月十九日獲釋遣戍。關於黄道周先後囚禁在這兩個監獄中的時間與次數，兩譜的敘述都顯得有所訛誤又雜亂失序。鑒於洪思在注釋當時黃道周《與唐伯玉書》時，説該信作於「庚辰（崇禎十四年）十月，在北寺（按是北鎮撫司的俗稱）」，時猶未過西庫（按是刑部的俗稱）」，所以看來洪思對黃道周的這段經歷不甚了了，於是導致了洪譜這段記述的顛錯失實。莊起儔於此無所察知，只能以訛傳訛。（三）黃道周《獄中乞恩疏》附有崇禎十四年十月御批，可是兩譜卻説該疏撰於「十一月刑部擬讞」之後。（四）隆武帝在元年七月十二日給何成吾兄弟的敕諭中，自憶「閏六月初七日監（國）」，這個日期尚有明佚名《思文大紀》、明錢澄之《所知録》可證，然而莊譜卻説「擬於閏六月初八日行監國事」。（五）同年黃道周《食盡兵單請自黜疏》追憶説「臣自九月二十五日往崇安」，可是洪譜卻記曰：「遂於九月十九日同諸將出關。」對於兩譜的疏訛，本書將循例予以出校説明。

莊譜雖然訂補了洪譜，但也删去了一些重要的記述（例如上文所舉羅從彦、李侗的名字等）。因此這兩譜具有互參之功用，可以並行於世。所以本書兼而收之，以便讀者。

鄭譜

鄭亦鄒（？—一七〇九），字居仲，號白麓，福建海澄（今屬漳州市龍海縣）人。康熙三十二年(一六九三)舉人。與洪思有所過從,四十三年七月曾以所撰黄道周傳記(片段存《黄漳浦集》卷首)請正於洪思,四十三年八月洪思逝世,爲撰《洪石秋子傳》。四十五年,成進士,授内閣中書,假歸。四十六年,被福建巡撫張伯行聘爲福州鰲峰書院學正,與山長蔡璧子世遠結爲忘年之交。四十八年稍前,由張伯行薦入纂修館,未赴而卒。藏書之富,「幾甲郡中」。博學有才名。倡建南屏文社,一時雲集三百人。有弟子陳先登、郭成郭、鄭溥等。著述十餘種,僅存康熙四十一年所撰《明季遂志録》(曾被誤題爲黄宗羲撰《鄭成功傳》),以及該譜、黄道周傳記的片段。傳見陳壽祺《東越儒林後傳》、陳衍《福建通志》。曾致力於黄道周遺文的搜集,編成《黄石齋先生集》五十卷,據清陳壽祺比勘,該集比洪思所編《黄子録》(收在《石齋十二書》中)多一百二十七篇,但也少七十四篇,鑒於《黄漳浦集》係陳壽祺所編,所以當被採入。

從莊譜陳壽祺校本,及金譜所存鄭譜片段看來,鄭譜至少訂補了二處洪譜與莊譜的疏訛:(一)在天啟五年(一六二五)處,增補了關於黄道周不畏魏忠賢熾焰,一反經筵展書官膝行進書的舊例,勇敢地平步進書的這一事跡(當出自明黄景昉《黄道周誌傳》。此事有黄道周崇禎四年六月《辨仁義功利疏》所憶「侍經筵僅一日,忤鐺而去」,以及同年或稍後所撰《劉御史傳》所憶「予既以講筵獲罪」可證)。(二)獨闕隆武二年這一條,使年譜體例完整，可正洪、莊二譜之失。當然，在本書的鄭譜片斷中，也存在十二處訛誤。

玉璘譜

謝巍《中國歷代人物年譜考録》著録了該譜，説是黃道周之孫玉璘（字文伯）所撰，並説版本不詳，所據是清王源《居業堂文集》的著録。

但是實際上，清王源《居業堂文集》中的《黃忠端公年譜序》（按王源是清初人，故「端」應作「烈」），並未明確地説所見年譜是黃玉璘所撰，只説：「公諸孫近始出應試，德紹文章最古雅，選拔入成均館（按指國子監）；玉璘需次爲縣令。玉璘，字文伯，工詩文，磊落多義慨，庚辰（康熙三十九年）與予訂交都門，出忠烈公年譜使爲序。」按「德紹」指黃道周第四子黃子平的長子，字衣伯，據今漳浦黃榮川先生發現的漳浦明誠書院藏黃子平妻林氏墓碑鐫刻立碑者落款，以及清林廣顯等輯《石齋先生經義四種》道光六年刊本《易本象》卷首編者銜名，德紹當作紹德。「玉璘，字文伯」詳見下文。

此外，清陳壽祺等《重纂福建通志・黃道周傳》附有清陳夢雷的類似序文，其中説：「夢雷戊寅（康熙三十七年）蒙恩自遼左召還京師，得交公孫文伯，文伯出公年譜見示，屬夢雷一言，夢雷敬諾不辭。或詰之曰：『文伯幼丁兵燹，三俘三贖，至於逋逃易姓。卒歸，諸父冥冥默相，不可謂非忠烈公之志。然文伯戮力聖朝，隨征楚蜀黔，輓輸邊塞，又大殊忠烈公之志。子之序之也，將謂之何？』夢雷應之曰：『不然。……』」

按黄玉璘，是黄道周長孫（出自長房黄子中），生於清順治七年（一六五〇）。據張玉璘後裔今山東巨野縣第一中學退休教師張廣良先生提供《鉅野縣六營屯田官兵將佐功勳簿》、康熙《鉅野縣志》、明清《（四川）營山縣志》、現存《雲南臨安府副堂張公神道碑》等，以及今福建東山張哲民《清康熙年間營山縣令張玉璘乃黄道周長孫考》，黄玉璘後改張姓，康熙七年隨軍從福建漳浦移防至山東鉅野縣六營屯墾。二十八年前，以恩貢監生候補知縣。二十九年至三十五年隨征噶爾丹。四十一年至四十九年任四川營山縣知縣，其間四十二年創修《營山縣誌》，四十五年士紳請準爲立《邑侯張公德政碑》。四十九年升任雲南臨安府同知。

顯然，王源、陳壽祺都没有明確地説所序乃黄玉璘撰寫的年譜。看來黄玉璘所持該譜，很可能是洪譜或莊譜，尤其可能是前者，因爲洪思與黄道周遺屬交往尤密，洪譜被收入洪思受黄氏遺屬委托而編的《石齋十二書》中，故洪譜極可能被玉璘持有。

亨陽譜

關於該譜，僅見陳衍《福建通志・藝文志・存目》的著録。姑存待訪。

莊亨陽（一六八六—一七四六），字元仲，號覆齋，清福建南靖龜陽鄉人。業師戴盼，與鄭譜作者鄭亦鄒有所過從，事見陳衍《福建通志・鄭亦鄒傳》。亨陽，康熙五十年（一七一一）中舉，五十七年成進士，授山東濰縣知縣，丁母憂歸，遂家居侍父。乾隆元年（一七三六）薦爲國子助教。遷吏部主事。六年，特授德安府同知。十一月，擢徐州知府。八年，遷淮海道，以積勞視災核賑，引發舊病而卒。學通經史算術，有《算法書》《河防書》《秋水堂集》等。深爲楊名時、方苞等人所重。與蔡德晉等合稱「四賢」「五君子」。傳見《清史稿》、清陳壽祺《東越儒林後傳》、光緒《漳州府志》、陳衍《福建通志》等。

按乾隆十年（一七四五）莊亨陽已卒，而四十一年清朝才謚黃道周以「忠端」，所以倘若確有該譜，則不當名曰黃忠端公年譜序，而應名曰黃忠烈公年譜序，此必後人所改。

金譜

該譜封皮題簽、卷首書名皆作「先儒黃子年譜集成」，版心大題作「先儒黃子年譜」，卷首職銜名作「海昌後學金光耀梅溪氏增輯校刊」，卷首《年譜校刊姓氏》具列：「桐城張用禧莘田、秣陵吴國俊伯瑛、桂林朱南玹、海昌陸以鈞乙齋、海昌查鼎小白、長樂梁堯辰伯思。」

金光耀，據該譜卷首職銜名，知其别名梅溪，浙江海寧人。另據許傳霈等《海寧州志稿》，曾任廈門巡檢。大約由於金光耀任廈門巡檢是在道光《廈門志》成書（十二年修，十九年刊）之後，所以不見載於該志，此外金光耀也不見於一九二九年修成的《廈門市志》、一九四八年修成的《同安縣志》，以及佚名《爵覽全秩》中，但是鑒於上列其他六位該譜校刊者中的四人游宦或籍貫在閩海，故金光耀之任廈門巡檢，當是可信的。

吴國俊，該譜《校刊姓氏》表明他别名伯瑛，清江寧府（治今南京市）人。此外，清蔡啟勛等《續纂江寧府志》有傳：「字伯瑛。分書《按指隸書》仿文衡山（按指文徵明）一派。後官福建鹽大使。」但陳衍《福建通志·職官志·鹽法道》失載。

陸以鈞，該譜《校刊姓氏》表明他别名乙齋，且與金光耀同鄉。此外，許傳霈等《海寧州志稿》説他是陸桂的兒子，字秉之，號乙齋，又號尚左生。監生。中年以右臂病廢，棄舉子業，習左手書，摹鍾、王，極古媚。著有「《心太平居隨筆》十卷、《乙齋吟草》十卷、《乙齋四六文草》十卷」。該志另有其父陸桂的傳記。按黄道周楷宗鍾、王，這或許也是他被陸以鈞景仰而參與校刊該譜的緣由之一。

查鼎，該譜《校刊姓氏》表明他別名小白，也是金光耀同鄉。許傳霈等《海寧州志稿》所記「查元鼎」當是這位查鼎：「字茲舫，號小白，諸生。嘗從軍入閩海，卒於淡水廳」，著有《輭紅院詩稿》《草草草堂詩鈔》六卷」。（原注：「見《杭郡詩三輯》。並毀於臺洋。」）但清陳培桂《淡水廳志》不見其人。該志另記二位「查鼎」，其中一位「字洪受，號實園，諸生」，有《一經堂集》。（原注：「見《花溪志補》。」）另一位「字凝生。監生」，曾任得美場鹽課大使。

梁堯辰，據該譜《校刊姓氏》，他別名伯思，福建長樂人。又據李駒《長樂縣志》，梁堯辰是梁上國之孫，梁章鉅從侄，道光十七年（一八三七）「優貢」。

至於張用禧、朱穮，方志失載。

即使如此，根據上述文獻提供的七位編校刊印者中的五人的籍貫、出身、吏宦經歷，以及下述該譜編纂情況，看來這七人都是道光二十四年（一八四四）前後，乃至同治十年（一八七一）前後，供職或居住在福建沿海的小官吏或小文人。

他們究竟是如何「集成」或「增輯」該譜的呢？實際上，他們是取洪譜的道光本或同治本作爲底本（依原格式抄襲其眉批以及卷末洪思署款「門人洪思浩士述」，即是明證），竄入莊譜的清陳壽祺校本的部分文字（甚至照抄卷首按語），摘取鄭譜的片段作爲夾注或眉批，改變卷首黄道周畫像的冠服款式，如此而已。凡此種種，皆不加任何説明。因此，這實在是一部抄襲掠美、胡拼亂湊之作。夾注中的鄭譜片段，倘若確系原文，則不失爲保存文獻有功。

鑒於該譜抄襲了洪譜道光二十四年校刊本或其同治十年重刊本的眉批，所以該譜必是道光二十四年或同治十年以後編成的。梁堯辰是道光十七年的貢生，亦是一證。

又據《校刊姓氏》背面所刊「福州王友士鐫字」一行七字，所以估計該譜極可能刊於福建，但也可能刊於金、陸、查的家鄉浙江海寧。

上述六部見於著録的年譜中，洪譜最早出，且有文獻之徵；莊譜繼出，旨在訂補洪譜，但也删去一些洪譜中的重要記述；鄭譜更晚些，也更簡略，但對莊、洪二譜有所訂補，惜今僅存片段；金譜系抄襲拼湊洪、莊、鄭三譜而成的，破壞了各譜原貌，所幸尚能保存鄭譜片段；玉璘譜、亨陽譜，不見存世，且著録可疑，姑存待訪。

關於黄道周年譜的版本，就現存的洪譜、莊譜、鄭譜（片斷）、金譜而言，歷來著録凡二十二種，現存十五種。

洪譜版本

洪譜的歷來見於著録的版本至少有八種，其中現存四種：

（一）明洪思編《石齋十二書》本

該《石齋十二書》今未見存世，僅見以下四則記述：

洪思《黄子傳》：「……乃合十經、二録爲《石齋十二書》，存初志也。又述《黄子譜》四卷，爲初部；《黄子講問》十有六卷，爲終部，皆附離之。今是書凡四部，百九十六卷，思藏收文峰下。」

洪思《收文序》：「二十年漳上亂如雨……今黄子以忠孝示天下，而天下尸而祝之將二十年所矣。……而後乃今，收其書爲《石齋十二書》，蓋十經與二録……乃述《黄子譜》二十有二篇，蓋如孔璇與叔仲會之記仲尼，凡四卷，爲是書之初部……」

黄道周第四子黄子平題《石齋十二書》：「是書凡四部，百九十有六卷。上部：凡十書六十有二卷……下部：凡二書，九十有二卷……初部：《黄子譜》，二十有二篇；終部：《黄子講問》，二十有九篇，凡三十有一卷。皆門人石秋子之所述……」

清陳壽祺編《黄漳浦集》卷首附《石齋十二書部次》：「初部：《黄子譜》，凡五卷……」

按這是洪譜除了單行稿本、謄本以外的最早版本。

（二）福建漳州市陳金聲家藏乾隆以後清代抄本（本書簡稱「清抄本」）

已故陳金聲先生，原是漳州市地方志辦公室的顧問，諳習鄉邦文獻，一九八五年三月以前，捐獻該本於當時的龍溪地區（後改漳州市）地方志辦公室，由該辦公室收藏至今。

在該抄本中，崇禎十一年處的「幸弘孚萃之旨」句中，以及卷末「弘光朝，升禮部尚書」句中，「弘」字皆缺末筆，足見是抄於乾隆時期或以後的清代。

該本衍訛錯脱甚少，可見抄寫比較仔細。

（三）陳金聲藏清抄本的底本

由於陳金聲藏清抄本上未附任何説明，也未見其他記載，所以底本不詳。

（四）陳金聲藏清抄本的福建龍溪地區地方志辦公室整理本（本書簡稱「龍溪方志辦本」）

該本《校印説明》署款「一九八五年三月」。其整理方法是：把清抄本的復印件剪貼在欄格紙上，再復印之，分别裝幀成線裝本。這種整理方法，本無可非議，問題在於未作任何説明地删補了原文，例如：删去了全部的夾注，包括黄道周的表字「幼玄」等；

在天啟五年的「劉御史□忠」的「□」處，補入「其」字等。這種做法不符合古籍整理的通例。

《校印說明》還說陳金聲藏清抄本「紙墨古舊，書法工整，疑是出於清初人手筆」，這種推斷本身就不成立，何況未能察見譜中一處「弘」字缺末筆以避乾隆名諱的事實。

儘管該本有這些失誤，但還是作了三件有益的事：其一，是校出十個訛字，如崇禎十年處的「扉」字是「閩」字之誤。其二，是附録了清鄭亦鄒《石秋子傳》，便於讀者了解洪思生平以及他與鄭譜作者的關係。其三，是附録了道光本的眉批，亦甚便讀者。

（五）莊譜陳壽祺校本的底本

詳見下述莊譜版本。

（六）清曾省、林廣邁、林廣穫道光二十四年（一八四四）校刊本（本書簡稱「道光本」）

該本的卷首職銜名作「後學龍溪曾省、林廣邁校刊」，卷末署款「後學龍溪林廣穫重校」，譜後附林廣穫《書後贅語》：「黃子年譜，漳上舊刻莊子鶴先生本，行世已久，近省垣又重刻之，以冠《全集》卷首；而洪石秋、鄭白麓二先生本，世不多見。道光甲辰（二十四年），懿戚曾君省偕家弟廣邁得洪譜抄本，亟梓而行之，屬穫校字。穫乃颺言曰……

豈世無刊本，傳抄日久，沿誤而然耶？今從原鈔舊本附刻，以昭敬慎之意，而莊、鄭二譜及羣書所載，有足相發明者，與曾君省商榷得若干條，附贅簡首……後學龍溪林廣穫敬書。」這篇《書後贅語》之後，又有《黄子年譜印送姓氏》：「龍溪舉人林廣穫敬印壹百部，龍溪廩生林廣邁敬印伍拾部，龍溪廩生曾省敬印伍拾部……」計十七位龍溪縣、南靖縣、晉江縣諸生出資刊印七百一十八部。封面刻印一方牌記兼版權告白：「是書刊刻，義在傳播，有□同志者，刷印任便。版存養化北義塾。」由此可知該本的校刊者和校刊經過。

此外，從方志中，尚可略知曾省、林廣穫的生平簡況。

關於曾省，光緒《漳州府志·選舉·國朝舉人》記曰：「（道光）二十四年甲辰恩科葉畊心榜：曾省，府學，龍溪人，號習軒，著有《閩中攬勝圖詩》。」陳鑑修《龍溪新志初稿》本傳更詳：「字奪標，又字守三，號習軒。性孝友，勤講習。對於濂洛關閩之學，有所得輒書之。尤好吟咏。道光乙亥（十九年）游府庠，旋即食餼。甲辰，登鄉榜。時巡撫徐宗幹頗賞識之。癸丑（咸豐三年，一八五三）之變，軍書旁午，當路屢延致之，謝不就……先生執教石家，牖掖後進，執贄者數十人。素好登臨，歸則紀以詩。著有《北游詩草》及《閩中攬勝》諸集。」陳衍《福建通志·藝文志》著録曾省的《閩中攬勝集》一卷，並援引陳衍另著《石遺室書録》的著録：「此集係游鄴山諸勝、雲洞諸勝，八仙石、武夷諸勝，白雲山八景諸詩，及《鄴山講堂賦》《游雲洞記》……蓋其子所絶。前有謝章鋌序。」案鄴山講堂，黃道周所建；雲洞巖，在鄴山附近。

關於林廣邁，光緒《漳州府志·選舉志·國朝舉人》記録他是曾省同榜舉人，領内閣中書侍讀銜。

關於林廣穫，光緒《漳州府志·選舉志·國朝舉人》記作「（道光）五年乙酉林楊祖榜：林廣穫，龍溪人，龍巖（今屬福建）訓導」，同書的《龍溪縣學副貢》也説他是「道光乙酉舉人」。

鑒於上引林廣穫《書後贅語》説曾省、林廣邁於道光二十四年獲得該本的底本，而曾省、林廣邁同年中舉，上引《印送姓氏》皆未冠以「舉人」頭銜，所以該本顯然刊成於是年八月他們中舉之前。

該本所刊曾、林眉批，實際上只進行了他校和理校，而没有進行對校和本校，所稱「別本俱作……」並不是指洪譜的其他版本，而是指莊譜。所作他校，除了以莊譜爲校本以外，還包括黃道周的《逆流小草序》《辨明仁義疏》《青原公墓碑》《潞王監國記》《諫親征疏》《闕外謝袍膳疏》，以及洪思《文明夫人行狀》、明何瑞圖《石齋麟書紀略》、明林涵春《節義文章》、清全祖望《大滌山房祀典議》等。此外，稱引的「鄭譜」，當是轉引自莊譜陳壽祺校本的。這些眉批中，頗具價值的，例如援引清全祖望《大滌山房祀典議》對黄道周的評價；糾正了某人對黄道周「水嬉詩」的誤讖。但是有些眉批不免失誤，例如誤疑黄道周之字「幼平」或其第四子之名「子平」；誤釋萬曆三十六年條的「蘭水」是「今南靖治地」（實乃漳州地區之泛稱）。

（七）道光本的底本

其版别、流傳情況，皆不得而詳。

（八）道光本的同治十年曾天南、曾文貴重刊本（本書簡稱「同治本」）

該本的封面題端、卷首職銜名、書前曾廷瀾題識，皆表明它是同治十年「藍水」人曾天南、曾文貴所刊。其中，曾廷瀾題識云：「……（洪譜）向僅有鈔本而已，道光間鄉先達曾有刊布，遭甲子（同治三年）劫灰，片板不存矣。……爰集同人鳩金再爲鐫刻，並附《敬孺先生行略》於後，俾後人得有所參考焉。同治十年歲次辛未荔月穀日後學藍水曾廷瀾謹識。」

查光緒《漳州府志·選舉·海澄縣學拔貢》列有「曾廷蘭」一名，其「蘭」字極可能是「瀾」字之訛。

曾天南、曾文貴、曾廷瀾的籍貫「藍水」，極可能是指廣義的漳州府，而非指狹義的漳州府南靖縣。

鑒於該本的版式、行款、眉批皆與道光本相同，所以它顯然是道光本的重刊本，曾廷瀾題識所説「道光間鄉先達曾有刊布」即指道光本。

此外，該本封面題端有「同治辛未年重鐫」「板存漳南臺廟多藝坊」二行，進而證實其版年、底本、版别，並表明其出版商的堂號。

該本雖是重刊本，但所增附《敬孺先生行略》頗便學人。敬孺，是賴繼謹的表字，事見上文莊譜條。

（九）（清）蔣鳳藻校本的寫本該本卷末（清）蔣鳳藻手跋二則，其一曰：「此三山陳氏舊鈔黃先生年譜一册，余以先賢事實所關，爰得而藏之，旋見蘭水曾氏重雕龍溪林氏校本，互有增删，假歸，囑付朱岳欽兄硃筆録補，復用墨筆鈔曾跋賴譜，附入其中，各存兩本面目云。至先生疏議各一篇，原鈔所有，而未刻者，意多違碍，故本集所删陳氏附録存此千古忠義之心歟，尤可寶焉！光緒八年五月十五日蔣鳳藻記。」其二跋，引林校本關於黃道周生年干支，及字號考辨，稱『或作幼平者，皆筆誤爾』。其實黃道周又字幼平，無誤。蔣此跋落款『鳳藻讀畢又記於三山寓次』」。

綜上所述，洪譜現存版本中，道光本是現存刊行年代最早、校勘有所收獲、訛誤較少的最佳版本；同治本是道光本的重刊本，可資校勘；清抄本大約抄於乾隆至清末間，訛誤極少，可供校勘道光本之用；(清)蔣鳳藻校本，以福州陳氏鈔本與道光本參校，可資參考；龍溪方志辦本，雖然整理方法稍悖於古籍整理通例，但是校勘有所收獲，附録有所裨益，可資參用。故而本書取道光本作爲底本，同治本、清抄本、龍溪方志辦本作爲參校本。

莊譜版本

莊譜的歷代行世版本，至少有十二種，現存九種。

(一)清蔡世遠家藏抄本

詳見下述黄鳴盛刊本條。

(二)清黄元鋐康熙四十九年抄本

詳見下述黄鳴盛刊本條。

(三)清黄鳴盛道光九年(一八二九)刊本(本書簡稱「黄鳴盛刊本」)

該本卷末所附黃鳴盛曾祖父黃元鉉的原題識：「……自弱冠流寓京江（今江蘇丹徒），未歸故里訪求手澤，心切憾焉！庚寅（康熙四十九年，一七一〇）仲夏，見蔡聞之先生家藏此册，珍同拱璧，鉉借抄十日，再拜還之……惜鉉需次成都，未能刊刻以廣其傳……侄曾孫元鉉薰沐敬書。」

這裏僅説「蔡聞之先生家藏此册」，並没有説經過蔡聞之手抄或手校，況且卷末所附栗毓美的題識也僅説黃鳴盛自稱曾祖父「得之蔡文勤公手抄」，而未説經過蔡世遠手校，再聯係到所附黃鳴盛曾祖母、祖母、母親詩篇的標題頗有濫冒黃道周嫡裔之嫌的虚誇行跡，所以該刊本卷首職銜名中的「後學蔡世遠校」極可能並非事實。其涉嫌濫冒嫡裔者，如既稱黃元鉉爲黃道周的「族曾孫」（有上引黃元鉉題識署款「侄曾孫」可證），又稱祖父亨灝爲道周的「玄孫」，又稱父掌綸爲道周的「六世孫」。

黃元鉉之「需次成都」，很可能指即將就任成都府同知，因爲嘉慶《四川通志》所記「江西監生，康熙五十三年任」成都府同知的「黃元瑛」，極可能就是這位黃元鉉。

蔡世遠（一六八〇—一七三四），字聞之，人稱梁村先生，謚文勤，室名二希堂，漳浦人。康熙四十八年（一七〇九）進士，改庶吉士。雍正間，入值上書房，教諸皇子（包括後來的乾隆帝）讀書，官至禮部侍郎。曾爲《漳州府志》撰《黃道周傳》（收入他的《二希堂文集》)。祖父而煜，是黃道周弟子，康熙間任福州鰲峰書院山長。在這期間，世遠與書院學正鄭亦鄒(鄭譜作者)結成忘年之交。

黃鳴盛，據該本所附資料，表字卉町，約嘉慶十五年(一八一〇)以前任河南陳留(今屬開封市)等三縣知縣，權知禹州(治今河南禹縣)兩年，然後滯留河南候補達十六年之久，道光六年(一八二六)因座師玉麟贊助三十兩銀而始刊該本，歷三年而竣工。父掌綸，字展之，號吟川，著名的金石書畫家，歷天津府教授、候選國子監典簿。祖父亨灝，國學生出身，卒於丹徒。

該本訛字甚夥，談不上校勘。由於内容與清陳壽祺校本稍異，故仍有參校之價值：其一，卷首所附《明纂修弟子姓氏》(真僞待考。詳見上述洪譜、莊譜條)；其二，首起「恭聞仁毅元誠……」一段，不見於陳壽祺校本；其三，字詞多異。

(四)清陳壽祺校本的底本

詳見下述《黃漳浦集》道光本條。

(五)清陳壽祺校本的《黃漳浦集》道光十四年刊本(本書簡稱「《黃漳浦集》道光本」)

陳壽祺(一七七一——一八三四)，字恭甫、介祥、葦仁，號梅修、左海，晚號隱屏山人，福建閩縣（今屬福州市）人。乾隆五十四年（一七八九）舉人。嘉慶四年（一七九九）進士。改庶吉士，散館授編修。假歸過浙江，被座師浙江巡撫阮元聘爲敷文書院主講，並課詁經精舍生，創《經郛》《海塘志》義例。八年，入都就職。丁父憂歸，遂不仕。在京十年間，與名學者王引之、全祖望、段玉裁等交往。歸後，相繼主持泉州清源講院、福州鼇峰書院各十年（後者始任於道光三年，一八二三），其間倡修《重纂福建通志》，並任總纂。又有《左海全集》等十餘種。道光四年（一八二四），倡議並率福州縉紳請從祀黃道周於文廟，次年御批准請。更積十餘年搜訪之力，於道光六年匯成《黃漳浦集》（又名《明漳浦黃忠端公全集》）五十卷，是爲此後黃道周文集的通行本。卷首附所校莊譜二卷。生平略見自撰《隱屏山人傳》、清阮元《隱屏山人陳編修傳》等。

所校莊譜，凡與洪譜大異之處，録洪譜異文繫於莊譜之下，注明出處，以作補充與比照；凡小異之處，注曰「洪譜略同」；又録鄭譜片段，置於行間，注明出處。這種處理方法，基本上保持了莊譜的原貌，附合古籍整理原則。只是不少「洪譜略同」之處，實際上存在不可忽略的歧異，例見上文洪譜、莊譜條。

卷首按語所説莊譜作者莊起儔「嘗偕先生（案指黃道周）出師，至建陽而歸，尤多目見之事」，這雖是事實，但易誤導讀者輕視洪譜。詳見上述洪譜、莊譜條。

所用底本、參校本，當即其《重編黃漳浦遺集序》所說「鈔得石秋（案洪思號石秋）及莊起儔所撰黃子年譜各一卷」，但版本不詳。

該本的刊刻經過，見卷首所附其子喬樅（著名經學家）的題識：「（道光）八年戊子，總督金匱孫宮師遂倡捐五十金，鳩資鋟板公全集五十卷，年譜二卷，序録、目録二卷，庚寅（十年）竣工。又續有補刻若干篇，並補遺年譜，附蔡夫人事（案指洪思《文明夫人行狀》）。甲午（十四年）春，先大夫病篤，遺命喬樅，以《漳浦全集》蒐羅已極完備，惟板片浩繁，慮收藏不慎，或致散缺，辜負數十年苦心，宜請存貯司庫，俾垂久遠，以廣流傳。喬樅謹遵遺命呈請，蒙藩憲鄭批准，委員收領，出具存案。」由此該本刊年當是道光十四年。今點校用的底本上，卷首鈐「福建鼇峰書院藏書」章一方，表明是原刊本。

該本校勘較精，訛誤較少，質量遠勝黃鳴盛刊本。與黃鳴盛刊本之間的一些異文，若非黃鳴盛刊本的訛誤，則多屬底本所致。

（六）《黃漳浦集》舊排印本

版年、出版者，皆不詳。但據版式、行款看來，是民國元至一九四九年之間的排印本，故稱。

該本校勘甚粗，訛字頗多。

（七）陳壽祺校本的一九八五年陳秋順點注本

載於福建東山縣政協文史資料組《東山文史資料》第五輯，一九八五年三月鉛印本。這是莊譜的第一部點注本，雖所點頗可商榷，但以業餘研究者之力，已屬不易。

（八）《黃漳浦集》的臺灣大通書局一九八七年《黃漳浦文選》標點本（本書簡稱「文選本」）

該《黃漳浦文選》，專取《黃漳浦集》中的奏疏箋表詔制誥諭尺牘序記傳碑墓志紀略，合爲六卷；又取其中年譜、本傳、逸事、著述目録、《文明夫人行狀》，作爲附録。該書屬於該局編印的《臺灣文獻叢刊》第八輯第一三七種。

（九）北京大學藏舊抄本

據《北京大學圖書館藏古籍善本書目》著録：《石齋黃先生年譜》二卷，明莊起儔、張天維合撰，抄本。

（十）上海師範大學藏舊抄本

謝巍《中國歷代人物年譜考録》著録該本，並説「此本有砂筆圈點。該館與《黃漳浦集》所附年譜對讀，蓋爲初編本，作清抄本，恐非。本集所附年譜乃經陳壽祺校補，當非原編，據此作清抄本，證不確」，又説「據《舊山樓書目》，疑此即上師大所藏本」。

案陳壽祺校本確非莊譜原貌，已述在上文。但僅僅據此便視上海師大藏本爲「初編本」，尚須確認。又，清趙宗建《舊山樓書目》實際上只著録作「黄石齋年譜，鈔本，兩本」，並没有説是莊譜。

（十一）福建漳浦縣石齋村黄氏後裔藏舊抄本（本書簡稱「石齋村藏抄本」）

謝巍《中國歷代人物年譜考録》著録該本，並説「此據黄道周紀念館函告」。漳浦黄道周紀念館即在石齋村，原是崇禎十六年至十七年黄道周師生建的明誠書院。

（十二）首都圖書館藏油印本

謝巍《中國歷代人物年譜考録》著録該本，並説「殘存下卷」。

綜上所述莊譜的九種現存版本中，《黄漳浦集》道光本是現存年代較早之本，校勘亦精，乃最佳版本；在《黄漳浦集》本的這一系統中，舊排印本、《文選》本、陳秋順點注本，可供校勘的意義不大；黄鳴盛刊本的年代與《黄漳浦集》道光本相近，而且内容稍異，故可資校勘，唯本身訛字較多。

鄭譜版本

該譜今未見存本。二十世紀二十至四十年代纂修的《續修四庫全書提要》（一九七二年臺灣商務印書館版）著録爲「傳抄本」，題作「黄漳浦年譜」。又，今人謝巍《中國歷代人物年譜考録》著録了「漳浦黄先生年譜（黄石齋年譜）」的兩種版本：「（一）清刊本《黄石齋先生集》附，（待訪），據陳壽祺本序、洪本林廣穫書後，又《福建通志・藝文志》題作《黄忠端公年譜》一卷。（二）傳抄本（待訪）。」

《續修四庫全書提要》所評之本，今不知下落。《中國歷代人物年譜考録》著録的「清刊本《黄石齋先生集》」，當指鄭亦鄒所編黄道周文集；「陳壽祺本序」，當指清陳壽祺《重編黄漳浦遺集序》，但該序並没有提到鄭譜；「洪本林廣穫書後」，自然是指洪譜道光本林廣穫《書後贅語》，實際上並未提及版本；《福建通志・藝文志》中的「黄忠端公年譜」，必非原書名，因爲鄭亦鄒乃康熙間人，黄道周之謚「忠端」是乾隆四十一年（一七七六）的事。

鄭譜片斷，散存於莊譜陳壽祺校本與金譜之中，今從金譜中輯出，以供參考。

金譜版本

因該譜取洪譜道光本或同治本作爲底本，而且校刊者之一的梁堯辰是道光十七年（一八三七）貢生，所以它當是道光二十四年（一八四四）以後甚至同治十年（一八七一）

以後編成並刊印的。

又，鑒於編校者金光耀、陸以鈞、查鼎是浙江海寧人，金光耀、吴國俊、查鼎宦游福建，梁堯辰是福建長樂人，而且《年譜校刊姓氏》背面刊有「福州王友士鐫字」一行，所以估計金譜刊印於福建或浙江。

根據上述各譜及其版本情況，本書取洪譜道光本、莊譜《黄漳浦集》道光本，作爲洪、莊二譜的底本，以其餘諸本爲參校本。又，從金譜輯出鄭譜片斷。

爲便讀者了解各譜編寫經過、版本情況等，本書收集各譜的按語、序跋、題識、眉批、提要，編爲〔附録二〕。

同時，爲便讀者參閱，本書選取明清之人所撰黄道周傳記十九篇，編爲〔附録一〕。其中：

明黄景昉《黄道周誌傳》　當是最早的傳記，多爲後來譜傳所本，撰於清順治七年(庚寅，一六五〇)，距黄道周就義僅四年，所記多據見聞，頗有文獻之徵，基本無誤。本書校勘記指出的，不過是版本差異或寫刻之訛。作者黄景昉，字東崖，也是閩南人(晉江籍)，與黄道周交往較密：　早在萬曆四十三年(一六一五)鄉試之時，即已結識黄道周。崇禎十四年(一六四一)，參與營救黄道周出獄。明亡，黄道周北赴弘光朝之召，過泉州，同游清源山，因黃道周對於是否出山尚持猶豫態度，便力勸其出山。隆武朝，同爲閣臣，黃道周在征途中與之曾有書信來往。因不滿鄭芝龍專政，旋告歸。《黃漳浦集》中，有致景昉書信七封。

明洪思《黃子傳》　當是次早於黃景昉《黃道周誌傳》的傳記，撰於康熙四年（一六八五）以前（即所編《石齋十二書》成書之前）。這篇傳記連同所撰年譜，多爲後來譜傳所本。所記亦多有見聞及文獻之徵，頗爲可信。然亦不免有四條訛誤。作者生平，見上文「洪譜」條。

明查繼佐《國壽錄・閣部黃道周傳》《罪惟錄・黃道周傳》　皆較早的傳記。《罪惟錄》自序云：「此書之作，始於甲申（崇禎十七年，一六四四），成於壬子（康熙十一年，一六七二）中。」該書殺青後三年，作者去世。《國壽錄》，成書又在《罪惟錄》之前，謝國楨先生疑即順治七年所撰《知是編》或「編寫《罪惟錄》之資。」《國壽錄》本傳，有前、後二稿，略有差異，這兩稿又與《罪惟錄》本傳有所差異，所以本書兼取這三篇傳記以供參照。《國壽錄》後稿記述黃道周生前與作者有所唱和，作者並與鄭芝龍有過晤談，這兩件事皆獨家記載，可資參考。但是這三篇傳記所述事實不免有所訛誤，其中《國壽錄》後稿二十三處，前稿十五處，《罪惟錄》二十三處，皆不計與其他載籍之異文，及寫刻之訛脫。

由於這三篇傳記早出，而且有所流傳，所以多被後來的繼作者所參用，包括其訛誤之處。

明黄宗羲《明儒學案·忠烈黄石齋先生道周》 康熙十三年（一六七四）成書，稍晚於《罪惟録》。作者的業師劉宗周，品學與黄道周齊名，並且有所交往；同窗如張履祥等，也同時師從黄道周。作者是明清之際著名的思想家、學者，其《易》象數學出自黄道周。雖然這篇傳記存在十五處訛誤，但仍有文獻之徵，最值得重視的是傳末對黄道周學術思想的評價，這不僅是最早的而且是深有見地的行家評價。該傳並選附了黄道周的學術代表作《榕壇問業》的精華部分，甚便讀者。（本次點校不收《明儒學案》所附《榕壇問業》）

明張岱《石匱書後集·黄道周傳》 作者逝於康熙十五年（一六七六），自崇禎元年（一六二八）至順治十年（一六五三）前後撰成明史《石匱藏書》（下限爲天啓末），康熙初由浙江提學谷應泰延修《明史紀事本末》，得以廣收崇禎各年邸報等資料，從而撰成《石匱書後集》。該傳十五處訛誤，絶大多數與《國壽録》同，當有相沿關係。所增者乃天啟二年至四年間黄道周充庶吉士時撰《擬汰冗濫清宿蠹以足軍需疏》的一些内容，所删者是崇禎十年的《求言省刑疏》。

明屈大均《皇明四朝成仁録·黄道周傳》 該傳成於何時不詳，但知作者卒於康熙三十五年（一六九六）。該傳誤述解學龍薦舉黃道周的時間，及馬思理、董養河受牽連原因，幾乎與《罪惟錄》一樣，表明它們當有淵源關係。此外，該傳還有二十一處訛誤。

明林涵春《節義文章・黃道周傳》　林涵春，康熙十二年（一六七三）三藩之亂時，任耿精忠工曹（一說戶曹）。該傳片斷誤記「婺源令黃澍」誘降黃道周，其實黃澍所誘是金聲。所記趙士超勸阻黃道周自殺事，與清楊陸榮《殷頑錄》、清李天根《爝火錄》同；所記黃道周譏諷洪承疇事，與明黃景昉《黃道周誌傳》、明錢澄之《所知錄》略似。

清邵廷寀《東南紀事・黃道周傳》　該書成於康熙三十六年（一六九七）至三十七年之間。該傳廣錄奏疏、實錄等，內容翔實。尤其珍貴的是，保存了黃道周《論方一藻疏》，可補《黃漳浦集》所闕。

清陳汝咸等《漳浦縣志・黃道周傳》　今所取底本係光緒間補刻，一九三六年重印本，該傳基本上保留了原貌。據陳汝咸《漳浦縣志凡例》，該志修成並初刻於康熙三十八年（一六九九），訂補並再刻於四十七年。看來該傳參用了洪譜、《明儒學案》等。所記陸自巖爲黃道同等斂屍事，後爲《殷頑錄》所本。

清鄭亦鄒《黃道周傳》　據作者所撰《洪石秋子傳》回憶，康熙四十三年（一七〇四）七月曾持所撰《黃道周傳》就教於洪思，洪思爲之更定數語，後一月微病而卒於收文之行阿。該片斷獨記黃道周弟子張若仲所述「衣帶詞」事，有《黃漳浦集·衣帶詞》可證；又記陳謙勸降事，詳於《罪惟録》。

清溫睿臨《南疆逸史·黃道周傳》 康熙四十一年（一七〇二）稍前，作者受黃宗羲弟子萬斯同鼓勵，開始撰寫該書。該傳參用了《明史》待定稿，及黃宗羲《弘光實録鈔》《明儒學案》等，其中所用《明史》待定稿可能由萬斯同等修史者提供。該書今通行本，有中華書局本、臺灣大通書局本，互有差異，現取前者爲底本，後者爲校本。

清蔡世遠《二希堂文集·黃道周傳》 作者是黃道周家鄉漳浦人，祖父蔡而熼是黃道周弟子。與年長的鄭譜作者結爲忘年之交。曾收藏一部莊譜。可能還編過黃道周文集，已述在上文。另據該文集中的《重修漳州府志序》，他於康熙五十二年（一七一三）至五十三年參修該志，因撰是傳。雖以鄉人撰傳，仍不免有些訛誤。

清楊陸榮《殷頑録·黃道周傳》 該書刊於康熙六十年（一七二一）。是傳甚簡略。

清陳鼎《東林列傳·黃道周列傳》 該書康熙間已有刻本，但年份不詳，故今權置於《殷頑録》與《明史》之間。該傳多録有黃道周文章及邸報、實録爲據，且所述較詳，頗可補其餘譜傳之略。

《明史·黃道周列傳》 《明史》定稿於乾隆四十一年（一七七六）。雖然康熙間萬斯同以業師黃宗羲《續時略》等參修《明史》，但該傳終究大不同於《明儒學案》。傳中亦不免存在十八處訛誤。

清汪有典《史外・黃相國傳》 該書有乾隆十三年（一七四八）王又樸序文。門人范允袋《凡例》有「本朝崇獎節義」語，並説《明史》頒於學宮時汪有典曾據以校訂，故定稿必於乾隆四十一年稍後。從内容看，還參用《東林列傳》等。

清陳壽祺等《重纂福建通志・黃道周傳》 雖然陳壽祺充該志總纂，而且逝於道光十四年（一八三四），後由魏敬中繼任總纂，於同治十年（一八七一）刊成，但是鑒於陳壽祺編過《黃漳浦集》，所以極可能對該傳給予特别的關注。該傳頗詳，並頗有文獻之徵，然而亦不免有三十條失察之處。

清徐鼒《小腆紀傳・黃道周傳》 道光三十年（一八五〇）作者充實録館纂修官，得睹舊敕諭等，並廣搜載記，撰成《小腆紀年附考》，遂草該書，故頗翔實，惜未就而卒。子承禮，遵奉遺囑，得傳以禮、魏錫曾之助，續而成之，並於光緒十三年（一八八七）梓就。然亦不免傳訛二十六處。

以上十九篇傳記中，最有價值的當推《黃道周誌傳》《黃子傳》和《東南紀事》本傳；其次當推《國壽録》後稿「論曰」部分所述與黃道周、鄭芝龍的交往，及《明儒學案》的評論等；　餘者所述或略具一家之説，或已見於《黄漳浦集》、年譜，或沿襲其他傳記，甚至以訛傳訛。

此外，尚有三類前人所撰黄道周傳記，本書棄而不取：（一）沿襲前代傳記的。例如清抱陽生《甲申朝事小紀》、陳衍《福建通志》，它們分别照抄《東林列傳》《重纂福建通志》。又如光緒《漳州府志》沿用《二希堂文集》。（二）名曰傳記而實屬雜録的。例如明萬應隆《三峰傳稿》等。（三）近人所撰的。例如李鏡池《黄道周傳纂》、蘇雪林《南明忠烈傳》本傳、鄭貞文《閩賢事略》本傳等。

實際上，無論年譜或傳記，囿於體例與見聞，皆不免疏訛，欲詳盡體現黄道周生平，莫若盡取其本人與其他當事人的手跡、文集、學術專著、筆記，及檔案、邸報、實録等，但是這些純粹意義的資料繁不勝收，而且不在本書之例中。

本書校勘，盡量取佳本爲主校本。除進行對校、本校、理校外，還做了他校。他校包括引述、傳刻之誤，然而凡引文有所增删改寫者不予出校。凡各年譜或附録之間所述内容有所差異，但與事實不相違者，不予出校；　難以確證的重要事實差異，酌情予以出校。凡形訛字、避諱字、異體字、古今字、俗字等，及底本標點之訛，俱逕改之。凡底本中舊式標點，均改爲新式標點。底本中舊、新標點有些雖無破句問題，但爲本書標點風格的統一，也做了適度調整。《校勘記》中，凡稱引某書傳主事迹出處，皆循通例簡稱爲某書「本傳」；凡各書文中相似的訛誤或異文，校勘的詳細内容述在首見之條中，在後見之條中僅標明詳見某書文某條。洪譜、莊譜中的段落，一仍其舊。附録各篇傳記，一律不分段。傳記作者，如查繼佐、黃宗羲、張岱、屈大均、林涵春等，皆黃道周同時人，故本書皆視作明人。

本書先蒙中華書局馮惠民先生（後調至書目文獻出版社）等的厚意，列入中華書局《年譜叢刊》，並經中華書局胡宜柔先生、朱振華先生多次審閲指教，擬交付排印之時，不巧適逢《年譜叢刊》暫停出版。這時，幸蒙福建人民出版社李瑞良先生、祝閩影女士、林斌先生不棄，願予出版，並同意在原校勘記中增入史實考訂的内容。李瑞良先生、祝閩影女士、吴錦通先生還對新稿的體例、内容、文字表述等欠妥之處予以反復認真細緻的教正。對於以上各位先生的支持和指教，我們謹此致以誠摯的謝意！

書中疏訛之處，敬請大家指教。

點校者

年譜

黃子年譜

〔明〕洪思 撰　〔清〕曾省　林廣邁　林廣穫 校*

明神宗萬曆十三年乙酉二月己卯九日庚戌丑時，黃子諱道周，字幼玄，一字細遵，號石齋。生於銅山之深井〔一〕。其先有侃介公宗德。侃介公生肅毅公世懋。肅毅公生青原公嘉卿。青原公生子。青原公是夜夢有執金斧擁神人而至者，故子生，青原公喜其異人也。然則子雲之學，蓋取諸嚴君平；仲淹之學，蓋取諸關子明；堯夫之學，蓋取諸李挺

* 卷首職銜名原作「門人龍溪洪思浩士述，後學龍溪曾省、林廣邁校刊」。本次點校者據原刊本卷末職銜名「後學龍溪林廣穫重校」，及林廣穫《書後贅語》改。曾省等人校記，原係眉批，本次點校另輯作〔附録二〕《洪譜道光本眉批》。

之；子起於海濱，其學獨無所取與？曰：甚矣，子之善學也！子在白屋時，鄉之先生，則有若觀察鄭公諱懷魁，字幹思，若方伯薛公諱士彥，字道譽，若大夫林公諱茂桂，字德芬，皆時下白屋而從之游。他日，子過鄭公，叩其扉，鄭公方取器而量晷，舍而出，揖之道左而入。子身負粗布之衣，大布以爲冠，岸然而趨，揖而上坐。茶定，鄭公乃舉似曰：「若知北極有處中天否？」子謝不知。「表影有處倒南否？」子又謝不知。「日出入有非卯、酉否？」子又謝不知。鄭公嘿然，與談文史而别。子歸，恨不食也。又二十年，子在榕壇，因靄然念鄭公也，謂門人曰：「吾見鄭公歸，夜持竹几坐中庭者二年，乃知南北中分、陰陽盈縮之故，以非鄭公授我誣也。」甚矣，子之善學也！

十七年己丑，黃子五歲。入小學而慧。授《論語》，黃子曰：「聖人只教人以讀書，有子何教人以孝弟？聖人只教人以老實，曾子何教人以省事？」問之授者，授者不能答也。

十九年辛卯，黃子七歲。授《綱目》矣。青原公至自榕城，〔二〕負《綱目》一部，歸而授之。黃子讀之，數月不出户，自是知古今邪正之辨，與王道之大也。

二十年壬辰，黃子八歲。好觀六經之文，雅不樂於俗也。每喜挾册而游，振衣於漁鼓溪之上而樂焉，乃從其里人〔三〕講業於此，求之六經，遂盡六經之意，三年而能屬文。

時走孤峰，蔭長松，便躊躇不能去。然則古人志趣高遠必在於妙年乎？曰：「何夫子之似周茂叔也！」茂叔十三時，里有小亭在溪上，蓋濂溪也，茂叔常釣其上，吟弄風月，至今父老猶能言之。

二十五年丁酉，黄子十有三歲。師如平和，〔四〕過王文成公廟而歎，見其湫側，爲之徘徊乃去。既三十年，四明施公爲漳海守，始改其廟貌，移之於東郊以請。子聞之，喜曰：「以祖功德，禮也。」於是爲之碑。因歎其學被於天下，高接於陸家，卑入於佛者，今天下爭辯之。然漳海自紫陽以來，垂五百年矣，已久淫於二氏。而平和獨以敦樸無詖邪相靡，學士篤於經綸，豈其山川雄駿苞欝使然？亦賢人所治，諄諄講道德之力，昌黎所謂「民醇易於道古」者乎？子乃入其廟而歌曰：「折瓊枝兮擣瓊糜，〔五〕思君兮中阻飢。揚靈鼉兮播靈旗，矯欲來兮何期？大江横兮大嶺絶，射朝曦兮馬當發。招余弓兮雲中，遺余佩兮木末。雖無德兮心所知，曾昔來兮安足辭？露所生兮雨膏之，菊有風兮蘭與吹。追鄹車兮抗嶧馬，上天兮下土。不同時兮安得游？登君堂兮不得語，耿徘徊兮中夜。」令諸生歌之，以爲迎送神之曲。子已而悲曰：「得毋以爲楚聲乎！」

二十六年戊戌，黄子十有四歲。始見名山也。聞羅浮二山其間有神人居焉，上多明砂、曾青，每欲往。於是因母黨之宦者往。至博羅，聞有大夫韓公，其人好士而家多書，徑詣之語。既入羅浮，振筆作《羅浮山賦》，筆無停輟而多奇字。韓公大驚，邀與其子處，遂主其家，且得觀其書。韓公與之一馬、一童子。自是長騎入羅浮矣，尋所謂朱明洞者，疑其中有異人，時時長嘯以呼之。常策馬渡水，水驟泛，人、馬皆溺而去，博羅之人追之可里許，然後得之水邊，不死，黄子亦病。博羅之人以爲神異也。

二十七年己亥，黄子十有五歲。在博羅。有貴族以女議配者，子辭之。於是博羅貴顯之家，愛其名士也，爭欲昏之，黄子雅避之，乃歸。《詩》云：「豈其娶妻，必齊之姜？」「豈其娶妻，必宋之子？」衡門之士，亦多有所不敢娶也。

二十八年庚子，黄子十有六歲。髫年即有四方之志，游羅浮、崧臺、匡阜。〔六〕所至，無不下榻虚左。

二十九年辛丑，黄子十有七歲。治律吕。

三十年壬寅，黄子十有八歲。作《疇象》。

三十一年癸卯，黄子十有九歲。秋七月，子獻時事策以干藩臬，不用而去。

三十二年甲辰，黄子二十歲。之平和，居大朋山，所謂大峰山也。春，欲往闕下上書，不果，夫子知王道難行也。河汾二十而學成，慨然有濟蒼生之心，游長安，上書文帝，談王道也，召入，見而不用。伊川二十而學成，慨然念蒼生，游京師，上書仁宗，亦以談王

道也，乞召見，不報。夫子知王道難行也，況欲以白衣之士，一日一出蓬户，談非常之功動明主乎？本朝有陳剩夫。〔七〕

三十三年乙巳，黃子二十有一歲。復游於粵。

三十四年丙午，黃子二十有二歲。子耕於銅山之下〔八〕，以事二人。時負米歸，則與其兄把鋤，必十指出血也。暇乃退於長松間讀《易》。常與其兄講《易》大石上，有虎出其下，因謂之曰：「吾兄弟在此談經，爾亦來聽邪？」虎乃弭伏而去。自是移其家於漁鼓溪之上，避族人之難也。子亦不復遠游矣，始卜築於此以爲精舍，雜樹芙蓉、丹荔、龍目、修竹以居，然日益貧寂，而益讀書不衰。

三十五年丁未，黃子二十有三歲。夏四月，丁外艱。念其親侘傺不能自直，負奇以死；又值艱難，委命於空山，親戚乖離，無以自振，窮至不能爲喪，雖欲自比湘纍，又何過焉？嗟哉已矣。古有賢士失時，窮止其身，辱不逮親，以視道周何如者！子乃走數十里外，告其友。其友賻之金歸，且哭且奔，而且踴也。

路而遺其金，反十里而尋之。有一野人守其金不去，曰：「此必鄉者孝子所遺也。」望見子跣而被髮，呼天而來，逆謂之曰：「金幸在於此，老夫懼所需之亟也。」子乃下拜，然後敢受金，以謝野人而去。故憂愁憤鬱而續《離騷》，賦作《離疚經》。既殯，作《九戾傳》。南海黃公應舉爲漳浦令，初校士，得黃生文，置第一。黃公心異之，以爲其人必魁岸而多髯，如平津牧豕時，〔九〕少者亦不下如長沙，亟欲見其人。及召諸生，倉皇問衆人：「黃生安在？」知其有喪，乃徐詢其狀，蓋二十許人，數繫策往來山間，時時游數千里外。黃公又大異，以爲彼所謂仲蔚、子平之流者乎。趨五掾召子，數日乃至，果白衣冠，揮涕而入，偃蹇不拜，大聲言：「生命數奇，既不能事吾父，又安能事長者？」遂趨出。黃公益大異其人。浦中薦紳先生皆謂得異人也。子性不嗜貴人，惟世其家糠覈藿萁耳。然黃公數念其貧，問子有所言，皆曰無有。乃問撰結何若，子亦曰無有也。既乃隕涕，出其袖中書，文如《離騷》也。黃公見之，泣曰：「余亦幼而孤，而黃生如此者，其才使之然也。余視生類有道者，千古而下，多生知者。〔一〇〕余未敢自爲知己也。」而其相值，則既如此矣。時讀數行，黃公不覺涕泗之橫集也。

子始入州府，主張紹和家。於是黃子之名震浦中，司徒盧公與大夫林公爭識之，日遣籃輿以迎子於海也。已而徵君張公與子遇於浦中，甚樂。張公歸蘭水，見太史高公，遂言之，而相嗟賞。高公恐求子而不得也，日移書以迎子於浦中。子喜張公以孝廉不應公車，而家多書，始入蘭水，遂主其家。高公見子十日矣，履不敢先也。子雅好獨居，日未嘗離衣冠。張公亦不敢爲宴見，遣其子弟日作肅，時出商略上下耳。常深夜過之，必見其負衣冠，左右圖書而坐。如王勝之乘月過邵堯夫於深山時，蓋張燮也。

子講《易》於漳上，居無何，蘭水之人，或以爲黃子達者。少宰蔣公，始見子而問《易》，子與之略談《大畜》而別。於是蘭水之人聞之，往而問《易》焉。〔一二〕

三十七年己酉，黃子二十有五歲。服除。奉母居浦中。娶林氏，復居浦之東郭。子每自謂：「吾生世未二十載，三移其居，皆以枳棘爲桑土，然且甘之，亦已適矣。」秋七月，子赴省就試不遇，返渡釣龍江，舟覆溺水，恍惚如夢，遇有一人導之前行，至一殿甚宏敞，榜曰倪黃，復導而出，出乃泊岸，衣裳盡溼，子大異，而姑識其事。天啟壬戌選館之夕，倪鴻寶亦夢之。比揭榜，倪第一，而子第二。兩人各述所夢。遂交相得。

子家於東皋，蓋浦中也。黃子既免喪，乃奉母青原夫人廬於東皋以居。後門人所築爲明誠堂，今爲黃子祠是也，紹宗二年所賜表文明書院。

子作《易本象》凡八卷，亦以深明天人之際。然黃子猶謂未足以盡《易》，不欲存，以屬門人張若化、張若仲存其草於山中，令勿傳。自《易象正》作，而後門人以《易本象》附其後。

子推律吕。黃子觀李文利書而歎，病其疏矣。子少時常推李文利之律而用之，今復推之於東皋之上，知其不然也。子乃求之《史記》伶州鳩、管夷吾、左丘明而律正，然後黃圖之二十有四律出焉。然則子之律何取之？曰：子之律蓋取之曆與《易》也。吾觀子之推律也，尺有二寸，分之以爲二宫，上宫以爲陰，下宫以爲陽，始於黃鐘之陽八十有一，終於黃鐘之陰三十有九。嗚呼！有律以來，秦人或以黃鐘之陰爲黃鐘，漢人或以黃鐘之陽爲黃鐘，故本朝李文利及鄭世子諸家，皆因《吕氏》《淮南子》以三寸九分爲黃鐘矣。至於子，始以爲不然而正之。然則京房如何？曰：京房之律有六十，萬寶常之律有八十有四，錢樂之之律有三百有六十，而子獨以爲京房精微也，謂其猶有古人之法存焉，然皆不如一律之各有一百二十分，〔一二〕與一律之各有上下宫。嗟乎！禮樂之壞既二千年，必有達人起而整頓之乎。

三十八年庚戌，黃子二十有六歲。或時來郡中，諸先達競延致如素交。子在鄴山時，常語門人曰：「後生近前輩，最爲有益。」

三十九年辛亥，黃子二十有七歲。是時，邑試張公、郡試閔公，皆以子爲第一。

四十年壬子，黃子二十有八歲。始補博士弟子。時學使張公得子文及《一歲寒暑之候論》，〔一三〕大加玄賞，遂拔赴棘闈。

子入省赴秋試，下第以歸。

子教於東皋。黃子謂門人曰：〔一四〕「此道寂然，今當於深山之中遇之也。城市之中，雖復哀呼，〔一五〕無可告者。昔者孔子順見公孫龍，曰：『不説非馬，即以爲師。』公孫龍謝之曰：『我無非馬，更無教處。』嗚呼！僕生平放浪，言若雌風，恐不足以頓轉人心，今舍數行帖括，更無教處，徒使人厭耳。」然則當時有銅山陳子士奇者，門人所謂西陳；有銅山陳子瓚者，門人所謂南陳，〔一六〕非帖括之徒與？曰：子之學興，先問業於其家者，唯海邊西、南陳耳。子蓋喜其貧而親之。入則與子共硯，出則與子共衣，夜則與子共被，日則與子共取柴水。子每爲之歎曰：「可以援干而舞者，西陳之才；可以曳屣而歌者，南陳之器。」其事於子也最久，故皆篤於忠信，以澤於仁義之言甚深。既成進士，及在朝廷，惟一意報主，以名教爲己任。西陳開府於三巴，南陳監軍於長沙，皆以不屈而死於賊甚烈。今行人過銅山下，因以想見其當時從子講業於石齋之山時，必留之移時乃去，因呼曰：「此『三忠臣石』也！」然則海邊而多賢人，何也？曰：〔一七〕又有銅山孝廉劉子善懋之清夷，〔一八〕與丹山孝廉張子若化、進士張子若仲之静温，在盛明之世皆不樂仕，無一日不以山居自娱，人皆曰：「此國之顔子也。」門人歸之仁，以張、劉稱。

四十一年癸丑，黄子二十有九歲。子始杜門於東皋。杜門莫盛於漢人，然則袁閎、陳咸，將以避世也，故杜門；而黄子將以著書也，亦杜門焉。何也？曰：人豈有不避世而可以著書者乎？子杜門時，其旁鑿一竇，惟問業者得入焉。戒門人曰：「人苟有近於勢利者，則君子必避之也。古人讀書，入山必深，入林必密，奚但杜門乎？」自是實之內，非問業者不至。然黃子少已著書數十萬言，以明天地之道、帝王之義、萬物變化之紀，皆一本於六經，而世猶或非之，以爲今之人未可以語此也。時復卑貶其論，欲與世爲通，比之以滑稽，又澤之以藻采，然而子不樂也。是以杜門益著書，以尋六經之緒。

子作《太咸》，以形聲色九九相推，各得七百二十九；本《河圖》曲折之勢，兩其陰陽，以六因之，盡萬物之用。然大要與《太玄》同摹，其所差者，謂元會運世，與歲月日時約略相等耳。

四十二年甲寅，黃子三十歲，作《詩表》。

四十三年乙卯，黃子三十有一歲。之粵，講業於潮陽，以太守詹公諱佐雨之招也。詹公聞黃子其達者也，發一掾以幣迎之漳海之濱。至州郡，令其子而問業焉。子一日念欲見青原夫人，不告而出，詹公追之，遣一掾以幣送之，乃歸。子歸未幾，遂赴秋試。是科典閩中考者，爲來公諱宗道及姜公諱性。舉於省試，擬第一人，以違式聞。二公乃出見子於旅次，皆曠舉也。

四十四年丙辰，黃子三十有二歲。杜門作《詩撰》《春秋撰》，以應人之求。

四十五年丁巳，黃子三十有三歲。杜門不出。有問字者，皆從實中往來授業。

四十六年戊午，黄子三十有四歲。是時學使岳公諱和聲抵漳校士，拔子第一。乃與之探討羅文質公、李文靖公，極論喜怒哀樂未發之旨，時岳公爲之爽然。

子講學於榕城，以學使岳公之招也。秋八月，子舉於鄉第七人。

十一月，子如京師，作《逆流序》。

四十七年己未，黄子三十有五歲。自京師歸。復杜門於東皋，作《三易洞璣》。有書與門人曰：「騎驢載道，淒風烈日，計六千里，幸以皮骨歸見老親。雙鬢之外，四壁自如，窮於昔日。」又有書曰：「僕自兩年來，日市數升米，或一二斗許，雖苗魚薑蕨，莫之敢問。自計爲諸生時，未常至此。今無可奈何耳。貧何所不樂？但令老母日憂朝餐，殊非人理耳。忍此過後年不知如何。」

光宗泰昌元年庚申，黄子三十有六歲。復杜門作《三易洞璣》，未成。晝測治忽，夜測星漢，楗户無外交。有書與紹和云：「某寡特之士，〔一九〕與六親澹泛，自以一身飄泊塵海，獨守廬舍，似無人聲，動二三月也。」

僖宗天啟元年辛酉，〔二〇〕黄子三十有七歲。是秋如京師，蓋公車也。

二年壬戌，黄子三十有八歲。在京師始成進士。同考順天試者韓公諱日纘得子之文，〔二一〕異之曰：「此必福建黄子也。」子爲庶常時，魏璫虐焰方熾，文湛持諱震孟、鄭崟陽諱鄤與子約同盡言報國。湛持請以身先之，死而後繼之。子疏稿已具，既而弗果上，故子後有疏云：「鄭鄤者，天啟時與臣同爲庶常。鄤與震孟，後先抗疏。臣以迎母且至，三疏三焚，鄭鄤常以爲怯。」

三年癸亥，黄子三十有九歲。迎太夫人來京師就養，而孺人林氏侍太夫人至嘉興病卒。時周忠愍公諱起元方巡撫姑蘇，經紀其喪，更遣人護太夫人至京。及丙寅歲，周公以忤璫被逮。按子與友人書曰：「吾母聞綿翁之變，涕泣闌干，至爲婢兒所笑，母乃愈泣，繼之以詈。今想此懷，猿腸盡絶耳。」

四年甲子，黄子四十歲。初散館，授翰林院編修，與修國史實録。請使朝鮮。

五年乙丑，黄子四十有一歲。子曰：「乙丑春，余在長安，與劉御史其忠隔一邸舍。予既以講筵獲罪，御史用劾魏璫杜門，雖咫尺不相往來。既逾月，御史以甘肅差去，余用侍養歸。未移時而禍發，所不見血者，劍首之縷也。」夏四月，請告歸里。秋七月，至家。冬十二月，葬青原公於北山。因結廬其下，躬自負土成墳，勒先人行事，銘於屏石。每書，輒簪筆以拜，一字一拜，拜畢而後書。文皆從古，如三代以上碑。〔三〕復立小石屏於墳後，曰「青原玄石」，背勒三十五字，語同古讖，不可解。次及墳庭，亦取青石員砥之，著《河》《洛》正變之文，宛然地上。經營數年然後就。常曰：「吾茲墳域，上下數之卦變俱全，後世誰復有能知之者？」

六年丙寅，黄子四十有二歲。春，娶夫人蔡氏。越兩月而太夫人卒。子水勺不入口者五日，勑斷外事，依依北山，不見津顯，不與宴會，不作詩文。

七年丁卯，黄子四十有三歲。時海寇方亂，摽掠肆行，遠近爲墟。子獨營墳不輟，諸寇亦相戒無擾。臘月，乃葬太夫人於北山。

毅宗崇禎元年戊辰，黄子四十有四歲。八月，淡墨已除，甫親筆硯，有《援琴賦詩示諸門人》，〔二三〕又《同諸生出墓側談經》。〔二四〕

二年己巳，黄子四十有五歲。《三易洞璣》成。冬，辭墓出山，過南巖，偕張紹和鑿山，信宿而去。至建安，知遵化已破，〔二五〕羽檄徵師，驛道騷然。

三年庚午，黄子四十有六歲。至信州。建德溪中，探邸報不至，繫纜數日，登釣臺諸峰。元夕，泊桐君山，携酒與桐君對酌。至臨安，聞良固破，有檄止十道師，爲之愀然。至毗陵，見鄭崟陽於家。將渡江，聞都門戒嚴，驛騎留滯，乃單車就道，寄家鄭園。至儀真，還向毗陵召家北上。夏四月，入都。未幾，出典試浙江。子在棘闈，每晨起，焚香堂上，同諸臣北面再拜，而後閱卷。事竣還都，逢《神宗實録》成，晉右春坊右中允。是時，督臣袁崇煥以誘殺毛文龍抵罪，詞連舊輔錢龍錫，並逮詔獄，廷臣無復言者。子乃中夜草疏，排閶叩閽，略曰：「纍輔所坐，爲罪督攀緣耳。督臣受劍制閫，令有事得撫閩臣語爲質，則是綸扉之内割邊牆爲殊域也。且陛下御極以來，輔臣獲重譴者九人矣，一代之間有幾宰輔乎？當堯舜盛時，岳牧舉鯀，貽禍滔天，未聞岳牧繫纍煩皋陶之聽也。人臣事主，自當以堯舜爲師。倘罪輔猶可贖，臣請輟清華，歷疆埸，約束東江，收拾遼、廣，誓得一當，以爲纍輔減千一之死。」時臘月十三日也。疏奏，天子疑爲詆毀曲庇，着令回奏。三奏而疑未釋，待命四十日。

四年辛未，黃子四十有七歲。春正月十九日，子回奏三疏始下，降三級調用。禮科又吹索浙閩事，數次不已。子遂更三疏乞休。同官倪公諱元璐抗疏，稱子爲古今第一詞臣，願以職讓子。子因屬之以詩，其《序》曰：「文網未釋，乞休爲勞。倪鴻寶特疏見白，爲詩言謝，非乖叔向引誼之情，未殊孟博避咎之旨也。」夏五月朔，上以久旱，步禱南郊。十三日，釋舊輔錢龍錫。子乃賦《大解網》之詩。乞休之疏，旋於後十一月廿七日下矣。〔二六〕臘月，舉一子，親朋畢賀，蓋長公子麑也。

五年壬申，黃子四十有八歲。春正月，束裝將行，有《放門陳事疏》略云：「臣自庚午正月携家北上，今又正月，間關南旋。往還冒難，首尾三年，在朝班不上三十日，食俸米四石五斗，罪過山積，僅餘骸骨，恐一旦溘然，幸及殘喘，冒昧吐之。臣自少學《易》，以天道爲準，以《詩》《春秋》推其運候，上下載籍二千四百年，考其治亂，百不一失。其法：以《春秋》元年己未爲始，加五十有五，得周幽王甲子。其明年，十月辛卯朔，日食。以是上下中分二千一百六十年，内損十四，得洪武元年戊申，爲大明資始。戊申距今二百六十四年，以《乾》《屯》《需》《師》別之。三卦五爻，丁卯大雪，入《師》之上六，是陛下御極之元年，正當《師》之上六，其辭曰：『大君有命，開國承家，小人勿用。』自有《易》辭告誡，未有深切明著若此者也。凡《易》一卦直六十七年零一百五日，一爻直十一年零七十七日有奇，今歷十分之四矣。臣觀陛下開承，應『大君』之實，而小人柄用，懷干進之心。〔二七〕在陛下，以大君之哲，可制小人而有餘；在小人，以干命之才，可中大君而不覺。臣考自丁卯大雪至戊寅春分，凡十一年零七十七日，皆在《師》上六『勿用』之防，誠不可已。臣病久，援筆氣絶，乞念垂往之言，並依例放行。」已復遵旨再奏。以「濫舉逞臆」削籍爲民。

春二月，掛冠出都門。自濟寧過兗州，至曲阜，上孔林，謁周文公廟。下昌嶧，徘徊九龍山，孟林在焉。子各繫之以詩。乃買舟至留都，寄家城隅，自僦小舟，泝江而上，遂歷黄山、白嶽、九華、皖臺、匡廬之勝。〔二八〕是秋，至餘杭，諸門人畢集，因築書院於大滌山。〔二九〕大滌山者，當餘杭之西，宋人所營洞霄宫者也，舊祀李伯紀、朱元晦二先生。至是，更加啟闢。子於是爲文以記之。然子自出都以來，自春徂秋，亦隨意放浪山水，東南奧區，十盡七八，曰：「何圖杖履，遂包斗牛之美？」是冬，抵墓下，誦陶詩曰「徘徊丘隴間，依依昔人居」，乃曰：「吾怪陶廬不在士行之側。」歲暮，復走南靖諸山，二鼓乃歸。明日，歲除，無以祀竈，偶友人餉二熟雞，子爲喜動色。過元日，親朋乃知子在，於是咸集。子曰：「如此熱鬧，不當與袁安燒火耳！」

六年癸酉，黃子四十有九歲。在北山，復治壙墓。

七年甲戌，黃子五十歲。自抵家守墓，諸弟子相從講論，皆在浦之北山。子談經之餘，適秋水曹公諱惟才敦請子發皇聖學。於是夏五月，子始即漳郡紫陽學堂爲講舍，定於四仲之月雅集課藝，因文證聖，隨所疑難，先經後傳，先籍後史，自近溪、敬齋而上，周、程、羅、李而下，不妨兼舉，以印身心，子自次所條答，爲《榕壇問業》。臘月，乃還北山守墓。

八年乙亥，黃子五十有一歲。夏五月，復會於榕壇。子蒞講席，有期之喪，腰經不除。張勗之瑞鍾請曰：「聞晦翁欲集《三禮大成》，有所未及；吳幼清論次稍定，又多所遺。吾漳素遵《家禮》，然期功之喪，亦鮮有持者。不知孔門諸雜記平居皆可詳說不？」子曰：「平居且勿暇論，然《三禮》詮次，極是學問中要緊，久已分類引伸，但日用疏淡，未能繕寫耳。」即以《三禮定本》付昜之，然尚未及刊布也。

子與諸友登天治巖歸，適漳郡地震有聲，時冬十一月三日己酉雞棲矣。或問：「《春秋》五震，始終於臣而中於君，大抵以爲陰盛也。今玄月伏藏而地動，其在於周則正月也，古有之乎？」子曰：「凡占者，〔三〇〕家不占國，郡邑不占天下，然君子痌瘝乃身，匹夫納溝，尚爲怵然，何況大地？劉向輒指郡國事爲正應，其義極疏。兄所言者，與劉向異指，自足稱耳。」語未究，而環命適至，子講席不輟。翌日，諸友叙别勸駕，子因酒酣發慨時艱，悲憤涕泗不已。亦會歲暮，復還山守墓。

九年丙子，黄子五十有二歲。時新奉環命將改荔衣，擬拜疏請告，稍謝朋從。會子誕辰，諸弟子請於宫庶蔣公諱德璟。蔣公就問業中拈十八條，推暢玄風，以抒嘉祝。子曰：「自某談論以來，風過樹翻，無人更看落葉。蔣公纔拈一枝，覺樹樹紅酣，山山碧戰。此處不發憤，那得樂來？前日爲誰開此罪過？」諸子云：「此問不從蔣來，不從諸生，卻自夫子生下帶來。」子憮然，請一一舉似，詳爲條答。子曰：「蔣公揚糠見實，初示聞道之艱難，末示成道之不易，叮嚀告誡於孔、蘧寡過之年，所以裁成垂引爲不少矣。」又曰：「任看山山樹樹，仍是老至倦來。一部《易》書，只是乾乾終日。」已而，有司敦促上道。子至秋盡乃發，〔三一〕臘月遂至京。

十年丁丑，黄子五十有三歲。正月朔，見朝。二月，分校會試《詩》一房，得士廿一人。夏四月廿八日，具疏乞休。凡再上，不允。五月，陞諭德，兼掌司經局。六月十三日，具疏辭職，自劾「臣有三罪、四耻、七不如」之語。冬十月，有《申明掌故》一疏。略曰：「『司經』名局，實無一書。東宫有日問：『誰司局事者？』何以對之？先臣邱濬嘗稱：『我朝著作，聖祖極多。』然當永樂時，召授東宫，惟《文華寶鑑》《聖學心法》《廣昭鑑録》《務本之訓》四種書而已。今四書傳本甚少，可發内本謄刷。由是推之，《書》中有二《典》、三《謨》、《洪範》《無逸》，《禮記》之中有《王制》《月令》《儒行》《緇衣》《坊記》《表記》《禮器》《禮運》《學記》《樂記》，《易》中有《乾》《坤》《文言》《上繫》《下繫》，《詩》中有《二南》《豳風》《正雅》《周頌》，擇此四經大篇鉅章，不過五六十帙，講官六人，人習十篇，錯於『四書』，以翼寶訓，在約御博，不及二年，而義類備舉矣。乞次第舉行。」有旨：「彙集進覽。」

冬十二月，陞經筵日講官、詹事府少詹事協理府事，兼翰林院侍讀學士，兼管理玉牒。復疏辭云：「臣自出山以來，期捐七尺、決頂踵以報陛下；必不可得，亦當有昌言顯行，裨益涓埃而去，決非爲改衣换帶來也。今既一載，寂無一語，臣之學術概可知矣。如臣者，但守原職，料理經書，俟其愳成，縱之巖壑自謂遇矣。乞改授蔣德璟、謝德溥二臣，使臣楗户稍完職業。」不允。

十一年戊寅，黄子五十有四歲。作《孝經大傳》。春二月，侍經筵，隨班召對。退而補牘云：「臣承清問人才。臣言人才如樹木，霜雪摧殘之後，須勿折其萌芽；又譬養火，亦要積薪。臣以餘生親見堯舜，無復一語可佐纖塵，則亦無用讀書爲矣。臣懲艾已深，捫舌日久，豈敢重干嚴旨，以自取戾？然私計天下人才，如鄭三俊、姚希孟，求其影似，未可多得。皇上誠愛士，莫如愛已成之士；誠理財，莫如理有式之財。當兹衆涣之時，幸弘孚萃之旨。」時十有二日也。至二十有三日，旨下，以子「偏私」。再疏，又以爲「支飾」。子自知不容於朝矣，第以數書未就，不欲遽去，乃復奏曰：「臣生逢聖主，不能質直自將，學求事君，又蹈迂疏之失。惶遽之下，追尋前草，已自盡焚，不能復憶。惟憶所述失體，援筆莫措。昔魏徵在帷幄十七載，奏疏數十萬言，無一忤旨，亦未能比績皋、夔；真德秀立朝僅一月，條陳百餘事，無一紕漏，亦未能差肩王、魏。臣在詞林十七載，已同魏徵之年；立朝十四月，更逾德秀之數，章未十上，〔三二〕而迷繆頻仍，瑕釁山積。欲以仰贊高深，希踪去昔，〔三三〕良亦難矣。臣自揣草野之資，終非法物，束身席藁，以待褫斥；倘念纂述未就，寬假數月，是臣望外之恩，未敢自必。」三月九日，得旨不究。然子蹊是諸疏草皆命曰「焚草」也。

夏六月十八日，又因隨衆召對，與上論清任、和仁、明武，復補牘云：「臣有感事三疏，厄於時會，不能自達，死有餘耻。」按子三疏，一論推督臣不拘守制，〔三四〕一論宣大督臣奪情，〔三五〕一論遼撫臣議款。〔三六〕其論推督臣者，〔三七〕謂：「宣大督臣盧象昇，父殯載道，請近撫臣權攝，忽有並推在籍守制之旨。夫使守制者可推，則是聞喪者可以不去也；聞喪者可以不去，則是爲子者可以不父，爲臣者可以不君也。陛下以日月輝氣，尚下詔引躬明示以『君臣父子皆受於天，禮樂刑政所從出』，〔三八〕而人臣以哀毁不祥之身，決裂馳驟，玷陛下仁孝之治，是不宜使天下四夷聞且見之也。嗣昌在事二年，才智備覩矣。更起一不祥之人，與之表裏，指鼂指鼂，説夢捕風，猶狼狽之獸，倚肩俱走，無從施其鞭策，又何益於負重乎？」其論督臣奪情，〔三九〕謂：「臣不知陳新甲爲何人，然聞其丁艱未終制，又聞其走邪徑、托捷足。天下即甚無才，亦未宜移借及此也。凡論人才，觀其所難，批龍鱗難於履虎尾，冒斧鑕難於冒鋒鏑。今諸負氣直節敢諫之臣棄不録矣，而欲使軟美容悦者叩頭折枝以建非常之功、垂不世之業，豈可得乎？臣所纂數卷書，已移月可畢，筆札干楯，均爲報恩。天下即無人，臣願解清華以執鎖鑰，何必使被棘負塗用此不祥人以玷皇化哉？〔四〇〕方今熒惑漸次箕、尾，是爲燕分，十月交，當南斗口，〔四一〕是雖有道所不談，然思患預防，聖人垂戒。新甲崎嶇秦、蜀，載道赴宣，度須百日。盧象昇以煢煢歸説之身，待其遲遲援琴之道，所謂乞河神以濡突火也。語曰：『奔車無仲尼，覆舟無伯夷。』臣雖不才，受皇上殊恩，猶將安轡奔車之間，振衣覆舟之下。」其論遼撫臣款疏，〔四二〕謂：「臣接得遼撫臣方一藻揭帖，援俺答故事議款，臣不覺爲之頓足投牒於地。陛下勵精十餘年，思以堯舜之化被四海，而諸臣無能出一死以紓主憂，此不待有志之士爲之注弓而鳴鼓也。且如遼撫之説，謂款成即可撤兵以討流寇，毋論款必不可成，成必不可久；即成矣，久矣，以視寧、錦、遵、薊、宣、大之師，何處可撤者？方今上天告災，星象垂警，國家大事宜以實示羣情，毋以文稽衆論。樞、邊諸臣，欺罔詭閲，啟侮取羞。惟陛下慨然發樞、邊諸疏，衆正其罪，毋使事成禍積，異日不可復悔。」三疏遂同封以進，時秋七月初三日也。至初五日，上持三疏不下。子疏言嗣昌爲本兵時，兵革之事情可奪，今政本風化之原不可奪。上乃召對羣臣及子於中左門首，〔四三〕召六卿，各問其當行。事畢，及子，謂：「疏發於枚卜不點之後，似有爲。」子言：「臣爲綱常計，不爲一己計，是以自信其無所爲也。」上終以爲非。子力言非私。上曰：「三疏不上，有何時會爲厄？」曰：「臣以同鄉林蘭友、何楷有疏，恐涉嫌疑耳。」上曰：「如今便無嫌疑耶？」曰：「今日不言，後將無及。臣之有言，臣不得已也。且臣如緘默，亦可濫叨升斗，但所惜者陛下之綱常名教。」語未畢，楊嗣昌出言：「臣請言綱常。君爲臣綱，父爲子綱，君臣還在父子之前，臣父臣母皆無所逃，臣又逃於何所？」嗣昌又言：「鄭鄤杖母，道周推之，何不言綱常？」子曰：「故事，言官論執政者，出聽對仗讀彈文，義當迴避，使人盡言。臣雖非言官，未有大臣跪在上前爭辯，不容臣盡言者。」嗣昌乃謝非體，請放歸里。上以温語留之，令嗣昌起。子言：「臣素耻言人過，今爲陛下存人心而已。」上曰：「汝無端污蔑，彼豈得不辯？」子言：「臣二十躬耕，四十負土，誠不忍見奪情之事。」上曰：「如此，汝又何言不如鄭鄤？」曰：「匡章棄於通國，孟子不失禮貌；孔子自云辭命不如宰予，臣亦謂文章不如鄭鄤。」上曰：「汝言不如鄭鄤，是朋比耳。」曰：「衆惡必察，奈何迫於權勢，使陛下不知是非之實。」上曰：「陳新甲素達軍情，汝又謂其走邪徑，豈朕一不知，只聽人競營耶？」曰：「凡人心正則行正，心邪則行邪。嗣昌以己奪情，又推新甲，呼羣引類，使成奪情世界，亦今日之耻也。」上曰：「許曦言鄭鄤罪狀甚明，小臣且有公論，而大臣反無，豈不可耻？」曰：「宋人惡李定不丁母憂，故賜孝子徐積粟帛以風之。臣如必救鄭鄤，則攻嗣昌，非所以救鄭鄤也。」然上故以子言有爲，欲箝子之口耳。子曰：「綱常名教，自是陛下之綱常名教。但今獨立敢言人少，讒諂面諛人多，不得不言。」上又以少正卯擬子，子曰：「少正卯欺世盜名，心術不端。臣心正行正，無一毫私。」上曰：「向以汝偏激，稍示裁抑。後聞操守，隨則賜環。前日奏對文字，才亦可愛，還欲用汝，不意如此偏矯恣肆。」上令起候旨，以免拿問。子曰：「臣今日不言，臣負陛下；陛下今日殺臣，是陛下負臣。」上乃曰：「平生學問，只一佞口。」遂令子起。子於是叩頭而起。已，還復跪請再論忠佞，曰：「人臣在上前，獨立敢言者爲佞，豈讒諂而不言者爲忠耶？敢爭是非、辯邪正者爲佞，豈容悅順旨而不爭辯者爲忠耶？」上曰：「朕非輕加汝佞，但問此遁彼，非佞如何？若論紅牌，轉換支吾當斬。」上復召羣臣，先自責，因言：「人心關於國運。近來諸臣，專黨同伐異，假公濟私，朝廷用一人便百端詆毀。律之以法當如何？虜寇易治，唯衣冠之寇難除。再如此者立置重典！」因令輔臣擬子罪。翌日，擬以「朋串撓亂」。時在廷諸臣，亦無更起而爭者。乃取前所奉命撰述《洪範》《月令》《儒行》《緇衣》，先呈進覽，然後去。

八月，調江西布政司都事。臨行，更上《乞休疏》云：「陛下憐臣孤苦，雖加創艾，猶畀俸錢，俾就一官，以圖報効。臣思此生祿養之榮，不及父母；頂踵之報，總爲君親。自賜環而賜謫，均非微臣之軀；由再死而再生，彌戴如天之惠。然而寸心易竭，九折難醫，自顧殘生，真無所用矣。臣素耻言貧病，又每日計勞而食。自去冬迄今二百餘日，經寒涉暑，手纂寫三十萬言，凡再易草，實無一刻之暇。不合感事，發其狂癡，旬日以來兩目就眚，加以體羸，嘔血盈掌。如此升斗，亦豈濫叨乎？臣通籍十七載，猶然書生；立朝五百日，未酬犬馬。倘淹忽半途，流播他土，將使千古上下不知陛下忱恂之恩、仁閔之澤。懇乞還山，以就醫藥。苟殘喘之尚存，何餘年之足惜？惟陛下察其真病真危，許其待痊待補。」不允。

是月，出都。發潞河五百里，登泰山絶頂，觀日作詩。是冬，至大滌，陳卧子、曹木上諸友，日奉杖履。將行，又爲諸友縶維三日。會倪鴻寶祭酒來自山陰，持邊信相示，悚然警聽，未忍絶帆胥江，長至後十日乃發。何羲兆、曹木上送至嚴灘。登釣臺，子蕭然感歎，乃作詩爲别，並寫《雙臺八松》，以識分手。

十二年己卯，黄子五十有五歲。復還山守墓。以前疏批旨有「朋串」之語，乃於石養山中，塋廬之下，别搆數椽，以列大雅，左曰十朋軒，軒不容嚧，壁間位置自管、葛、鄭、董，至梅、張、周、沈凡二十六人；　右曰九串軒，軒不容嚧，〔四四〕壁間位置自屈、賈、魯、李，至張、趙、李、馬凡三十人。

十三年庚辰，黄子五十有六歲。在北山守墓。誕日，題門曰：「殘生餘年，死不受弔，況受賀乎！」客有自浦至者，閽人輒辭去。唯諸同人至自漳，子令人延之别館，迨晚出見客，乃共列坐石上。子手自疊三石而坐，曰：「吾今此坐，雖安亦危。」有異僧至，子與坐對榻。僧一無所言，既退，惓然而歎。或疑僧有異，微言以諷之。僧曰：「火將動，今不幸外疏及之，禍且不測耳。」未幾而江西巡撫解公諱學龍以薦剡聞，而逮命下矣。子聞報，即於五月二十三日辭墓就道。時緹騎尚在南昌。子中夜出門，匍匐至水口，揮手作詩以謝同人，有曰：「臣罪如傾河，當於何者起？親朋但道古，〔四五〕引涕便不是。」至南昌開逮，諸子依依不去，欲同北上。子毅然麾之，作詩曰：「生離死別不可知，友道君恩已如此。」又曰：「斯文未喪應能來，湯花火花仍復開。」至碭山，道中遇警，身先緹騎，得過壽張。接邸報，薛以罪死，蔡尋廢卒。子乃於七月至京，〔四六〕緹騎以聞。中旨未下，而計部主事葉公諱廷秀毅然上疏，請以身代罪。葉公者，濮州人也，登第後，以魏璫故，不出。既補冷曹，與子未嘗一見。聞子就逮，號於曹署曰：「吾輩稱冠進賢冠，今名賢羅〔四七〕厄，忍坐視耶？」呼一曹不應，又呼一曹。呼已，繼之以罵。又復罵，又復呼。如此遍呼六曹畢，無一人應者。葉公乃上疏，請代子。而八月旨下，子與解公各杖八十，發西庫司問擬。越數日，而葉公之疏亦下，旗校索葉公，葉公曰：「吾待子來久矣。請入視吾居所有。」旗校隨入，見其左側置秘器一具，右陳全襲壽服。葉公曰：「吾老母已終世，又無妻子貽累，今日惟須公輩來一了事耳。」即隨旗校同往拜杖。監杖者聞之，曰：「異哉，千古乃有如此人！」葉公不行一銖一錢，諸執杖者皆眙愕不忍下，乃反輕於他杖者。既拜杖已，削籍回濮州。子乃就床簀爲詩以贈其行，有曰：「乳血在君親，霜露不敢侵。總此未墜生，呱啼亦古今。」實未嘗一識葉公也。〔四八〕子在獄中與門人書曰：「古人於仁義爛時自裹血肉，僕於血肉爛時自裹仁義。悠悠命也，誰爲談者。」子卧病八十餘日，抱足扶首，僅能起立。子以清苦聞於天下，諸獄役惟日奉紙札爭乞書。子爲書《孝經》以當役錢，書《孝經》一百二十本，各有贊義，本本各別，皆爲役卒持去，〔四九〕今已散逸不可復見。〔五〇〕著《易象正》，方開府仁植與子同在西庫，見子所著，輒觀玩不已。時子方草十二圖，未畢，忽錦衣着筐籃來徵子，子徐曰：「吾畫一圖完就逮耳。」役人不可，遽以子去，諸圖象翻播床下。既去，方公更掇拾藏之。時祭酒諸生涂仲吉，上書請代子，故徵子同對北寺也。比至北寺，械鞫四次。毒痛之下，指節纔續，又爲《六十四象正》。賦詩曰：「右手貫鑕左袖書，解鑕寫書尚帶血。」崑山諸生朱永明，時游京師，持百錢叩北寺門，將遺仲吉。入北寺，拜子於床下，請侍左右執爨。未幾，復過西庫。諸中貴人皆因朱生購子筆札，故皇上亦於宮中時時見子所書《孝經》，指曰沾名。初，仲吉之上疏救子也，通政施公諱邦曜駁其疏曰：「寬以俟之。」仲吉又上，施公又駁曰：「存此議論。」仲吉猶持上不已，施公召謂之曰：「吾與石齋先生交最厚，故不欲以過激僨事，若奈何更欲速之乎？」仲吉乃復出疏參施公。施公遂並二疏上，令仲吉自取保質，不則宜在城司候旨。右堂馬公諱思理告司，令一室與仲吉。旨下，杖一百，並究詰同謀指使。施公落職回家，馬公逮付詔獄矣。乃又追論葉公廷秀，復逮至北寺，同日對簿，諸君子纍纍然相望司廷，而未能相識。葉公乃前，俯而揖，問：「誰爲黄老先生者？」子卻就，謂之曰：「是其爲葉老先生矣。」葉公乃以次鞠身更揖曰：「斯當爲解老先生乎？」於是相與諦視唏噓，俱伏堂下聽質，蓋當時牽連幾二十人。堂司拷仲吉所繇指使狀。仲吉受榜掠，無異詞。問何人指使，曰：「某隻身萬里携孤心以上叩九閽，何容别受他人指使？必欲究所爲指使者，請剖臣肝以獻。」語聞，上頗心動。十二月，過請室。[五一]

十四年辛巳，黄子五十有七歲。在請室。十一月，刑部擬讞，子乃上疏曰：「今刑部定臣何罪，臣不敢辯，亦不敢知。然臣自計生平，無門外交游，無一介取與，鉛槧終年，不知馬足。即如丁丑三冬，至戊寅七月，所進三十六卷書，皆手勒再易草，則臣之不暇朋從可知已。」十二月，又疏云：「臣生於海隅，輕蹈狂瞽，然自戊寅降謫而外，未有過犯。直以撫臣例薦，萬里逮杖；又以諸臣申救，嚴拷數番。事出意表，非臣所料。憶臣曩昔召對平臺，惶遽之餘，進不擇言，拊心何極。然至於撫賊和戎之説，遺禍蒼生，臣猶自悔知之不盡，言之無力也。臣通籍二十載，歷俸未三年，今垂老髀消，與囚對泣，即欲洗骨滌髓，纂書自贖，誰肯信者？唯聖主仁閔，再加宥焉。」疏上，謫戍辰陽。[五二]解公、葉公、馬公，與涂仲吉，亦各分戍於閩，於楚，於辰州。

十五年壬午，黃子五十有八歲。春二月，出京，將適楚，取道至大滌。至白下，買舟將出長沙，時江北告警，桐筦騷然。〔五三〕或云：「南至臨安，涉富春，溯信州，從貴溪西流下臨、袁，不二千里可至長沙，省諸波濤之險。」先生曰：「嗚呼！予如擇地避險者，亦豈遂至此乎？」四月十五日，至西泠，與錢去非諸門人入禹航，僦青山船，入九鎖溪，至大滌山講堂。諸友先後至，剖析鵝、鹿疑義，復泛濫《易》《詩》《書》《禮》《樂》新故異同之致。先生曰：「周濂溪欲結廬溢江不果，謂潘興嗣曰：『三十年讀書，亦欲一濟蒼生。如果不遂，與子論道未爲晚耳。』嗚呼！司命在天，〔五四〕有待而營，何者不晚？華嶽、嵩少，俱爲豺狼之區，而大滌僅存，與朱、李木主相對，僕又當西行。賈、揚以爲顔、閔，景、宋以爲游、夏，不知五百年後誰復念此山，如吾之於朱、李者？」六月，至九江西林寺，定《易象正》，曰：「及吾在，不定此本，後世誰復能定之者？」環報至，先生猶以是書未完，留滯江渚。至江口，乃發疏謝病曰：「臣自去歲臘月解網以來，概於今歲仲春束裝就伍。自揣殘年無可報主，得子孫永世禦魑魅，保煙嵐足矣。酸楚間關，躑躅載道，至六月始抵九江，西望辰陽尚三千里。臣以摧殘老病，遂至委頓，無復生理。中夜揮涕，謂臣廬墓十餘年，乃不死於北寺，而死於江楚，命也。棲棲數月，伏枕蕭寺，人跡盡絶。十月朔日，有人從留都來，傳聖諭：『念其清操力學，尚堪策勵，准赦罪還職。』臣伏枕墜床，恍惚如夢，起設香案，匍匐叩頭，隕越階下。念自古人臣，未有迂狂賈罪如臣而得起於戍籍者也。臣少孤貧，長而傭書，今以老病，一絲未絶。臣思漢臣馬援病卧土窟中，開[五五]鼓角聲，曳杖延頸數廢，見者哀之。又如宋臣范鎮、劉安世，屬纊之時，猶以天下爲念。今臣未即死，而委頓如此，智不如葵，忠不如曝，自古儒臣亦豈有匍匐而就鵷行，扶携以酬馬骨者乎？臣幸逢盛世，遭明主，脱離罪罟，下就丘墓，擊壤偷陰，餘息幾何？惟愿陛下力行仁義，使流氛早靖，宗社奠安，臣雖朝夕溘就草露，猶與九原父母銜結無窮。」還至留都，聞解學龍、葉廷秀諸公尚未免戍，復上疏云：「臣甫離盆盎，不敢遽有籲呼，然廷秀病極，學龍垂老，皆以日爲歲，度日如年。陛下既以特旨赦臣，乞以特恩再沛臣澤，悉赦諸坐臣株連者。」疏上，赦免。先生亦以是月回家。何羲兆送子至桐君山，子乃爲文埘告朱、李二先生曰：「並不使桐老、嚴陵訾吾濡滯也。」

十六年癸未，黄子五十有九歲。居北山。春三月，子挈舟至蓬萊峽講堂。鄰侯山，舊稱蓬萊峽。余五月十日實始啟疆，[五六]乃扶筇上下，點定其處，令諸友得命意匠焉。未幾，復還北山守墓。

秋八月朔，《孝經集傳》成，子同諸門人就北山草堂具章服北面望闕五拜三稽首，又向青原公墓前四拜再稽首，乃於堂中置書案上，諸門人各受業焉。子曰：「《孝經》之書，戊寅起草，未經進呈，乃於九江綜其遺緒，以示同人。」

冬十月，《坊記表記集傳》成。子云：「宋淳化、至道間，嘗以《坊記》《表記》頒賜廷臣。今《禮經》備在學宮，而習者沿爲曲臺遺言，無繇知爲《春秋》義例之所從出，故復略舉大意，使相屬比，引伸觸類，以究其指歸。」又云：「是書起草於己卯之春，中間危孫，未及進呈，統俟賢達訓討删定，庶無乖馳焉。」臘月，出江東，登逃雨巖，墜崖，賦詩，因名崖曰捨身崖，又曰鳥道。〔五七〕

十七年甲申，黄子六十歲。春正月，有《在山乞致仕疏》，略云：「臣稟受窮奇，沉痾日頓。臣鄉又當寇攘。臣托居墓下，寄命松楸，一月數驚，未有動理。臘月，臣始決意出山，離墓下至江東，已百四十里，諸生相持登高臨遠，臣失足顛隕層崖二十餘丈，適墜石灰中，頂踵幸全，而左腕、右足困於庸醫，幾成廢疾。嗟哉！命也。臣生逢盛時，位登華貫，進多狂瞽，則有斧鑕之虞；退可棲遲，又有溝壑之患。臣死於溝壑，伏於斧鑕，則重傷明主之心；斧鑕得生，溝壑不死，又莫塞孤臣之願。所由者，持身不審，寡過未能。德薄則不佑於鬼神，數奇則取憎於造物。雖復招以弓旌，寵以綸綍，徒足生其災眚，覆其消受也。惟冀皇上擴覆載之仁，既以特恩起臣於斧鑕之下，再以特恩全臣於溝壑之中，臣茹草飯糗，與稚子里婦，播天舞地，誦德無極。臣力疾具疏。」

春三月庚子，明誠堂成。司李曹公及諸先生至。諸門人乃侍子謁先聖先賢。畢，乃請諸公祖父母。諸先生交拜畢，乃共更請先生。先生曰：「業從諸老先生之後矣，敢辭！」諸先生不可，亦皆再拜，環揖而入。先生敷長者之席，及諸論聽問之坐。〔五八〕稍後縣問，琴、瑟、鐘、磬各一。坐定，講史讀誓誡凡七條畢，乃講書，以東西問答相起也。問：「今日『明誠』二字，的從《中庸》裏來，是可爲良知、主敬別下針藥？」曰：「良知、主敬，只是『明誠』註子。從誠生明是良知，從明歸誠是主敬。先後賢初無兩路，亦自不用針藥。」問：「明誠雖有天人之分，畢竟只是一物，若看爲兩物，則金自不柔，木自不剛，火自不涼，水自不熱。即有氣質，如何變化得來？《記》曰：『地載神氣，神氣風霆。風霆流形，品物化生。』一塊大地，風霆出入，初無土石之隔土，豈性命存於形色之中，能有形色之礙耶？」曰：「天道、人道，是人生而上。不須說。只說一物一事先明得過，後信得過。譬如一鏡，先要刮垢磨光，然後隨形映物。到他隨形映物，尚要刮垢磨光，切莫道鏡即是光，光即是鏡也。」問：「思誠明善，憤樂循環，決不在愛敬、義利、笑夢中間忙討消息，又不在睹聞斷絕、牆枯壁立處苦作工夫，畢竟如何？」曰：「聖人言誠，要與天地合德；言明，要與日月合明。此理實是探討不得。周公於此仰思，顏回於此竭才，難道仲尼撒手拾得？聖人於此，都有一番嘔心鷊體工夫，難爲大家誦說耳。做聖賢人，不吃便飯。」問：「明明天上亦有日月星辰，白白江中亦有波瀾島嶼，孔子生在東魯，再不說蜃氣樓臺；周公治於天中，亦不辨晷影長短，只繇他見明，所以信得過，亦由信過，所以見得明。如憑空心硬說知貫，猶望海際，雲與天通，泛槎十年，終不到牛、女之下也。看來至道待人只是個禮。禮自廣大精微，高明中庸，新故相生，敦崇遞起，知者百世不知牆面，周公仰思，仲尼發憤，皆爲此物留與後人一再參觀？」曰：「禮樂只是中和，致中謂禮，致和謂樂。《易》說《大壯》以非禮弗履，說《豫》以作樂崇德，兩卦皆雷也。天地作用，雷爲大。人身作用，怒爲大。風雨皆生於雷，哀樂皆生於怒。雷從健出，比於禮；雷從順出，比於樂。怒從健出，禮以止之；怒從順出，樂以平之。故先王爲禮樂以導中和，天地性情居然可見。地雷曰《復》，天雷曰《無妄》，雷地曰《豫》，雷天曰《大壯》。禮樂中和於是見像，而誠明之義亦盡於此。」講畢，先生親饋。祭酒畢，乃就主人之位。酒初巡，歌者歌《匏葉》之詩，先生出致詞曰：「以長者之盛德，又無以獻也，敢以《匏葉》先於《兔罝》。」諸賓拜謝，就坐。酒六巡，歌《出車》之末二章，先生出獻曹公曰：「以此春日，執訊獲醜，雖有飛鴞，食椹變音，況倉庚乎。」乃皆再拜。又歌《六月》之卒章，先生出獻。〔五九〕曹公曰：「吉甫何當，張仲爲多矣。」又皆再拜，乃退就位。歌者歌《南山》之全篇，先生出獻劉公及沈公曰：「以父母之光邦家也，以父母之德音也，《南山》何足多乎。」乃皆再拜卒爵。磬作，就坐，歌者歌《菁莪》之四章。酒七巡，又歌《隰桑》之四章，及《黍苗》之五章。贊者曰：「賓主交相獻。」先生乃出獻賓曰：「今日喜見君子也。小人之於君子，猶黍苗之於陰雨，飲德而已，何報之有？」乃皆再拜。酬酢三反，乃復位。酒再巡，講監立於縣間之左，誦《抑戒》之七章；講史立於縣右，誦《賓筵》之卒章。於是磬作，賓起。金奏，主人送賓。先是去歲王春，盜賊四起，諸弟子勸先生入焦桐山，先生以廬舍松楸無復遠理。諸避難廡下者，又望北山爲歸。先生以是偃卧，諸暴子亦相戒去三十里之外也。今春，賊大起，先生又以縣崖折屐歸，衆愈益懼，先生曰：「無畏吾病。蒼生與吾等病也。」於是三月，諸賊又敗。或問：「先生何以知之？」先生曰：「吾得還浦修一日之禮樂，則亦天也。天與吾禮樂，則不與吾干戈。吾之與浦，豈有二天哉？」諸弟子亦藉是自信也，曰：「凡是黎獻，皆游於先生之天。」先生謝不敢，曰：「吾過矣，過矣！」

夏五月，子在焦桐山。中丞張公諱肯堂既平漳寇，過鄴園。諸弟子至者，五十三人。迎張公入謁先聖賢畢，乃於三近堂露中祖道。子持尊至前，命讀祝曰：「天贊張公，削平漳寇。黎民既安，克善厥後。懋德崇功，百禄是受。凡我明神，悉保護之。」讀畢再拜，各就位。弟子講書畢，執籩豆陳饋八簋。酒七巡，歌子《奏凱贈言》一闋，賓出拜致辭曰：「吉甫作誦，穆如清風。涼德何修，獲此拱璧？」子舉觴賀曰：「用如不疑，功如不居。禹鼎倕鐘，湛以《詩》《書》。」交再拜，復就位。於是賓主舉酬者三。子揖張公游於石翁講堂，遂別。

次日，郡司李曹公至鄴山，諸弟子維舟蔽江，尚未解去，因即三近堂講仲尼好學、周公力行、伊尹知耻，此三聖人，作三近事。抽繹酬酢，成禮而退。曹公復申十問，詳大《易》剛柔摩蕩之旨，語皆玄邃，不能盡録也。

燕都三月十九日之變至，先生乃率諸弟子爲位於鄴園，袒髮而哭者三日。計大明之曆，自洪武戊申迄崇禎甲申，二百七十五年，從《河圖》之數，爲稼穡末際，同曆西周，子於《璣》《象》諸書已詳之，故曰：「使《詩》《書》無徵，則卜洛爲過矣。」子謂陳卧子云：〔六〇〕「吾處天末，無殊聾聵。五月廿七日，乃聞神州陸沉，鼎湖血戰。此自臣子奸回，陷我君父，剖肝瀉髓，莫贖其辜。」故於六月三日，追惋時事，瀝爲詩章，舐血嚼齒，語肩世道，非徒山哀浦思，凄焉引嘆矣。時南都諸臣已擁立福王即皇帝位，因時望會推子爲吏部左侍郎兼翰林院侍讀學士。子聞報，乃於夏六月二十有二日發疏，〔六一〕疏云：「臣以去臘墜崖，乞休不獲。從諸臣號弓鼎湖，有靦視息，無地自容。誠欲亟詣靈武，則荒蹇難前。竊意今日之事，類多伏莽，不設重臣，不能復馭。蓋以南都定鼎，則閩中、江右皆爲首藩。江右之有虔鎮，南携肇、寅，西揭汀、漳，有事，則合三省之師，不十日出於鄱陽之外。閩中之有浦城、建陽，東連温、處，北距玉、鉛，水陸所湊，在於衢州，有事則合三省之師，亦不十日出於錢塘之外。誠以嶺南之餉濟江右，以績東之餉濟閩中，以兩省之事權分注贛州、衢州，則藩屏之義固矣。」疏上，未能見之施行也。有司以朝命敦趣上道，而鄴山書舍成。

甲申秋九月朔丙戌，諸門人從子升與善堂，安列聖先師，遂釋奠；外祀朱元晦、黄直卿、陳安卿、王子合、陳剩夫、林白石、蔡鶴峰諸先生，盥薦致辭曰：「念兹桑梓，爲紫陽過化之邦；概此雲泉，〔六二〕亦德星共聚之地。百里内有賢人，十步間多芳草。先覺之覺後覺，文既在兹；見知之知聞知，道如有待。况斯樂山樂水之致，共爲分仁分智之宗。爰集十一先生，同堂而修盥薦，何徒五百餘歲，應運而致威祥。後海先河，粗陳俎豆；師梧友嶽，並藉蘋蘩。倘岸谷未更，千秋猶爲覿面；即京原可作，半榻或與明心。主人黄某不勝瞻仰之至。」奠已，諸公祖父母、學師長及諸鄉大夫至。謁先聖賢畢，乃至講舍序位。交拜畢，諸弟子遂鳴鼓升樂性堂。子敷諸賓坐。講監唱誓戒及弟子職已，乃講書，問答相起也。講畢，磬三聲，各陳講義而退。酒五巡，歌者歌《小宛》四章，繼歌《沔水》之篇。子出獻諸公祖曰：「越在草莽，惠然肯來。〔六三〕忽覩《蓼蕭》龍光，有慚

《瓠葉》免首。乃陳《小宛》邁征、《沔水》憂讒，得無過乎？」賓拜謝。獻酬畢，乃就坐。酒七巡，歌《下泉》及《鶴鳴》。子出獻諸父母曰：「下泉替而思其隆，所以貴父母孔邇也。」諸賓拜謝。於是獻酬如前，復就坐。酒九巡，歌《車攻》之篇，又繼歌《吉日》以亂焉。子出獻衆賓，致辭曰：「周宣之車攻、吉日，備而無患，敢爲諸公頌。」諸賓復謝，舉觴交再拜。

子洗爵亞獻諸先生，亦致辭曰：「今日中興，曆合成周，德逾建武。卧東山而起者，君父之義也；痛神州之沉者，《詩》《書》之力也。子弟之樂，有賢父兄。」諸先生亦交再拜，謝曰：「中興之日，見此講席，以慰天下蒼生。人心之有禮義干櫓，猶大阜之有車馬蒐獮也。」於是主賓酬酢皆三反。酒再巡，告終筵，誦《抑戒》及《賓筵》如常儀。斯會，諸州太守令君、學師長十有二人，薦紳先生十有五人，孝廉二十有四人，茂才三百三十有二人，及子之長公子麑、次公子麐，與懿戚二十有一人，凡三百八十有四人。〔六四〕次日，子同諸子登黃龍洞。子於是留數箴於山中。

是月十五日，子出山。至晉安，忽欲止。蔣公若椰力爲勸駕，乃發。子言曰：「始某在白雲庫時，鄉先輩來省予，遂有詢及後事者，某心知其故，而意殊不然也。憶某數十年前，嘗夢身爲宰輔至南都，忽見逼迫令草詔，某流涕號慟，擲筆不肯草，遂折其兩臂。

谿此言之，白雲庫豈能死予哉？」然而所上之疏輒持不下，又聞屢有北行之使，以是常知其難也，故作書與楊機部曰：「吾徒頑石，搗骨合藥，無補於天，猶冀後人嗅此藥氣耳。」子行未至都，晉禮部尚書。子即於衢州上疏請告，不允。時孟冬十月也。乃決意詣都。

弘光元年乙酉，黄子六十有一歲。春正月，入都。子於二月疏請奉敕祭禹陵。比抵會稽，致齋七日，夏四月庚申至禹廟行禮，復疏乞休。初子出都，將至天寧州，〔六五〕爲風驅回，泊龍江灣，不得發，時春三月一日也，夜夢高皇帝謂曰：「卿竟舍我去耶？」子對曰：「朝廷舍臣，非臣舍朝廷。」以是雖乞歸，猶徘徊江渚，未忍遽去。思曰：子以大宗伯召。出焦桐山，及至禹航山中，聞逐劉念臺先生以謝四鎮，子謂門人曰：「此自李師道、吴元濟所不敢爲者，而今日見之，吾何爲又出山乎？」又獻策，而安帝不用，乃出祭禹陵，夢高皇帝召云。〔六六〕及至夏五月，聞大駕播遷，皇太后至臨安，與駕相失，首輔馬士英擁兵西湖，則曰：「聖駕在靖南軍中。」子乃上奏太后，請趣黔兵至黄得功軍，輔翼聖駕。又請速召金華、江右兵及閩中潰兵，令立功自贖。又草諸檄諭。子疏請雖切，太后闃然無聞。潞藩在浙省已稱監國，〔六七〕子再具啟勸進，及上監國事宜凡七條，又皆持未下，時夏六月。潞藩賜子食，命李進、高起潛、孫元德三内侍侍坐。李進辭以「懿駕在内」。子乃移舟至桐廬，忽接檄，令所在扶駕。恫疑久之，問其材官，則曰：「聖駕乃唐藩，非潞藩也。」朱大典云：「唐藩未還封，安得至此？」但以潞藩閉關修齋，度不能修康王故事，乃從舟中晤唐藩，見所談論，慷慨以恢復自任，因同衆交拜，約成大業。明日，遂請監國，至衢州誓衆犒師，而潰卒至者不能數千，軍容不立。子意欲唐駕駐蹕衢州，方可號召二浙，聯絡江右，不欲入閩。而諸將擁唐駕入閩中關。子懼不足繫天下之望也，故復啟云：「竊觀天下險絶之處，未有甚於閩中者也。自五代以來，割據者數主矣，卒席偷自保，爲山河所囿，不能自拔。今天下瓦解，獨此一方寧謐。竊以爲欲奠帝室，宜明『四通』『四塞』之要。所謂四通者，西北立信州之鎮，以通大關；東治三寨之舟，以通海道；東北以衢州權爲行在，足通兩路之師；西約虔、臺，實爲犄角，以資策應之用。有是四通，隨因而塞之：西北塞五虎、杉關，以斷建昌；北塞車盤、大安，以防東楚；東塞溫州諸嶺，以防間道；東北塞清湖、江山，以阨小關。有此四通、四塞者，而天下人心亦次第可收也。以殿下之才，寬仁以爲城郭，慈儉以爲衽席，察四通、四塞之宜，輕重布之，國勢可立矣。」箋上，而唐駕已行。唐藩至閩，撫臣張肯堂猶豫不決，得子書，乃奉唐藩入省中。閏六月，行監國事。而子尚在浦城，〔六八〕又所持論往往與勳臣不協。子乃遣人入賀，從間道還山。唐藩令人迎子於道。子入謁，乃偕諸臣民協力勸進。秋七月朔，奉唐王即天子位，〔六九〕改元隆武，大赦天下，以閩京稱行在。凡大小禮節庶務，皆子所區畫裁定。於是以子爲少保兼太子太師、吏部尚書兼兵部尚書、武英殿大學士。[七〇]子每進見，輒自請行邊。翌日，賜宴殿上，而位署之間，文武爭次。子以疏求去，云：「臣以國耻未雪，中夜撫心，思聖明垂諭之言，一字一淚一血，是以奮不自量，務請行邊。而旁觀側目，姍笑詆譏，臣茫然無覺，猶聾馬思鐘，啞蟬操琴，了不知其意所在。嗟乎！臣爲高皇之世界未清，陛下之大業未遂耳，豈衡門之下不可棲遲乎？臣去矣。臣不去，諸摭口實者必不肯奮。臣藉引車之義，爲推轂之實。」上慰留再四。乃薦蔣德璟、林欲楫及朱繼祚、黄斌卿等七人。即推用。子復繼請行邊，以爲「光澤、崇安、浦城、政和一帶，四關數十徑，曲折數千里，臣不可不涉其間」。是月廿二日，朝餞啟行。

秋八月初三日，子在延平。聞上意決策親征，乃上疏諫止之曰：[七一]「臣聞人心未寧，國本未固，不可不慎也。方今人情泮渙，六師所至雲物景從，橋梁舟車、次舍饔飧難爲裁也。昔漢文帝欲從灞州，光武欲征隴、蜀，親臣皆欲斷其靷。今之危甚於灞州，勢艱於隴、蜀，而羣臣雍容未有當車止輦者，可也？」疏上，乃不果行。十一日，信州解太守、蔣令君、詹公、王公，俱來請子入信州。子於是決意從中路出會徽州，誠以仁義之師堅持不戰，廣布德意以爲招徠，庶幾大功可成。然而無兵無餉，此事決非暴馮之可嘗試，故疏云：「臣今挾三五秀才，欲出豺狼之道，未嘗於户部取食，未嘗於兵部取兵。臣事濟則爲中外所撓，事不濟則爲中外所笑。笑之與撓，一也。而臣猶且爲之者，臣以高皇八百三十年之曆有所未罄，至愚極昧，澒涊於無所逃之下耳。臣庸下已極，逃巖岫不得，而復逃之行伍；逃之行伍不得，復當逃之巖岫。惟陛下保重凝庥，轂郊圻之行，以養宮闈之福。臣執殳前驅，稍有端緒，陸續奏聞。」

是月十八日，至建陽，發陳雄飛二營出關。〔七二〕遂有以「外交諸藩」飛語聞於上者。上即令以來人原書付子。蓋子嘗草代言數十牘與諸藩鎮大臣，又自屢屢爲書招征，凡發書七十六封，上所稔知，故忌者因而中之。子乃以疏自明曰：「臣耕無一畝，居無一椽，幸以是見憫於主上，允信於親友，然不能以是見諒於犬豕豺狼。臣於廿九日退居後堂，有人持小書，云是舊按臣陸青源書，皇上手拆。臣錯愕展玩，有云閩都立主，臣當元勳。臣驚懼欲死。念陸青源生平謹慎，何至有此？臣行素六十年，無險心戇語爲凶人所仇，無奇功異能爲要人所嫉，獨持一片肝腸，爲高皇列宗與天下黎獻相對白日耳。臣雖庸下，亦讀書至老，遭逢陛下，魚水相期，猶一月之内四疏乞歸，何至以『元勳』微膻爲狹邪所謗？若至子弟慕義勤王，雖天性使然，亦恐臣孤身隻手陷於絶域，每一相見涕泗漣如。當二十六日以前，溽暑未收，毒水四下，臣兵自延過寧，渴而谷飲，病者八九。一日下操，十隊之士，呼半不起，遂損去健將陳伯輿。念其雄略，十射九破，千斤之力，盡於盆水。

四顧墐者，何能不哀？今稍稍平復，遂相對強顏，勸臣出關。嗚呼！此冑冑者亦臣子也，豈盡讀書受朝廷之寵顧而攄憤若此？今在廷諸臣，不滌腸剖胸，誓同將卒分膽共薪，而噏噏訿訿，望影射沙，欲何爲者？陛下不屑爲宋高宗，臣亦不屑爲李伯紀。取法不高，則庸佞狎來；視人太卑，則奸豪肆志。惟陛下垂察！」又上疏曰「不文不武，爲中外所嫚」，且言：「臣老，四十八歲始有子。今春三月，家中舉子，呱呱未嘗一視。又，臣兄道琛，年七十七，一子一孫皆從臣所，父兄聞臣得歸，無不跂足稱慶，今復棲遲行間，則大小悲零，有酒泉、玉門之嘆。臣老且病，遇明時，又附鱗翼，特達之知何所取管、葛降階而慕之？惟陛下矜憫，放臣還山，見老兄稚子，勿使徒遭禍敗、扞文網，爲親知所憐，而側目所笑。」得旨以爲：「朕慮卒然未可成軍，何忍魚水重臣孑然令進亂離之地？且留彈壓關內，出於愛卿之誠。適見卿報募兵已至，則朕事托卿身，喜卿之進，必不欲卿止矣。朕親發袍膳三百兩，爲卿製寒衣。卿身若暖，朕始心和。」於是，子即以所賜分給軍士，遂於九月十九日同諸將出關。〔七三〕

冬十月朔，至廣信，聞徽州九月廿三日已破，相距七日耳，子即遣將守馬鈴嶺。嶺高極天，爲江南腰脊，下嶺不百里即徽州矣。時廣信諸紳弁共請子入城，而城内居民亦已蕩析離竄，公儲私積俱盡。子惓然曰：「古人有作内政寄軍令者，吾今且以王道寓兵機。」乃下令行養老之政：凡民年七十以上者，予以金帛酒肉。又明日，出示考校子弟。於是，老幼咸集，而壯者不召自歸矣。遂更申在泮獻馘之義，講學於明倫堂。諸鄉紳子弟皆已畢至，樂助軍需，免致催科之擾，諸人咸願樂輸，軍賴以濟。又勸令自募鄉兵，固圉翼，助王師，給以閣札，而信州鄉紳詹兆恒、俞益華，次及金華鄭守書、常山吕繼望、東鄉張受禄等，諸慕義從軍者幾及萬人，[七四]軍聲頗振。子即於是月初九日分遣諸將，一出撫州，一出婺源，一出休寧，[七五]而出婺源者，黄奇壽有牛頭嶺之捷。時久陰積雨，參將黄奇壽、監紀許應夢等，冒雨從八都至牛頭嶺下。雨稍霽，傳有騎千餘至，許應夢等據河爲守，黄奇壽盡鋭過河，遇百餘人，凶醜特甚，持鐵骨朵，格鬥良久。奇壽師且卻，許應夢、黄家徵等全營馳至，兩營合堵，掩殺四十一人，奪獲大旗、金印，馬三匹，器械四十具，帽甲三十件。子一一驗視，復列外庭，與衆同觀。當初，令兩路分進，子心憂之，以《大易》筮得《大畜》之六五，又以《焦易》筮得《小過》之體卦曰：「初雖驚惶，後反無傷。」既而破敵，於是子疏請優獎，以爲將士勸。又身至八都視師，更上疏曰：「臣已遣五營將士出婺源。臣亦尅日再率四部資其後勁，步擔米糧以佐饔飧。如使祁、黟之卒可再鼓，休、婺之士可再收，則臣當大集義旅，震號於牛首、石頭之上。如猶是泛泛，臣將循東山、建德，與鄭三俊、吴應箕之師合，覓江西星子之船，循流東下。萬不可復，亦中道自廢，臣必不使食言失信於天下。」有旨：「便宜而行，朕不中制。」予乃自八都復還廣信，調發兵食以爲前軍策應。不能不有感於事機之屢變而危疆之難防也，上疏曰：「臣前陛辭時，稱『便宜行事，不以兵車』。臣實愚昧，以高皇在天，陛下御乾，『同仇』之詩，聊與衆共誦之耳，非謂臣能空手足食而足兵也。自臣爲此言，而怨謗沓至，阻卸横生；炎涼既分，肘踵盡見。以四千之卒，給三月之餉，而臣之心血皮骨消磨俱盡矣。臣如一貧兒，割股療親，東鄰乞湯，西鄰乞肉，此股之肉，存者幾何？臣今存兵不過四營一千五百二十，馬不過十匹，無高國之鼓、九合之助，而欲以樽俎仁義坐收其功，真爲韋跗君子之所齒冷也。陛下注念危疆，宜於風力能臣速擇一人總督，或即以信撫徐世蔭、布政徐應秋因其地望聯絡較易，速出上江，接理軍務，無徒倏忽爲國家羞。」又疏舉趙士超、俞墨華、徐敬時、徐孚遠等九人，請受職立功。冬十月廿八日，奉旨：「所薦舉，俱聽軍前效用。惟廣信要地，撫臣徐世蔭着嚴防守，不便輕移。」時諸將業前受命出師，又有牛頭嶺之捷，乘勢趨婺源，臨河而陣。子亦遣監紀王綱先約海口劄授參將董壽庚等率鄉衆八百餘人豫爲接應，又約婺源舊副總游麟等率義勇百餘人佐之。自十月十九日至二十二日，屢次掠陣，擒獲相當。至二十三日合戰，游擊李芬當先發銃殺一將，董壽庚及余勳各斬一將，翁良松、李純各射殺一將。李純亦被射落其二齒，猶奮前不顧。諸亂民大鼓譟，延、寧諸新募者皆不習戰，爲鐵騎所躪。參將王加封手殺數十人乃死。〔七六〕游擊李忠遠被鎧登山，爲所得。凡奔陷將士無名目者三十餘人，所殺敵可八九十人，獲馬八匹。

冬十一月，子在廣信，聞休、婺二師俱潰，方招集逃散，召募鄉衆，以圖再舉。未幾，而收復撫州之師又潰，子乃上《考核諸路將領及請贈卹疏》云：〔七七〕「臣以十月初九日出師討休、婺，〔七八〕申敕將士，謂師寡切不宜分，當並力一路先至婺源，因其糧食，率其鄉衆，以静制動，俟五營皆至，然後角逐。而時值天陰，連雨十數日，陳雄飛、賴履葵二營徑東往玉山，出馬鈴嶺以趨休寧，黃奇壽、應天祥二營又從八都出牛頭嶺，尋婺源之路；李瑛一營又出童家坊，以攻婺源之東。臣見報，知其離軍單弱，爲憂悶不食，一日發四箭趣其合營，而東西異路，相去百餘里，嶺高溪深，卒不可合。黃奇壽有牛頭嶺之捷，諸將益自便間道獨出。十月二十三日，應天祥之營先挫於婺源城下。時約二十八日齊舉，而應天祥以先發，故敗。臣再發箭趣李瑛與奇壽合營。堅謂不可。李瑛一營又敗。黃奇壽在海口，亦爲所襲，亦損十餘人。是婺源之師也。又當冬至，諸將士宴會，休寧、婺源各以是日發騎卒至。出休寧者，有三百餘騎，屢趨陳雄飛，雄飛不下關，遣參將應士瑛等將二百人應之，已斬首二十七級，自謂無害，俄而騎兵大至，屯於高偃橋，前後路絶，諸將各力鬥以死。是休寧之師也。至於湖東之師，漸出瑞洪，臣以三營千二百人濟之，亦復分路，兵士又潰。臣見李晟每出師不自爲意，使諸將各自摶戰，以此不甚掣諸將士，唯敵是求。傷哉！邇年用兵以來二日用命斃於鋒鏑，以寡搏衆之死，靡他，惟諸將士耳。臣非厚糈重禄使諸子弟捐軀圖報，而執筆以鞭其後，臣實不仁且均一。冬至前後數日，而陳雄飛之師隕於白磜，李瑛之師釁於九都，陳學鵬之師挫於瑞洪，臣之調度無能亦可見矣。儒生守懦，終無武人之貞，又歲月趨人，物力已絀，蝦蟆審視，雖跳不遠。乞蚤正李瑛、陳雄飛、應天祥之罪以謝死者，並蚤正臣之罪以謝三弁，即照例與王加封等十人贈恤以爲志士捐軀報國之勸。他如胡海定、汪自強等，皆練鄉勇爲王師策應，或亡或執，各不屈無降者，俟詳確嗣請。」疏上，而旨未下，子又念休、歙之間若許廉、汪浹、楊新之徒，及陳雄飛白磜之師，總兵方機沙溪之師，合可三四千人，誠得諸師直驅徽、寧，堅持不鬥，觀釁而動，事猶可爲也。而四顧前後，將遂顛蹾，欲自貶以激勵諸將士，隨有疏云：「臣以孤掌縣軍單露，百體具見，此徒爲人所蹈藉廢敗而反耳。里人有病舍蹇馬者，降而自走，不十里困矣，蹇馬仰天而笑。臣今爲蹇馬所笑也。臣猶欲以蛭頤螳臂伸大義於天下。臣兩路兵以數少道分，俱於六日報釁。臣請爲諸將士受過，席藁褫職，以待斧鉞。」

是時，諸路潰釁，突騎四逼，不特士氣不堪再鼓，而信州亦無固志矣。子於是終悼其功之不成也，又上疏云：「臣今年六十有一，才能智勇不如中人，而自請行邊，拮据闗外，譬之鷄然，風雨如晦，鳴聲不已，即有不瘖之人，起而刀俎之，亦無可奈何而已。臣少而學道，於物無競，所以荏苒瞧嘵，瘁毛鎩羽，爲朝廷守一日之藩籬，非曰能之，亦各其義耳。今敵之來日迫，衆之附者日以携志。蠢冥何知，唯利是視，貪生怖死，則前後異致。信州閭巷，鷄犬方集，今復翩然欲舍而去矣。徽州人來者，或云海口、暖水焚掠殆盡。暖水距信州百餘里，臣師守海口、退屯八都者千五百人，其東出馬鈴者七百餘人，又千二百西去饒、撫，馳收未回，所餘帳下千二百人而已。臣自八月以來，所東弭台、寧之釁，西消金賊之孽，精力疲於文告，歲月馳於期會，未有一智一謀佐於其內，一膂一力助於其外，空以老疲一意報主。今事勢甚急，可亟命方國安以萬衆擣徽州，乘其西馳，可以破敵。即不然，亦可解信州之危，成牽制之功。爲此哀懇以聞。」得旨：「著方國安從嚴，鄭鴻逵從馬金，〔七九〕兩路以牽其勢。」然而諸路之師竟無一出者。子不得已，召諸將計曰：「敵雖衆，盡虛聲耳。倘延至春仲，弓弛馬懈，破敵必矣。今數千卒，即乏糧，可奈何？與其卻還潰散，無以報朝廷，不如一戰決也。吾計不再出矣。」因相持泣下，乃以臘月之六日，復自廣信進攻婺源。至童家坊，又聞樂平已破，凡弋、貴、永、鉛諸縣所募二千餘人皆不至，而信州守臣及諸鄉紳亦致書迓先生歸。先生以成師而出，義不反顧，且前且卻，徒惑軍心，並置廣信兵不問，獨與閩士及樂平、德興二縣鄉勇千餘人鼓行而前。而餽餉不繼，僅有三百人十日之糧耳。乃令許應夢等往催樂、德二縣餉，皆未及至。二十有四日，子自新建至壹都，距婺城十餘里而軍。子是夜得夢甚惡。旦起，爲文以禳，命具牲糈。未及禳，而突騎至矣。子策馬前進，中書賴繼謹執令箭督衆鏖戰，攻殺十餘人，奪獲馬匹。子疑爲誘騎，傳令勿逐。參將高萬榮不受節度，謂兵法「乘高者勝」，遽引兵登山。而敵騎已從間道山行，抄我陣後。軍士遇之，皆奔。黄肅、倪彪等望見，以爲師卻矣，亦遁。子獨引中軍營紮守不動。乃以所佩招征印，及帝賫「良弼」印，付中書陳駿音，令疾馳還，曰：「脱有不虞，國印不可失也。幸善護之。」[八〇]時惟樂平將士翼衛先生。先生戟手一呼，爭爲奮發。而飛鏃雨集，塵沙被面，樂平將士勢孤不支，退就中軍，而退不可止，遂大潰。路塞，馬不得行，子及諸同人俱爲所獲。乃更以輿擁子至婺源。又具席奉子，子駡不食。諸被執者，皆涕洟飲泣，不能仰視。繼謹獨從容飲啗自若，曰：「師存與存，師亡與亡。從師以死幸矣，何嘘唏涕泣爲？」繼謹者，字敬孺，漳之平和諸生也，慷慨多大節，在建陽時，勸子駐師關中，[八一]子弗是也，敬孺悲曰：「事未可知，吾唯師是依，誓不歸矣。」然聞子自推年曆至六十二歲止而不推，子能明國祚之修短，豈不能知身曆之延促？故謂子不愛其身以愛國家者，非也，子蓋一念而窮數千載矣。顧緬維鴻濛以來，便有昏曉，然昏曉屬天易，昏曉從人難，已乃即杜詩「陰陽割昏曉」之句，摘詩八章，詳剖舊史。其第七章曰：「傾危世事廿年中，曾夢高皇與二宗。勝負當頭應有數，去留舍我更何從？」所云：「夢高皇」者，即前龍江阻風，有「卿舍我去」之語。故子又識曰：「不圖今日舍身於此也。」「二宗」者，謂文皇、神宗也。按子以天啟甲子散館，夢神宗召謂曰：「汝欲勝人，道在自勝。」又以崇禎丙子入都，夢文皇召至床前，屈指者再，云：「三九四七，誠如所言。」蓋指《易》象中命曆也。子身致玄感如此，久已在帝左右矣。而是時羈留婺源，七日不食，於是有《過言》《自悼》《造怨》諸詩。迨發婺源，復進水漿，又夢道中勒石曰「夷猶吾行兮」，於是有《夷猶》之詩。夷猶者，言進退由人，不得自持也。正月十二日，至新安西橋，見演燈甚盛，爲魚龍百戲，羣趨帳下；又念世事不競，遂使民情至此，翌日遂絕粒。適繼謹附書回家，請以兄子爲嗣，子不復爲書，第題其後曰：「蹈仁不死，履險如夷。有隕自天，舍命不渝。」〔八二〕子蓋奉天而行者也。而當時與難者，自賴繼謹而外，有中書蔡春溶，龍溪人；司馬趙士超，字淵卿，侯官人；別駕毛玉潔，字玄水，廬州六合人。四子朝夕相持彌月矣。至廿四日，到留都，〔八三〕始別幽子禁城中，而以四子分羈他所。子即潸焉有懷，無從寄問矣，於是有《待命》《歸䨲》諸作。待命，猶延頸也；歸䨲，歸就䨲鼓也，各爲詩八章。及既繫膳監，而左右乃又時時折玉梅爲供，令人弄胡琴以娛子，子益悲憤，爲詩曰：「馬頭寧得有蛾眉？老大明妃出塞時。自付飄零看墜葉，御溝芳草未應知。」子不食於茲十有四日矣，或疑其死也，乃又不死，因復爲詩以寄四子，然亦無從必其達否，聊以示意耳。至廿九日，不死，更進水漿。二月九日，又爲子誕辰，乃作《蒿里》十章以自弔。〔八四〕又有《擬絶》八章、《思在黄海》六章。自識云：「防風雖倒，猶留一節，以問尼父。」〔八五〕自是潦倒餘生，不能執筆也。遂以三月五日完節於金陵之曹街，〔八六〕兀立不仆。已，更提四子赴他市，而趙士超過曹街，趨抱子之首於懷，慟哭曰：「師乎！魂其少須，吾即來矣！」四子遂同日就義。嗚呼！蓋不獨二百七十餘年之綱常肩自一人，抑且三千年來之師弟於茲僅睹者也。是日也，留都晝晦，聞者莫不流涕。訃至，上爲震悼，罷朝。子自天啟壬戌登第，甲子授翰林院編修，崇禎朝，晉經筵日講官詹事府少詹事協理府事兼翰林院侍讀學士纂修實録；弘光朝，陞禮部尚書；隆武元年，賜號「奉天翊運中興守正文臣光禄大夫柱國少傅兼太子太師吏部尚書兼兵部尚書武英殿大學士」。至是，議贈子爲文明伯，謚忠烈，賜祭；妻封一品夫人。子有四子：長曰子中，授錦衣衛指揮；次曰子成，錦衣衛正千户，俱世襲；三曰子和，尚寶司丞；四曰子平，中書舍人。令有司立一廟於福京天興府，曰閩中，〔八七〕樹「中興大忠」坊；立一廟於漳所居鄉，曰報忠，樹「中興蓋輔」坊，春秋致祭。庚寅之歲，子之門人，以夏四月七日崇祀子於三近堂。而子之長公復偕同人趙之璧往留都招子之魂，遂以是歲秋九月十五日回至鄴山，蓋即子甲申歲出山之日也。諸弟子乃留子之魂於鄴山，爲位而哭奠者三朝夕，至十九日發紖，廿一日奉旅櫬歸於北山。冬十一月廿三日殯於先人之墓側。嗚呼，痛哉！泫然執筆，聊述所聞，百世以俟君子。〔八八〕

黃子年譜終

【校勘記】

〔一〕深井，據張哲民《從銅山到漳浦——黃道周入仕前經歷考辨》，銅山無此地名，當作「東門菜園仔底」。

〔二〕「青原公至自榕城」中「榕城」（福州別稱），莊譜陳壽祺校本、黃鳴盛刊本作「會城」，據《黃漳浦集·乞言自序狀》，當作「郡城」（指漳州治所）。

〔三〕「里人」，莊譜作「伯兄」（指胞兄黃道琛）。

〔四〕「師如平和」，道光本眉批云「『師』宜作『子』」，是。

〔五〕「折瓊枝兮擣瓊縻」，清抄本同，而清陳壽祺編《黃漳浦集》道光十四年刊本卷廿五《王文成公碑》、莊譜陳壽祺校本引作「折瑤枝兮擣瓊縻」，是。

〔六〕「游羅、浮、崧臺、匡阜」，莊譜並引「丹臺《序》」（即黃道周友人林茂桂《續離騷序》）爲據，然《黃漳浦集》中崇禎五年游廬山詩及隆武二年《辭匡廬四章》，皆未見重游之説。嵩山之游，當係誇張。

〔七〕「本朝有陳剩夫」後，據文意，當有脱文。

〔八〕「子耕於銅山之下」，據張哲民《從銅山到漳浦——黄道周入仕前經歷考辨》，當作「子耕於平和縣（今屬雲霄縣）頓坑村」。

〔九〕「如平津牧豖時」前，清抄本及莊譜陳壽祺校本所引有「老大」二字。

〔一〇〕「多生知者」，莊譜陳壽祺校本、黄鳴盛刊本皆作「多知生者」。

〔一一〕「子始入州府」迄「往而問《易》焉」一段，莊譜陳壽祺校本、黄鳴盛刊本作萬曆三十六年戊申間事，陳壽祺並指出洪譜闕該年，疑原係戊申年事，因傳寫而脱。

〔一二〕「然皆不如一律之各有一百二十分」中「如」字，莊譜陳壽祺校本作「知」，當是。

〔一三〕「時學使張公得子文」及「《一歲寒暑之候論》」中「學使張公」，莊譜陳壽祺校本、黄鳴盛刊本作「督學馮公諱挺」，明何喬遠《閩書·我私志》作「提學副使慈溪馮公烶」。

〔一四〕「黄子謂門人曰」中「黄子」二字，爲例不純，下同。莊譜陳壽祺校本該處所引無之。

〔一五〕「雖復哀呼」中「復」字，莊譜陳壽祺校本引作「欲」。

〔一六〕「西陳」「南陳」之稱，據張哲民《從銅山到漳浦——黄道周入仕前經歷》，實相反。

〔一七〕「然則海邊而多賢人，何也？曰」句，莊譜陳壽祺校本所引無之。

〔一八〕「又有銅山孝廉劉子善懋之清夷」中「有」字，莊譜陳壽祺校本引作「如」。

〔一九〕「某寡特之士」中「士」字，莊譜陳壽祺校本、黃鳴盛刊本作「生」，是。

〔二〇〕「僖宗天啓元年辛酉」中「僖」字，據《明史》等，當作「熹」。

〔二一〕「同考順天試者韓公諱日纘得子之文」中「順天」二字，據《明史·選舉志》，衍。

〔二二〕「勒先人行事」迄「如三代以上碑」段，據《黃漳浦集》中《贈考青原公墓碑》《與馬騰翁書》《答葉文忠公書》《與子庸兄書》，事在天啓七年。

〔二三〕「《援琴賦詩示諸門人》」，《黃漳浦集》題作「《援琴示諸知己四章》」。

〔二四〕「《同諸生出墓側談經》」，《黃漳浦集》題作「《同諸生出墓側談經分命四章各證所説》」。

〔二五〕「至建安，知遵化已破」，誤。當如《黃漳浦集》中五律《至三山聞□已破遵化薄都下旅人戒途多相挽者詩以示之六章》《至建安知□□浸中畿南諸縣羽檄徵師驛道蕭然乃汰家從獨自携拏出關四章》所示。

〔二六〕「乞休之疏，旋於後十一月廿七日下矣」，據《黃漳浦集·放門陳事疏》，崇禎五年正月十二日黃道周「接邸報，見吏部復臣《患病疏》，奉聖旨『是臣力疾』」。

〔二七〕「懷干進之心」中「進」字，據下文「在小人，以干命之才」，及《黃漳浦集·放門陳事疏》、莊譜陳壽祺校本與黃鳴盛刊本，當作「命」。

〔二八〕「遂歷黃山、白嶽、九華、皖臺、匡廬之勝」，據《黃漳浦集》中《梁山鋒山賦》及本年衆多的紀游詩文，本年五月初六日迄六月間黃道周溯長江而游牛首山、池山、齊山、九華山、浮山、湖口、廬山，返回南京；　六月後，沿京杭大運河南下，游歷攝山、焦山、茅山、包山、靈巖山、積金峰、竹塢、天平山；　約七月下旬，抵餘杭，游徑山，入大滌山，創建大滌書院；八月，游黄山、白嶽、天台山、雁蕩山，回到福建。

〔二九〕「是秋，至餘杭，諸門人畢集，因築書院於大滌山」句，據《黄漳浦集》中《與曹木上書》、《徑山詩四章》、《與義兆登凌霄八章》、《梁山鋒山賦》自序、《大滌書院記》、《大滌書院後記》，及《徐霞客遊記》附黄道周跋徐霞客《賦得孤雲獨往還》、上海博物館藏黄道周《行書致喬可聘等書札》等，黄道周於七月下旬抵餘杭，時僅門生何瑞圖一人陪同遊覽徑山、大滌山，卧病大滌山洞霄宫七晝夜，八月初出大滌而西遊黄山、白嶽等。何瑞圖等浙江籍門生開始爲築大滌書院。

〔三〇〕「凡占者」中「占」字，莊譜陳壽祺校本、黄鳴盛刊本作「古」。

〔三一〕「子至秋盡乃發」，據北京故宫博物院藏黄道周手書《丙子冬聞警出山似蕨仲兄契》詩軸，《丙子冬聞奴警出山似正》詩軸，天津市藝術博物館藏黄道周手書《誓墓文》卷，《黄漳浦集》中《丙子出山攜義從別親友二章》、《答曾叔祁書》、《慎喜怒以回天疏》、《請告疏》，及《明史·莊烈帝本紀》等，黄道周於九月聞清兵入侵京畿，遂攜三十六位義士毅然出山。

〔三二〕「章未十上」後，清抄本有「書乏萬言」四字，據《黄漳浦集·遵旨再奏疏》及莊譜陳壽祺校本、黄鳴盛刊本，當作「語乏萬言」。

〔三三〕「希蹤去昔」，莊譜陳壽祺校本、黃鳴盛刊本作「希跡去昔」，《黃漳浦集·遵旨再奏疏》作「希蹤往哲」。

〔三四〕〔三七〕「一論推督臣不拘守制」與「其論推督臣者」，《黃漳浦集》該疏題作《論楊嗣昌疏》。

〔三五〕〔三九〕「一論宣大督臣奪情」與「其論督臣奪情」，《黃漳浦集》該疏題作《論陳新甲疏》。

〔三六〕〔四二〕「一論遼撫臣議款」與「其論遼撫臣款疏」，《黃漳浦集》該疏題作《論方一藻疏》。（有目無文。唯清邵廷寀《東南紀事·黃道周傳》援引該疏最詳。）

〔三八〕「陛下日月輝氣」迄「禮樂刑政所從出」句，莊譜陳壽祺校本、黃鳴盛刊本「氣」皆作「起」，《黃漳浦集·論楊嗣昌疏》該句作「陛下以日月拂經，星辰凌犯，輝氣違和，尚下詔求言，引躬克治，明示天下以君臣父子皆受於天，禮樂政刑之所從出，毫不可替」。

〔四〇〕「何必使被棘負塗用此不祥之人以玷皇化哉」中「用此不祥之人」六字，《黃漳浦集·論陳新甲疏》及莊譜陳壽祺校本、黃鳴盛刊本皆作「祓不祥」三字。

〔四一〕「十月交，當南斗□」，清抄本同，然而莊譜黃鳴盛刊本、《國壽録》後稿、《皇明四朝成仁録》本傳、《東南紀事》本傳作「九、十月交，當南斗口」；《黃漳浦集·論陳新甲疏》、莊譜陳壽祺校本作「八、九月交，當南斗口」。

〔四三〕「上乃召對羣臣及子於中左門首」，《黃漳浦集·乞休疏》追憶此次召對在七月初五日，明孫承澤《山書・爭執綱常》記作「至七月初五日，帝召閣臣來平臺，又如五府、六部、都、通、大、錦衣衛堂上官，吏科等科，河南道等道掌印官，協理詹事府少詹事黃道周來平臺召對」，明王世德《烈皇帝遺事》説「平臺，即後左門」、「召對廷臣，非中左門，無左順門之例」，莊譜陳壽祺校本、黃鳴盛刊本記爲七月初五日召對於平臺。

〔四四〕「右曰九串軒，軒不容幰」，《黃漳浦集・五十六賢贊自序》，及莊譜陳壽祺校本、黃鳴盛刊本、金譜引鄭譜作「右曰九串閣，閣僅九尺」，是。

〔四五〕「親朋但道古」中「道古」二字，《黃漳浦集・庚辰五月二十三日辭墓就逮時緹騎尚在南昌中夜出門諸友環顧不及爲别匍匐至水口揮手謝同人惘然有作》同，莊譜陳壽祺校本、黃鳴盛刊本作「古道」。

〔四六〕「至碭山」迄「子乃於七月至京」段，據《黃漳浦集》中《碭山道中遇警身先緹騎得過壽張十首》《寄家中》《與内書》，及《明史》中《薛國觀傳》《蔡國用傳》，黃道周自六月十八日被押離南昌，途經南京、揚州、碭山、壽張，七月下旬抵達北京，而蔡國用六月卒於官，薛國觀六月罷歸，次年七月逮至北京，八月賜死。

〔四七〕「羅」，據文義當作「罹」。

〔四八〕「子乃於七月至京」迄「實未嘗一識葉公也」段，據《黃漳浦集》中《獄中悔罪自明疏》《寄家書》《大懺》《小懺》《庚辰長至後五日書於白雲庫時臥起正一百日也四章》等，黃道周、解學龍於八月初一日或初二日被杖，初三日葉廷秀上疏救之，亦被杖，並削籍歸，黃道周賦詩送行。

〔四九〕「子爲書《孝經》以當役錢」迄「皆爲役卒持去」段，據《黃漳浦集》中《與蔣德璟書》《書孝經別本後》等，崇禎十四年下半年黃道周在刑部獄中手書《孝經定本》四十本、《孝經別本》八十本，以其中《孝經定本》贈蔣德璟、涂仲吉等親友，《孝經別本》應付獄卒、或外人之求。

〔五〇〕「今已散逸不可復見」，《黃漳浦集・書〈孝經別本〉後》洪思注曰：「黃子詔獄中所書一百二十本《孝經》……今皆散亡，幸此七本猶或可尋。此本蓋得諸涂待詔德公。餘尚在晉江蔣若椰家。」這一百二十本《孝經》，現尚有不少流傳於海内外。

〔五一〕〔五二〕關於崇禎十三、十四年黃道周在詔獄中的遭遇，據其此期詩文所示，十三年七月下旬逮至北京，約八月初一、初二日受杖，旋囚刑部（俗稱西庫、白雲庫），十二月下旬移北鎮撫司（俗稱北司、北寺，即「請室」）拷問，次年五月二十日返囚刑部，十二月十九日出獄，遣戍西陽。又，「謫戍辰陽」中「辰陽」，據《黃漳浦集》中《寄家書》《與何玄子書》《往戍辭朝疏》等，當作「酉陽」。因湖南辰州（治辰陽）與四川酉陽宣慰司毗鄰，故黃道周亦常自稱遣戍辰陽、辰州。

〔五三〕「桐筦騷然」中「筦」字，《黃漳浦集・大滌書院三記》及莊譜陳壽祺校本、黃鳴盛刊本作

「皖」，是。

〔五四〕「司命在天」後，《黃漳浦集·大滌書院三記》及莊譜陳壽祺校本、黃鳴盛刊本有「著心便誤」四字。

〔五五〕「開」，據文義當作「聞」。

〔五六〕「余五月十日實始啓疆」中「余」字，蓋録自《黃漳浦集·鄴山書院記》。道光本眉批以爲宜作「予」，是。

〔五七〕「又曰鳥道」，莊譜黃鳴盛刊本作「又曰鳥道不絶風雲通」，所據是當時崖壁上鐫刻的黃道周所書「鳥道不絶風雲通」七字，今殘存「鳥道不絶」四字。

〔五八〕「論聽問之坐」前，莊譜陳壽祺校本、黃鳴盛刊本有「經」字，是。

〔五九〕「先生出獻」，莊譜作「先生又獻曰：『雖無孝友之朋，願分燕喜之慶。』」

〔六〇〕「子謂陳卧子云」，《黃漳浦集》題作「與錢某書」，莊譜陳壽棋校本作「與錢虞山書」，黃鳴盛刊本作「與友人書」。

〔六一〕「乃於夏六月二十有二日發疏」，《黃漳浦集·衢州聞陞辭職疏》曰：「自六月二十一日聞命恭辭。」

〔六二〕「概此雲泉」中「概」字，清抄本、莊譜陳壽祺校本同，而莊譜黃鳴盛刊本作「瞻」字。

〔六三〕「惠然肯來」，清抄本同，而莊譜陳壽祺校本、黃鳴盛刊本皆作「狎於鷗盟」。

〔六四〕「斯會」迄「凡三百八十有四人」句，據所列人數統計，與會者四百零四人。

〔六五〕「將至天寧州」中「州」字，《黃漳浦集・代言題詞》作「洲」，是。

〔六六〕「夢高皇帝召云」，清抄本作「夢高皇帝召曰云云」。

〔六七〕「潞藩在浙省已稱監國」，《黃漳浦集・逃雨道人舟中記》略同，而《黃漳浦集・潞王監國記》詳述黃道周六月七日抵杭州，次日參加潞王監國典禮的經歷，當是。

〔六八〕「而子尚在浦城」，據《黃漳浦集・與獻汝書》署款「閏六月朔日浦城舟中」，及莊譜本年下文「先生遂以初九日入謁」等，閏六月初七日唐王行監國禮時，黃道周當已離開浦城。

〔六九〕「秋七月朔，奉唐王即天子位」，據明張家玉《名山集》附録隆武帝七月十二日頒給何成吾兄弟之敕諭，及明佚名《思文大紀》、明錢澄之《所知録》等，唐王聿鍵於閏六月二十七日稱帝。

〔七〇〕「於是以子爲少保兼太子太師吏部尚書兼兵部尚書武英殿大學士」，據《黃漳浦集》中《行都求去疏》《再繳敕草乞休疏》《將出關薦賢疏》《恭報招征啟行疏》《續報情形疏》，及明錢澄之《所知録》等，隆武帝即位之初，黃道周以「大學士」銜任首輔，旋加「少保吏部尚書武英殿大學士」銜，七月二十二日出師時始加「欽命招征直省便宜聯絡恢復南京江北等處地方少保兼太子太師吏兵二部尚書武英殿大學士」銜。

〔七一〕「秋八月初三日，子在延平。聞上意決策親征，乃上疏諫止之曰」，據《黃漳浦集》中《諫親征疏》《將出關疏》，該《諫親征疏》約八月中旬撰於建安縣或建陽縣。

〔七二〕「是月十八日，至建陽。發陳雄飛二營出關」，據《黃漳浦集》中《江浙機權疏》《進取成謀疏》《將出關疏》《請定出關駐留疏》《食盡兵單請自黜疏》等，本月二十六日黃道周在建陽發陳雄飛等兩營往崇安。

〔七三〕「得旨，以爲」迄「遂於九月十九日同諸將出關」段，據《黃漳浦集》中《食盡兵單請自黜疏》《關外謝賜袍膳疏》《審明先後緩急疏》，黃道周九月二十五日率義旅出福建崇安分水關入江西廣信府，十月十二日接旨及「袍膳」於廣信。

〔七四〕「諸慕義從軍者幾及萬人」，據《黃漳浦集》中《諫親征疏》《江浙機權疏》《恭報出關日期略陳軍實疏》《出師有期據實再陳疏》《再述關外情形以決趣捨疏》《乞獎異倪元璐祁彪佳子姓疏》《出師疏》《食盡兵單請自黜疏》《關外謝賜袍膳疏》《復婺情形疏》《與楊機部書》《江右出師情形疏》《與艾千子書》《與黃東崖相國書》《續報情形疏》《請恤捐軀諸臣疏》《與傅木庵書》《諭》等，黃道周於隆武元年（清順治二年）十月初六日遣陳雄飛等進攻休寧、婺源，以及初九日遣趙之璧等進攻撫州、南昌之前，凡募得福建、江西、浙江義勇十七營六千五百餘人。迄十一月初六日，麾下兵力達一萬一千八百餘人。

〔七五〕「子即於是月初九日分遣諸將，一出撫州，一出婺源，一出休寧」，據《黃漳浦集》中《食盡兵單請自黜疏》《江右出師情形疏》《請恤捐軀諸臣疏》，黃道周十月初六日遣陳雄飛、賴履葵、應天祥、黃奇壽、李瑛等率五營義兵伐婺源，途中陳、賴二營分道經馬鈴嶺向休寧，黃、應二營經牛頭嶺向婺源，李一營經童家坊向婺源。十月初九日，遣夏孚先、趙之璧、陳學鵬三營向撫州。

〔七六〕「參將王加封手殺數十人乃死」中「數十人」，《黃漳浦集·復婺情形疏》作「十數人」，疑是。

〔七七〕「《考核諸路將領及請贈恤疏》」，《黃漳浦集》題作「《請恤捐軀諸臣疏》」。

〔七八〕「臣以十月初九日出師討休、婺」，據《黃漳浦集》中《食盡兵單請自黜疏》《江右出師情形疏》《請恤捐軀諸臣疏》，黃道周十月初六日已遣陳雄飛、黃奇壽、李瑛等率五營伐婺源，途中陳、賴二營分道向休寧。十月初九日所遣，是夏孚先等三營，向撫州以征伐南昌金聲桓。

〔七九〕「鄭鴻逵從馬金」中「金」字，據《黃漳浦集》中《孤軍莫救危疆難支疏》《續報情形疏》等，當作「鈴」。

〔八〇〕關於黃道周以印璽交付陳駿音馳回之事，據明江日昇《臺灣外紀》記録陳駿音所憶，時在隆武元年十二月二十四日夜間，而非二十五日兵敗被俘之日。

〔八一〕「在建陽時。勸子駐師關中」中「中」字，莊譜陳壽祺校本作「下」，黃鳴盛刊本作「上」。

〔八二〕「適繼謹附書回家」迄「含命不渝」段，《文明夫人行狀》另記一則：「不食十有二日，不死，聞門人賴生爲書别家人，而父但振筆書其上曰：『綱常百世，性命千秋。天地知我，家人何憂。』」此外，明江日昇《臺灣外紀》、清徐鼒《小腆紀年附考》與《小腆紀傳》皆説「蹈仁不死」句書於蔡春溶家書信封上，鑒於洪思受蔡玉卿、黄麐委托而整理黄道周遺文，故所記當是。

〔八三〕「至廿四日，到留都」，據臺灣《中央研究院歷史語言研究所現存清代内閣大庫原藏明清檔案·洪承疇奏揭》「職先於正月二十一日具疏，内云黄道周等解到江寧」，及《黄漳浦集·待命八章》自序云「自正月二十四日繫禁中」，當是二十一日以前解至南京，二十四日改繫禁中尚膳監。

〔八四〕「二月九日，又爲子誕辰，乃作《蒿里十章》以自弔」，據黄道周此期手跡《石齋逸詩》（清陳寶琛一九一五年跋石印本），及《黄漳浦集》相關詩篇，是日作《後死吟八章》（又名《天愁八章》）、《後後死吟八章》（又名《毒草八章》）。

〔八五〕「自識云：『防風雖倒，猶留一節，以問尼父』」中「尼父」二字，黄道周此期手跡《石齋逸詩》（清陳寶琛一九一五年跋石印本）及《黄漳浦集·蒿里十章》自跋皆作「尼山」，《黄道周誌傳》、《罪惟録》本傳、《皇明四朝成仁録》本傳皆作「尼丘」，《東南紀事》本傳作「孔丘」。

〔八六〕「遂以三月五日完節於金陵之曹街」，關於黄道周就義日期，莊譜、《臺灣外紀》、《二希堂文集》本傳、《小腆紀年附考》及《小腆紀傳》同，然而《明詩綜》作「二月」，《思文大紀》《明通鑑》作「三月一日」，《明儒學案》本傳、《南疆逸史》本傳作「三月七日」，《皇明四朝成仁録》本傳作「三月望日」，《東南紀事》本傳作「三月十五日」，《石匱書後集》本傳作「三月十八日」，《明季南略》附記作「丁亥二月十日」，然臺灣《中央研究院歷史語言研究所現存清代内閣大庫所藏明清檔案・洪承疇奏揭》封面填有收件日期「順治三年三月十三日到」，内文有云「或解赴京師，或在江南正罪，職俱未敢擅便，恭請明旨遵行」。關於黃道周在南京就義地點，《黃子傳》作「笪橋」，《罪惟録》本傳作「東門之外」，《所知録》《石匱書後集本傳》《皇明四朝成仁録》本傳、《三峰傳稿》本傳、《二希堂文集》本傳、《爝火録》本傳、《小腆紀年附考》、《小腆紀傳》本傳、《歸田瑣記》作「西華門」，《明史》本傳、《史外》本傳作「東華門」，《明季南略》附記作「清水潭」。

〔八七〕「曰閔中」中「中」字，莊譜陳壽祺校本引作「忠」，是。

〔八八〕「聊述所聞，百世以俟君子」中「世」字，莊譜陳壽祺校本、黃鳴盛刊本作「一」。

漳浦黄先生年譜卷上

〔明〕莊起儔 撰 〔清〕陳壽祺 校*

按先生年譜，自莊氏外，有石秋洪氏本、白麓鄭氏本。洪，名思，字浩士，號石秋子，龍溪人。莊，漳浦人，〔一〕字子鶴。鄭，名亦鄒，字居仲，號白麓，海澄人，康熙五十四年進士，〔二〕官内閣中書。莊本較詳，且嘗偕先生出師至建陽而歸，尤多目見之事。〔三〕今以莊氏爲定本，而洪氏附之。鄭氏稍略，且最後出，故所採亦略。

神宗萬曆十三年乙酉二月九日，先生生。先生諱道周，字幼玄，一字細遵，學者稱石齋先生。〔四〕詳稽其曆，爲月己卯，日庚戌，而時丁丑。命直南斗，次於奎初，實涵象緯之秀。又所生之地，在漳郡銅山所之深井，世稱「深井黄氏」。〔五〕其地鬱嵂環迴，大浸浩瀚。先生之生，蓋備萃天海之精者也。曾祖侃介公諱宗德；祖肅毅公諱世懋，皆以先生貴，弘光中，恩贈諭旨，而未及授勅。父青原公諱嘉卿，初贈文林郎，累贈如先生秩。母陳

* 「〔明〕莊起儔撰」，原作「鄴山弟子莊起儔編」，據本書體例改。「〔清〕陳壽祺校」，係點校者所加。

氏，封孺人，累贈太夫人，實生陳王教之姊也。妊娠之夕，青原公夢金甲金斧擁神人而至，故先生《續騷》之詞曰：「始龍夢彼乾精兮，嵌鏐鎦其若鎧。趩峭崪而琰珊兮，旋盤礴於腑内。」龍，爲父稱，故先生初字曰「螭若」也。〔六〕

十七年己丑，先生五歲。入小學，受《論語》，先生曰：「一二葉書〔七〕孔子止教人讀書，有子如何教人孝弟？孔子止教人老實，曾子如何教人省事？」問之授者，不能答。洪譜略同。

十九年辛卯，先生七歲。青原公以事至會城，〔八〕置《通鑑綱目》，躬負以歸，手爲點定。先生昕夕研閲，便知忠良邪正之辨，人治王道之大。按丹臺林公諱茂桂《續騷序》云：「七歲讀父書，過目成誦也。」洪譜略同。

二十年壬辰，先生八歲。即能爲比偶文。顧獨喜挾册走最高峰，倚松欹石，踽踽忘返。先生雖恂焉髫稚，然修敕翹上，冠履濟楚，稍不如意即棄去，雅不樂與儕俗等夷，故獨從伯兄講業於漁鼓溪之頓坑者凡數年。自經傳子籍，旁及詩賦聲律、鉛汞陰陽之學，無不眈精玄覽焉。洪譜略同。

二十二年甲午，先生十歲。按丹臺《序》云：「十歲作古文詞，若有神授也。」洪譜闕。

二十五年丁酉，先生年十有三。往來過從，輒多長者游。按先生《和邑王文成祠記》云：「憶余舞象時，常游邑中，時時釁西過瞻舊祠，疑其庭徑湫側，意世有達人，溯源嶓、岷，必有起而更事者，今果更卜奕起也。」

洪譜：師如平和，過王文成公廟而歎，見其湫側，爲之徘徊乃去。既三十年，四明施公爲漳海守，始改其廟貌，移之於東郊以請。子聞之，喜曰：「以祖功德，禮也。」於是爲之碑。因歎其學被於天下，高接於陸家，卑入於佛者，今天下爭辯之。然漳海自紫陽以來，垂五百年矣，已久淫於二氏。而平和獨以敦樸無詖邪相靡，學士篤於經綸，豈其山川雄駿苞鬱使然？亦賢人所治，諄諄講道之力，昌黎所謂「民醇易於道古」者乎？乃入其廟而歌曰〔九〕：「折瑶枝兮搗瓊糜，〔一〇〕思君兮中阻饑。揚靈鼉兮播靈旗，矯欲來兮何期？大江橫兮大嶺絶，射朝曦兮馬當發。招余弓兮雲中，遺余珮兮木末。雖無德兮心所知，曾昔來兮安足辭？露所生兮雨膏之，菊有風兮蘭與吹。追鄹車兮抗嶧馬，上天兮下土。時不同兮安得游？登君堂兮不得語。耿徘徊兮中夜，」下有脱句。令諸生歌之，以爲迎送神之曲。子已而悲曰：「得毋以爲楚聲乎！」

二十六年戊戌，先生年十有四。喜談黄白術，有棄家騰舉意。適江西二王子至，先生修刺伏謁，言丹砂可化爲黄金。其説有驗。而是時神宗静攝，頗好道家言，先生遂作書，將因王子上於朝。而又聞羅、浮二山有真人居焉，其上多明砂、曾青諸靈藥物，意忻然欲往。會先生母族有宦博羅學齋者，其子往觀，先生遂偕與往。至博羅，聞有韓大夫，素以賢豪好士稱，先生不謁宦署，徑詣韓大夫語。及羅、浮，振筆作《羅浮山賦》，無停思而多奇字。大夫訝曰：「年少軼才也！」即邀先生與諸子同處於別館。自是，藉其一馬一力，遍遊羅、浮，尋所謂朱明洞者，暮返朝往，冀有異人隱現其間，時時長嘯以呼之。一日，策馬渡水，水驟泛，人馬漂溺里許，得淺渚不死，然緣玆遘疾，不能數出。韓之諸子競以醫藥進，方霍然起。而邑有曾某者，亦豪公子也，價韓氏以迓先生。先生既至，則已蚤勅治具，相與共登觀海樓，轟飲極歡。酒酣，因以《觀海樓賦》爲請。比撤席返，已夜分矣。先生晨起，疾書數千言致之。曾氏則又大訝：雖宿構，未遽能如是。乃奉十金及二葛爲壽，先生辭金而受葛。繇是，神異之稱，逸博羅焉。洪譜略同。

二十七年己亥，先生年十有五。寓博羅。有貴族以女議配者，先生謝卻之。《續騷》所謂「神女娙蛻而相慕兮，又孰知余之不敢娶」者也。按先生《與張煙叔書》云：「僕生年十五六，猶問姆氏：『男女匹配，是爲何故？』迄今思之，噴飯也。」然則未定之戒，先生不爲血氣所動久矣。洪譜略同。

二十八年庚子，先生年十有六。按丹臺《序》云：「垂髫即志四方，游羅、浮、崧臺、匡阜。〔一一〕所至，名公翰客無不下榻虛左。每有結撰，俱黄金贄而白璧酬。意稍弗愜，脱屩去矣。」又聞先生游歸發篋，諸稿皆詩賦，青原公怒責之。先生遂焚其稿，更習舉子業。然於時事得失，往往慷慨指畫，有賈生流涕之意，不能自禁云。洪譜略同。

二十九年辛丑。洪譜：先生年十有七。治律吕。

三十年壬寅。洪譜：先生年十有八。作《疇象》。

三十一年癸卯，先生年十有九。按先生自注《續騷》云：「秋，書干藩臬，不遇。」洪譜：秋七月，子獻時事策以干藩臬，不用而去。

三十二年甲辰，先生年二十。按《續騷》云：「曷不覯夫天宫兮？閴要渺而莫底。」自注云：「春，欲詣闕上大理通書，不果。」

洪譜：子二十歲。之平和，居大朋山，所謂大峰山也。春，欲往闕下上書。不果，夫子知王道難行也。河汾二十而學成，慨然有濟蒼生之心，游長安，上書文帝，談王道也，召入，見而不用。伊川二十學成，慨然念蒼生，游京師，上書仁宗，亦以談王道也，乞召見，不報。夫子知王道之難行也，况欲以白衣之士，一旦出蓬户，談非常之功，動明主乎？〔一二〕

三十三年乙巳，先生年二十有一。復游於粵，數月而還。按先生《徙澤記》云：

「太陰處火之年，中谷有蓷之歲，其德背寅，其刑在申。虢虢者，震驚之口；嘵嘵者，風雨之音。」蓋是歲青原公有族人之難云。又曰：「分戀庭闈，割别親愛，北揖大王之峰，南歷□□之障，〔三〕西踰五軍之嶺，東涉二女之江；還射的之舟，出尋權之道，跳踔四顧，不自知其寥落者也。」或疑先生一時遊歷未必及此，蓋命筆所至，隨並舉之，不專在是年也。洪譜略同。

三十四年丙午，先生年二十有二。移居頓坑。按《徙澤記》云：「時歲柔兆，二月得乙，日加於丑，爰托幽谷，強負白首，幽觸巠樹。雖迫處此，豈得已哉？」當時伯兄匪石公亦已佐讀躬耕矣，故先生後有《别兄詩》云：「憶昔親在時，四畦少遺穗。吾兄日拮据，手口俱憔悴。」又言：「某間助兄抱鋤，輒十指出血。暇則還從松間讀《易》。嘗與兄讀《易》大石上，有虎出其下，因謂之曰：『吾兄弟在此談經，爾亦來聽耶？』虎乃弭伏而去。」於是先生更築小隱，引水爲池，雜樹丹荔、龍目、榛、栗諸果。《續騷》所謂「鑿白石以爲巖兮，爰逍乎篠窅之宫」者也。又曰：「攬牛女以挹精兮，謁彼嶽於陽區。」先生自注云：「是秋，再干藩臬，不遇。」洪譜略同。

三十五年丁未，先生年二十有三。夏四月，丁外艱。按丹臺《續騷序》云：「遊歸而值家變，窶益甚。」先生《自序》亦言：「不能自具殯殮，酬竟萬一。」又聞先生當父殁，遠告諸友，得數金，號哭奔馳，且踴且仆，中途忽遺其金，行十餘里乃覺，悲傷恎傺，復還尋覓。有野人得所遺金，守之不去，曰：「此必嚮者孝子所遺也。」俄而先生至，呼號搶地。野人曰：「金幸在此，老夫懼所需之亟也，故踆踆於此，以須君來耳。」悉授所遺金。先生於是捧野老令坐，拜謝而去。故憂愁憤鬱而作《續騷》。而邑父母黃公諱應舉爲之序曰：「余治漳浦，初校士，得黃文，置第一。及召對多士，獨不見黃生，已知其有父喪也。徐詢其狀，數繫策往來山間，時時遨遊千里外。趣伍使召至，果白衣冠，揮涕至縣庭，偃蹇不拜，大聲言：『生命數奇，不能事吾父，又安能事長者？』遂趨出。余大異其人，數念生貧，問所言，具悉無有。乃問撰結何若，生又自謂無有，既乃隕涕，出其袖中書，文如《離騷》也。」

洪譜：夏四月，丁外艱。念其親恎傺未能自直，負奇以死；又值艱難，委命於空山，親戚乖離，無以自振，窮至不能爲喪，雖欲自比湘纍，又何過焉？故憂愁憤鬱而續《離騷》，賦作《離疚經》。既殯，作《九戾傳》。南海黃公應舉爲漳浦令，初校士，得子文，置第一。黃公心異之，以爲其人必魁岸而多髯，老大如平津牧豕時，〔一四〕少者亦不下如長沙，亟欲見其人。及召諸生，倉皇問衆人：「黃生安在？」知其有喪，乃徐詢其狀，蓋二十許人，數繫策往來山間，時時游數千里外。黃公又大異之，〔一五〕以爲彼所謂仲蔚、子平之流者乎。出其袖中書，〔一六〕文如《離騷》。黄公見之，泣曰：「余亦幼而孤，而黄子如此者，其才使之然也。余視生類有道者，千古而下，多知生者，〔一七〕余未敢自爲知己也。」而其相值，則既如此矣。時讀數行，黄公不覺涕泗之横集也。餘略同。

三十六年戊申，先生年二十有四。館於盧司徒。日令從者給侍。久之，先生弗樂也。適孝廉張紹和諱燮至浦，與先生談契如舊相得，既還郡，言於太史高公，諱克正。爲書以迓先生，先生遂以是秋來居紹和之霏雲居。紹和性通脱，先生竟夕危坐平居，未嘗離衣冠。於是紹和不敢爲宴見，命其弟煙叔諱紹科肅先生晨夕起居。紹和乃時間出，商略上下。故先生後有書云：「某嘗卧齋頭近千日，盤盂庋閣，半可勒銘也。」洪譜略同，惟編次在丁未年下，而闕戊申一年，疑有脱誤。

洪譜：子講《易》於漳上，居亡何，蘭水之人或以爲黄子達者。少宰蔣公始見子而問《易》，子與之略談《大畜》而别。於是，蘭水之人聞之，往而問《易》焉。此條亦編在丁未，與前條毗連，疑亦脱寫戊申也。

三十七年己酉，先生年二十有五。服除。是歲，奉母僑居浦邑中。已，娶孺人林氏，復居浦之東郭。按先生《徙澤記》云：「於是屠維作噩，日月俱合，獨掖老母，外託人國，伯達斷情於華陰，謂伯兄也。仲翔寄家於鑾服，雖得雌得雄，未辨出世之心，而匪兕匪虎，各深在野之感矣。」又曰：「計吾生世，稍有知識未二十載，三移其居焉。」秋七月，先生赴會城就試，不遇。返渡釣龍江，舟覆溺水，恍惚如夢，遇有一人導之前行，至一殿，甚宏敞，榜曰倪黃。復導而出。出乃泊岸，衣裳盡濕。先生大異，而姑識其事。天啟壬戌，選館之夕，倪鴻寶亦夢之。比揭榜，倪第一，而先生第二。兩人各述所夢，遂相得甚驩。厥後行事亦相類，蓋定數云。

洪譜：黃子既免喪，乃奉母青原夫人廬於東皋以居，後門人築爲明誠堂，今爲黃子祠也，隆武二年賜表文明書院。子作《易本象》凡八卷，亦以深明天人之際，然猶謂未足以盡《易》，不欲存，以屬門人張若化、張若仲存其草於山中，令勿傳。自《易象正》作，而後門人以《易本象》附其後。子少時嘗推李文利之律呂而用之，今復推之於東皋之上，知其不然也，乃求之《史記》伶州鳩、管夷吾、左丘明而律正，然後黃圖之二十有四律出焉。然則子之律何取之？曰：子之律蓋取之曆與《易》也。吾觀子之推律也，尺有二寸，分之以爲二宮，上宮以爲節，下宮以爲中。中之氣，陽也；節之氣，陰也。〔一八〕上宮以爲陰，下宮以爲陽。始於黃鍾之陽八十有一，終於黃鍾之陰三十有九。嗚呼！有律以來，秦人或以黃鍾之陰爲黃鍾，漢人或以黃鍾之陽爲黃鍾，故李文利及鄭世子諸家皆因《呂氏》《淮南子》，以三寸九分爲黃鍾矣。至於子，始以爲不然而正之。然則京房如何？

曰：京房之律有六十，萬寶常之律有八十有四，錢樂之律有三百有六十，[一九]而子獨以爲京房精微也，謂其猶有古人之法存焉，然皆不知一律之各有一百二十分，[二〇]與一律之各有上下宫。嗟乎！禮樂之壞既二千年，必達人起而整頓之乎！

三十八年庚戌，先生年二十有六。時時來郡中，諸先達競延致，如素交。先生雖布衣，輒持古誼，坐上座無詘。按先生《榕壇問業》云：「某未爲諸生時，嘗過鄭觀察，方取器量晷，問某云：『若知北極有處中天否？』某謝不知。又問：『表影有處倒南否？』亦謝不知。又問：『日出入有非卯酉否？』又謝不知。觀察默然，别論《史》《漢》文章諸雜事。某歸，愧恨不食也。夜持竹几坐中庭者，如此兩年之間二三百日，乃知南北中分、陰陽贏縮之説，以非觀察授我誣也。」先生又嘗於鄴山告諸同人曰：「後生近先生輩最爲有益。某年二十餘，嘗同丹臺林公至郡寺，謁西聖及先賢像。林公曰：『若知今兹共謁者何人也？』某云：『聰明智慧人也。』林公曰：『是億劫來勞心苦行人耳。吾輩硬竪脊梁，仰鑽勞心，霜鐵苦行，則異日亦可受人拜謁矣。』嗟乎！後生求益，何可不親近先輩？」洪譜略同。

三十九年辛亥，先生年二十有七。時攝浦篆爲司李張公諱鵬霄。而主府事者爲昭餘閔公諱夢得。於是邑試、郡試，皆以先生爲第一。洪譜略同。

四十年壬子，先生年二十有八。補郡弟子員。時督學馮公諱珽得先生文及《一歲寒暑之候論》，〔二一〕大加玄賞，遂拔赴棘闈。

洪譜：子入省赴秋試，下第以歸。餘略同。〔二二〕

洪譜：子教於東皋。謂門人曰：〔二三〕「此道寂然，今當於深山之中遇之也。城市之中，雖欲哀呼〔二四〕無可告者。昔者孔子順見公孫龍，曰：『不説非馬，即以爲師。』公孫龍謝之曰：『我無非馬，更無教處。』嗚呼！僕生平放浪，言若雌風，恐不足以頓轉人心，今舍數行帖括，更無教處，徒使人厭耳。」然則當時有銅山陳子士奇者，門人所謂西陳；有銅山陳子瓆者，門人所謂南陳，非帖括之徒歟？曰：子之學興，先問業於其家者，唯海邊西、南陳耳。〔二五〕蓋喜其貧而親之。入則與子共硯，出則與子共衣；夜則與子共被，日則與子取柴水。子每爲之嘆曰：「可以援干而舞者，西陳之才；可以曳屣而歌者，南陳之器。」其事於子也最久，故皆篤於忠信，以澤於仁義之言甚深。既成進士，及在朝廷，惟一意報主，以名教爲己任。西陳開府於三巴，南陳監軍於長沙，皆以不屈而死於賊甚烈。今行人過銅山下，因以想見其當時從子講業於石齋之山時，必留之移時乃去，因呼曰：「此『三忠臣石』也！」又如銅山孝廉劉子善懋之清夷，〔二六〕與丹山孝廉張子若化、進士張子若仲之靜温，在盛明之世皆不樂仕，無一日不以山居自娱，人皆曰：

「此國之顏子也。」門人歸之仁，以張、劉稱。

四十一年癸丑，先生年二十有九。作《大咸經》，以形聲色九九相推，各得七百二十九，本《河圖》曲折之勢，兩其陰陽，以六因之，盡萬物之用。然大要與《太玄》同摹，其所差者謂元會運世，與歲月日時約略相等耳。今其書亦未行於世。

洪譜：子始杜門於東皋，將以著書也，旁鑿一竇，惟問業者得入焉。戒門人曰：「人苟有近於勢利者，則君子必避之也。古人讀書，入山必深，入林必密，奚但杜門乎？」餘略同。

四十二年甲寅，先生年三十。時督學鄭公諱三俊校漳士，先生試居第五。

洪譜：作《詩表》。

四十三年乙卯，先生年三十有一。春，粵之潮州守詹公諱佐雨遣使致幣迓先生居郡齋，命其子侍先生講論。先生因宴次論文，請以文行酒。樽酒未冷而文成，先生得文二十二篇，引滿二十餘大白，而先生徑醉矣。居頃之，先生意弗愜，不辭徑出。詹公更備禮而導之歸。先生歸未幾，遂赴試。是科典試事，爲內翰來公諱宗道及科臣姜公諱性，得先生文，擬第一矣，而以違式聞。督學鄭公嘆惋久之，因以《齒錄後序》屬先生代草。來公、姜公出謁先生旅次，皆曠舉也。既而鄭公中蜚語解組，將以先生歸。先生行至水口，而兄匪石公以母命及之，乃還。鄭公復舉學租百三十金爲先生母壽。故先生於鄭公，感遇尤深也。洪譜略同。

四十四年丙辰，先生年三十有二。方杜門著《易象》。劉漁仲云：「先生在浦東草廬，於時已有《易象》八卷、《疇象》八卷，當時亦三屬草本，但文義與今《象正》俱別耳。」[二七]

洪譜：杜門作《詩揆》《春秋揆》，以應人之求。

四十五年丁巳，先生年三十有三。先生杜門不出，有問字者，皆如種與蠡，從狗竇中往來授業。按先生《林奎甫制義序》云：「奎甫既高車下里門，從容抉狗竇從子談，談天下長者不復議論文字。」又曰：「予少奎甫一歲，今三十三年矣。自稍有覺知，十餘年以來，文人參契，如卜之墨兆者多矣，是予所爲夙怵也。」洪譜略同。

四十六年戊午，先生年三十有四。是時督學岳公諱和聲抵漳校士，拔先生第一，因極論喜怒哀樂未發之旨，復與先生講學會城。秋八月，先生中式，鄉試第七人。典試者爲內翰丁公諱紹軾、禮科張公諱孔教，分校者晉江令張公諱履端，松江華亭人也。

洪譜：十一月，子如京師，作《逆流序》。餘略同。

四十七年己未，先生年三十有五。歸自燕都。復杜門著《三易洞璣》，未就。客有哀其雜作爲《駢枝別集》以行世者，非其好也。於是先生自爲序曰：「夙年著書數十萬言，明天地之道、帝王之義、萬物變化之紀，極博窮微，世猶非之。乃復卑貶其論，以自托於雕鏤之末，然其持論不一，往往自盭，今之人亦無得而稱焉。」

洪譜：自京師歸，復杜門於東皋。有書與門人曰：「騎驢載道，凄風烈日，計六千里，幸以皮骨歸見老親。雙鬢之外，四壁自如，窮於昔日。」又有書曰：「僕自兩年來，日市數升米，或一二斗許，雖苗魚薑蕨，莫之敢問。自計爲諸生時，未嘗至此。今無可奈何耳。貧，何所不樂？但令老母日憂朝餐，殊非人理耳。忍此過後年，不知如何？」

光宗泰昌元年庚申，先生年三十有六。以《三易洞璣》未成，晝則布算，夜測分野，鍵户無外交。有書與紹和云：「某寡特之生，〔二八〕與六親澹泛，自以一身飄泊塵海，獨守廬舍，無似人聲，〔二九〕動二三月也。」洪譜同。

熹宗天啟元年辛酉，先生年三十有七。是秋公車北上。生平著經書制義，其刻行於世者曰《逆流小草》，其未刻者亦不下千餘首。嘗有言曰：「戰場中拔父救兄，異鄉裡遇妻憐子，天下事都如做秀才赴科場時，則何事不可做也？」洪譜甚略。

二年壬戌，先生年三十有八。成進士。是科會試，分考者爲韓公諱曰纘，得先生文，異之，曰：「此必福建黃子也。」比拆號，益自詫不妄。又，起儔聞之先君：先生既授館職，乃不能別賃屋，寓於漳會館之廡下； 先君諱烈時登壬戌武籍，每策蹇伏謁先生，通刺以手。雖旅次雜遝，而門户悠然。是時魏璫虐焰方熾，文湛持諱震孟、鄭崟陽諱鄤與先生約同盡言報國。湛持請以身先之，死而後繼之。先生疏稿已具，既而弗果。故先生後有疏云：「鄭鄤者，天啟時與臣同爲庶常。鄤與震孟先後抗疏，臣以迎母且至，三疏三焚，鄭鄤常以爲怯。」嗚呼！先生許友報國之盟，蓋敦踐於十餘年之後矣。洪譜略同。

三年癸亥，先生年三十有九。迎太夫人來京就養，而孺人林氏侍太夫人至嘉興，病卒。時同鄉周公諱起元方巡撫姑蘇，聞之，經紀其喪，更遣人護太夫人至京。及歲丙寅，周公以忤璫被逮。先生在家，傾湊得數千金，隨衆捐助，而太夫人猶恨薄酬也。按先生《與煙叔書》云：「吾母聞綿翁之變，涕泣闌干，至爲婢兒所笑。母乃愈泣，繼之以詈。今想此懷，猿腸盡絶耳。」洪譜同。

四年甲子，先生年四十。初散館，授翰林院編修國史實録。〔三〇〕按先生疏有「初散館，請使朝鮮」之語。洪譜同。

五年乙丑，先生年四十有一。夏四月，請告歸里。秋七月，至家。冬十二月，葬青原公於北山。因結廬其下，躬自負土成墳，勒先人行事，銘於屏石，盥沐爲書。每書輒簪筆以拜，一字一拜，拜畢而後書。文皆從古，如三代以上碑。〔三一〕復立小石屏於墳後，顔曰青原玄穸，〔三二〕背鐫二十五字，語同古讖，不可解。次及壙庭，亦取青石員砥之，著《河》《洛》正變之文，宛然地上。經營數年，然後就。常曰：「吾茲塋域，上下數之卦變俱全，後世誰復有能知之者？」張鎮樸瑛曰：「先生自是之後，出則言朝，還則守墓，蓋百年精神結聚於此云。」

洪譜：子曰：「乙丑春，余在長安，與劉御史□忠隔一邸舍。〔三三〕余既以講筵獲罪，御史用劾魏璫杜門，雖咫尺不相往來。既逾月，御史以甘肅差去，余用侍養歸。未移時而禍發，所不見血者，劍首之鏤也。」餘略同。

鄭譜：當魏璫時，經筵故事，展書官必奉書膝行，道周以爲經筵道尊，不宜有此，獨以平步進，魏璫目攝之，不能難也。

六年丙寅，先生年四十有二。春，娶夫人蔡氏，計部蔡公諱乾釜姪女也。越兩月而母太夫人違養，先生水勺不入口者五日。自此，斂斷外事，依依北山，不面津顯，不與宴會，不作詩文也。洪譜同。

七年丁卯，先生年四十有三。時海寇屢警，摽掠肆行，郭外邨裏，遠近爲墟。先生獨營壙不輟，諸暴客亦相戒無擾。臘月，乃葬太夫人於北山。洪譜同。

毅宗崇禎元年戊辰，先生年四十有四。是春，葬先祖母及伯叔，又葬前夫人林氏於北山之左。嘗有書曰：「吾今葬祖母伯叔及亡妻畢，便當向平婚嫁之願，每發一書，頭髮便白，然視世間，舍此亦無復情致。寠人子，作此浩蕩，爲諸銀窖子所笑，奈何，奈何。」又按先生詩序云：「八月，淡墨已除，甫親筆硯，有《援琴示諸知己》之作。」又有《同諸生出墓側談經分命四章各證所説》之作。洪譜略同。

二年己巳，先生年四十有五。《三易洞璣》書成。有《料理三易稍已就緒》之作。是冬，辭墓出山，發郵過南巖，因偕紹和鋤山，再闢兩洞，信宿而去。至建安，知遵化已破，〔三四〕羽檄徵師，驛道騷然，乃汰家從，獨自携弩出關。洪譜略同。

三年庚午，先生年四十有六。獻歲，抵信州。建德溪中，探邸報不至，繫纜數日，登釣臺諸峰。元夕，泊桐君山，携酒與桐君對酌。至臨安，聞良固失守，四師俱釁，又有檄止十道師，爲之愀然。至毗陵，見鄭峚陽於家。將渡江，聞都門戒嚴，驛騎留滯，乃單車就道，寄孥鄭園。至儀真，遲回數日，還向毗陵召家北上。夏四月，至都。未幾，與科臣熊德陽同出典浙江鄉試。先生在棘闈，每晨起，設香案堂上，率同校諸臣北面再拜，而後閱卷。無私謁，《程士録》亦於當堂起草。放榜之候，躊躇更換，凡諸請托倖竇，一時俱塞，而權貴人子弟不得志，或多側目者矣。事竣還都，逢《神宗實録》成，晉右春坊右中允。是時，督臣袁崇焕以誘殺毛文龍抵罪，詞連舊輔錢龍錫，並逮詔獄，廷臣無復言者。

先生乃中夜草疏，排闥叩閽，略曰：「累輔所坐，爲罪督攀緣耳。督臣受劍制閫，令有事得撫閣臣語爲質，則是綸扉之內割邊牆爲殊域也。且陛下御極以來，輔臣獲重譴者九人矣，一代之間，有幾宰輔乎？當堯舜盛時，丘牧舉鯀，讙禍滔天，未聞丘牧繫囊傾皋陶之聽也。人臣事主，自當以堯舜爲師。倘罪輔猶可贖，臣請輟清華，歷疆埸，約束江東，[三五]收拾遼、廣，誓得一當，以爲累輔減千一之死。」時臘月十三日也。疏奏，天子疑爲詆毀曲庇，著令回奏。三奏而疑未釋，待命四十日。洪譜同。[三六]

四年辛未，先生年四十有七。春正月十九日，先生回奏三疏始下，已降三級調用矣。而禮科又吹索浙闈事，數次不已。先生遂更三疏乞休。同官倪公諱元璐抗疏，稱先生爲古今第一詞臣，「臣願以職讓」。先生因屬之以詩，其序曰：「文綱未釋，乞休爲勞，倪鴻寶特疏見白，爲詩言謝，非乖叔向引誼之情，未殊孟博避咎之旨也。」夏五月朔，上以久旱，步禱南郊。十三日，乃釋舊輔錢龍錫。先生於是有《大解綱》之詩。而乞休之疏，旋於後十一月廿七日下矣。[三七]臘月，舉一子，親朋畢賀，蓋即長公子麑也。故先生詩云「乳汁不從俸米得，後來應記《伐檀》詩」是也。洪譜略同。

五年壬申，先生年四十有八。春正月，束裝將行，有《放門陳事疏》，略云：「臣自庚午正月携家北上，今又正月，間關南旋，往還冒難，首尾三年，在朝班不上三十日，食俸米四石五斗，罪過山積，僅餘骸骨，一旦溘然，幸及殘喘，冒昧吐之。臣自少學《易》，以天道爲準，以《詩》《春秋》推其運候，上下載籍二千四百年，考其治亂，百不一失。其法：以《春秋》元年己未爲始，加五十有五，得周幽王甲子。其明年十月辛卯朔，日食。以是上下中分二千一百六十年，内損十四，得洪武元年戊申，爲大明資始。戊申，距今二百六十四年，以《乾》《屯》《需》《師》别之，三卦五爻，丁卯大雪，入《師》之上六，是陛下御極之元年，正當《師》之上六，其辭曰：『大君有命，開國承家，小人勿用。』自有《易》辭告誡，未有深切著明若此者也。凡《易》一卦直六十七年零一百五日，一爻直十一年零七十七日有奇，今歷十分之四矣。臣觀陛下開承，應『大君』之實，而小人柄用，懷干命之心。陛下以大君之哲，可制小人而有餘。在小人，以干命之才，可中大君所不覺。臣考自丁卯大雪，至戊寅春分，凡十一年零七十七日，皆在《師》上六『勿用』之防，誠不可已。臣病久，援筆氣絶，乞念垂往之言，並依例放行。」已復遵旨再奏，以「濫舉逞臆」削籍爲民。二月，掛帽出都門。自濟寧過兗州，至曲阜，上孔林，謁周文公廟；下昌嶧，徘徊九龍山，孟林在焉。先生各繫之以詩。乃買舟至留都，寄家城隅，自僦小舟，溯江而上，遂歷黄山、白岳、九華、皖臺、匡廬之勝。〔三八〕是秋，至餘杭，諸同人畢集，因築書院於大滌山。〔三九〕大滌山者，當餘杭之西，宋人所營洞霄宫者也，舊祀李伯紀、朱元晦二先生。至是，更加啟闢，何羲兆實綱紀其事。茨既聿立，四方高躅之彥，時亦往來，興詠其間。先生於是爲文以記之。然先生出都以來，自春徂秋，亦隨意放浪山水，東西奧區，〔四〇〕十盡七八，曰：「何圖杖屨，遂包斗牛之美？」是冬，抵墓下，誦陶詩曰「徘徊丘隴間，依依昔人居」，乃曰：「吾怪陶廬不在土行之側。」而山中蒸濕，人跡罕至，牀几篋□已半就腐墜，〔四一〕惟經史子籍可九千餘卷，爛浥未盡，先生泫然曰：「道毀於器。女看書骨，亦牢於牀几也。」歲暮，復走南靖諸山，二鼓乃歸。明日歲除，無以祀竈，偶友人餉一熟鷄，先生爲喜動色。過元日，親朋乃知先生在，於是咸集。先生曰：「如此熱鬧，不嘗與袁安燒火耳。」或聞先生所裁定自己巳至壬申詠業七百餘首爲崟陽持去，乃勸先生更作，先生笑曰：「關門已放，復著『五千言』耶？」洪譜略同。〔四二〕

六年癸酉，先生年四十有九。在北山，復治墳廬。有書與煙叔云：「遽生之年，忽忽已至。即一墳廬，未能知非，何問其餘乎？此無所營樹，惟修葺諸傾頹者耳。」又《冰天紀事》云：往歲先生治墳，皆自持畚鍤，日負土數百觔，比遂不同，但督諸傭保耳；往歲登第後，不作舉業，比時時爲之，或疑其相反，先生曰：「筋力時休，神明不歇。」先生又曰：「漢唐而下，斗分自贏趨縮，文章自盛而衰。崔、蔡之文，不及班、揚；韓、柳之詩，不及沈、宋。至元而來，斗分自縮而贏，文章自衰而盛，陶、劉之繼，而有徐、何；徐、何之繼，而有王、李。又先輩詩盛而制藝未昌，近者詩衰而制義始盛。皆於情理有關至極，不在繁約之間。」洪譜甚略。

七年甲戌，先生年五十。自抵家守墓，諸弟子相從講論，皆在浦之北山。先生談經之餘，屢屢勸人讀史。嘗於歷代史中，自漢迄宋取十二人，人自爲傳，二傳爲卷，[四三]每卷各以行事相比，曰《懿畜前編》。其編，則首諸葛侯，而終鄴侯。是可以窺先生微意之所存也。又取明興以來，楊文貞而下，得二十四人，所附見者若干人，曰《懿畜後編》。二編皆綜厥大家，[四四]或略或詳，非復史臣之所能到矣。適秋水曹公諱惟才以莆李攝府篆，敦請先生發皇聖學。於是夏五月，先生始即漳郡紫陽學堂爲講舍，定於四仲之月，雅集課藝，因文證聖，並分紙一張，隨所疑難，先經後傳，先籍後史，自近溪、敬齋而上，周、程、羅、李而下，不妨兼舉，以印身心。久之，先生自次所條答，爲《榕壇問業》以行世。臘月，乃還北山守墓。洪譜略同。[四五]

八年乙亥，先生年五十有一。夏五月，復會於榕壇。先生家居秉禮，雖涖講席，有期之喪，腰絰不除。張昜之瑞鍾請曰：「聞晦翁欲集《三禮大成》，有所未及；吴幼清論次稍定，又多所遺。吾漳素遵《家禮》，然期功之喪，亦鮮有持者。不知孔門諸雜記平居皆可詳説不？」先生曰：「平居且勿暇論，然《三禮》詮次，極是學問中要緊，久已分類引伸，但日用疏淡，未能繕寫耳。」即以《三禮定本》付勗之，然尚未及刊布也。先生與諸友登天治巖歸，適漳郡地震有聲，時爲冬十月三日己酉鷄棲矣。〔四六〕或問：「《春秋》五震，始終於臣而中於君，大抵以爲陰盛也。今玄月藏伏而地動，其在於周則正月也。古有之乎？」先生曰：「凡古者，〔四七〕家不占國，郡國不占天下，然君子恫瘝乃身，匹夫納溝，尚爲怵然，何況大地？劉向輒指郡國事爲正應，其義極疏。兄所言者，與劉向異指，自足稱耳。」語未究，而環命適至，先生講席不輟。翌日，諸友叙別勸駕，先生因酒酣，發慨時艱，悲憤涕泗不已。亦會歲暮，復還山守墓。洪譜同。

九年丙子，先生年五十有二。時新奉環命改荔衣，擬拜疏請告，稍謝朋從，抱膝看松，增其寥落。會先生誕辰，諸弟子請於宮庶蔣公諱德璟。蔣公就問業中拈十八條，推暢玄風，以抒嘉祝。先生曰：「自某談論以來，風過樹翻，更無人看落葉。蔣公纔拈一枝，覺樹樹紅酣，山山碧戰。此處不發憤，那得樂來？前日爲誰開此罪遇？」諸子云：「此問不從蔣來，不從諸生，卻自夫子生下帶來。」先生憮然，請一一舉似，詳爲條答。先生曰：「蔣公揚糠見寶，初示聞道之艱難，末示成道之不易，丁寧告誡於孔、蘧寡過之年，所以裁成垂引爲不少矣。」又曰：「任看山山樹，仍是老至倦來。一部《易》書，止是乾乾終日。」已而有司敦促上道。先生至秋盡乃發，〔四八〕臘月遂至京。洪譜同。

十年丁丑，先生年五十有三。春正月朔，見朝。二月，分校會試，得士二十一人。〔四九〕夏四月二十八日，具疏乞休。凡再上，不允。五月，陞諭德，掌司經局。六月十三日，具疏辭職，自劾「臣有三罪、四耻、七不如」之語。冬十月，有《申明掌故》一疏，略云：「司經」名局，實無一書。東宫有日問誰司局事者，何以對之？先臣丘濬嘗稱「我朝著作，聖祖極多」，然當永樂時召授東宫，惟《文華寶鑑》《聖學心法》《廣昭鑑録》《務本之訓》四種書而已。今四書傳本甚少，可發内本謄刷。由是推之《書》中有二《典》、三《謨》、《洪範》《無逸》，《禮記》中有《王制》《月令》《儒行》《緇衣》《坊記》《表記》《禮運》《禮器》《學記》《樂記》，《易》中有《乾》《坤》《文言》《上繫》《下繫》，《詩》中有《二南》《豳風》《正雅》《周頌》，擇此四經大篇鉅章，不過五六十帙，講官六人，人習十篇，錯於『四書』，以翼《寶》《訓》，在約御博，不及二年，而義類備舉矣。乞次第舉行。」有旨：「彙集進覽。」

十二月，陞少詹事，協理府事，兼管玉牒。復疏辭云：「臣自出山以來，期捐七尺、決頂踵以報陛下；必不可得，亦當有昌言顯行，裨益涓埃而去，決非爲解衣换帶來也。〔五〇〕今既十載，〔五一〕寂無一語，臣之學術概可知矣。如臣者，但守原職，料理經書，俟其兕成，縱之巖壑，自謂過矣。乞改授蔣德璟、謝德溥二臣，使臣楗户稍完職業。」不允。

洪譜同。

十一年戊寅，先生年五十有四。春二月，侍經筵，隨班召對。退而補牘云：「臣承清問人才。臣言人才如樹木，霜雪摧殘之後，須勿折其萌芽；又譬養火，亦要積薪。臣以餘生親見堯舜，無復一語可佐纖塵，則亦無用讀書爲矣。臣懲艾已深，捫舌日久，豈敢重干嚴旨，以自取戾？然私計天下人才，如鄭三俊、姚希孟，求其影似，未可多得。皇上誠愛士，莫如愛已成之士；誠理財，莫如理有式之財。當茲衆渙之時，幸弘孚萃之旨。」時十有二日也。至二十三日，旨下，以爲「偏私」。再疏，又以爲「支飾」。先生自知不容於朝矣，第以數書未就，不欲遽去，乃復奏曰：「臣生逢聖主，不能質直自將；學求事君，又蹈迂疏之失。皇遽之下，追尋前草，已自盡焚，不能復憶。惟憶所述失體，援筆莫措。昔魏徵在帷幄十七載，奏疏數十萬言，無一忤旨，亦未能比績皋、夔；真德秀立朝僅一月，條陳百餘事，無一紕漏，亦未能差肩王、魏。臣在詞林十七載，已同魏徵之年；立朝十四月，又逾德秀之數，章未十上，語乏萬言，而迷謬頻仍，瑕釁山積，欲以仰贊高深，希跡古昔，〔五二〕良亦難矣。臣自揣草野之資，終非法物，束手席藁，〔五三〕以待褫斥。倘念纂述未就，寬假數月，是臣望外之恩，未敢自必。」三月九日，得旨不究。先生繇是諸疏草，皆命曰《焚草》也。

夏六月十八日，又因隨衆召對，復補牘云：「臣有感事三疏，阨於時會，不能自達，死有餘耻」。按先生三疏：一論推督臣不拘守制，〔五四〕一論宣大督臣奪情，〔五五〕一論遼撫臣議款。〔五六〕其論推督臣者，〔五七〕謂：「宣大督臣盧象昇，父殯載道，請近撫臣權攝，忽有並推在籍守制之旨。夫使守制者可推，則是聞喪可以不去也；聞喪者可以不去，則是爲子可以不父，〔五八〕爲臣者可以不君也。陛下以日月輝起，〔五九〕尚下詔引躬明示以『君臣父子皆受於天，禮樂刑政所從出』，而人臣以哀毁不祥之身，決裂馳驟，玷陛下仁孝之治，是不宜使天下四夷聞且見之也。嗣昌在事二年，才智備睹矣，更起一不祥之人，與之表裏，指鳧指鼠，説夢捕風，猶狼狽之獸，倚肩俱走，無從施其鞭策，又何益於負重乎？」其論督臣奪情，〔六〇〕謂：「臣不知陳新甲爲何人，然聞其丁艱未終制，又聞其走邪徑，托捷足。天下即甚無才，亦未宜移借及此也。凡論人才，觀其所難。批龍鱗難於履虎尾，冒斧鑕難於冒鋒鏑。今諸負氣直節敢諫之臣棄不録矣，而欲使軟美容悦者叩頭折枝以建非常之功、垂不世之業，豈可得乎？臣所纂數卷書，已移月可畢，筆札干楯，均爲報恩。天下即無人，臣願解清華以執鎖鑰，何必使被棘負塗祓不祥以玷皇化哉？方今熒惑漸次箕尾，是爲燕分，八、九月交，當南斗口，〔六一〕是雖有道所不談，然思患豫防，聖人垂戒。新甲崎嶇秦、蜀，載道赴宣，度須半載，〔六二〕盧象昇以煢煢歸説之身，待其遲遲援琴之道，所謂乞河神而濡突火也。語曰：『奔車無仲尼，覆舟無伯夷。』臣雖不才，受皇上殊恩，猶將按轡奔車之間，振衣覆舟之下。」其論遼撫臣議款疏，〔六三〕謂：「臣接得遼撫臣揭帖，〔六四〕援俺答故事議款，臣不覺爲之頓足投牒於地。陛下勵精十餘年，思以堯舜之化被四海，而諸臣無能出一死以紓主憂，此不待有志之士爲之注弓而鳴鼓也。且如遼撫之議，謂款成即可撤兵以討流寇，毋論款必不可成，成必不可久；即成矣久矣，以視寧、錦、遵、薊、宣、大之師，何處可撤者？方今上天告災，星象垂警，國家大事宜以實示羣情，毋以文稽衆論。樞、邊諸臣，欺罔詭閟，啟侮取羞，惟陛下慨然發樞、邊諸疏，衆正其論，毋使事成禍積，異日不可復悔。」三疏遂同封以進，時秋七月初三日也。至初五日，上持三疏不下，乃召閣臣府部及先生同詣平臺。當日，先生已注籍矣，以特召故往。上謂曰：「朕幼失學，但聞經筵講論，有所爲而爲，是慾非理。三疏不先不後，在不點用之時，可謂無所爲乎？」曰：「臣所爲者，綱常名教，不爲一己爵祿，是以自信其無所爲也。」上曰：「三疏不上，有何時會爲阨？」曰：「臣以同鄉林蘭友、何楷有疏，恐涉嫌疑耳。」上曰：「如今便無嫌疑耶？」曰：「今日不言，後將無及。臣之有言，臣不得已也。且臣如緘默，亦可濫叨升斗，但所惜者，陛下之綱常名教。」語未畢，楊嗣昌出言：「臣請就綱常二字，對衆剖明。所謂綱常者，君爲臣綱，父爲子綱，君臣還在父子之前。

臣父、臣母皆無所逃，臣又逃於何所？臣聞古人有言，禽獸知母而不知父，今鄭鄤杖母，禽獸不如，某又自謂不如鄭鄤，論何綱常？」蓋摭先生前疏有「文章意氣，轗軻歷落，臣不如鄭鄤」之語也。先生於是即大體以正之曰：「故事，諫官論執政者，出聽對仗讀彈文。臣雖非言官，未有大臣跪在上前爭辯，不容臣盡言者。」嗣昌乃謝非體，請放歸里。上即温語留之。先生亦自奏：「臣素耻言人過，今與嗣昌角口，亦非體，臣爲陛下存人心而已。」上曰：「爾無端詆毁大臣，又以大題目壓他，恐是别有所爲。」曰：「臣爲侍從論思之臣，與嗣昌朋肩事主，比不得詆毁大臣。臣二十躬耕，四十喪親，負土成墳，畚鍤皆臣自荷，誠不忍見奪情之事。」上曰：「如此，又何云不如鄭鄤？」曰：「匡章棄於通國，孟子不失禮貌；孔子自云辭命不如宰予，臣亦謂文章不如鄭鄤。」上曰：「章子不得於父，豈鄭鄤杖母之比？爾説不如鄭鄤，是朋比耳。」曰：「衆惡必察，奈何迫權勢，使皇上不知是非之實！」上曰：「陳新甲諳諫〔六五〕軍情，汝又言其走邪徑，豈督撫才料，朕一不知，止聽人營競耶？」曰：「凡人心正則行正，心邪則行邪。嗣昌以己奪情，又推陳新甲，呼羣引類，使成奪情世界，是亦今日之耻也。」上曰：「鄭鄤五倫俱絶，許曦言其罪狀甚明。小臣有公論，而大臣反無，豈不可耻？」曰：「宋人惡李定不丁母憂，故賜孝子徐積粟帛以風之。臣如要救鄭鄤，則攻嗣昌，非所以救鄭鄤也。」上曰：「向以汝偏激，稍示裁抑，後聞操守，隨則賜環，將遂擢用，不圖如此偏激恣肆！」先生曰：「臣今日不言，則臣負陛下。陛下殺臣，是陛下負臣。」上乃曰：「一生學問，止得佞口。」遂著先生令起。先生於是叩頭而起。已還復跪請再剖忠佞：「夫人臣在君父前，獨立敢言爲佞，豈阿諛順旨爲忠耶？敢爭是非，辨邪正爲佞，豈容悅緘口爲忠耶？」上曰：「問此遁彼，非佞如何？若論紅牌，支吾當斬。」聞者咋舌。先生乃侃侃而退。嗣昌更請：「皇上優容某，可以教天下臣子。」上曰：「近來人心澆薄，故特召諭政，所以正人心。」蓋上終以先生爲非無所爲也。乃後之論者，謂當時皇上實心敬先生，但以時事孔棘，不得不起二人用之，而面諭先生則曰：「暑天勞頓之餘，能成一篇文字，才亦可愛。」蓋當先生與楊輔同日枚試，楊輔言略而字潦草，先生灑灑詳盡而楷法端謹，故上雖不用，猶爲留意也。然則皇上不可謂不愛才，而先生於皇上，未可云不知遇也。徒以號綱揭常，聲責者大，故反以爲有所爲而激耳。嗚呼！不激不奮，不憤不激。今以三緘膺特簡，吾知先生必不願也。即勿論不用，即用矣，而時事已去，吁都喁俞，細大必爭，吾又知綸扉雖貴，不足行先生行跡也。天之置先生，固將別有以用之矣。誰復能與先生爭萬古者？故閣臣擬日擬詞，以爲「朋串撓亂，降級調用」。而在廷諸臣，亦無更起而爭者。先生於是不得不行矣。乃取前所裒纂諸書上之。其疏略曰：「臣思古人身蹈不測，尚圖纂述，以贖殊辜，況臣受命在先，豈得消藏，以滋罪戾？用將臣所纂完《洪範》二册、《月令》二册、《儒行》二册、《緇衣》二册，凡八册四函，先呈進覽。」八月，調江西布政司都事。臨行，更上《乞休疏》云：「陛下憐臣孤苦，雖加創艾，猶畀俸錢，俾就一官，以圖報効。臣思此生祿養之榮，不及父母；頂踵之報，總爲君親。自賜環而賜謫，均非微臣之軀；由再死而再生，彌載如天之惠。〔六六〕然而寸心易竭，九折難醫，自顧殘生，真無所用矣。臣素耻言貧病，又每日計勞而食，自去冬迄今，二百餘日，經寒涉暑，手纂寫三十萬言，凡再易草，實無一刻之暇。不合感事，發其狂癡，旬日以來，兩目就眚，加以體羸，嘔血盈掌，如此升斗，亦豈濫叨乎？臣通籍十七載，猶然書生；立朝五百日，未酬犬馬。倘淹忽半途，流播他土，將使千古上下不知陛下忱恂之恩、仁閔之澤。懇乞還山，以就醫藥。苟殘喘之尚存，何餘年之足惜？惟陛下察其真病真危，許其待痊待補。」不允。是月，出都。發潞河五百里，登泰山絶頂。作詩曰：「何處尋天下？培塿視古今。」已至岱頂觀日，則曰：「海國尋常望，中原特創觀。」又曰：「蕭然何所怪？自弄兩丸看。」其胸中浩落，不知何如也。冬，至大滌。陳卧子、曹木上諸友，日奉杖履，捫高探幽。嘗曰：「大滌三洞，雖不必異人是棲，然使漢武聞而褰裳，燕昭聽而抵掌，何詛過乎。」又曰：「謝傅棲遲此山五十餘年，捉鼻拂巾，爲司馬主簿。使其時風鶴無靈，鞭流遂斷，蒼生之望，東山之恨，豈可復滁耶。」徘徊日夕，坐卧朱、李几案之下者久之。已復黯然思別，屈指歲暮，料理松楸，迅於飛鳥，乃以覆被餘夢間，就六詩録存山中，曰：「後有覽者，知出處聚散之會，未能無介於懷也。」將行矣，又爲諸友縶維三日。會倪鴻寶祭酒來自山陰，持邊信相示，悚然警聽，未忍絶帆胥江，長至後十日乃發。何羲兆、曹木上送至嚴灘。登釣臺，先生蕭然感歎，乃作詩曰：「鳥墜魚驚風色緊，天下無山可高隱。蘿裳荔帶荷華冠，〔六七〕白日文螭化蚯蚓。」又曰：「從此辭君各千載，故園門前千尺海。海中疏島千高駝，記得投竿雙膝在。」既書此爲別，並寫《雙臺八松》，以識分手。

洪譜：是歲，作《孝經大傳》。餘略同。

十二年己卯，先生年五十有五。復還山守墓。以前疏批旨有「朋串」之語，乃於石養山中，堊廬之下，別搆數椽，以列大雅。左曰十朋軒，軒不容幰。壁間位置曰管、葛，管夷吾，潁上人。諸葛亮，南陽人。曰鄭、董，鄭國僑，鄭人。董仲舒，廣川人。曰吴、郭，吴季札，吴人。郭泰，介休人。曰晏、丙，晏嬰，齊人。丙吉，魯人。曰張、李，張良，禹州人。李泌，長安人。曰黃、王，黃憲，汝南人。王通，龍門人。曰田、羊，田叔，井陘人。羊祜，新泰人。曰疏、魏，疏廣，嶧人。魏舒，任城人。曰管、陶，管寧，臨朐人。陶潛，潯陽人。曰邴、皇，邴原，齊人。皇甫謐，朝那人。曰申、阮，申屠蟠，陳留人。阮孝緒，尉氏人。曰梅、張，梅福，壽春人。張翰，吴郡人。曰周、沈，周磐，汝南人。沈麟士，武康人。凡二十六人。右曰九串閣，閣僅九尺，壁間位置曰屈、賈，屈原，郢人。賈誼，洛陽人。曰魯、李，魯仲連，臨淄人。李白，彰明人。曰樂、王，樂毅，靈壽人。王猛，北海人。曰劉、韓，劉向，彭城人。韓愈，南陽人。曰汲、魏，汲黯，濮陽人。魏徵，晉州人。曰黄、張，黄霸，陽夏人。張詠，濮州人。曰五、馬，第五倫，長陵人。馬周，茌平人。曰高、蘇，高允，蓨人。蘇頌，晉江人。曰謝、李，謝安，太康人。李綱，邵武人。曰王、白，王羲之，臨沂人。白樂天，渭南人。曰陸、蘇，陸贄，嘉興人。蘇軾，眉山人。曰宋、范，宋璟，南和人。范仲淹，吴人。曰裴、韓，裴度，聞喜人。韓琦，安陽人。曰張、趙，張九齡，曲江人。趙抃，西安人。曰李、馬，李絳，贊皇人。司馬光，夏縣人。凡三十人。皆異代同風，韻實殊致，道鼎儕輩，遞爲賓師。趙邠卿之壁，縣四像；司空圖之壙，引羣賓。聊有所契，托於同人，各繫之以贊焉。洪譜略同。

十三年庚辰，先生年五十有六。在北山守墓，一切謝絶客。誕日，題門曰：「殘生餘年，死不敢受弔，況受賀乎。」客有自浦至者，閽人輒辭去。唯諸同人至自漳，先生令人延之别館。迨晚，出見客，乃共列坐石上，酣飲歡洽。先生手自疊三石而坐，曰：「吾今此坐，雖安亦危已。」蓋是時薛觀國、〔六八〕蔡國用當國，而楊、陳俱用事，故先生虞不免也。翌日，有異僧至，微言以諷之。〔六九〕僧曰：「正苦此事，毒火將動，不得藥線不發。今中旨已萌，不幸外疏及之，禍且不測耳！」未幾，而江西巡撫解公諱學龍以薦剡聞，而逮命下矣。先生聞報，即於五月二十三日辭墓就道。時緹騎尚在南昌。先生中夜出門，匍匐至水口，揮手作詩以謝同人，有曰：「臣罪如傾河，當於何者起？親朋但古道，〔七〇〕引涕便不是。」至適中驛道，有詩曰：「生平少屏語，臨難乃自遂。疾雷破孤峰，要非物所碎。」至南昌，聞逮，〔七一〕諸子依依不去，欲同北上。先生毅然麾之，作詩曰：「生離死別不可知，友道君恩已如此。」又曰：「天上巍神輕意氣，琴筑哀絃安所置？斯文未喪應能來，湯花火花仍復開。」至碭山，道中遇警，身先緹騎，得過。至壽張，接邸報，薛以罪死，蔡尋廢卒。先生乃於七月末旬至京。〔七二〕緹騎以聞。中旨未下，而計部主事葉公諱廷秀毅然上疏，請以身代罪。葉公者，濮州人也，登第後，以魏璫故，不出。既補冷曹，與先生未嘗有覿面之雅。聞先生就逮，號於曹署曰：「吾輩稱冠進賢冠，今名賢罹厄，忍復坐視耶？」呼一曹不應，又呼一曹。呼已，繼之以罵。又復罵，又復呼。如此遍呼六曹畢，無一人應者。葉公乃挺身上疏，請自代先生。而八月旨下，先生與解公各杖八十，發西庫司問擬。越數日，而葉公之疏亦下。旗校索，葉公曰：「吾待子來久矣。請入視吾居所有。」旗校隨入，見其左側置秘器一具，右陳全襲壽服。葉公曰：「吾老母已終世，又無妻子貽累，今日惟須公輩來一了事耳。」即隨旗校同往拜杖。監杖者聞之，曰：「異哉，千古乃有如此人！」葉公不行一銖一錢，諸執杖者皆愕眙不忍下，乃反輕於他杖者。既拜杖已，削籍回濮州。先生乃就床簀爲詩以贈其行，有曰：「嗅血得金腥，味骨得玉氣。」又曰：「乳血在君親，霜露不敢侵。總此未墜生，呱啼亦古今。」實未嘗一識葉公也。〔七三〕而先生杖瘡亦發，幾不支，乃召醫傅藥，剜去惡肉，故在獄中作書與煙叔曰：「古人於仁義爛時自裹血肉，僕於血肉爛時自裹仁義。悠悠命也，誰爲談者！」蓋先生臥病八十餘日，抱足扶首，僅能起立。顧念白雲斗室如椰子大，不見三光，自揣平生喜探幽窟，窮極之趣呈於夢寐，乃作《詛洞》之詩曰：「鑱胸強作玄奥窟，要使鬼谷傲寒閲。〔七四〕果然精魁爲都君，狐窠兔館來温存。」又曰：「於今歷歷成精怪，一竈一床不自在。日光漏線不肯垂，飛鼠飛飛欲晝晦。」作《詛洞》已，復啍囈如答客嘲者，於是《洞詛》之詩曰：「洞壑精靈不揑怪，開襟揖客了無礙。何處白雲起庫門，強捉人裾作芥蒂？」又曰：「盡有通人納軒殿，如穿水竇負門扇。一人擇地能精專，〔七五〕飛神越空騰青天。」先生既以清苦聞天下，諸獄卒皆不敢有望於先生，惟日奉紙札丐先生書。先生時時爲書《孝經》以當役錢。凡手書《孝經》一百二十本。皆以獄卒持去，〔七六〕散盡無餘。於是憂患備至，艱貞罔利，回思幼喜《易》象，迨兹五十餘五矣，〔七七〕而天人憤悱，未能有明；九京可質，羲文猶恫。自是臥息成爻，食思擬象，乃研理極數，而著《易象正》。方開府仁植與先生同在西庫，自言詮《易》三世，未畢此理。見先生所著，片字落紙，輒觀玩不已，曰：「吾雖不及次公，寧怖夕死，遽墜朝聞乎。」時先生方草十二圖，未畢，忽錦衣著筐籃來徵。先生徐曰：「吾畫一圖完，就逮耳。」役人不可，遽以先生去，諸圖像翻播床下。既去，方公更掇拾收藏之。故先生詩曰：「筐籃一日臨五門，風雨瞥天雷霆尊。回顧白雲不可見，經書化蝶皆驚翻。緬想方公食三歎，定謂此書終河漢。」蓋是時太學生涂仲吉上書訟先生冤，故徵先生同對北寺也。比至北寺，械鞫四次，且拶且責。毒痛之下，指節纔續，又爲《六十四象正》。故又詩曰：「右手貫鑽左袖書，解鑽寫書尚帶血。」會有朱生永明，冒難入北寺，爲先生櫛沐。朱生者，紹興諸生也，〔七八〕薄遊京師，持百錢叩北寺門，將遺仲吉，爲邏者獲奏，遂同繫獄中。朱生入獄，拜先生於床下，請給侍左右。先生既在北司，有二子爲侍，代執爨役，得一意著書。故又詩曰：「淹留北寺五月餘，仰鑽亦已粗成書。二十萬言動指節，欲斷不斷形模殊。」未幾，復轉西庫。方公喜而索書。故又詩曰：「此書方成未一夜，樞紐又過白雲下。方公含喜來叩門，薰釁未拖便欲借。」然先生自以九折餘生，意言未愜，不欲遽爲傳播。而諸中貴人，竊因朱生，以其間購先生筆札，故皇上亦於宮中時時見先生所書《孝經》，指曰沽名。然所以得不死者，亦未必非念其名也。故又詩曰：「小臣叩首稱天恩，年來北寺誰能存？已甘垂翼歸地火，何敢開眼談乾坤。」蓋有慟於二周諸公畢命之處矣。初仲吉之上疏救先生也，通政施公諱邦曜駁其疏曰：「寬以俟之。」仲吉又上，施公又駁曰：「存此議論。」仲吉猶持上不已，施公召謂之曰：「我與石齋先生交最厚，故不欲以過激僨事，若奈何更欲速之乎？」仲吉乃復出手疏參施公。施公遂並二疏封上，而令仲吉自取保質，不則宜在城司候旨。右堂馬公諱思理以仲吉名家子，持名紙付司，令灑掃一室與仲吉。而仲吉道遇鄉人爲保質，實未嘗在司獄也。旨下，杖一百，並究詰同謀指使。施公以是落職回家，而馬公則逮付詔獄矣。乃又追論葉公諱廷秀，復逮至北寺。同日對簿，諸君子纍纍然相望司廷，而未能相識。葉公乃前俯而揖，問：「誰爲黄老先生？」卻就，謂之曰：「是其爲葉老先生矣。」葉公乃以次鞠身更揖曰：「斯當爲解老先生乎？」於是相與諦視唏噓，俱伏堂下聽質。蓋當時牽連株送幾二十人。故先生詩曰：「鷹巢逢落鳳，虎穴見啼麟。」而堂司乃備拷仲吉所繇指使狀，仲吉受榜掠，無異辭。問何人指使，曰：「某隻身萬里，携孤心以上叩九閽，何容别受他人指使？必欲究所爲指使者，請剖臣肝以獻。」上頗心動，然未肯遽釋先生也。〔七九〕洪譜略同，惟朱永明作「崑山人」，未知孰是。〔八〇〕

十四年辛巳，先生年五十有七。按先生有《自西庫過請室逢除夕》詩，則庚辰臘月已在請室矣。舊例，鞫審雖在北司，而結案必繇刑部，故先生復移西庫。至十一月，刑部擬讞，先生乃上疏曰：「今刑部定臣何罪，臣不敢知。〔八一〕然自計生平無門外交遊，無一介取與，鉛槧終年，不知馬足。即如丁丑三冬，至戊寅七月，所進三十六卷書，皆手勒再易草，則臣之不暇朋從可知已。」十二月，又上疏曰：「臣自北司過刑部，又一伏臘矣，九鞫四拷，不敢言冤，誠感陛下摧折懲艾之諭，許其自新，別圖報稱也。臣生於海隅，輕蹈狂瞽，然自戊寅降謫而外，未有過犯，直以撫臣例薦，萬里逮杖；又以諸臣申救，嚴拷數番，事出意表，非臣所料。憶臣曩昔召對平臺，惶遽之餘，進不擇言，拊心何極。然至於撫賊和戎之說，遺禍蒼生，罣誤大計，臣猶自悔知之不盡，言之無力也。臣通籍二十載，歷俸未三年，今垂老髀消，與囚對泣，即欲洗骨滌髓，纂書自贖，誰肯信者？幸以螻蟻餘魂及聞寬大之恩，蟄蟲腐草欣欣更生。惟聖主仁憫，再加宥焉。」是月，謫戍辰陽。〔八二〕而解公、葉公、馬公，與涂仲吉，亦各分戍於閩，於楚，於辰州。洪譜同。

十五年壬午，先生年五十有八。春二月，出京，將適楚，取道復至大滌。按先生《大滌三記》云：「予以解網至白下，買舟將出長沙，值江北告警，桐皖騷然。又每倚杖聽明詔，多寬大之音，得徘徊容與，與波相上下。念此暮年，笻屩垂絶，浸近崦嵫，何期復至大滌，與親朋談話？詢諸旅客長年，咸云：『南出臨安，涉富春，溯信州，從貴溪西流下臨、袁，不二千里，可至長沙，省諸波濤風鶴之險。』嗚呼！余如擇地避險者，亦豈遂至此乎？」「四月十五日，至西泠。廿五日，與錢去非等入禹航，僦青山船，入九鎖溪，顧諸堂舍，依然未墜，而修篁抽篠，蔭鬱加長矣。」「又兩日，諸友先後至，剖析鵝、鹿異義，稍稍與子静開，滌諸友亦欣然無異。漸復泛濫《易》《詩》《書》《禮》《樂》新故異同之致，不能不與元晦牴牾，而元晦醇邃矣。」「拾級循牆，可至堂室，高者不造頂無歸，深者不眩崖驚墜，由其道百世無弊，則必元晦也。」又云：「周濂溪欲營湓江，結廬其下，既不果，謂潘興嗣曰：『三十年讀書，亦欲一濟蒼生，行其所學。如果不遂，與子盤桓論道未爲晚耳。』嗚呼！司命在天，著心便誤；有待而營，何者不晚？華嶽、嵩少，俱爲豺狼之區，而大滌僅存數椽，與朱、李木主相對，僕又當西行，採蘭佩芷。賈、揚以爲顔、閔，景、宋以爲游、夏，不知五百年後誰念此山，如吾之於朱、李者？」六月，行至九江西林寺，病瘧初瘳，亟覓紙筆，取《易象正》更定之，曰：「及吾在，不定此本，後世誰復定之者？」蓋是書雖成於西庫，然先生每言及，輒有示璞見嗤之恨。料理三十餘日，將有次第，而環報適至，先生猶以是書未完，留滯江渚。已，操小舠入蘆葦中，携襆被，穿關至江口，乃以完本付陳彦升，而發疏謝病，其辭曰：「臣自去年臘月解網以來，概於今歲仲春束裝就伍。自揣殘年無可報主，得子孫永世禦魑魅、保煙嵐足矣。酸楚間關，躑躅就道，至六月始抵九江，西望辰陽尚三千里。江楚間，民以痡下爲微疴，瘧痞爲小恙，而臣以摧殘老病之軀當之，痡瘧頻仍，動數十日，遂至委頓，無復生理。中夜揮涕，謂臣廬墓十餘年，乃不死於北寺，而死於江楚，命也。棲遲數月，痊可無期，伏枕蕭寺，人跡盡絶，不圖十月朔日，有人從留都來傳接，出聖諭：『念其清操力學，尚堪策勵，特准赦罪還職。』臣伏枕墜床，恍惚如夢，起設香案，匍匐叩頭，隕越階下。念自古人臣，或以文才前席，或以戇直召還，未有迂狂賈罪如臣而得起於戍籍，申以華獎者也。臣少孤貧，長而傭書，今年垂望六，體經九折，百病所侵，一絲未絶。臣思漢臣馬援病卧土窟中，聞鼓角聲，曳杖延頸數廢，見者哀之。又如宋臣范鎮、劉安世，屬纊之時，猶以天下爲念，今臣未即死而委頓如此，智不如葵，忠不如曝，自古儒臣亦豈有匍匐而就鵷行，扶攜以酬馬骨者乎？臣幸逢盛世，遭明主，脱離罪罟，下就丘墓，擊壤偷陰，餘息幾何？惟願陛下力行仁義，使流氛早靖，宗社奠安，臣雖朝夕溘就草露，猶與九原父母，銜結無窮。」還至留都，聞解學龍、葉廷秀等未蒙寬宥，復上疏云：「臣甫離盆盎，不敢遽有籲呼，然廷秀病極，學龍垂老，皆以日爲歲，度日如年，陛下既以特旨赦臣，乞以特恩再沛臣澤，悉赦諸坐臣株連者。」疏上，已別有旨赦免。先生以是月促裝回家。有《附告朱李二先生文》云：「某以解網得乞骸還山，欲再入大滌講論，而先是夏五盤桓講舍已三十餘日，策訪歸雲，杖折墜崖，髀爲重創，不復能臨眺如常，何時即當歸，設特羊誓誡先隴，還酬里鼓，以報鄉人，示膚髮之不傷，告兆域之未絶也。羲兆送不肖至桐君山，謹附數行告兩先生，並不使桐老、嚴陵訾吾濡滯也。」洪譜略同。

漳浦黃先生年譜 卷下

〔明〕莊起儔 編　〔清〕陳壽祺 校*

十六年癸未，先生年五十有九。居北山。

春二月，先生挐舟至蓬萊峽，將營講堂其間。有詩曰：「但使同心人，共啜鴻濛髓。指顧六合間，一一平如砥。」竹醉前一日，復同諸子泛舟於此。按先生記云：「鄴侯山，即漳艮嶽之陰，北溪迸流，長橋束之，谽谺多奇，蓋蛟龍出没，風濤萌激，沙土已汰，石骨總出，舊稱蓬萊峽，里人名之曰石僊。石僊者，指其蜿峙林立，飄然若登者也。石僊十五六輩，褰裳欲渡，簇而告語，皆昂藏百餘尺，植劍拄笏，以隊相命。計諸丈未出山時，皆罨覆其下，不勝風雨，稍出庭户，高蹠一動，遂見破綻。令呼諸丈稍納足，復還故處，則猶然

---

* 「〔明〕莊起儔撰」，原作「鄴山弟子莊起儔編」，據本書體例改。「〔清〕陳壽祺校」，係點校者所加。

混沌也。嗚呼！信混沌，吾安能從汝遊乎！予以癸未抵里，五月十日實始啟疆，乃扶筇上下，點定其處，令諸友得命意匠焉。」未幾，復還北山守墓。

秋八月朔，《孝經集傳》成，是日先生同諸弟子就北山草廬具章服北面望闕五拜三稽首，又向青原太夫子墓前四拜再稽首，乃於堂中特祀管夷吾、葛諸葛武侯、吴季子、李鄴侯四先生前，再拜起立，置書案上，諸子各四拜受卒業焉。按先生自序曰：「《孝經》之書，在戊寅秋月起草，己卯春略有次第，未經進呈，幸不中廢，乃於九江綜其遺緒。癸未抵家，爰發敝笥以示同人。」

冬十月，《坊記表記集傳》成，按先生序云：「宋淳化、至道間，嘗以《坊》《表》二記頒賜廷臣。今《禮經》備在學宫，而習者沿爲曲臺遺言，無繇知爲《春秋》義例之所從出者。故復略舉大意，使相屬比，引伸觸類，以究其指歸。」又云：「是書起草於己卯之春，中間危孫，成於癸未之秋。未及進呈，統俟賢達訓討删定，庶無乖馳焉。」

臘月，出江東，登逃雨巖，墜崖，即事賦詩八章，因名崖曰捨身崖。〔八三〕洪譜略同。

十七年甲申，先生年六十。春正月，有《在山乞致仕疏》，略云：「臣禀受窮奇，沈痾日頓。臣鄉又當寇攘。臣托居墓下，寄命松楸，一月數驚，未有動理。臘月，臣始決意出山，離墓下至江東已百四十里，諸生相持，登高臨遠，臣失足顛隕層崖二十餘丈，適墜石灰中，頂踵幸全，而左腕、右足困於庸醫，幾成廢疾。嗟哉！命也。臣生逢盛時，位登華貫，進多狂瞽，則有斧鑕之虞；退可棲遲，又有溝壑之患。臣死於溝壑，伏於斧鑕，則重傷明主之心；斧鑕得生，溝壑不死，又莫塞孤臣之願。所繇者，持身不審，寡過未能。德薄則不佑於鬼神，數奇則取憎於造物。雖復招以弓旌，寵以綸綍，徒足生其災眚，覆其消受也。惟冀皇上擴覆載之仁，既以特恩起臣於斧鑕之下，再以特恩全臣於溝壑之中，臣茹草飯糗，與稚子里婦播天舞地，誦德無極。臣力疾具疏。」

先生既久廬墓北山，而浦東舊居日就荒圮，浦諸弟子因請搆爲講舍，所謂明誠堂也。時春三月庚子，明誠堂落成，門人張天維、林翰沖等，爰先三旬致簡同人，將以是日共升斯堂仰受傳習。郡司李曹公諱廣、龍溪令劉公諱鴻嘉、金浦令沈公諱兆昌亦申斯約，而先生以三月朔日祭掃渡江，至十日乃歸。歸之前一日，浦南渠魁初就俘馘。先生以餘孽未殄，恐不遑於俎豆，而曹公、劉公已先一日至，諸及門誼不敢辭。庚子之朝，邑中諸先生亦至。是日也，天氣清和，春風四敷，同郡孝廉至者十有六人，茂才遠近至者八十一人，觀者蓋堵牆焉。先生謁先聖先賢畢，乃請公祖父母曰：「子弟之不肖，瘖瘓之未起，賴豈弟樂只之矢其文德也，以獲寧宇，敢不再拜諸公祖父母！」西嚮請諸先生曰：「以宗祏之靈，蒼生之福，得從俎豆，以趨下風，敢不再拜！」交拜畢，乃共更請先生，先生曰：

「業從諸老先生之後矣，敢辭！」諸先生不可，亦再拜，環揖而入。先生敷長者之席，及諸經論聽問之坐。稍後懸問，鐘、磬、琴、瑟各一。坐定，講史振聲讀誓誡凡七條畢，乃講書，以東西問答相起也。問：「今日『明誠』二字，的從《中庸》裏來，可是爲良知、主敬別下針藥？」曰：「良知、主敬，止是『明誠』註子。從誠生明是良知，從明歸誠是主敬。先後賢初無兩路，亦自不用針藥。」問：「明誠雖有天人之分，畢竟止是一物，若看爲兩物，則金自不柔，木自不剛，火自不涼，水自不熱。即有氣質，如何變化得來？《記》曰：地載神氣，神氣風霆，風霆流形，品物化生。一塊大地，風霆出入，初無土石之隔，豈性命存於形色之中，能有形色之礙耶？」曰：「天道、人道，是人生而上，不須說。止說一事一物先明得過，後信得過。譬如一鏡，先要刮垢磨光，然後隨形映物。到他隨形映物，尚要刮垢磨光。切莫道鏡即是光，光即是鏡也。」問：「思誠明善，惰樂循環，決不在愛敬、義利、笑夢中間忙討消息，又不在睹聞斷絕、牆枯壁立處苦作工夫，畢竟如何？」曰：「聖人言誠，要與天地合德；言明，要與日月合明。此理實是探討不得。周公於此仰思，顏回於此竭才，難道仲尼撒手拾得？聖人於此，都有一番嘔心鷕體工夫，難爲大家誦說耳。做聖賢人，不吃便飯。」問：「明明天上亦有日月星辰，白白江中亦有波瀾島嶼，孔子生在東魯，再不說蜃氣樓臺；周公治於天中，亦不辨晷影長短，止繇他見明，所以信得過，亦由信過，所以見得明。如憑空心硬說知貫，猶望海際，雲與天通，泛槎十年，終不到牛、女之下也。看來至道待人止是個禮。禮自廣大精微，高明中庸，新故相生，敦崇遞起，知者百世不知牆面。周公仰思，仲尼發憤，皆爲此物留與後人一再參觀？」曰：「禮樂止是中和，致中謂禮，致和謂樂。《易》說《大壯》以『非禮弗履』，說《豫》以『作樂崇德』，兩卦皆雷也。天地作用，雷爲大；人身作用，怒爲大。風雨皆生於雷，哀樂皆生於怒。雷從健出，比於禮；雷從順出，比於樂。怒從健出，禮以止之；怒從順出，樂以平之。故先王爲禮樂以導中和，天地性情居然可見。地雷曰《復》，天雷曰《無妄》，雷地曰《豫》，雷天曰《大壯》。禮樂中和於是見像，而誠明之義亦盡於此。」講畢，請諸長者教誨之言。先生曰：「日中矣，勿多混長者爲。」乃召饔人爲食次。每食八簋，各視主者以定其客。先生親饋。祭酒畢，乃就主人之位。酒初巡，歌者歌《匏葉》之詩，先生出致辭曰：「以長者之盛德，訓討諸子弟，〔八四〕又無以獻也，敢以《匏葉》先於兔首。」諸賓客謝過當也，就坐。酒六巡，歌《出車》之末一章，先生出獻曹公曰：「以此春日，執訊獲醜，雖有飛鴞，食椹變音，況倉庚乎！」乃皆再拜。又歌《六月》之卒章，先生又獻曰：「雖無孝友之朋，願分燕喜之慶。」曹公曰：「吉甫何當！張仲爲多矣！」又皆再拜，乃退就位。歌者歌《南山》之全篇，先生出獻劉公及沈公曰：「以父母之光邦家也，以父母之德音也，《南山》紀壽何足多乎？」乃皆再拜卒爵。磬作，就坐，歌《菁莪》之四章。酒七巡，又歌《隰桑》之四章，及《黍苗》之五章。贊者曰：「賓主交相獻也。」先生乃出獻公祖父母曰：「今日喜見君子也。小人之於君子，猶黍苗之於陰雨，飲德而已，何報之有？」乃皆再拜。先生又獻諸老先生曰：「以往者之不慎，罹於咎災，爲諸先生憂。今幸既見，『菁莪』、『隰桑』，不是過也。願終教誨之。」諸先生亦再拜曰：「原隰將平，泉流將清，王心將寧，保艾畢日，未有艾也。」於是揖而飲，酬酢三反，乃復位。酒再巡，講監立於縣間之左，誦《抑戒》之七章，講史立於縣右，誦《賓筵》之卒章。於是磬作，賓起。金奏，主人及諸友皆出肅賓於道左，長少先後，禮儀笑語，無有違者。蓋自寧武、叔豹、韓厥、趙孟、子產、太叔而下，逾二千年，未有興於此者矣。先是去歲王春，盜賊四起，諸弟子勸先生入就郡邑，先生以廬舍松楸無復遠理。諸避難廡下者，又望北山爲歸。先生以是偃卧，諸暴子亦相戒去三十里之外也。今春，賊又大起，洶洶如前，先生又以懸崖折屐歸，衆愈益懼，先生曰：「無畏！吾病百日瘥耳，蒼生與吾等病也。」於是三月，諸賊又敗。或問：「先生何以知之？」先生曰：「吾得還浦修一日之禮樂，則亦天也。天與吾禮樂，則不與吾干戈。吾之與浦，豈有二天哉？」諸弟子亦藉是自信也，曰：「凡是黎獻，皆遊於先生之天。」先生謝不敢，曰：「吾過矣，吾過矣！」

夏五月三日，先生以盛暑避跡於江東之鄴園，持襆被一具，脫粟四斗，枯魚蝦三五斤，束脯數片，擬作十日住。蓬萊峰居民以天中令節，值先生在江滸，集十餘船爲水嬉者三日。而中丞張公諱肯堂既平漳寇奏凱，以書約過鄴園作一日談話。於是，諸弟子至者凡五十三人。先一日，作《張公奏凱序》及詩。乃以九日會於三近堂。三近堂者，先生之謙居也。時以南講舍未就，因集此堂爲初會焉。諸弟子迎張公入謁先聖先賢畢，乃於三近堂霤中祖道。先生持尊至前，命讀祝辭曰：「大贊張公，剷平漳寇。黎民既安，克善厥後。懋德崇功，百祿是受。凡我明神，悉保佑之。」讀畢再拜，各就坐。弟子講書畢，執籩豆陳饋八簋，尊質約也。酒七巡，歌先生《奏凱贈言》一闋，賓出拜致辭曰：「吉甫作誦，穆如清風。涼德何修，獲此拱璧！」先生舉觴賀曰：「用如不疑，功如不居。禹鼎係鐘，湛以《詩》《書》，復舉單辭，爲公慶頌。」交再拜，復就坐。於是賓主舉觴者三。諸弟子以五爲行，皆出旅勸以燕賓，先生呼名而口品叙之，張公亦賞吾海邦之多君子也。先生揖張公遊於石翁講臺，佇立以收諸勝而還，遂別。

次日，郡司李曹公重詣講約，是爲鄴山次會。諸弟子維舟蔽江，尚未解去，得效駿奔，皆如故儀。因即三近堂，講仲尼好學、周公力行、伊尹知耻，此三聖人作三近事。紬繹酬酢，成禮而退。曹公復以《書》再申十問，詳大《易》剛柔摩蕩之旨，語皆玄邃，不能盡録也。

越十餘日，而燕都三月十九日之變至。先生乃率諸弟子爲位於鄴園，袒髮而哭者三日。計大明之曆，自洪武戊申迄崇禎甲申，二百七十五年，從《河圖》之數，爲稼穡末際，同曆西周，先生於《璣》、《象》諸書已詳之，故曰：「使《詩》《書》無徵，則卜洛爲過矣。」故當乙酉之春，復論前事，而深慨然猶以造命之權，懸於君相；諸臣泄泄，遂致誤國。嘗有疏曰：「去歲三月，敵至真、保，諸臣猶偃然不敢召兵，以謂堅壁清野，可坐卻敵；紅旗催戰，爲覆轍怪事。四方援師伏床不上，及敵至城下，猶使中貴講款，是以開門延□，〔八五〕招此禍兇也。令當其時有李綱、種師道一二輩經營城守，持三五日，以俟三協、宣、雲之師，亦豈遂崩裂至此哉！」蓋自朝議以款餌邊，又思以撫餌賊，至於兩局俱敗，重臣自裁。先生聞之，愀然曰：「毒瘡雖去，元氣削矣！」蓋先生終以刻深少恩非國之福，又況西庫請室縉紳逮繫恒百數十人乎！不能不還惻夫文網之密也，故有詩曰：「前車已覆後車看，後人又發前人嘆。火雲燒天海水竭，龍虎自噉玄黃血。插刀入山不可拔，空使壯士嗔白髮。」唏！情曼聲慘，彼慟哭矣。嗟乎！君死社稷，臣死君上，正也。七尺可用，君子用之，況位隆鉉耳乎！故又詩曰：「多寶閣前掩畫卷，偃月堂頭賦紈扇。蟋蟀開籠不敢啼，丞相抱頤藏鷄棲。」蓋深悲夫臺輔而不死者矣。至己不自死，人且死之，甚有求死不得者，故又詩曰：「丞相何爲朝不餐？短衣露踝稱飢寒。兩卒夾草銜木丸，悔不剖腹納龍肝。」於是乃嘆倪、施諸公洸洸以死之爲得其正也，〔八六〕然而未數數矣，故又詩曰：「世間幾個爲君死？卞壺嵇紹李若水。明朝頓有六十人，冰城雪窖行青春。年少諸生何足論？眼光白晝開青燐。」又按先生《與錢虞山書》云：〔八七〕「蟄處天末，無殊聾瞶。五月廿七日，乃聞神州陸沈，鼎湖戰血。此自臣子奸回，陷我君父，剖肝瀉髓，莫贖其辜！」故於六月三日，追惋時事，瀝爲詩章，舐血嚼齒，語肩世道，非徒山哀浦思，淒焉引嘆矣。然前此，五月十五日，南都諸臣已擁立福王之子諱由崧即皇帝位，以明年乙酉爲弘光元年。是時，馬士英爲首輔，因時望，會推先生爲吏部左侍郎兼翰林院侍讀學士。先生聞報，乃於夏六月二十有二日，〔八八〕遣義男具疏云：「臣以去臘墜崖，乞休不獲。從諸臣號弓鼎湖，有靦視息，無地自容。誠欲亟詣靈武，則荒蹇難前；欲起義雍丘，則家徒四壁。竊意今日之事，類多伏莽，不設重臣不能復馭。蓋以南都定鼎，則福建、江右皆爲首藩。江右之有虔鎮，南携肇、廣，西揭汀、漳，有事則合三省之師，不十日出於鄱陽之外。福建之有浦城、建陽，東連温、處，北距玉、鉛，水陸所湊，在於衢州。衢之比虔鎮，雖爲差弱，而建瓴之勢，虔、衢相等。有事，則合三省之師，亦不十日出於錢塘之外。誠以嶺南之餉濟虔鎮，以嶺東之餉濟福省，以兩省之事權分注贛、衢，則臂指之形成，藩屏之義固矣。」疏上，未能見之施行也。有司以朝命敦趣就道，而鄴山書舍成。

秋九月朔日丙戌，同人涓吉於鄴園講習。爰先一日，先生率諸弟子告三堂之成於司土，其祝曰：「維爾太樸，已琱其質。爾尚葆琱，使樸不失。深谷高陵，世久欲變。爾尚不變，有畔有岸。亦有舊田，亦有新畬。一曲豚蹄，滿篝滿車。往來行人，各安其家。桃杏李梅，秋實春華。鐵雨盲風，勿生咨嗟。何以報爾？蔬食羹瓜。」越兹朔之黎明，諸弟子從先生就神堂之内，安列聖先師，遂釋奠焉，堂曰與善；次迎羣祀主出外堂，曰高景，置晦翁、直卿之位，從以翠渠、剩夫、梅雪、白石、鶴峰、仲先諸先生。牲糈告具，先生盥薦，辭曰：「念兹桑梓，爲紫陽過化之邦；慨此雲泉，[89]亦德星共聚之地。百里内有賢人，十步間多芳草。先覺之覺後覺，文既在兹；見知之知聞知，道如有待。況斯樂山樂水之致，共爲分仁分智之宗！爰集十一先生，同堂而修盥薦，何徒五百餘歲應運以致威祥！後海先河，粗陳俎豆，師梧友嶽，並藉蘋蘩。倘岸谷未更，千秋猶爲覿面；即京原可作，半榻或與明心。主人黃某，不勝瞻仰之至。」奠已，諸公祖父母學師長及諸鄉先生踵接而至。如禮謁先聖先儒畢，乃至講舍序位。交拜畢，諸弟子肅班行禮，膝相踐也。遂鳴鼓，升樂性堂。先生敷衆賓座，次第揖序之。衆賓率諸子弟請先生就臯比於堂上，先生固辭，乃就主人下位。庭前觀者如圜橋，從邁無小大，肅如也。講監唱誓戒及弟子職已，乃講書，例如明誠問答相起。問：「今日樂性堂中講論，不過說此中自有樂地。假如天地崩頹，生民塗炭，此時一身而外，全不得力，仁義禮智亦無消歸，不知所樂安在？」曰：「論命，則有憂有樂；論性，則無加無損。人能盡性，則仁義禮智是我本心，天下四海是我面背。學問事業，皆自本根本色做出。憂既不存，樂亦何有？縱令天地崩頹，生民塗炭，猶吾身色有時毀壞，爪甲皮髮有時損折，吾此性上，白地明光，初無毀壞損折也。」問：「孔門論仁，大要是有體有用，中心粹白耳。陳文子心不粹白，故說不得仁。管仲雖未粹白，卻有體有用。有體者常生，有用者常不死。水火以有體常生，以有用常不死。故曰『民之於仁，甚於水火』。人止爲怕死，做到不仁；已做不仁，便無生理。有子說本立道生，分明是有體有用，不在面背塗抹。」曰：「既說有體有用，少不得是仁義禮智以爲心根，天下四海以爲面背。夫子與顔子論克復，便說天下歸仁。管仲匡合，雖器量不大，已照管得四五分。今人看王導、謝安，已在天半，如何敢小管仲？但如求、赤、文子、子文之徒，亦各有數分體用，止是充擴不開，如些小水火，不死不生，灼灼涓涓，終不能與日星河漢同行天上。人生精神，要如河漢日星，與天地共轉。止爲人智小於身，遂使身小於天地。管仲行年七十，不爲長大；顔子行年三十，不爲夭小。禹、稷做一代宗祖，細於路人；　仲尼做樹下先生，尊於天地。此處看破，纔有克復源頭。不然劈頭便做禹、稷，亦是背面工夫，何況管、樂、王、謝之輩！」問：「蜀漢仗一武侯，保有四十年餘焰，靠將不如靠相，已是應驗舊方，止是甘草與烏頭同咽不下耳。王允不召董卓，豈有曹陽之辱？庾亮不召蘇峻，豈有石頭之禍？看來，不義不成爲仁，無禮不得爲智。以此空説知人愛人，不如且放智仁，談樂山樂水去也！」曰：「仁義禮智，總亦同根，凡國家鼎革之時，士民紳弁政要探討此項消息。仲尼一部《春秋》，主意是勤王、討賊、復仇，申包胥乞師秦庭，千古苦心，《春秋》不載其事；　臧孫紇乞師於楚，伐齊取邑，仲尼以爲要君當路。君子平居不能安民定志，臨變不能逆折奸萌，雖有常山之蛇，成何首尾？就使貔貅成羣，終作犧牲不得。譬如齊襄復九世之讎，不保其身；　萇弘支已傾之天，徒碧其血。發憤一番，亦無用耳。如要實落三種事，止須牢靠四根心。若四字不明，即做成掀揭事業，亦無樂處。凡作人，須於孔、孟門首整頓衣冠，切莫向桓、文部下提刀弄戟。要大家仔細相量也。」講畢，磬三聲，各陳講義而退。乃命饔人以肆筵席，合四十有七席。先生每席親饋而致其齒長，乃就主人之位。酒五巡，歌者歌《小宛》四章，繼歌《沔水》之篇。先生出獻諸公祖曰：「越在草莽，狎於鷗盟。忽睹《蓼蕭》龍光，有慚《瓠葉》兔首，乃陳《小宛》邁征、《沔水》憂讒，得無過乎？」賓拜謝曰：「乾坤改革，夙夜靡遑。無忝乃合所生，念亂以夙有位。敬聞先生之教也！」獻酬畢，乃就坐。酒七巡，歌《下泉》及《鶴鳴》。先生出獻諸父母曰：「下泉替而思其隆，所以貴父母孔邇也；攻玉憎而知其美，能無云德音不遐乎？敢祈秉斗，以詠濯罍。」諸賓拜謝曰：「黍苗粒我烝民，在先生飲之食之；鳴皋烝我髦士，自先生教之誨之。徒有瓶罄，是可耻也，安得絃歌遂其莞然？」於是獻酬如前，復就坐。酒九巡，歌《車攻》之篇，又繼歌《吉日》以亂焉。先生出獻衆賓，致辭曰：「周宣之《車攻》《吉日》，備而無患。維今之同仇敵愾，奮於有心。夷吾一匡，豈曰馬上得之；傅說三命，愈知師古力也。敢爲諸公頌！」諸賓復謝曰：「大成之慮初終，天子之燕左右，初不在太平粉飾，而在大人格心也。」舉觴交再拜。先生洗爵亞獻諸先生，亦致辭曰：「明興，曆合成周，德逾建武。卧東山而起者，君父義重華嵩；痛神州之沈者，《詩》《書》力維桑梓。後天下之樂，有先知覺；先子弟之樂，有賢父兄。」諸先生亦交再拜謝曰：「獲覯講席方新，正值光華復旦。人心之有禮義干櫓，猶大皁之有車馬蒐獮也。想望太平，先生爲兆日者。安蒲既戒，以慰蒼生；覆幬無偏，同依絳帳。吾鄉幸甚！天下幸甚！」於是主賓酬酢，皆三反焉。酒再巡，告終筵，誦《抑戒》及《賓筵》如常儀，以底厥事。是日也，秋空明迥，江水漪瀾。計與斯鄰山大會者，公祖父母八人，學師長四人，薦紳先生十五人，孝廉二十四人，茂才二百三十二人，及先生之長公子麑、次公子麑，與通家懿戚二十一人，總凡三百八十四人。〔九〇〕其諸僕役、侍從、舟楫、車馬、膳饔之數不與焉。次日，先生同諸子登黃龍洞，用「朱紱方來，羣賢畢集」爲韻，以志依永。維是先生將趨宣室，暫輟講筵。讀書之窟方成，提命之鐸乍遠，得無山溪易塞，蒙者奚求？先生於是留數箴於山中云。其一箴曰：「見可喜不羨，其内多胦；聞可駭不驚，其中有氐。是以過市拾帷者，不流眄於麗觀；中夜整冠者，不失□於雷斧。」〔九一〕又曰：「禮樂不可斯須去身。冠裳珮玉，常有搏門□心，〔九二〕猶繫五絃於刀劍之上，不獨了無成音，亦啞然可笑矣！」□曰：〔九三〕「外慕多，則内景滅；繁華盛，則美實衰。天道絀前者贏後，人情盈貌者虛中。常若無餘，而鞭其不足，則可以語學矣。」繇是盤桓講舍閱十餘日。

是月十五日，先生既祖，取道出山。至晉安，忽萌回車之志。蔣公若椰力爲勸駕，乃發。蓋先生酒酣後有言曰：「始某在白雲庫時，鄉先輩來省余，遂有詢及後事者，某心知其故，而意殊不然也。憶某數十年前，嘗夢身爲宰輔，至南都，忽見逼迫，令草詔，某流涕號慟，擲筆不肯草，遂折其兩臂，繇此言之，白雲庫豈能死余哉？方言此時天下猶金甌如故，未幾而乾坤半壁矣。」先生又以爲臣子造孽，貽禍至此，苟能渙然寤旦，與新君更始，則江左夷吾何殊中原管、葛？若復怙勢爭權，蒙面屈膝，天下事尚可爲哉？然而所上

「吾輩頑石，搗骨合藥，無補於天，猶冀後人嗅此藥氣耳。」先生行未至都，晉禮部尚書。先生即於衢州上疏請告，不允。時孟冬十月也。乃決意詣都。蓋自是而先生終無還山之期矣。〔九四〕

弘光元年乙酉，先生年六十有一。

春正月入都，先生見用事諸臣措置乖方，不欲久厕朝班，即於二月二十二日，〔九五〕疏請奉敕祭禹陵。比抵會稽，致齋七日。

《洪譜》：子以大宗伯召，出焦桐山。及至禹航山中，聞逐劉念臺以謝四鎮，〔九六〕子謂門人曰：「此自李師道、吴元濟所不敢爲者，而今日見之，吾何爲又出乎？」又獻策，不用，〔九七〕乃出祭禹陵。〔九八〕餘略同。

夏四月庚申，至禹廟，行禮祀事既竣，復具疏乞歸。初，先生出都，將至天寧州，〔九九〕爲風驅回，泊龍江灣不得發，時春三月一日也，夜夢高皇帝淒然謂曰：「卿竟舍我去耶？」先生對曰：「朝廷舍臣，非臣舍朝廷。」寤而惆悵，以是雖乞歸，猶徘徊江渚，未忍遽去。及至夏五月十五日，聞大駕播遷，皇太后至臨安，與駕相失，而首輔馬士英擁兵西湖，士民詰問，則曰：「聖駕在靖南軍中。」先生乃上奏太后，請趣馬士英統黔兵至黄得功軍、輔翼聖駕、又請速召金華、江右兵及閩中潰兵、令立功自贖、不宜拘守舊說、遍阻義旅。又草諸檄及論數千百言、娓娓不已、無非爲高皇帝致此區區也。乃先生疏請雖切、而太后懿旨闃然無聞。潞藩在浙省已稱監國、〔一〇〕先生再具啟勸進、及上監國事宜凡七條、指事繫日、所施行不容遷緩者、又皆持未下、時爲夏六月之十日。是日、潞藩賜先生食、命李進、高起潛、孫元德三內侍爲陪、而元德脫巾抑坐、起潛作恣睢語、又宛然囊時。先生請面謁、有所商略、而李進辭以「懿駕在內」。〔一一〕先生見諸璫沓無可共事者、〔一二〕不得已、乃移舟至桐廬、忽接鄭鴻逵檄、令所在扶駕、恫疑久之、問其材官、則曰：「聖駕乃唐藩、非潞藩也。」朱大典適過訪、亦云「唐藩未還封、安得至此？」但以潞藩閉關修齋、度不能修康王故事、乃於十三晚、從舟中晤唐藩、見所談論慷慨、以恢復自任、因同衆交拜、約成大業。明日、遂具啟請監國、亦以板蕩之會、非太祖親藩不足復囊大業也。是晚、至衢州誓衆犒師、〔一三〕而潰卒至者、不能數千、軍容不立。先生意欲唐駕駐蹕衢州、方可號召二浙、聯絡江右、不欲偷安入閩。而諸將擁唐駕、將遂過仙霞嶺。先生權不足繫天下之望也、故復啟云：「職觀天下險絕之處、未有甚於閩中者也。自代以來、割據者數主矣、卒席偷自保、爲河山所囿、不能自拔。今天下瓦解、獨此一方寧五謐。竊以爲欲獎帝室、宜明「四通」「四塞」之要。所謂四通者、西北立信州之鎮、以通大關；東治三寨之舟，以通海道；東北以衢州權爲行在，足通兩路之師；西約虔、臺，實爲犄角，以資策應之用。有是四通，隨因而塞之：西北塞五虎、杉關，以斷建昌；北塞車盤、大安，以防東楚；東塞溫州諸嶺，以防間道；東北塞清湖、江山，以阨小關。有此四通、四塞者，而天下人心亦次第可收也。以殿下之才，寬仁以爲城郭，慈儉以爲袵席，察四通、四塞之宜，輕重布之，國勢可立矣。」啟上，而唐駕已行，先生遂不獲再與論議。

唐藩既至閩，撫臣張肯堂、按臣吴春枝猶豫未決，得先生書，乃奉唐藩入省中，擬於閏六月初八日行監國事。[一〇四]而先生在浦城追趨不及，又所持論往往與勳臣不協，先生乃遣人入賀，而身從洪塘取間道還山。唐藩令人迓先生於道，先生遂以初九日入謁。是時，百事草創，危疑未定，兩粤、虔、郢以西諸省雖未驛騷，而泮渙不屬；大江左右諸臣又皆擁衆横行，蓄威自衛，而抱妻携子，藏馬於舟，掠資於道，經都越邑，嗷嗷瞻烏。先生以爲不早正大位，則人心既渙，高皇之統將絶，無以收拾遠邇，號召天下，乃偕勳臣及撫按僚屬臣民協力勸進。遂於秋七月朔日，奉唐王即天子位，[一〇五]改元隆武，大赦天下，仍以閩省爲「福京」，稱行在。凡大小禮節庶務，皆先生所區畫裁定。於是晉先生少保兼太子太師吏部尚書武英殿大學士。[一〇六]先生每進見，輒自請行邊，上爲改容加禮焉。翌日，賜宴殿上，而位署之間，文武爭次。先生以疏求去云：「臣以國耻未雪，中夜撫心，思聖明垂諭之言，一字一淚一血，是以奮不自量，務請行邊，而旁觀側目，姍笑詆譏，臣茫然無覺，猶聾馬思鐘，啞蟬操琴，了不知其意所在。嗟乎！臣爲高皇之世界未清，陛下之大業未遂耳，豈衡門之下不可棲遲乎？臣去矣！臣不去，諸撫口實者必不肯奮。臣藉引車之義，爲推轂之實。」上慰留再四。乃疏薦蔣德璟、林欲楫及朱繼祚、黃斌卿等七人，即有旨推用。先生復繼請行邊，以爲：「光澤、崇安、浦城、政和一帶，四關數十徑，曲折數千里，臣不可不涉其間，審地險以得人和。」是月廿二日，朝餞啟行。

鄭譜：七月朔，奉唐王即天子位，[一〇七]改元隆武。當是之時，朝廷草次兵食大事，俱仰給鄭芝龍。隆武雖擁空名，實爲寄生，獨倚先生爲重。先生知事不可爲，每陛見，相對泣下，輒請行邊。翌日朝晏，又與芝龍爭執朝班。上疏乞歸，隆武慰留再三，先生又見芝龍日爲不軌，復請行邊。

秋八月初三日，先生在延平。聞上意決策親征，乃上疏諫止之曰：[一〇八]「臣聞雲雷伊始，利於盤桓；澤火之初，宜於鞏革。所以然者，人心未寧，國本未固，猶之樹木，方受天滋，搖根一寸，損柯一尺，不可不慎也。方今郡邑凋敝，人情泮渙，陛下即以儉約將事，而六飛所屆，雲物景從，橋梁舟車，部署次舍，供億饔飧大難爲裁也。昔漢文帝欲從灞州，光武欲征隴、蜀，親臣冒昧，皆欲斷其矧。今之危，甚於灞州，勢艱於隴、蜀，而羣臣雍容，未有當車止輦者，何也？」疏上，乃不果行。然當是時，議者亦已畫關而守矣。顧閩地依山阻水，東南際海，幸可無虞，惟東北、西北邐迤一帶，以嶺爲界，西自汀出虔鎮，以窺江南，形勢最便，而頗遼遠，饋餉艱阻； 東北出衢州，抵臨安爲近，而仙霞天險，未易踰越； 中北劃界兩路，由光澤出杉關爲建昌，由崇安出大關則廣信矣，嶺不甚峻，而叢雜迴復，步行爲利。三關通道皆在建陽，故嶺内重鎮莫要於建陽。而關外要害，莫急於廣信。廣信以徽州爲衝蔽，以衢、虔爲犄角。先生以爲吴越戰爭方擾，東衢、西虔必無静理，惟廣信一府爲全閩北門，再經撓亂而封疆如故，實高皇之靈陰護此州也。而是秋八月十一日，廣信知府解立敬，知縣蔣元士，鄉紳詹兆恒、王孫番等，〔一〇九〕俱遣人請先生入信州。先生於是決意從中路出會徽州，誠以仁義之師堅持不戰，廣布德意以爲招徠，庶幾大功可成。然而無兵無餉，此事決非暴馮之所嘗試，故又疏言：「臣今挾三五秀才，欲出豺狼之道，於餉部未有升斗之餉，於兵部未嘗有孑體之兵，於府庫未嘗有一錐一粒火藥器械之助。臣事濟，則爲中外所撓； 事不濟，則爲中外所笑。笑之與撓，一也。而臣猶且爲之者，臣以高皇宇宙八百三十年之曆有所未罄，至愚極昧，澳涊於無所逃之下耳。臣庸下已極，筆舌盡禿，逃巖岫不得，而復逃之行伍； 逃行伍不得，復當還之巖岫。惟陛下保重凝麻，輟郊圻之行，以養宮闈之福。臣執殳前驅，稍有端緒，陸續奏聞。」

是月十八日，至建陽。即於二十六日發先鋒遊擊陳雄飛、應士英及守備應天祥等二營共七百六十八名出關。〔一一〇〕蓋先生所治營法，以三百八十四名爲度，因而兩之，七百六十八名。凡在建安、建陽兩次操演，畫陣成圍，指爻按象，非復昔之空冒濫竽比也。初，於延平、建寧二郡募得三營，一千一百五十二名。〔一一一〕比過建陽，諸親友所募多寡不等，亦可至三營之數。〔一一二〕而先生是時尚在建陽，遂有以「外交諸藩」飛語聞於上者。上即令以來人原書付先生。蓋先生嘗草代言數十牘與諸藩鎮大臣，又自屢屢爲書招征，凡發書七十六封，上所稔知，故忌者因而中之。先生乃以疏自明，曰：「臣耕無一畝，居無一椽，幸以是見憫於主上，允信於親友，然不能以是見諒於犬豕豺狼。臣於廿九日退居後堂，有人持小書，云是舊按臣陸青源書，〔一一三〕皇上手拆。臣錯愕展玩，有云南都立主，臣當元勳。臣驚懼欲死，念陸青源生平謹慎，〔一一四〕何至有此？臣行素六十年，無險心酖語爲兇人所仇，無奇功異能爲要人所嫉，獨持一片肝腸，爲高皇列宗與天下黎獻相對白日耳。臣雖庸下，亦讀書至老，遭逢陛下，魚水相期，猶一月之內四疏乞歸，何至以「元勳」微膻爲狹邪所謗？若至子弟慕義勤王，雖天性使然，亦恐臣孤身隻手陷於絕域，每一相見，涕泗漣如。當二十六日以前，溽暑未收，毒水四下，臣兵自延過寧，渴而谷汲，病者八九。一日下操，十隊之士，呼半不起，遂損去健將陳伯輿。念其雄略，十射九破，千斤之力盡於盆水，四顧瑾者，何能不哀？今稍稍平復，遂相對強顏，勸臣出關。嗚呼！此喟喟者亦臣子也，豈盡讀書受朝廷之寵顧而據嘖若此？今在廷諸臣，不滌腸剖胸，誓同將卒分擔共薪，而噏噏訛訛，望影射沙，欲何爲者？陛下不屑爲宋高宗，臣亦不屑爲李伯紀。取法不高，則庸佞狎來；視人太卑，則奸豪肆志。惟陛下垂察！」然是役也，忌先生者不欲先生出關，即愛先生者亦不欲先生出關，蓋無大兵重餉，僅以數千君子之軍雍容拱手，其不足破重甲攖鐵騎也明矣。〔一一五〕故朝議欲留先生駐關鎮壓，內消奸宄之萌，外蓄在山之勢。而先生不啻激之使出也，遂抗疏屢上，自陳「不文不武，爲中外所嫚」，且言：「臣老，四十八歲始有子。今春三月，家中舉子，呱呱未嘗一視。又，臣兄道琛，年七十七，一子一孫皆從臣所，父兄聞臣得歸，無不跂足稱慶，今復棲遲行間，則大小悲零，有酒泉、玉門之歎。臣老且病，遇明時，又附鱗翼，特達之知何所取管、葛降階而慕之？惟陛下矜憫，放臣還山，見老兄稚子，勿使徒遭禍敗，扞文網，爲親知所憐，而側目所笑。」得旨，以爲「朕慮猝然未可成軍，何忍魚水重臣孑然令進亂離之地？且留彈壓關內，出於愛卿之誠。適見卿報募兵已至，則朕事托卿身，喜卿之進，必不欲卿止矣。朕親發袍膳三百兩，爲卿製寒衣。卿身若暖，朕始心和。」於是先生即以所賜分給軍士，遂以九月十

九日，同諸將出關。〔一六〕

冬十月朔，至廣信，聞徽州九月廿三日已破，相距七日耳，先生即遣將守馬鈴嶺。嶺高極天，爲江南腰脊，下嶺不百里即徽州矣。時廣信諸紳弁共請先生入城，而城內居民亦已蕩析離竄，公儲私積俱盡。先生惓然曰：「古人有作內政寄軍令者，吾今且以王道寓兵機。」乃下令行養老之政：凡民年七十以上者，予以金帛酒肉。又明日，出示考校諸子弟。於是老幼咸集，而壯者不召自歸矣。遂更申在泮獻馘之義，講學於明倫堂。諸鄉紳子弟皆已畢至，因請樂助軍需，免催科之擾。諸人咸願樂輸，軍賴以濟。又勸令自募鄉兵，固圉翼，助王師，給以關劄，而信州鄉紳詹兆恒、俞益華，次及金華鄭守書、常山呂繼望，東鄉張受祿等諸慕義從軍者，幾及萬人，〔一七〕軍聲頗振。先生即於是月初九日分遣諸將，一出撫州，一出婺源，一出休寧，〔一八〕而出婺源者黃奇壽有牛頭嶺之捷。時久陰積雨，參將黃奇壽、監紀許應夢等冒雨從八都至牛頭嶺下。雨稍霽，傳有騎千餘至，許應夢等據河爲守，黃奇壽盡銳過河，遇百餘人持鐵骨朵，〔一九〕格門良久。奇壽師且卻，許應夢、黃家徵等全營馳至，兩營合堵掩殺，得四十一人，奪獲大旗、金印、馬四匹，〔二〇〕器械四十具，帽甲三十件。先生一一驗視，復列外庭，與衆同觀。當初，發師令兩路分進，先生心憂之，以《大易》筮得《大畜》之六五，又以《焦易》筮得《小過》之體卦曰「初雖驚惶，後反無傷」。既而破敵。於是先生疏請優獎，以爲將士勸。又身至八都視師，更上疏曰：「臣已遣五營將士出婺源。臣亦尅日再率四部資其後勁，步擔米糧以佐饔飧。如使祁、黟之卒可再鼓，休、婺之士可再收，則臣當大集義旅震號於牛首、石頭之上。如猶是泛泛，臣將循東山、建德，與鄭三俊、吳應箕之師合，覓江西星子之船，循流東下。萬不可復亦中道自廢，臣必不使食言失信於天下。」有旨：「便宜而行，朕不中制。」先生乃自八都復還廣信，調發兵食以爲前軍策應。不能不有感於事機之匱變而危疆之難防也，上疏曰：「臣前陛辭時，稱『便宜行事，不以兵車』。臣實愚昧，以高皇在天，陛下御乾，『同仇』之詩，聊與衆共誦之耳，非謂臣能空手措兵措餉也。自臣爲此言，而怨謗沓至，阻卻横生；炎涼既分，肘踵盡見。以四千之卒，給三月之餉，而臣之心血皮骨消磨俱盡矣。臣如一貧兒，割股療親，東鄰乞湯，西鄰乞肉，此股之肉，存者幾何？臣今存兵不過四營一千五百二十，馬不過十匹，無高國之鼓、九合之助，而欲以樽俎仁義坐收其功，真爲韋跔君子之所齒冷也。陛下注念危疆，宜於風力能臣速擇一人總督，或即以信撫徐世蔭、布政徐應秋因其地望聯絡較易，速出上江，接理軍務，無徒悠忽爲國家羞。」又疏舉趙士超、俞墨華、徐敬時、徐孚遠等九人，請受職立功。冬十月廿八日，奉旨：「昕薦舉，俱聽軍前勁用。惟廣信要地，撫臣徐世蔭著嚴防守，不便輕移。」時諸將業前受命出師，又有牛頭嶺之捷，乘勝趨婺源，臨河而陣。先生亦遣監紀王綱先約海口札授參將董壽庚等率鄉衆八百餘人豫爲接應，又約婺源舊副總游麟等率義勇百餘人佐之。自十月十九日至二十二日，屢次掠陣，擒獲相當。至二十三日合戰，遊擊李芬當先發銃殺一將，董壽庚及余勳各斬一將，翁良崧、李純各射殺一將。李純亦被射落其二齒，猶奮前不顧。諸亂民大鼓譟，延、寧諸新募者皆不習，爲鐵騎所躪。參將王加封手殺數十人乃死。〔一二一〕遊擊李忠遠被鎧登山，爲所得。凡奔陷將士無名目者三十餘人，所殺敵可八九十人，獲馬八匹。凡軍士所敗，皆繇利敵馬，不斫馬斫敵，敵以短箭三十步射之皆斃。漳士以被當楯，箭不能入，故屢勝。延、寧軍士徒恃銃，無以自蔽，故敗。是役也，董壽庚斷後，又漳士繼至，幸不大敗，然皆潰散山谷，兵將或有不相録者矣。

冬十一月，先生在廣信聞休、婺二師俱潰，方招集逃散，召募鄉衆，以圖再舉。未幾，而收復撫州之師又潰。先生乃上《考核諸路將領及請贈恤疏》云：〔一二二〕「臣以十月初九日出師討休、婺，〔一二三〕申敕將士，謂師寡切不宜分，當並力一路先至婺源，因其糧食，率其鄉衆，以静制動，俟五營皆至，然後角逐。而時值天陰連雨十數日，陳雄飛、賴履葵二營徑東往玉山，出馬鈴嶺，以趨休寧；黄奇壽、應天祥二營又從八都出牛頭嶺，尋婺源之路；李瑛一營又出童家坊，以攻婺源之東。臣見報，知其離軍單弱，爲憂悶不食，一日發四箭趣其合營，而東西異路，相去百餘里，嶺高溪深，卒不可合。黃奇壽有牛頭嶺之捷，諸將益自便間道獨出。十月二十三日，應天祥之營先挫於婺源城下。時約二十八日齊舉，而應天祥以先發，故敗。臣再發箭，趣李瑛與奇壽合營。堅謂不可。李瑛一營又敗。黃奇壽在海口，亦爲所襲，亦損十餘人。是婺源之師也。又當冬至，詣將士宴會，休寧、婺源各以是日發騎猝至。出休寧者，有三百餘騎，屢趨陳雄飛，雄飛不下關，遣參將應士瑛等將二百人應之，已斬首二十七級，自謂無害，俄而騎兵大至，屯於高偃橋，前後路絶，諸將各力鬥以死。是休寧之師也。至於湖東之師，漸出瑞洪，臣以三營千二百人濟之，亦復分路，兵士又潰。臣見李晟每出師不自爲意，使諸將各自搏戰，以此不甚掣諸將士，唯敵是求。傷哉！邇年用兵以來，肯用命斃於鋒鏑，以寡搏衆之死，靡他，惟諸將士耳。臣非有厚糈重禄使諸子弟捐軀圖報，而執筆以鞭其後，臣實不仁且均一。冬至前後數日，而陳雄飛之師隕於白礫，李瑛之師釁於九都，陳學鵬之師挫於瑞洪，臣之調度無能亦可見矣。儒生守懦，終無武人之貞；又歲月趣人，物力已絀，蝦蟆審視，雖跳不遠。乞蚤正李瑛、陳雄飛、應天祥之罪，以謝死者，並蚤正臣之罪以謝三弁，即照例與王加封等十人贈恤，以爲志士捐軀報國者之勸。他如胡海定、汪自強等，皆練鄉勇爲王師策應，或亡或執，各不屈無降者，俟詳確嗣請。」疏上，而旨未下。先生自念出關以來已逾百日，雖有潰敗，而志不挫；　所部署休、歙之間，若許廉、汪浹、楊振新之徒，尚十百人，聯絡山砦，動稱數萬，而前師守馬鈴嶺，及先鋒陳雄飛白磜之師，總兵方機沙溪之師，合可三四千人，誠得諸師直驅徽、寧，堅持不鬥，觀釁而動，事猶可爲也。而四顧前後，將遂顛踣，欲自貶以激勵諸將士，隨有疏云：「臣以孤掌，觸兵兇鋒，懸軍單露，百體具見，此徒爲人所蹈藉廢敗而反耳。里人有病舍蹇馬者，降而自走，不十里，困矣，蹇馬仰天而笑，臣今爲蹇馬所笑也。臣猶欲以蛭頤螳臂伸大義於天下。臣兩路兵以數少道分，俱於初六日報釁，臣請爲諸將士受過，席稿褫職，以待斧鉞。」

是時，諸路潰釁，突騎四逼，不特士氣不堪再鼓，而信州亦無固志矣。先生於是終悼其功之不成也，乃上疏云：「臣今年六十有一，才能智勇不逾中人，而自請行邊，拮据關外，譬之雞然，風雨如晦，鳴聲不已，即有不寤之人，起而刀俎之，亦無可奈何而已。臣少而學道，於物無競，所以荏苒嘵嘵，瘁毛鎩羽，爲朝廷守一日之藩籬，非曰能之，亦各其義耳。今敵之來，日以壓境；　衆之附者，日以携志。蠢冥何知，唯利是視，貪生怖死，則前後異致。信州閭巷雞犬方集，今復翩然欲舍而去矣。徽州人來者咸云海口、暖水焚掠殆盡。暖水距信州百餘里，臣師守海口退屯八都者千五百人，其東出馬鈴者七百餘人，又千二百西去饒、撫，馳收未回，所餘帳下千二百人而已。臣自八月以來，所東弭台、寧之釁，西消金賊之孽，精力疲於文告，歲月馳於期會，未有一智一謀佐於其内，一膂一力助於其外，空以老疲，一意報主。今事勢甚急，可亟命方國安以萬衆搗徽州，乘其西馳，可以破敵。即不然，亦可解信州之危，成牽制之功。爲此哀懇以聞。」得旨：「著方國安從嚴，鄭鴻逵從馬金，〔一二四〕兩路以牽其勢。」然而諸路之師竟無一出者。先生不得已，召諸將計曰：「敵雖衆，盡虚聲耳。倘延至春仲，弓弛馬懈，破敵必矣。今數千卒，即乏糧，可奈何？與其卻還潰散，無以報朝廷，不如一戰決也。吾計不再出矣。」因相持泣下，乃以臘月之六日，復自廣信進攻婺源。至童家坊，又聞樂平已破，凡弋、貴、永、鉛諸縣所募二千餘人皆不至，而信州守臣及諸鄉紳亦致書迓先生歸。先生以成師而出，義不反顧；且前且卻，徒惑軍心，並置廣信兵不問，獨與將士及樂平、德興二縣鄉勇千餘人鼓行而前。而餽餉不繼，僅有三百人十日之糧耳。乃令許應夢等往催樂、德二縣餉，皆未及至。二十有四日，先生自新建至壹都，距婺城十餘里而軍。〔一二五〕先生是夜得夢甚惡。旦起，爲文以禳，命具牲糈。未及禳，而突騎至矣。先生策馬前進，中書賴繼謹執令箭督衆鏖戰，攻殺十餘人，奪獲馬匹。先生疑爲誘騎，傳令勿逐。參將高萬榮不受節度，謂兵法「乘高者勝」，遽引兵登山。而敵騎已從間道山行，鈔我陣後，軍士遇之皆奔。黄肅、倪彪等望見，以爲師卻矣，亦遁。先生獨引中軍營紮守不動。乃以所佩招征印，及帝賚「良弼」印，付中書陳駿音，令疾馳還，曰：「脫有不虞，國印不可失也。幸善護之！」時唯樂平將士翼衛先生。先生戟手一呼，爭爲奮發。而飛鏃雨集，塵沙被面，樂平將士勢孤不支，退就中軍，而退不可止，遂大潰。路塞，馬不得行，〔一二六〕先生及諸同人俱爲所獲。乃更以輿擁先生至婺源。又具席奉先生，先生罵不食。諸被執者皆涕洟飲泣，不能仰視。繼謹獨從容飲啖自若，曰：「師存與存，師亡與亡。從師以死，幸矣，何晞噓涕泣爲？」繼謹者，字敬儒，漳之平和諸生也，慷慨多大節，於鄴山大會始與起儔同事先生。憶在建陽勸先生駐關下，〔一二七〕先生弗是也，因與繼謹相對至夜分，起儔曰：「茲行也，生封侯，死廟食已。」繼謹曰：「事未可知。子有老母，義宜亟歸。吾惟師是依，誓不歸矣！」時且握手唯唯，目光如炬，自分以死也。翌日，起儔以告先生，先生慨然曰：「爲我致意鄴山。吾亦欲歸，未知何日！」蓋先生倉卒不忘鄴山也。然聞先生自推年曆至六十二歲止而不推，先生能明國祚之修短，豈不能知身曆之延促？〔一二八〕故謂先生不愛其身，以愛國家者，非也，先生蓋一念而窮數千載矣。顧緬維鴻濛以來，便有昏曉，然昏曉屬天易，昏曉從人難已。乃即杜詩「陰陽割昏曉」之句，摛詩八章，詳剖舊史。其第七章曰：「傾危世事廿年中，曾夢高皇與二宗。勝負當頭應有數，去留舍我更何從？」所云「夢高皇」者，即前龍江阻風，有「卿舍我去」之語，故先生又識曰：「不圖今日舍身於此也。」「二宗」者，謂文皇、神宗也。按先生以天啟甲子散館，夢神宗召謂曰：「汝欲勝人，道在自勝。」又以崇禎丙子入都，夢文皇召至床前，屈指者再，云：「三九四七，誠如所言。」蓋指《易》象中命曆也。先生身致玄感如此，久已在帝左右矣。而是時留羈婺源，七日不食，於夏有《過言》《自悼》《造怨》諸詩。〔一二九〕迨發婺源，復進水漿，又夢道中勒石曰「夷猶吾行兮」，於是有《夷猶》之詩。夷猶者，言進退由人，不得自持也。

隆武二年丙戌，先生年六十有二。〔一三〇〕正月十二日，至新安西橋，見演燈甚盛，爲魚龍百戲，羣趨帳下，又念世事不競，遂使民情至此，翌日遂絶粒。適繼謹附書回家，請以兄子爲嗣，先生不復爲書，第題其後曰：「蹈仁不死，履險若夷。有隕自天，舍命不渝。」〔一三一〕先生蓋奉天而行者也。而當時與難者，自賴繼謹而外，有中書蔡春溶，字時培，爲先生從内弟，漳之龍溪人，嘗與鄴山會者也；又有司馬趙士超，字淵卿，福之侯官茂才也；別駕毛玉潔，字玄水，廬之六合人，以明經初爲沙邑貳。毛、趙各以義從先生，故先生一署監紀，一授以判信州事也。自先生罹厄以來，四子朝夕相持者彌月矣。至廿四日，到留都，〔一三二〕始別幽先生禁城中，而以四子分羈他所。先生即潛焉有懷，無從寄問矣，於是有《待命》、《歸釁》諸作。待命，猶延頸也；歸釁，歸就釁鼓也，各爲詩八章，不能盡録，録其《東山》詩，曰：「垂老談爲仁，了不見精緻。緬懷七尺軀，膚髮蔽天地。

斯民既顛隮，骨肉安足恃！抱頸出林莽，〔一三三〕亦與狐豕類。況可負日月，而竊鬼火氣。管子膠目時，已得禮樂意。弘才不可遇，季路亦其次。孔門道成人，於此無二義。蒼黃既可參，生死何足異！顏回委陋巷，正則蹈水濟。當其並命時，要一無所繫。鬚髮聯華嵩，眉睫炤百世。試問古仁人，成就無乃是？」嗚呼！此先生初至白下旅次所作也。及既繫膳監，夜聞鐘聲，感舊事，前後又得絶句百餘首，有曰：「啼定方知是禁城，不堪卧起轉分明。祇覺晨撾沉百杵，從無朝鼓續嚴更。」哽咽絶續，不勝傷悼。而左右乃又時時折玉梅爲供，令人弄胡琴以娱，先生益悲憤，爲詩曰：「馬頭寧得有蛾眉？老大明妃出塞時。自付飄風看墜葉，御溝芳草未應知。」蓋先生不食於茲十有四日矣，或疑其死也，乃又不死，因復爲詩以寄四子，曰：「高坐虎頭撩百獸，別傳精意與驪熊。」又曰：「畫符莫貼閶風門，兩足騰空猶自尊。」蓋以死寄也。然亦無從必其達否，聊以示意耳。至廿九日，不死，更進水漿。二月九日，又爲先生誕辰，乃作《蒿里》十章以自弔。〔一三四〕又有《癡絶》八章、《思在黃海》六章。自識云：「防風雖倒，猶留一節，以問尼父。」〔一三五〕自是潦倒餘生，不能執筆也。遂以三月五日完節於金陵之曹街，〔一三六〕兀立不仆。已，更提四子赴他市，而趙士超過曹街，趨抱先生首於懷，慟哭曰：「師乎！魂其少須，吾即來矣！」四子遂同日就義。嗚呼！擬徽、婺於□□，〔一三七〕哲有十，將幾其半；等□□於都變，〔一三八〕回之下，更得其三。蓋不獨二百七十餘年之綱常肩自一人，抑且三千年來之師弟於茲僅睹者也。是日也，留都晝晦，聞者莫不流涕云。訃至，上爲震悼，罷朝。先生自天啟壬戌登第，甲子授翰林院編修；崇禎朝晉經筵日講官詹事府少詹事協理府事兼翰林院侍讀學士纂修實録；弘光朝陞禮部尚書；隆武元年賜號奉天翊運中興宣猷守正文臣光禄大夫柱國少傅兼太子太師吏部尚書兼兵部尚書武英殿大學士。至是，議贈先生爲文明伯，謚忠烈，賜祭；妻封一品夫人。先生有四子：長曰子中，授錦衣衛指揮；次曰子成，錦衣衛正千户，俱世襲；三曰子和，尚寶司丞；四曰子平，中書舍人。有司立一廟於本鄉，一廟於福京，春秋致祭。旨下，而起儔與中書張瑞鍾擬同抗疏，以先生忠孝大節，昭然觀聽，而學粹天人，語翼經傳，真足遠紹朱子之傳，請從祀學宮，以光俎豆。並乞給引出關，以收先生髮齒。而滄桑倏變，有志未果。庚寅之歲，先生之門人張天維，偕鄴山諸弟子告於鄉紳師長，以夏四月七日崇祀先生於三近堂。而先生之長公，復偕同人趙之璧，往留都招先生魂，遂以是歲秋九月十五日回至鄴山，蓋即先生甲申歲出山之日也，是亦事之偶符者矣。諸弟子乃留先生魂於鄴山，爲位而哭奠者二朝夕。〔一三九〕至十九日發紖。廿一日奉旅櫬歸於北山。冬十一月廿三日殯之。可見者，〔一四〇〕略備於此，而其不可見者，浩氣磅礴，昭回雲漢而未已。泫然執筆，聊述所聞百

一，以俟君子。〔一四一〕

洪譜：　子以三月五日完節。訃至，上爲震悼，令有司立一廟於福京天興府，曰閔忠，樹「中興大功」坊；　立一廟於漳所居鄉，曰報忠，樹「中興藎輔」坊，春秋致祭。餘略同。

鄭譜：　自文明忠烈之死，無敢頌言其事者五十餘載。余爲采之故老，論次其大略。乃懷陵故相傳公，不叙其捐軀始末，哀哉！猶有耻心之存也。

按莊氏原譜，不紀丙戌，自正月十二日以下，即叙在乙酉年後。洪氏亦然。兹從鄭氏，以符十二年之數。

【校勘記】

〔一〕「漳浦人」，據黄鳴盛刊本卷首附《明纂修弟子姓氏》，及光緒《漳州府志·選舉志》莊烈條，當作「龍溪人」。

〔二〕「康熙五十四年進士」中「五十四年」四字，據朱保炯、謝沛霖《明清進士題名碑録索引》，及清游光繹等《鰲峰書院志》，當作「四十五年」。

〔三〕「莊本較詳」句，見本書《點校前言》。

〔四〕「神宗萬曆十三年乙酉二月九日」迄「學者稱石齋先生」段，黄鳴盛刊本作「恭聞仁毅元誠，乾坤之精美；貞忠文孝，倫物之撐持。昔者皇圖方鞏，大命未於，鴻運未灘，帝有惕焉，監茲下土，將以粹美畀乎一人，撐持急乎末季，爰篤生我文明伯少保黄夫子，學者稱爲石齋先生。先生諱道周，字幼玄，一字細遵，生當神宗萬曆十三年乙酉二月九日」。其中，「學者稱石齋先生」，據黄道周手書《石齋逸詩》、《赴西陽戍所途中五首十二章》，及福建省博物館藏《姚現聞前輩》墨跡所鈐印章，蔡玉卿詩《石齋上長安詩以勗之》《口占寄石齋》等，「石齋」當是自號。

〔五〕「又所生之地」句，據張哲民《從銅山到漳浦——黄道周入仕前經歷考辨》，銅山無「深井」地名，當作「銅山東門菜園仔底」。

〔六〕「故先生初字曰螭若也」，洪譜道光本眉批云：「按莊譜云，子『初字螭若』；或云『若螭』，引《續騷》『始呼余以若螭』爲證。門人□□注《騷》已正其誤也。」

〔七〕「一二葉書」，中國和平出版社二〇〇五年影印上海博物館藏（明）黄道周手迹《榕壇問業》第八期作「頭一葉書」。

〔八〕「青原公以事至會城」，誤。詳見洪譜〔二〕。

〔九〕「乃入其廟而歌曰」前，洪譜道光本、清抄本有「子」字。

〔一〇〕「折瑶枝兮搗瓊糜」中「瑶」字，清陳壽祺編《黄漳浦集》道光十四年刊本卷廿五《王文成公碑》同，洪譜道光本、清抄本誤作「瓊」。

〔一一〕「游羅、浮、崧臺、匡阜」，詳見洪譜〔六〕。

〔一二〕「動明主乎」後，洪譜道光本、清抄本有「本朝有陳剩夫」六字。

〔一三〕「南歷□□之障」中「□□」原係墨釘，黃鳴盛刊本及《黃漳浦集・徙澤記》作「天子」。

〔一四〕「老大如平津牧豕時」中「老大」二字，洪譜清抄本同而道光本無。

〔一五〕「黃公又大異之」中「之」字，洪譜道光本、清抄本無。

〔一六〕「出袖中書」前，洪譜道光本、清抄本有「趨五掾召子」迄「既乃隕涕」段。

〔一七〕「多知生者」，洪譜道光本、清抄本作「多生知者」。

〔一八〕「上宫以爲節，下宫以爲中。中之氣，陽也；節之氣，陰也」二句，洪譜道光本、清抄本無。

〔一九〕「錢樂之律有三百有六十」中「之」後，洪譜道光本、清抄本尚有一「之」字，據《隋書・經籍志》，是。

〔二〇〕「然皆不知一律之各有一百二十分」中「知」字，洪譜道光本、清抄本作「如」。

〔二一〕「時督學馮公諱挺得先生文」中「挺」字，當作「烶」。詳見洪譜〔一三〕。

〔二二〕「餘略同」，「其實所記『時督學馮公諱挺』」，洪譜道光本、清抄本皆作「時學使張公」。

〔二三〕「謂門人曰」前，洪譜道光本、清抄本衍「黃子」二字。

〔二四〕「雖欲哀呼」中「欲」字，洪譜道光本、清抄本作「復」。

〔二五〕「西陳」、「南陳」之稱，實相反。見本書《洪譜》校記。

〔二六〕「又如銅山孝廉劉子善懋之清夷」前，洪譜道光本、清抄本有「然則海邊而多賢人，何也？曰」句，且「如」字作「有」。

〔二七〕「《易象》」「《象正》」，據黃道周弟子劉履丁《題易象正》，當作「《易本象》」「《易象正》」。

〔二八〕「某寡特之生」中「生」字，洪譜道光本、清抄本作「士」。

〔二九〕「無似人聲」，據文義，當如洪譜道光本、清抄本作「似無人聲」。

〔三〇〕「國史實録」前，黃鳴盛刊本及洪譜道光本、清抄本有「與修」二字，是。

〔三一〕「勒先人行事」迄「如三代以上碑」段，當是天啟七年間事。詳見洪譜〔二三〕。

〔三二〕「顏曰青原玄穸」中「穸」字。黃鳴盛刊本及洪譜道光本、清抄本作「石」。

〔三三〕「與劉御史□忠」中「□」，原係墨釘，黃鳴盛刊本及洪譜道光本、清抄本皆作「其」字，據《黃漳浦集·劉御史傳》、明何喬遠《閩書·英舊志》、光緒《漳州府志·劉其忠傳》，是。

〔三四〕「至建安，知遵化已破」，誤。詳見洪譜〔二五〕。

〔三五〕「約東江東」中「江東」二字，據《明史·袁崇煥傳》，及《黃漳浦集·慎喜怒以回天疏》，當如黃鳴盛刊本及洪譜道光本、清抄本作「東江」。

〔三六〕「洪譜同」，其實洪譜道光本、清抄本無「無私謁」迄「或多側目者矣」段。

〔三七〕「而乞休之疏，旋於後十一月廿七日下矣」，誤。詳見洪譜〔二六〕。

〔三八〕「遂歷黄山、白岳、九華、皖臺、匡廬之勝」，誤。詳見洪譜〔二八〕。

〔三九〕「是秋，至餘杭，諸同人畢集，因築書院於大滌山」，誤。詳見洪譜〔二九〕。

〔四〇〕「東西奥區」中「西」字，黄鳴盛刊本及洪譜道光本、清抄本作「南」，當是。

〔四一〕「牀几籐□已半就腐墜」中「□」，原係墨釘，黄鳴盛刊本作「篋」，當是。

〔四二〕「洪譜略同」，其實洪譜道光本、清抄本無「而山中蒸濕」迄「亦牢於床几也」段，及「或聞先生所裁定自己巳至壬申詠業七百餘首爲峑陽持去」迄「復著五千言耶」段。

〔四三〕「二傳爲卷」中「二」字，黄鳴盛刊本作「三」。

〔四四〕「綜厥大家」中「家」字，黄鳴盛刊本作「義」，當是。

〔四五〕「洪譜略同」，其實洪譜道光本、清抄本無「先生談經之餘」迄「非復史臣之所能到矣」段。

〔四六〕「時爲冬十月三日己酉鷄棲矣」中「冬十月」三字，據黄道周《榕壇問業》乾隆十五年郭文焰重刊本第十六期，及洪譜道光本、清抄本該年，當作「冬十一月」。

〔四七〕「凡古者」中「古」字，洪譜道光本、清抄本作「占」。

〔四八〕「先生至秋盡乃發」，詳見洪譜〔三一〕。

〔四九〕「得士二十一人」前，黄鳴盛刊本及洪譜道光本、清抄本有「詩一房」三字，據《黄漳浦集·詩一房制義序》《天啓壬戌進士履歷》，當是。

〔五〇〕「决非爲解衣换帶來也」中「解」字，據文義，當如洪譜道光本、清抄本作「改」。

〔五一〕「今既十載」中「十」字，據黃道周此期行事，當如洪譜道光本、清抄本作「一」。

〔五二〕「希跡古昔」，詳見洪譜〔三三〕。

〔五三〕「束手席藁」中「手」字，洪譜道光本、清抄本及《黃漳浦集。遵旨再奏疏》作「身」。

〔五四〕〔五七〕「一論推督臣不拘守制」與「其論推督臣者」，詳見洪譜〔三四〕、〔三七六〕。

〔五五〕〔六〇〕「一論宣大督臣奪情」與「其論督臣奪情」，詳見洪譜〔三五〕、〔三九〕。

〔五六〕〔六三〕「一論遼撫臣議款」與「其論遼撫臣議款疏」，詳見洪譜〔三六〕、〔四二〕。

〔五八〕「則是爲子」後，洪譜道光本、清抄本及《黃漳浦集・論楊嗣昌疏》有「者」字。

〔五九〕「陛下以日月輝起」，詳見洪譜〔三八〕。

〔六一〕「八、九月交，當南斗口」，詳見洪譜〔四一〕。

〔六二〕「度須半載」，洪譜道光本、清抄本及《黃漳浦集・論陳新甲疏》作「度須百日」。

〔六四〕「臣接得遼撫臣」後，洪譜道光本、清抄本有「方一藻」三字，當是。

〔六五〕「諫」，據文義當作「練」。

〔六六〕「彌載如天之惠」中「載」字，據《黃漳浦集・乞休疏》及洪譜道光本、清抄本，當作「戴」。

〔六七〕「蘿裳荔帶荷華冠」中「華」字，據《黃漳浦集・予既渡胥江何羲兆曹木上送至嚴灘書此爲別並寫雙臺八松以識分手同志觀者聊用發笑也》及黃鳴盛刊本，當作「葉」。

〔六八〕「薛觀國」，據《明史》等，當作「薛國觀」。

〔六九〕「翌日，有異僧至，微言以諷之」句，黃鳴盛刊本及洪譜道光本、清抄本皆作「有異僧至，先生與坐對榻，僧一無所言，既退，倦然而嘆。或疑僧有異，微言以諷之」。

〔七〇〕「親朋但古道」，見洪譜〔四五〕。

〔七一〕「至南昌，聞逮」中「聞」字，據《黃漳浦集》中《赴逮與兄書》、《庚辰五月二十三日辭墓就逮時緹騎尚在南昌中夜出門諸友環顧不及爲別匍匐至水口揮手謝同人悵然有作》、《以六月乙丑聞逮以戊辰別諸子前十日庚申爲先慈諱日》，及明計六奇《明季北略・黃道周廷杖》、莊譜黃鳴盛刊本，當作「聞」。

〔七二〕「至碭山」迄「先生乃於七月末旬至京」段，誤。詳見洪譜〔四六〕。

〔七三〕「先生乃於七月末旬至京」迄「實未嘗一識葉公也」段，誤。詳見洪譜〔四八〕。

〔七四〕「要使鬼谷傲寒閩」中「寒」字，黃鳴盛刊本及《黃漳浦集・詛洞》皆作「華」，是。

〔七五〕「一人擇地能精專」中「人擇」二字，黃鳴盛刊本及《黃漳浦集・洞詛》皆作「尺席」。

〔七六〕「凡手書《孝經》一百二十本，皆以獄卒持去」，誤。詳見洪譜〔四九〕。

〔七七〕「迨兹五十餘五矣」，據黃道周《榕壇問業》中《題蔣德璟榕壇十八問》，及《黃漳浦集》中《續離騷》、《贈考青原公墓碑》、《孤軍莫救危疆難支疏》等，崇禎十三、十四年黃道周在詔獄時合五十六、五十七歲。

〔七八〕〔八〇〕「朱生者，紹興諸生也」與「洪譜略同，惟朱永明作『崑山人』，未知孰是」，據北京故宮博物院藏黃道周《爲永明隸書册》、黃道周弟子孟應春《題易象正》、明黃景昉《黃道周誌傳》，及洪譜道光本、清抄本同年，朱永明當是江蘇崑山人。

〔七九〕〔八二〕關於崇禎十三、十四年黃道周在詔獄中之遭遇，詳見洪譜〔五一〕、〔五二〕。

〔八一〕「臣不敢知」，黃鳴盛刊本及洪譜道光本、清抄本作「臣不敢辯，亦不敢知」。

〔八三〕「因名崖曰捨身崖」後，黃鳴盛刊本有「又曰鳥道不絶風雲通」九字，洪譜道光本、清抄本有「又曰鳥道」四字。詳見洪譜〔五七〕。

〔八四〕「訓討諸子弟」中「討」字，黃鳴盛刊本及洪譜道光本、清抄本皆作「誨」。

〔八五〕「是以開門延□」中「□」，原係空闕，黃鳴盛刊本作「寇」字，當是。

〔八六〕「乃嘆倪、施諸公洸洸以死之爲得其正也」中「洸洸」二字，黃鳴盛刊本作「從君」。

〔八七〕「又按先生《與錢虞山書》云」，詳見洪譜〔六〇〕。

〔八八〕「乃於夏六月二十有二日」，詳見洪譜〔六一〕。

〔八九〕「概此雲泉」中「概」字，洪譜道光本、清抄本同，而莊譜黃鳴盛刊本作「瞻」。

〔九〇〕「計與斯鄴山大會者」迄「總凡三百八十四人」段，詳見洪譜〔六四〕。

〔九一〕「不失□於雷斧」中「□」，原係空闕，黃鳴盛刊本作「聲」字，據《黃漳浦集·鄴山箴》，是。

〔九二〕「常有搏門□心」中「□」，原係空闕，黃鳴盛刊本作「之」字，據《黃漳浦集·鄴山箴》，是。

〔九三〕「□曰」中「□」，原係空闕，黃鳴盛刊本作「又」字，據文義，是。

〔九四〕「蓋自是而先生終無還山之期矣」，據明吕留良《黄石齋未刻稿・赴召留别親友兼示白石》《黄漳浦集・謝河南唐王啓》，隆武元年六月十四日黄道周自浙江蘭溪尾隨唐王聿鍵入閩，逕返漳浦，閏六月七日唐王行監國禮稍後應召入福州輔佐之。

〔九五〕「二十二日」，據《黄漳浦集・奉祀會稽乞休疏》及莊譜黄鳴盛刊本，當作「二十三日」。

〔九六〕「聞逐劉念臺」後，洪譜道光本、清抄本有「先生」二字。

〔九七〕「不用」前，洪譜道光本、清抄本有「而安帝」三字。

〔九八〕「乃出祭禹陵」後，洪譜道光本、清抄本有「夢高皇帝召云」六字。

〔九九〕「將至天寧州」中「州」字，係「洲」字之訛。詳見洪譜〔六五〕。

〔一〇〇〕「潞藩在浙省已稱監國」，誤。詳見洪譜〔六七〕。

〔一〇一〕「先生再具啟勸進」迄「而李進辭以『懿駕在内』」段，《黄漳浦集・逃雨道人舟中記》自記六月七日再具啟請潞王行監國事宜七條，是午潞王賜食。

〔一〇二〕「先生見諸蹲沓無可共事者」中「蹲沓」二字，據《黄漳浦集・逃雨道人舟中記》及黄鳴盛刊本，當作「沓沓」。

〔一〇三〕「至衢州誓衆犒師」，《黄漳浦集・逃雨道人舟中記》作「請至衢州收拾潰卒，誓衆犒師」。

〔一〇四〕「擬於閏六月初八日行監國事」，據明張家玉《名山集》附録隆武帝七月十二日頒給何成吾兄弟之敕諭，及明佚名《思文大紀》、明錢澄之《所知録》，唐王聿鍵於閏六月初七日稱監國。

〔一〇五〕〔一〇七〕「遂於秋七月朔日，奉唐王即天子位」，誤。詳見洪譜〔六九〕。

〔一〇六〕「於是晉先生少保兼太子太師吏部尚書武英殿大學士」，詳見洪譜〔七〇〕。

〔一〇八〕「秋八月初三日，先生在延平。聞上決策親征，乃上疏諫之曰」，詳見洪譜〔七一〕。

〔一〇九〕「王孫番」，據《黃漳浦集·諫親征疏》，及黃鳴盛刊本，當作「王孫蕃」。

〔一一〇〕「出關」，當作「往崇安」。詳見洪譜〔七二〕。

〔一一一〕「於延平、建寧二郡募得三營，一千一百五十二名」，據《黃漳浦集·將出關疏》所列僅延平陳雄飛等第一營，與建寧高萬榮等第二營。

〔一一二〕「比過建陽，諸親友所募多寡不等，亦可至三營之數」，據《黃漳浦集·將出關疏》所列漳州親友張天維、魏棨斌、蔡春溶所募三營，又説「此四營者皆漳南子弟」。

〔一一三〕〔一一四〕「陸青源」，《黃漳浦集·恭報出關日期略陳軍實情形疏》作「陸清源」。

〔一一五〕「其不足破重甲擐鐵騎也明矣」，黃鳴盛刊本作「其不足以破重甲擐鐵騎而滅此朝食也明矣」。

〔一一六〕「得旨，以爲」迄「遂以九月十九日同諸將出關」段，誤。詳見洪譜〔七三〕。

〔一一七〕「幾及萬人」，詳見洪譜〔七四〕。

〔一一八〕「先生即於是月初九日分遣諸將一出撫州，一出婺源，一出休寧」，誤。詳見洪譜〔七五〕。

〔一一九〕「遇百餘人持鐵骨朵」，黄鳴盛刊本及洪譜道光本、清抄本皆作「遇百餘人，兇醜特甚，持鐵骨朵」。

〔一二〇〕「馬四匹」，黄鳴盛刊本及洪譜道光本、清抄本皆作「馬三匹」。

〔一二一〕「參將王加封手殺數十人乃死」，詳見洪譜〔七六〕。

〔一二二〕「《考核諸路將領及請贈恤疏》」，詳見洪譜〔七七〕。

〔一二三〕「臣以十月初九日出師討休、婺」，詳見洪譜〔七八〕。

〔一二四〕「鄭鴻逵從馬金」中「金」字，當作「鈐」。詳見洪譜〔七九〕。

〔一二五〕「不得已，召諸將計曰」迄「距婺城十餘里而軍」段，洪譜道光本、清抄本同，而莊譜黄鳴盛刊本作「以爲坐而待困，孰若先而制人？乃以成師獨出。而信州諸守臣鄉紳皆攀留先生，不欲先生出。先生不爲阻，遂提師至明堂里，時爲臘月二十有四日」。

〔一二六〕「中書賴繼謹執令箭」迄「馬不得行」段，洪譜道光本、清抄本同。而黄鳴盛刊本僅作「催衆混戰，而皆崩潰不支」十字。

〔一二七〕「憶在建陽勸先生駐關下」中「下」字，詳見洪譜〔八一〕。

〔一二八〕「豈不能知身曆之延促」中「曆」字，洪譜道光本、清抄本同，而黄鳴盛刊本作「命」。

〔一二九〕「於夏有《過言》《自悼》《造怨》諸詩」中「夏」字，據黄道周被俘、就義於冬、春之間，故當如洪譜道光本、清抄本，及黄鳴盛刊本，作「是」字。

〔一三〇〕「隆武二年丙戌，先生年六十有二」，據卷末按語及黄鳴盛刊本、洪譜道光本眉批。係陳壽祺所加。

〔一三一〕「邇繼謹附書回家」迄「舍命不渝」段，詳見洪譜〔八二〕。

〔一三二〕「至廿四日，到留都」，誤。詳見洪譜〔八三〕。

〔一三三〕「抱頸出林莽」中「出」字，據《黄漳浦集·東山偶書》及莊譜黄鳴盛刊本，當作「入」。

〔一三四〕「二月九日，又爲先生誕辰，乃作《蒿里》十章以自弔」，詳見洪譜〔八四〕。

〔一三五〕「自識云：『防風雖倒，猶留一節，以問尼父』」，詳見洪譜〔八五〕。

〔一三六〕「遂以三月五日完節於金陵之曹街」，詳見洪譜〔八六〕。

〔一三七〕「擬徽、婺於□□」中「□□」，原係空闕，黄鳴盛刊本作「陳、蔡」。

〔一三八〕「等□□於都變」中「□□」，原係空闕。黄鳴盛刊本作「匡難」。

〔一三九〕「爲位而哭奠者二朝夕」中「二」字，黄鳴盛刊本及洪譜道光本、清抄本皆作「三」，是。

〔一四〇〕「殯之。可見者」，黄鳴盛刊本作「殯於先人之墓側。嗚呼，痛哉！日月命視，風雲能語，蓋先生之可見」，洪譜道光本、清抄本作「殯於先人之側。嗚呼，痛哉」。

〔一四一〕「聊述聽聞百一，以俟君子」詳見洪譜〔八八〕。

黃石齋年譜（輯錄）*

〔清〕鄭亦鄒 原撰

萬曆十九年辛卯，七歲。

（隨父學朱熹《通鑑綱目》）不浹旬翻閱殆盡。《續離騷序》云：「七歲讀父書，過眼成誦也。」

萬曆二十年壬辰，八歲。

自經傳子集，旁及詩賦聲律、鉛汞陰陽之學，無不耽籍玄覽。

萬曆二十六年戊戌，十四歲。

喜談黃白術，有舉家騰舉之意。

（廣東博羅韓鳴鳳）大夫訝曰：「年少軼才也！」

---

* 本年譜中，凡年份、同年黃道周年齡，所輯各條譜文內帶括號之說明文字，係點校者所加。

（廣東博羅）邑有曾某者，亦豪公子也，價韓氏以迓子登觀海樓，轟飲極歡。酒酣賦詩，子疾書數千言，驚異之稱遍博羅焉。自是之後，亦不復談神仙云。

萬曆二十七年己亥，十五歲。

（廣東博羅貴顯之家競相欲嫁女於黄道周）子謝卻之。《續離騷》所謂「女婭蛻而相慕兮，又孰知余之不敢娶」者也。子嘗與張烴叔書云：「僕生年十有五六猶問姆氏：『男女匹配，是爲何故？』迄今思之，噴飯也。」然則未定之戒，子不爲血氣所動也久矣。

萬曆二十八年庚子，十六歲。

子自銅山歸，〔二〕發篋稿皆詩賦，青原公見，責之曰：「本朝以帖括取士，奈何沉淪於此！」子乃焚草，習舉子業。

萬曆三十三年乙巳，二十一歲。

復游於粤，數月而返。是歲，嘉卿有族人之難。

萬曆三十四年丙午，二十二歲。

移居頓坑。

《續離騷》所謂「鑿白石以爲巖兮，爰遁乎窱窌之宫」者也。

萬曆三十五年丁未，二十三歲。

先是，南海黃公應舉爲漳浦令。

萬曆四十年壬子，二十八歲。

補郡弟子員。學使馮挺。〔二〕

萬曆四十一年癸丑，二十九歲。

子作《太咸經》。

萬曆四十三年乙卯，三十一歲。

子因宴次以文行酒，酒未冷，得文二十二篇，浮數大白而子逕醉矣。內翰來宗道、科臣姜性，得子文，擬第一，格於次場。來、姜二使臣與鄭三俊共嘆惋之，因以《齒録後序》屬子代草。

萬曆四十四年丙辰，三十二歲。

子年三十又二，杜門著《易象》。劉漁仲云：「先生在浦東草廬，於時有《易象》八卷、《疇象》八卷，當時亦三屬草本，但文義與今《象正》別。〔三〕

萬曆四十五年丁巳，三十三歲。

有問字者，如種和蠡。

崇禎五年壬申，四十八歲。

子乃買舟至金陵。

（創大滌書院）有何羲兆實綱紀其事。茨塈聿立，四方高躅之彦問業者如雲。

崇禎八年甲戌，五十一歲。

（黄道周答弟子問：）「凡所言者，與劉向異指，自足稱耳。」

崇禎十一年戊寅，五十四歲。

當嗣昌之爲相也，陳新甲用知顯，亦以遭喪復起爲宣大總督。子思論之，中夜讀書至宋臣真德秀傳，拊几嘆曰：「古人立朝有三十六封事，而吾儕默然已乎？」六月，因隨衆召對，三疏俱上。

按子三疏，一論推督臣楊嗣昌奪情，一論推督臣楊嗣昌奪情，〔四〕一論遼撫臣方一藻謬款。

帝怒甚，召閣臣府部及子同詣平臺，帝謂子曰：「朕聞無所爲而爲謂之天理，有所爲而爲謂之人欲。三疏不先不後，適當枚卜不用之時，果無所爲乎？」子對曰：「天人是義利，臣心爲國家，不爲功名，是以自信無所爲。」

（上曰：「如今便無嫌疑耶？」）子曰：「天下綱常，邊疆大計。」

楊嗣昌出奏曰：「臣不生於空桑，豈遂不知父母？臣嘗再辭，而明旨切。道周學行人宗，臣實企仰之，今謂『不如鄭鄤』，臣始太息絶望。鄭鄤杖母，行同禽獸，道周言『不如鄭鄤』，何言綱常？」子言：「文章不如鄭鄤。」上責其朋比，子曰：「衆惡必察，何敢朋比？」

上曰：「你讀書有年，只成佞耳！」

子云：「忠佞不分，則邪正混淆，何以致治？」上怒甚。嗣昌乞優容之，上曰：「朕亦優容多矣。」

（別何羲兆、曹木上於嚴灘）作《烏墜》之詩。

崇禎十二年己卯，五十五歲。

（築十朋軒、九串閣）以祟大雅。

（十朋軒壁間）列管夷吾、沈麟士等。

（九串閣壁間）列屈原、司馬光等。

崇禎十三年庚辰，五十六歲。

（解學龍）例薦條屬，首列子名，而逮命下矣。

（黃道周在獄中書寫《孝經》）一百二本。〔五〕

（黃道周在獄中著《易象正》）直於血肉淋灕、指節垂斷時，成之二十四圖、六十四象正，自二三高足之外，鮮能傳其學者。

(《易象正》)諸圖像瀾翻床下。

方公喜而索書。故又詩曰：「此書方成未一夜，樞紐又過白雲下。方公含喜來叩門，薰爨未施便欲借。」再理《易》象，然子自以九折餘生，意言未愜，不欲遽爲傳播。

(朱永明持百錢欲入北鎮撫司饋贈涂仲吉)爲邏者獲奏，遂同繫於獄。

納言施邦曜。

(朱永明)爲子櫛沐。

子既在北司，有二子爲侍，代執爨役，乃一意著書。

諸中貴人亦往往竊購子筆札，故帝於宮中時時見所書。

(黄道周在北鎮撫司受拷問時之剖白，崇禎帝聞而心動)然未肯遽釋子也。

崇禎十四年辛巳，五十七歲。

有《自西庫過請室逢除夕》詩，則子庚辰臘月已在請室矣。舊例，鞫審雖在北司，而結案必在刑部，故子復移西庫。至十一月刑部擬讞，子復疏辯。

崇禎十五年壬午，五十八歲。

子病瘧初痊，亟覓紙筆，取《易象正》更定之。

蓋是書（《易象正》）雖成於西庫，然子每言及，輒有示璞見嗤之恨。料理三十餘日，將有次第，而環報適至。帝謂子清操力學，尚可策勵，特準赦罪還職。

以（《易象正》）完本付陳彥升。

崇禎十七年甲申，六十歲。

子既久廬北山，而浦東舊居日就荒圮，浦諸弟子因請構爲講舍，所謂明誠堂也。

子銷夏於江東，中丞張肯堂既平漳寇奏凱，以書約過鄴園。

先一日，作《張公奏凱序》及詩。乃以九日會於三近堂者，子之讌居也。時以南講舍未就，因集此堂爲初會焉。

講業燕賓，禮樂之盛，猶《浦志》也。

司李曹廣重證講約，爲鄴山次會。諸弟子維舟江上，得效駿奔皆如故。

越十餘日，而懷宗殉國之報至。

（九月鄴山大會）同人捐吉於鄴園講席，賓從畢集，申明匡復之義。觀者如圜橋。爲鄴山之會。

（鄴山之會後）十餘日，祖道出山。

（自衢州赴南京）自是而子終無還山之期矣。〔六〕

弘光元年乙酉，六十一歲。

是時馬、阮爲政。

見同事諸臣措置乖方，不欲久廁朝列。

（二月）二十二日（疏請奉敕祭禹陵）。[七]

（祭禹陵後）製一衣，刺「大明孤臣黃道周」於裾，語弟子曰：「南都必敗，當以此識吾屍。」

五月十五日（聞弘光帝出逃）。

（上書太后）請趣士英統黔兵會靖南軍。

又（爲太后）草諸檄及諭數千百言，娓娓不已，無非爲高皇帝致此區區也。

元德脱巾狎坐，起潛作恣睢之語，宛如曩時，子請面謁（潞王）。

遂於（閏六月）初九日（入謁唐王監國於福州）。

仍以閩省爲福京。

與芝龍爭執朝班。

子又見芝龍日爲不軌，（遂復請行邊）。

（七月）十九日，御賜袍膳三百兩製寒衣，[八]曰：「卿身若暖，朕始心和。」賜詩朝餞。

廣信知府解立敬、知縣蔣元士、鄉紳詹兆恒等（邀請黃道周義師入廣信）。

（八月）二十六日，發游擊陳雄飛等七百餘人出關。〔九〕

（十月二十九日婺源城下之戰）是役也，董壽庚斷後，又漳士繼至，故不大壞，然皆潰散山谷，兵將有不相録者矣。

（親征童家坊時）僅有十日之糧。

（被俘後，題蔡春溶所寄家書）紙尾云：「綱常萬古，性命千秋。天地知我，家人何憂？」又題賴（繼謹所寄家書）後曰：「蹈仁不死，履險如夷。有隕自天，捨命不渝。」〔一〇〕

繼謹，字敬齊，〔一一〕平和人。春容，〔一二〕龍溪人。

（囚尚膳監中）夜聞鐘聲，感舊事，前後又得絶句百餘首，有曰「啼定方知是禁城，不堪卧起轉分明。祇覺晨撾沈百杵，從無朝鼓續嚴更」。作《南都賦》，作《蹇騷》，哽咽絶續，不勝傷悼。（又作詩）别諸名山七十二章。

自文明忠烈之死，無敢□言其事者五十餘載。余爲采之故老，論次其大略。時懷陵故相爲子紀傳，不叙捐軀始末。哀哉！猶有耻心之存也。

（輯自金譜。鄭譜其餘片斷散見莊譜陳壽祺校本，此略）

【校勘記】

〔一〕「子自銅山歸」中「銅山」二字，據洪譜、莊譜，當作「博羅」。

〔二〕「學使馮挺」中「挺」字，當作「烶」，詳見洪譜〔一三〕。

〔三〕「《易象》」「《象正》」當作「《易本象》」「《易象正》」，詳見莊譜〔二七〕。

〔四〕「一論推督臣楊嗣昌奪情，一論推督臣楊嗣昌奪情」，洪譜、莊譜作「一論推督臣不拘守制，一論宣大督臣奪情」，《黄漳浦集》題作「論楊嗣昌疏」「論陳新甲疏」。

〔五〕「一百二本」，誤。詳見洪譜〔四九〕、〔五〇〕。

〔六〕「自是而子終無還山之期矣」，誤。詳見莊譜〔九四〕。

〔七〕「二十二日」，當作「二十三日」，詳見莊譜〔九五〕。

〔八〕「（七月）十九日，御賜袍膳三百兩製寒衣」，據《黄漳浦集·關外謝賜袍膳疏》，九月二十三日以後隆武帝賜袍膳費三百兩，十月十二日袍膳費送抵江西廣信黄道周義師大本營。

〔九〕「出關」，當作「往崇安」，詳見洪譜〔七三〕。

〔一〇〕此記黄道周題蔡、賴家書事，詳見洪譜〔八二〕。

〔一一〕「繼謹，字敬齊」，據黄道周手跡《石齋逸詩》（北京故宫博物院藏本，及清陳寶琛一九一五年跋石印本）及《黄漳浦集》所收此期詩章，賴繼謹字敬儒、敬孺。又，清曾虎文《小軒隨筆・平和賴繼謹先生行略》稱：「先生原諱儋，字白孺，漳平和之盧人。游邑庠，更名繼謹。黃石齋夫子爲改字敬儒。」又，《罪惟錄・黃道周傳》稱：「中書舍人及門賴繼謹，字光啓。」

〔一二〕「春容」，據《黃漳浦集・將出關疏》、洪譜、莊譜，當作「春溶」。

〔附録一〕傳記

黄道周誌傳

〔明〕黄景昉 撰　黄子中　黄堡疏　計六奇附記

三代之後，漢、唐、宋末造可鑒也。東、西漢之有梅福、龔勝、管寧，徒高避之爲高。唐司空圖、韓偓亦然。要諸公非身當事任，出處易裁耳。睢陽張、許，義與城俱存亡，封疆之臣，死自其分。至宋李若水烈矣，考其先有邀駕出都之誤，若非是莫贖者，求其取義成仁，磊磊軒天地、旗今古，則必以文信國爲正焉。明銅山黄公，後先最並美者矣。公諱道周，字幼玄，一字螭若。先生先自莆田徙居銅山所，所隸漳，岐海最南，海波拍户，環崖諸峯含霞飲景，在嵯峨掩靄間。所居負數間巨石，恆有落勢，公號「石齋」以是。曾祖宗德公、祖世懋公，代著方直。父青原公嘉鄉學，困儒冠。〔一〕母陳氏，通經史大義，舉公之夕，夢有金甲斧神人擁異兒至，所爲別字「螭若」亦以是也。公生而狥齊英敏，甫成童，博極羣書，數千言立就。青原公懼其軼也，爲置《性理鑒綱》案頭，未浹旬繙閲殆盡。極厭薄卑瑣，慨然有辭家輕舉之意。粤羅、浮二山，故靈奥區，公以十四五時往游而賦之，窮搜所謂朱明洞，未獲。一日，策衛渡水驟泛，所乘漂溺良久，公忽振衣出，頗傳有所遇，談將來事。其後赴省試還，艤釣龍江，舟覆，又恍惚如有導之前，至某殿，額榜甚奇者兩，亦莫測何指云。公時雖一窶人子，未籍諸生，往來郡賢士大夫林公茂桂、高公克正、薛公士秀、〔二〕張公燮，率嚴重禮爲上客，罔敢齒易之者。初首舉邑生童試，以青原公憂輟。越五年，郡邑試，並首公，補郡掌故。歲乙卯，試闈牘，業擬公第一，格次場式，不終録。主司來公、姜公，督學鄭公，共嘆惋久之。余以是秋舉於鄉，始獲交公，猶憶送主司芋源江上，既登舟，特再延元魁五人，公與焉。未幾，鄭公改組歸，獨偕公舟行數百里乃別，所慰藉良至。公尋舉戊午鄉試第七人，成壬戌進士。海内久熟公名，共諷誦公制舉藝，紙勞墨敝，比諸章程，再購爲《騈枝別集》《續離騷》行之。公自以束髮授書，窮微極幽，將以明天地之道、帝王之義、萬物變化之紀，如《大咸經》《三易洞璣》諸書尚未成，徒區區托於雕蟲之末，非其質矣。既改諸中秘，益好爲深湛之思。先是公之畢會闈也，既草萬言疏，獻之閣下，會已擢第，不果。至是，魏璫禍漸萌，同館文公震孟首挫其鋒。疏入，公擬繼之，屬迎母太孺人佇至，議且有待，於是公決意歸隱。館散，授翰林編修。甫數月，亟請告行。余乙丑春猶及一謁公，後聞之前輩，云公職當經筵展書。故事，展書官跪膝行數步，公謂膝行非禮也，平步進，傍侍駭然，逆璫連目懾之，不爲動。噫，如公者豈可以死生禍福移其意哉。歸，葬青原公北山，躬負石。亡何，陳太孺人卒。公毁甚，三載廬居，敕斷外事。海寇屢肆掠，相戒無敢犯公。既釋墨，始稍談經矢咏，以其間料理《三易》有成緒，因於己巳冬辭墓出山。自是公終與人艱危事矣。庚午，掄典浙江鄉試。事竣，晉右春坊中允。時督臣袁崇焕以誘殺毛文龍抵罪，辭連舊輔錢龍錫，逮詔獄，舉朝震恐。公奮書請寬罪輔死，願身輟清華，歷疆埸，約束江東，〔三〕收拾遼、廣，誓得一當爲贖。得旨，責令回奏。凡三奏，竟以抵毁曲庇爲疑，鐫三級調用。乃聖主則已陰納其言，旋於南郊步禱後，釋錢輔出獄，舉朝歡動。錢輔出，頗費宜興周公延儒力，顧公疏實發其端，周公得内倚爲重。方久旱驟雨，惟是浙闈磨勘事蔓引匝年，怪當事無端倡爲磨勘試卷之說，試卷多難雅馴，直省多羅織者。幸楚榜免。余是秋叨典楚試，公心微以是望余，實余同事鍾擢都禮垣，無自參罰理，非有他也。公屢疏乞休不允，念鐫級得當大行，欲自請使朝鮮，用内靖島民、外聯屬國，雄心尚爾勃勃。忽登州陷，無可爲者。垂出都，復以《易》數上陳，遂坐褫職。曩時詞林不言事，徒合門眷望，無咎無譽，需數次遷。公偕其同門倪公元璐出，數十年頑滯之習爲之一洗，後進益發舒志氣，折檻引裾，大都自公啟之。宋人之頌歐陽子曰：「天下士爭自濯磨，以通經學古爲高，救時行道爲賢，犯顏敢諫爲忠。」胥歐陽子功，誠有味乎其言之也。途次，遍徜徉山水。至武林，諸生徒爲築大滌山書院待公。山故宋洞霄宮遺址，舊祀李伯紀、朱元晦香火。公留少頃，同人響集。旋覽天台、雁蕩諸勝以歸。歸仍廬北山墓，衿從如雲，學舍無所容。漳守敦請入郡，即紫陽學堂。歲定四仲月大會，剖析疑義，先經後傳，先籍後史，皆前賢尋味之所未及。所著有《榕壇問業》《懿畜前後編》行世，亦間作時文。公嘗云：「漢、唐而下，斗分自贏趨縮，文章自盛趨衰，崔、蔡之文不及班、揚，韓、柳之文不及沈、宋。至元以來，斗分自縮趨贏，文章自衰趨盛，陶、劉之縱而有徐、何，徐、何之繼有王、李。又先輩詩盛而制義未昌，今詩衰而制義始盛。」理各關至極遠，若近著奉焉。斯時也，公得長保林壑爲佳。朝議復念公，召復原職，以六品高與朝推，不獲已，出。丁丑，分校會闈，陞諭德，掌司經局事。再陞少詹事，協理府事，與經筵講。公每壹遷官輒懼辭，舉賢自代；暫抵職則必死乎其官，或旬月不訟言得失爲負心，靦顏寢食若靡措者。前後以「慎喜怒回天」請，以「省刑」請，以「補牘陳言」請，回環深切，半在俞咈間。惟《申明司經局職掌》一疏得請，俾輯纂各經書進覽。公正當具草，值有東宮講官之選，後進以選不及公非是，連章讓美。時朝野必欲得公。首廷推當國，奥窔之地指點他移。部寺卿僚，爭攘臂希得大柄。即詞林耆宿亦不甚利公。顧無奈嘈嘈輿論何。余心知局且有變，以册使行至中途，始聞公召對事也。公三疏齊上：一劾中樞楊嗣昌奪情，一劾宣督陳新甲冒推，一劾遼撫方一藻謬款。楊新入閣，承眷上心，疑公以不簡用，故有所恚懟者。公侃侃舉綱常名教聲責，楊因摭鄭鄤事抵公。蓋公前有《三罪四耻七不如疏》，内云「文章意氣，轗軻歷落，臣不如錢謙益、鄭鄤」。鄤行誼實不與於鄉。微獨鄤，即錢公未測何如。然公但言其文章意氣，立言固有法矣。同鄉臺省正合疏攻楊，益以「朋謀」爲誣，誦天語「向以汝偏激，稍示裁抑。後聞操守，隨即賜環」，又謂「暑天勞頓之餘，能成一篇文字，才誠可愛」，洵不爲不知公，獨用舍權自操防，或借之爲名。又盈廷唯諾久，驟見公犯顔抗辯，跡涉創見，故雖以史册所恆聞之語，動觸威嚴。部覆鐫六級調用，補江西布政司都事。臨行，公裒所纂完《洪範》《月令》《儒行》《緇衣》八册，凡三十萬餘言呈進。諸書出公手繕寫，即諸疏亦然，筆畫端謹遒媚，可一望知公五官之用，各絶人遠。腕日可萬字，足重跰行二三千里。口裁腹約，令數日不食，不饑。眼如鏡，骨如鐵，姿如獨鶴。至其中所砣持，壁立萬仞，便自謂奔雷掣電、排山倒海弗能奪之矣。公業得罪去，度且厭心，羣奸恨恨未已。再歲，適江撫解公學龍陞任，薦僚屬，首列公，疏例下部，不足萬幾，聞有簽貼其旁致怒者，遂得緹騎扭逮之命。公先還閩，聞信馳詣南昌。諸士紳慰問，不答；陰釀金爲贈，不納。觀者皆哭。至京，與解公皆杖八十，下刑部獄。余趨視之獄中，創雖重，神氣未損，獨以虧體辱親爲言。越數日，户部主事葉公廷秀救公疏上，杖一百，削籍爲民。葉公，濮州人，講程、朱學，與公初未相識，疏自分必死，旗尉至，即與偕行，將拜杖，言笑自若，覽杖者亦爲心折。公久繫，醫治略可，而太學生涂仲吉疏又上，杖如葉公。涂即公郡人，激於義，壯年發憤。納言施公邦耀，坐落職。馬公思理，並下詔獄矣。復公及解公對北司簿，仍即家逮葉公。廷訊日，葉問：「孰爲閩黄公者？」二公於是恨相見晚也。北司帥逼供黨與，鍛煉酷極無所得，突謬指數員塞責。有崑山諸生朱永明者，持百錢將遺仲吉，亦在繫中，並送部擬罪。疏上，屢嚴駁，聲息洶洶，西曹莫必其命。余爲拉同鄉蔣公德璟、王公家彦謁謝德州公請之。謝太息曰：「死矣，遲秋爲幸！」聞之失色。總閣承韓城毒焰之後，餘威尚震。武陵雖有督輔出柄，得遥參宣督，遂入爲中樞，同憾公前疏刺骨。同年費縣、井研誼漠如，滑縣且下石矣。宜興周公新召至，衆喁喁想望風采。公前斯壬申褫職，屬周爲政，頗内愧。至是，諸名流力慫恿之，婉代開釋，得免死，改永遠戍。公在獄中手寫《孝經》百餘本，流傳爲寶。所著《易象正》一書，直於血肉淋漓、指節垂斷時成之。二十圖、〔四〕六十四象，正天心，出月窟，自二三高足外，鮮能傳其學者，董生《繁露》、邵子《皇極》方之編矣。公沈酣《易》象，晚若前知，其以都事、里居，不免縲絏。既就逮，送者有「蕭蕭易水」之咏。公曰：「無憂，但書完三千紙者出矣！」卒驗。戍楚辰州，〔五〕取道復杭大滌，與諸生極論朱、陸同異。過九江，病瘧，更取《易象正》删定之，曰：「後世誰復定此者！」間循省身世，中夜酸淒：「自己巳出，得褫革；丙子出，得纍縶，九死一生。方當以望六之年，荷戈赴伍。道之將廢也，與命也？可奈何。」不圖上意終念公，諭：「黄某清操力學，尚堪策勵，特准赦罪還職。」旨下，中外感泣。是役緣周公於講筵平章他疏馴及公，余與同里蔣公同贊其説。顧初冀得脱戍籍幸矣，竟復原職，出望表。本聖主乾斷度越百王之舉，而天下亦以是差亮宜興焉。公疏謝稱病，兼爲解、葉二公祈免，以癸未春抵家。暇開山得蓬萊峽，營治講舍於其間。秋，《孝經集傳》成。冬，《坊記表記集傳》成。甲申，會浦之明誠堂。其日，郡邑畢至，孝秀咸來。堂設先聖賢坐，具鐘磬琴瑟，立監史，讀誓戒，以次問難訖，即席歌《詩》，賓主百拜酬酢，徐成禮還。自是，會鄴園者三禮如之。忽燕都三月十九變聞，自洪武戊申迄崇禎甲申，二百七十五年，從《河》《洛》之數爲稼穡末際，同曆西周，公於《璣》《象》二書已預言之，其云「同曆西周」者，將有望於周之東也。弘光立，起公吏部侍郎、禮部尚書。過泉，與余輩登源山，北嚮揮涕，僉以江左夷吾望公。北至，睹事無可爲，自請祭禹陵。行，留都覆。閩續建號，特隆公將相之任，而故尼其權，竟以捐軀。其故余難言之矣。難言之矣！公自云：初出都，泊龍江灣，夢高皇帝至，厲聲曰：「卿竟舍朕去耶！」公對：「朝廷舍臣，非臣舍朝廷。」寤，徬徨而泣。又甲子散館夕，夢神宗危坐甚偉，呼近前，大聲云：「汝能勝人，道在自勝。」公桓鐫此八字自佩。又丙子賜環入都，夢於關神廟見文皇帝，帷卧擁被，屈指者再，云：「三九四七，誠如所云。」意指《易》象中命曆也。公自係宗廟社稷之身，陟降有靈，不盡爲末造二主，漳人因言公有小册子，自推年曆至丙戌止，早悟夙因。其初覆釣龍江，所睹殿額「倪、黃」二字，卒與上虞倪公同致命遂志，千秋爲烈，亦異聞也。公奏疏、詩文、語録，概宜全誦，不便割入。狀中殉節某地、某年月，別有能識之者。溯公生萬曆乙酉，得年六十有二。元配林氏，繼蔡氏。子男四，曰中、成、和、平，俱蔡出。

舊史氏曰：公字石公，不詳其最後一着，愧與？畏與？昔夷、齊采薇之歌，《論》《孟》闕載，至司馬遷始詳言之。《春秋》之「獲麟」，其仲尼卒以後有待續書，抑亦其例乎。公瀕殁自識云：「防風雖倒，猶留一節，以問尼丘。」[六]嗚呼，世誰可問者？其需之聖人復起也夫！

庚寅季冬東崖黃景昉識

先人生平德業以及致命遂志，諸爲本傳紀實者，代不一家，闡微抉幽，莫可殫述。獨東崖相公舉立朝居身之大概，列爲行狀，迨世久澤湮，繼以兵燹，載籍竟成灰壁。嗚呼！遭家不造，多難難堪。蠱弗幹、薪弗荷，痛前烈之不彰也。爰手勒成編，所賴好我鉅儒，披其雲漢；千秋信史，錫之貞珉，堡兄弟無任感激之至。

男子中、姪子堡疏〔七〕

附記

或曰清將張天禄引兵徽州，公親往招之，天禄即縛公解南京内院。〔八〕及入見，公問内院姓氏，左右曰洪承疇。公大罵曰：「吾福建洪承疇昔年已死節，先帝曾賜祭葬，立祠京師，他是忠臣，豈有如此不肖者？斷必假冒！」公尋殺於南京清水潭。〔九〕按此與左公懋第之罵承疇略同，姑誌之。〔一〇〕八月廿九

公丁亥二月十二《致命詞》四首：〔一一〕

陋巷慚顔閔，行籌負管蕭。風煙起造次，毛羽合飄摇。火熾難棲焰，江横舍渡橋。可憐委佩者，燕燕坐花朝。

劫火愁開眼，冰輪倦著身。持危千古事，失路一時人。碧血流芳草，白頭追釣綸。

更何遺憾處，燥髮爲君親。諸子收吾骨，青天知我心。爲誰分板蕩，不敢共浮沉。鶴怨深山淺，鷄啼終夜陰。

南陽山路遠，悵作《卧龍吟》。搏虎仍之野，投豺又出關。席心如可捲，鶴髮久難删。愁子不知愁，閒人安得閒。

乾坤猶半壁，何忍道文山。

戊午十一月廿九雪天晚刻徐館補書

（明計六奇《明季南略》卷八，中華書局一九八四年版）

【校勘記】

〔一〕「父青原公嘉鄉學，困儒冠」，據《黃漳浦集》中《乞言自序狀》《贈考青原公墓碑》，當作「父青原公嘉卿，學困儒冠」。

〔二〕「薛公士秀」，光緒《漳州府志》、光緒《漳浦縣志》本傳姓名作「薛士彦」。

〔三〕「約束江東」，當作「約束東江」。詳見莊譜〔三五〕。

〔四〕「二十圖」，據明方以智《跋南泉所藏銅海書帖》、明孟應春《題易象正》，當作「二十四圖」。

〔五〕「戍楚辰州」，詳見洪譜〔五一〕、〔五二〕。

〔六〕「公瀕歿自識云：『防風雖倒，猶留一節，以問尼丘』」，詳見洪譜〔八五〕。

〔七〕「姪子堡」，據黃道周《孝經集傳》崇禎十六年刊本附校刊姓氏，及《黃漳浦集》中《出師有期據實再陳疏》《恭報出關日期略陳軍實情形疏》，當作「姪孫堡」。

〔八〕「或曰清將張天禄引兵徽州，公親往招之，天禄即縛公解南京内院」，據臺灣《中央研究院歷史語言研究所現存清代内閣大庫原藏明清檔案・洪承疇奏揭》，十二月二十四日清軍提督張天禄部婺源副將許漢鼎等偵得黃道周親率約二千衆自新建進至婺源壹都明堂里，遂於次晨襲之，許漢鼎等「攻西北山之賊」，「寧國總兵胡茂楨下都司白世彥、張養忠生擒僞閣部黃道周」。明江日昇《臺灣外紀》附記陳駿音追憶，及洪譜、莊譜等，亦可證黃道周因往招張天禄而被捕之説爲非。

〔九〕「公尋殺於南京清水潭」，詳見洪譜〔八六〕。

〔一〇〕「及入見」迄「姑誌之」關於黃道周拒降事，明林涵春《節義文章》本傳及明錢澄之《所知録》、明江日昇《臺灣外紀》略同；明洪思《黃子傳》較略；明查繼佐《罪惟録》本傳及清鄭亦鄒所撰本傳，又記清操江陳謙勸降；清劉獻廷《廣陽雜記》記鄭成功姻親楊于兩所述黃道周書「史筆流芳，雖未成名終可法；洪恩浩蕩，不得報國反成仇」譏洪承疇，明江日昇《臺灣外紀》此聯作「史筆流芳，未能干虜忠可法；洪恩浩蕩，不思報國反承疇」，並記黃道周拒飲「清茶」及以「薙髮國」「穿心國」巧拒薙髮之勸。

〔一一〕此録「致命詞四首」，皆見《黃漳浦集》卷四四，其中第一首同隆武元年十二月《自悼》第七章，第二、四首同隆武二年正月初三日《時發婺源趙淵卿職方毛玄水別駕賴繼謹蔡時培二中書相失寄示四章》第一、四章，第三首同隆武二年正月二十九日《發自新安絶粒十四日復進水漿至南都示友》第二章。此錄四首，與《國壽録》後稿略異。

黄子傳

〔明〕洪思 撰

黄子名道周，字幼平，漳浦人。少居漳海銅山孤島中，後有一石室可居，名曰石齋，故學者稱爲石齋先生。〔一〕父青原公，母陳，皆通經史，深明忠孝大義，而教之有法，故黄子之學起於漳海之濱。海内從之問業者幾千人，教之皆必以忠孝。在思陵間，漳海之學，天下莫隆焉。其學深於天人之際，極博窮微，皆本於《六經》。其所著《易》《孝經》《詩》《春秋》數十卷書，自漢、宋以下諸儒所談，皆置之不復道也。宜其書獨爲當世貴，學者宗焉。黄子少貧，不能從師，其學多出於二人，故少小即善攻苦，尚氣節，賤流俗，直以行王道、正儒術爲己任。時當安陵間，天下猶艾安，黄子見儒術之日下，知王道之不講，憂天下之將亂。年十有四，便慨然有四方之志，不屑屑治博士業，必盡讀天下所未見書。聞博羅有韓大夫，賢而好士，其家多異書，一日杖策行，遂造焉。大夫與之語而大悦曰：「此儒者也。今日任斯道者，非子其誰？」因留與諸子處，遂得盡觀所未見書，俱録以歸。登天啟壬戌進士，爲庶常，授翰林編修，與修國史實錄。充經筵展書官，故事，必奉書膝行而進，黄子以講筵道尊，不宜有此，遂平步進，魏璫目攝之，不能難。初與文震孟、鄭鄤約共劾魏璫，後文、鄭以擊璫削籍歸，黄子以迎母入都在途，三疏而三焚之，乃請告歸。崇禎己巳，起故官，始入都。庚午，出典試浙江，轉右春坊右中允，以疏救舊輔錢龍錫，坐「曲庇」調官，龍錫竟得減死論。壬申，將出都，以《易》數復上《小人勿用疏》，蓋指温體仁、周延儒也。上怒，乃削籍歸。遂入孔林、孟林，盡歷黄山、白嶽、匡廬、九華諸山。〔二〕浙中門人，築大滌書院爲黄子講堂以俟之，因留數月乃去。〔三〕歲除，始至石養山。守墓三年，乃因有司之請，以紫陽書院爲黄子講堂而講學焉，問業皆自遠而至，所謂榕壇。乙亥，起補原官。丁丑，分考會試，隨乞休，不可。時方大旱，五日内繫兩尚書，先生疏請慎喜怒以回天。再上《求言省刑疏》，謂「方求言而建言者輒斥，方清獄而下獄者旋聞」，言極切直。尋遷左諭德，兼翰林侍講。有疏自劾「三罪、四恥、七不如」。擢詹事府詹事，〔四〕兼翰林侍讀學士，充經筵日講官。命纂集經書進覽，爲太子講讀。〔五〕以疏論楊嗣昌、陳新甲，謫官。時嗣昌丁兩喪，奪情入綸扉，得上眷。抗疏劾之。及召對，與嗣昌爭辯上前，犯顏諫爭，不少退，觀者莫不戰慄，直聲震天下。黜爲江西布政司都事。未任。江西巡撫解學龍以地方人才薦。上益疑爲黨，並逮入京，廷杖百，〔六〕下詔獄，將殺之。户部主事葉廷秀、太學生涂仲吉相繼申救，並杖戍。既而，嗣昌敗，蔣德璟與周延儒乘間爲上言，始得旨赦出，以「清操力學」免戍復官。堅辭，乞致仕，歸鄴山講學諸翁之下。南渡後，以少宰召，陞大宗伯。差祭禹陵，出都，夢高皇帝至，厲聲曰：「卿竟舍我去耶！」對曰：「朝廷舍臣，非臣舍朝廷。」差歸，南都已陷，乃立主閩中。憤二鄭兄弟不出師，自請行邊，命以閣部招征。攜數諸生出信州，會七閩及江、浙諸門人子弟之兵，可四千人，而無餉，令散去。〔七〕時餉在鄭家，朝廷不能問也。先生知國事已去，遂憤而出師。將復徽，止餘兵千二百人、馬十匹，持三十日糧。〔八〕行至婺源明堂里，鐵騎數千乘霧襲之，一鼓而潰，遂被執。抗節不屈，死於南京之笪橋，〔九〕天爲晝晦。門人賴繼謹、趙士超、毛至潔、〔一〇〕蔡春溶從死。未死前，常閉口不食十四日，不死，乃復進水漿。〔一一〕爲詩可數百首。有乞字者，輒書《孝經》三二本予之。時統兵大帥日夜遣客往勸降良切，故獨寬其桎梏，加以禮貌，使得從容賦詩作字圍棋如平時。如是者三閱月，而先生卒不奪也。論者謂其三黜不辭剖心，一生清苦，負土廬墓，不營田宅，以身許君，獨立敢言，濱死不悔，國亡與亡，實爲一代完節之臣，可謂忠孝大儒矣。所著有《洪範明義》《月令明義》《儒行集傳》《緇衣集傳》四部，思陵時皆已表進御覽。其《易象正》《三易洞璣》《孝經大傳》《坊記集傳》《表記集傳》五部，及《榕壇問業》《大滌問業》，皆已刊行於世。惟《易本象》《詩表》《春秋揆》《疇象》在梁山，《孝經外傳》《解遼環》在大滌，《孝經贊》《三禮定》《懿畜》在榕壇，皆或存或亡，多不傳。又有《易筮命》《詩晷正》《春秋表正》，皆墜於明堂里，今恐不可復得。先生壬午出獄往戍，將之楚，門人請藏書於大滌，先生擬以《易象正》《詩序正》《春秋表正》《孝經大傳》《洪範明義》《月令明義》《禹貢明義》《呂刑明義》《儒行集傳》《緇衣集傳》《典謨集傳》《政官集傳》，爲《石齋十二書》，藏於大滌，已而不果。今其書多散亡而逸其半。今思作《收文序》，以求諸亡書及諸遺文而考正焉。乃復定治其部居，以《易象正》《三易洞璣》《孝經大傳》《洪範明義》《月令明義》《坊記集傳》《表記集傳》《儒行集傳》《緇衣集傳》《三禮定》七十有七卷爲上部；以《黃子録》《黃子外録》九十有九卷，爲下部；乃合十經二録爲《石齋十二書》，存初志也。又述《黃子譜》四卷，爲初部；《黃子講問》十有六卷爲終部，皆附離之。今是書凡四部，百九十有六卷，思藏收文峰下。先生死，謚忠烈，贈太師、文明伯。凡講堂皆賜表「文明書院」。今鄴山講堂久已廢爲禾黍，唯梁山講堂尚存，所謂明誠堂者，今爲黃子廟，在漳浦之東皋，與北山墓廬相望。

門人洪思撰

（清陳壽祺編《黃漳浦集》卷首附，道光十四年刊本）

【校勘記】

〔一〕「故學者稱爲石齋先生」，詳見莊譜〔四〕。

〔二〕「盡歷黄山、白嶽、匡廬、九華諸山」，誤。詳見洪譜〔二八〕。

〔三〕「浙中門人，築大滌書院爲黄子講堂以俟之，因留數月乃去」，詳見洪譜〔二九〕。

〔四〕「擢詹事府詹事」，據清陳壽祺編《黄漳浦集》卷三《讓賢疏》，當作「擢詹事府少詹事」。

〔五〕「時方大旱」迄「爲太子講讀」段，據《黄漳浦集》中《申明掌故疏》《三罪四恥七不如疏》《救鄭鄤疏》《慎喜怒以回天疏》《求言省刑疏》《請告疏》《讓賢疏》《京師與兄書》《補牘陳言疏》等，黄道周於崇禎十年五月二十六日陞任左諭德兼翰林院侍讀，掌司經局事，二十八日上《慎喜怒以回天疏》，六月三日至十三日間上《求言省刑疏》，十三日上《三罪四恥七不如疏》，十月二十六日上《申明掌故疏》建議整理《尚書》《禮記》《易》《詩》以授太子，十一月一日《申明掌故疏》獲準，十二月十三日陞任詹事府少詹事協理府事兼管玉牒、經筵日講官、翰林院侍讀學士。

〔六〕「廷杖百」，明黄景昉《黄道周誌傳》、洪譜皆稱「杖八十」，疑是。

〔七〕「而無餉，令散去」，據《黄漳浦集》此期奏疏尺牘等，黄道周抗清義旅迄婺源兵敗之前，並無因乏餉而令散去之事。

〔八〕「將復徽，止餘兵千二百人、馬十匹，持三十日糧」，據《黃漳浦集》此期奏疏尺牘等，此時黃道周抗清義旅散處贛東北、西北及浙西者達一萬一千八百餘衆，黃道周親征婺源所率約二千餘衆，携數日糧。

〔九〕「死於南京之笪橋」，詳見洪譜〔八六〕。

〔一〇〕「毛至潔」，臺灣《中央研究院歷史語言研究所現存清代内閣大庫原藏明清檔案·洪承疇奏揭》同，而明洪思《文明夫人行狀》、洪譜、莊譜皆作「毛玉潔」。

〔一一〕「未死前，常閉口不食十四日」，據黃道周手書《石齋逸詩》中《自悼》《發自婺源復進水漿示賴敬儒蔡時培二中書》（又皆見於《黃漳浦集》），及《黃漳浦集》中《徽州寄家者》《新安元夕四章》自跋、《發自新安謝風雷乃遂絶粒凡十四日復進水漿》《燈夕不堪乃遂絶是夜雷雨明日甲子抵晚雷電大作繞營不休凡三晝夜□□遂發予入南都六章》《絶粒十四日不死傅君折得玉梅兩枝寄瓶中聽□弄胡琴六章》《二月朔復引磬不殊起而慨然六章》等，黃道周於隆武元年（順治二年，一六四五）十二月二十五日在江西婺源一都明堂里陣前被俘，迄次年正月初二羈押婺源期間，第一次絶食凡七天；正月十六日迄二十九日經徽州抵南京前後，第二次絶食凡十四天；二月初二在南京尚膳監第三次自殺未遂。

閣部黃道周傳

〔明〕查繼佐 撰

後稿〔一〕

黃道周，字幼玄，號石齋，福建鎮海人也。〔二〕祖世懋。父嘉卿。道周生而好學攻苦，年三十不能爲諸生，乃益自負，落落無所可。道使者聞其名，方營搆先賢某祠，屬爲《上梁文》，道周縫掖進謁，援筆就，璀燦驚座，由是聲籍八閩。萬曆戊午，舉鄉第七人。天啟壬戌，成進士，選翰林院庶吉士，補編修。時有事東方，輒苦辦餉，道周以爲冗濫宿蠹之所致，輒章疏上之，不果。其略曰：「今天下之事，臣一言而決耳：陛下節儉，則天下皆儉。關門之事，臣兩言而決耳：曰決棄遼陽，則不用益兵；決不棄遼陽，則未可盡散新餉。決棄遼陽，則兵宜屯於關上，只復薊鎮之額，三萬守關，二八萬乘塞，精汰而慎用之，十年待動則已多。決不棄遼陽，則兵宜屯於廣寧，只復遼陽之額，九萬營塹，三萬屯田，五萬待于關内，蓄積新餉，俟一千萬，三年待動亦不爲少。今天下之臣，皆知廣寧之不可棄，而常爲姑遲以避萬一之禍；皆知遼陽之未可復，而常爲虛聲以倖萬一之福；皆知關門之不可孤守，海島之不可虛恃，而常爲守關門恃海島以塞一時之議；皆知水西不破則東虜必不靖，則水西必復起，而決不敢少抒東顧以了西事，決不敢急了西事以專東顧；皆知兵加則兵懦，餉加則餉愈不至，而決不敢停新餉以作内政，決不敢因舊額以寄軍令。五説茫茫，未有定義。故曰食冗之耗小，識冗之耗大；物蠹之禍小，謀蠹之禍大。天下之患，誠不獨一東虜，而竭天下以殉之，此真識者之未察也。」道周性強忍敢言，以賢者自命，澹泊廉静，不事鮮好。初爲文譎辯似子，繼乃閎肆，矯絶近代，天下咸以爲海嶽，所至奔走奇傑。魏璫時，以東林見廢。[三]丁卯，思宗嗣位，道周論《易》，以爲「今上即位之年當《師》之上爻」，退而謂所私曰：「不敢指顧，比之上爻耳。」[四]庚午，出典浙闈，時黨事翻覆，至以東林比崔、魏，參罰闊復，葛藤不休，道周請罷歸，遂以「用人行事」一疏，指斥其故，略曰：「臣觀邇年諸臣所目營心計，無一實爲朝廷者，其用人行事，不過曰惟求報復而已。自庚午春月以來，盛談封疆，實非爲陛下之封疆，不過爲逆案而翻封疆，使諸芟鋤逆案者無端而陷封疆之内，至於封疆之要塞利害、區畫布置無一言及之。自辛未春月而後，盛言科場，實非爲陛下之科場，不過爲仇隙而翻科場，使諸素無仇隙者無端而陷科場之內，至於科場之源流清濁、屈折易難又無一言及之。凡在宋人看詳條例之司，今皆奉爲匡勷安攘之具。臣觀古之聖賢日夕經營不過兩事：外攘彝狄，內迸小人。今獨以此二憂遺陛下，而大臣夷然自詫於催科比校之末，圖事而事失，則曰事不可爲；用人而人失，則曰人不足用，獨以點畫波撇、隻句單辭，欲斥周、孔之學，廢聖賢之道，是臣所仰而竊嘆也。」又曰：「凡絶餌而去者，必非鮪魚；戀棧而來者，必非良馬。今諸臣之心事材具，陛下備知之也。備知小人而以小人矯之，則無以正君子之功；備知君子而又以小人乘之，則反以張小人之燄。」疏入不報。其後，上益鍥急務毛末，刑獄繁作，道周一人之身是非者數矣。壬申，罷爲民。丙子，復起原官。〔五〕旋病去，因上《求言省刑》一疏，〔六〕以爲：「天下神器爲之有道，簿書刀筆非所以繩削天下之具也。積漸以來，國無是非，無枉直，〔七〕郡邑長官苟且了事，誠可憤痛，然其視聽一繫於上。上急催科則下急賄賂，上樂鍥覈則下樂譏險，上喜告訐則下喜誣賴。今天下譏險之徒羣聚京師，鳥聲獸聲白晝相呼，縉紳俯首屏息以伺動定，皆曰是有繇來；孤危之臣重足而立。陛下方求言而建言者輒斥，方清獄而下獄者不休。且夫東蠢西沸，此爲何時。雖張仲、山甫處此，未遑舍《六月》而歌「清風」，奈何與井市細民申勃稽之談，修睚眦之報乎？目下伏暑將徂，凜秋且至，最要者在安慶，厲師措餉，立限務掃英、霍、襄、鄧之賊，勿以若撫若勸諉之道謀，最急者在寧、錦，訓練六師三軍，預爲截伏搗堅之策，勿以若棄若存復成瓦注； 最便者在因士氣方朝，開兵衛，州縣另爲選舉，但約賊平許以雄職，勿以掣簽分地長其倖心； 最切者在起廢籍批鱗強項之臣，使爲秦、豫、襄、廬諸道監軍，但約賊平授之節鉞，勿以別户分畦銷其壯志； 又最不可緩者，應詔直言之臣，被訐無證之士，悉以一面解其煩冤。行此五事，然後天下淒風苦雨盡爲寸短尺長，畢成大慮，諸臣之詬誶可以不解自融，朝廷之刑威可以漸措不用。 臣又觀五月朔夕，熒惑與日同在鶉首、參、火之分，三辰皆火也。 又以朔夕合火，宜修乎火政，稍節威光，使火不爲厲。 明春熒惑在於大火，徘徊氐、房、心尾之墟，宜慎火器，遜毖戎務。 漢臣蓋勳曰：「寇在於外而內陳兵，黷則不武。」陛下洞燭曆理，深明天道，握要以御四方，求仁而蘇百族，樽俎之內勝算自饒，何必使舉朝精神敝於兵餉、刑獄之下乎？」丁丑，同考試，歷詹事府少詹。 既而，上之用人益雜，每以召對片言決之，而陳新甲以居艱驟列本兵，道周上疏爭之，且云：「方今熒惑漸次箕、尾，是爲燕分，九、十月交，〔八〕當南斗□。〔九〕是雖有道儒者之所不談，然思患預防，聖人之所垂戒。」久之，新甲坐東事不成伏法，上復奪情以閣部楊嗣昌出督師中州。〔一〇〕 嗣昌以口辯見幸，道周以爲必不勝任，因召對極言奪情不可使，並辯論「清、忠、理、慾」四字，反覆不休，竟至日暮，嗣昌語塞，迺以「黨鄭鄤」故彊持道周。 鄤坐內行不修，道周初與同榜，愛其才，曾特疏稱之，因曰：「臣惟其才可用。且臣母與鄭母同舟入都，累日月未嘗言鄤之失也。其家居事，臣實未聞之。」上意方極向嗣昌，而怒道周言不可屈，曰：「道周之學近少正卯。」既退，上目送道周，因曰：「道周故倔強，又文之以佞。」道周下，微聞，還趨上殿伏謁，極稱「嗣昌佞、臣忠」。以此二字復辯論數千言。是日，上爲喜怒再四。〔一一〕明日，有旨降江西布政司都事。時解學龍巡撫江西，疏爭：「道周忠孝之至，爲我明道學長者，宜赦其前罪。」詔以同道周。逮道周，並逮學龍。道周囊無一文，守土及鄉紳士爭捐貲餉緹騎，道周曰：「行金乞假，是欺朝廷。願如故事，瘁肌骨弗恤。」緹騎亦感謝不取，益厚遇道周。既入都，按以「僞學欺世」，〔一二〕應大闢。減戍。部臣葉廷秀者，故不與道周交，復冒不測直道周，疏論痛至，則並逮廷秀。已而中州陷，福藩殉之，嗣昌知失律喪地不可赦，乃自殺。上因悟道周所言非妄，赦還，復其原官，並赦爲道周而得罪者。召對，〔一三〕退而覆陳，以爲「今日憂虜甚於憂寇，須寧、錦練大師八九萬爲要著」。退而私謂其門人：「關門以外甚可慮也。」尋謝病去。廬漳浦先人墓側，作《易正言》，〔一四〕亦講學江東，注《洪範》《孝經》《小學》諸書，以備經筵。〔一五〕爲詩不肯輕題目。嘗有處要津非東林，雖款曲最恭，求一字爲榮，積數十年不可得。閩守令，大都出門下，以時就請，餽遺勿受；或稍以薄物飾金者上之，必不取也。鄉之人之得罪者，知其一言可得生，又不能，又他干，則悲哀道側如無意，使聞之，道周爲寄語令君脱去。蓋其嘗道周者如此，〔一六〕道周不問矣。癸未冬，山寇横漳、泉之間，殺副總兵阮，支黨散蔓，居民爭入道周廬避難，賊果過廬門不入，蓋信其清節云。副總兵鄭芝龍既盡殲山寇，漳、泉平，以寇故，連孝廉林、葉二人。道周曰：「芝龍欲自殺二公哉！」入城，不接一客，竟徒步入獄視二孝廉。是日，當事輒弛二人獄。書法妙人，亦偶爲畫，多天然。性無所嗜，不求工世法，然爲知己亦具禮文。論古人專務至正，凡以通變爲功名皆所不取。又極不喜昌黎爲人，曰：「韓先生，老乞兒耳。」鄉之後輩，唯陳壯行不肯北面道周，〔一七〕曰：「先生誼絶高，然不免矜名。」弘光初，見之講章者曰四鎮必不爲用。尋徵吏部右侍郎，〔一八〕固請，乃一出，曰：「此日又不似崇禎時，所可言者少矣。」歷數月，但奉命祭禹陵，欲便假歸。會南都陷，還漳。七月，唐藩入閩正位，〔一九〕道周以從龍進大學士兼兵部尚書。〔二〇〕上曰：「黄先生博學吾聞之，當有機用以應時艱。」道周密陳「芝龍不可恃」。然閩粤之勢已盡屬鄭氏，鄭素恨道周，益不爲用，故閩兵不任遣。道周不得已，檄門人各遣家丁具糗以從，得千人，被甲持仗，北出趨浙開化。兵歷遠疲，屯不進。〔二一〕時唐、魯不合，魯將又未能爲先後，而道里未習，老且饑。丙戌正月，道周巾幘躬被褐，手執小幟麾其衆，但二十騎與俱前，道周意以身先之無不繼至者。行二十里，憩古廟待之，大隊竟不進。清哨探者至，遂以二十人去。清人數以道周望重，威儀儼峻不易犯，故持重不遽逆，不以二十人有道周。道周曰：「勿多求。所爲黄閣部，吾是矣。」[二二]詣南都，清令宗典史監之候旨，道周日夜哦不已。臨刑，以布蒙面，曰：「吾不欲有所見也。」上元令王之成潛收其屍，槀葬南門外。[二三]久之，其子攜歸。絶筆有曰：「陋寡慚顔閔，行籌負管蕭。風雲生造化，毛羽豈飄摇。火厝難棲燕，江横怯渡橋。可憐委佩者，晏晏坐花朝。」二曰：「火樹難聞照，冰城倦著身。支天千古事，失路一時人。碧血題香草，白頭退釣綸。更無遺恨處，燥髮爲君親。」三曰：「搏虎仍之野，投豺又出關。席心如可捲，鶴髮又當删。怨子不知怨，閑人安得閑。東南猶半壁，未忍蹈文山。」四曰：「諸子收吾骨，青天知我心。爲誰當板蕩？不忍共沈淪。鶴怨空山冷，難啼中夜陰。南陽江路遠，悵作《卧龍吟》。」[二四]子五人，[二五]長方十六歲。

論曰：石齋之學醇矣，而稍矜氣。天下稱「倪、黄」，倪綜於事，黄執於理，其致微分。余嘗作《石齋見放及賜環》四律行世，石齋或見之，時講學江東，墮崖創右臂，負痛強和余韻每三首投余，且曰：「讀足下『以名存四海，其道本先民。帝試以不死，恩深於無言』數語，如懸崖千尺，負翼無害也。及對面深相許，退引今之成人。」蓋自譜云。明年國變，把余兄毅齋手復投書，末附一詩，勸俱扶義起。初，鄭芝龍語余：「石齋不解事，吾亦東林人。」蓋鄭頗自好，及閩稱至尊，道周或稍借顏色用其鋒，芝龍尚可以名遣；而必外之，諸臣爭抵鄭爲能以附道周。古將相不協，豈有成績哉。無怪其潛表北平也。道周奏牘有云：「隨試輒效者，無如用君子，去小人。」顧此時芝龍可去與否？即能去芝龍，與否有善於芝龍？芝龍無相忮與否？至不能用而自身敵，昧勇怯之分矣。故曰：「不名君子而善用小人。」

原點校者附言〔二六〕

原奉奏疏多全録，後節次如右。其「爭陳新甲奪情疏」有云「凡東疆要害，在寧、錦而不在於宣、雲。至陵寢周防，在宣、雲而不在於錦、義。古之患在西虜，則輕寧、錦而重宣、雲。今之患在東□，〔二七〕則疏宣、雲而密寧、錦，□避其所重而中其所疏，〔二八〕則宣、雲之被患必數矣。誠使寧、錦與宣、雲合心，○出而搗其虛，〔二九〕○歸而截其後，〔三〇〕則宣、雲之間，正所以致○而取之也。〔三一〕今東疆新餉，自二十年來已七百餘萬，而宣、雲兵餉，視嘉靖時不十分之五，誠酌新餉十分之二以濟宣、雲，總宣、雲分撫之力以斷寧、興，探三衛之腹心，折東○之右臂，〔三二〕及今爲之，雖獨石可以不營，開平可以不築，但得數年之內，貴人不掣其肘，廷臣不開其隙，天壽草木有太寧之色也」數語，亦深切時勢，故附録之。

録中尚有一傳，叙事較詳，而奏議片詞不載，即其詳處亦屬前傳原本所有，後復加節去者也。其爲初本無疑。今姑備録於後。

前稿〔三三〕

黄道周，字幼玄，號石齋，閩漳浦人也。好學攻苦，少喜爲譎辯之言。年三十矣，不能爲諸生，然益自負，落落無所可。漳浦令某，奇其才，聞於道使者。使者方搆先賢某祠，屬令引見。道周縫掖進謁，輒受命爲祠賦，援筆立就，催燦驚座，由是聲籍八閩。戊午，舉於鄉。壬戌，成進士，授翰林院庶吉士。性強忍敢言，以賢者自命，澹泊廉静，不事鮮好。初爲書似子，具制藝皆矯絶俗尚，天下文章咸以爲海嶽。所至，奔走奇傑，率受教。庚午，出典浙闈，所舉孟應春、朱朝瑛、錢朝彦、陸嗚蝰等，皆知名。丁卯思宗嗣位，道周論《易》數，以爲「今上即位之年，當《師》之上爻」，退而謂所私曰：「不敢詣過，比之上爻耳。」〔三四〕羽翼東林，豐采炤耀，非其黨者，咸切齒恨之。時流寇猖獗，閣部楊嗣昌以才辯得幸，既艱去，奪情督師出中州。道周疏嗣昌不勝任，因召對極論「清、忠、理、慾」四字，反覆不休，竟至日暮。上怒曰：「道周之學近少正卯，令人不可殺得。」會鄭鄤坐內行不修，有發其「杖母」一節，被逮付吏。道周初與同榜，愛其才，又以故閣臣孫慎行門下士，嘗侃侃自許忠烈，曾爲特疏薦之。嗣昌乃以「黨鄭」故彊持道周。道周曰：「臣惟其才可用，且臣母與鄭母同舟入都，累日月未嘗言鄭之失也。其家居黯昧事，臣實未聞之。」時已退，上目送道周，遥曰：「道周故倔強，又文之以佞。」道周微聞，還趨上殿伏謁，極爭「嗣昌佞，臣實忠」。以此一字覆辯論數千餘言。上曰：「孔子云：『是故惡夫佞者，正無奈季路何耳。』」是日，上爲喜怒者再四。〔三五〕明日，有旨降江西按察司理問。〔三六〕時解學龍爲巡撫，疏爭：「道周忠孝之至，爲我明道學種子，宜赦其前罪，極任用之。」忤旨，以扶同道周被逮並逮學龍。〔三七〕道周囊無一文，守土及鄉紳士爭捐貲餉緹騎，道周曰：「吾罪應爾。今行金乞稍假，〔三八〕是欺朝廷。且吾費累諸公猶可，以罪及諸公不可。願如法瘁肌膚弗恤。」緹綺亦爲感謝不取，益厚遇道周。既入都，下吏，按以「爲學欺世」，〔三九〕應大闢。減戍。而廷臣畏，不敢復言道周矣。部臣葉廷秀者，故不與道周交，且未一晤，竟冒不測直道周，疏論痛至。則並逮廷秀。嗣中州陷，福藩殉之，嗣昌失律喪地不可赦，乃自殺，上悟道周所言非妄，赦道周復其原官，並赦爲道周而得罪者。道周謝病不起，嘗私謂其門人：「即令兩寇未足甚勞慮，當顧遼陽以外耳。」作《易正言》，〔四〇〕數學極深祕。而講學江東，注《洪範》《孝經》《小學》諸書備經筵。〔四一〕又極正大，廬先人墓側，歲時伏臘念死者輒不食竟日。爲詩不肯輕題目。嘗有處要津，款曲最恭，求一字以爲榮，積數年不可得。五言尤精工。晚爲古文，不及其盛年筆健。閩守令大都出門下，以時就請，餽遺勿受。或稍以薄物飾金者上之，必不取也。鄉之人之得罪者，知其一言可得生，又不能以他干，則悲哀道側如無意，使聞之，則爲寄語令君爲脱去。蓋其嘗道周者如此，〔四二〕道周不問矣。癸未冬，山寇横漳、泉之間，殺副總兵阮，支黨散蔓，居民爭入道周廬避難，賊果過廬門不入，蓋信其清節云。告所知曰：「此有所使也。獨驚巡方陸一人耳。陸還省，寇自已。」意以芝龍故盜，故能使爲盜。與陸清原不合，盜受指起，快其所欲中，不必爲地方害也。論者謂道周持論正而未審情事：當時芝龍利有，盜則有之，寇多不可使也。時恐朝廷撤芝龍兵，有事張、李兩寇，芝龍幸得有所借留閩，因數月盡殲山寇，漳、泉平，殺巡方非其意也。及録寇之戚屬，連孝廉林某、葉某，道周曰：「爲寇者尚無他意，況芝龍欲自殺二公哉。」入城，不接一客，竟徒步入獄視林與葉，曰：「二公爲人所算良苦！」是日，當事輒弛此獄。書法妙人，亦偶爲畫，多天然。性無所嗜，廬亦有石數指。偶見門人印章一篋，取之。不求工世法，然爲知己亦具禮文。論古事專務至正，凡以通變爲功名皆所不取。極不喜昌黎之爲人，曰：「韓先生，老乞兒耳！」於經濟，非所長。兵食事，鮮及其深者。鄉之後輩，獨陳壯木不肯北面道周，〔四三〕曰：「先生誼絕高，然不免微有矜謝。」弘光中，與及門講論，嘗曰：「四鎮必不爲用。」因以古事爲據。尋徵禮部尚書，謝不起。〔四四〕使者不絕於道，爲一出。因曰：「此日又不似崇禎中，所可言者益少矣。當顧其大者。」故歷數月無所一摘發。奉命祭禹陵，欲便假歸。會南都陷，還漳。唐藩入閩稱帝，詔以閣部督師北進。上曰：「黃先生博學，吾聞之，當有機用以應時艱。」道周因密陳「芝龍不可恃」。〔四五〕然閩粵之勢已盡屬鄭氏，上無如何，道周亦嘆息而已。閩兵不任遣，又以去敵遠，不輕應募，故得兵甚難。道周不得已，檄門人各出家丁具糗以從，得千人，被甲持仗，北出趨浙開化，兵歷遠疲，屯不進。〔四六〕時唐、魯不合，魯將又未能爲先後，而道里未習，老則饑。丙戌正月，道周巾幘躬褐服，手執小幟麾其衆，但二十騎與俱，道周意以身先之無不繼至者。行二十里，憩一古廟待之，大隊竟不進。清哨探者至，遂縛二十人去。詢之，謂「黃相公」云。清人初以道周望重，威儀儼峻不易犯，故持重不遽逆，今得之易甚，咸不信。二十人曰：「此黃相公。」道周曰：「不深求。吾是矣。」〔四七〕詣南都，日夜不絕筆，作詩文數百篇。臨刑，以布蒙面曰：「吾不欲有所見也。」謂監守者曰：「吾行速盡。吾文章幸無散放。」其諸集奏對不及載。子三，〔四八〕未壯。

（明查繼佐《國壽録》，中華書局一九五九年版）

【校勘記】

〔一〕「標題「後稿」二字，係點校者所加。此傳見於明查繼佐《國壽録》。

〔二〕「福建鎮海人也」，黄道周户籍是福建鎮海衛銅山千户所軍籍，故稱。

〔三〕「魏璫時，以東林見廢」，據《黄漳浦集》中《辨仁義功利疏》《劉御史傳》《救鄭鄤疏》《魏太君墓誌》，及明黄景昉《黄道周誌傳》、洪譜等，天啟五年四月黄道周以侍母假歸。

〔四〕〔三四〕「丁卯」迄「『不敢指顧，比之上爻耳』」句，據《黄漳浦集》中《放門陳事疏》《與外氏書》，事在崇禎五年正月下旬。

〔五〕「丙子，復起原官」，據黄道周《榕壇問業》《行草誓墓文跋》，及《黄漳浦集》中《慎喜怒以回天疏》《擬論楊嗣昌不居兩喪疏》《三罪四恥七不如疏》《求言省刑疏》，黄道周崇禎八年（乙亥）十一月十六日講學漳州榕壇時，接旨以「清望」復官右中允兼翰林院編修，但延至次年（丙子）九月聞清兵入侵京畿，始出山勤王。

〔六〕「旋病去，因上《求言省刑》一疏」，據《黄漳浦集》中《三罪四恥七不如疏》《申明掌故疏》《求言省刑疏》《答洪尊光書》等，黄道周崇禎十年端午前後患病，五月二十二日具疏告假，六月初三日陞左諭德兼翰林院侍讀，數日後上《求言省刑疏》。

〔七〕「無枉直」前，據文義及《黄漳浦集·求言省刑疏》當脱一「人」字。

〔八〕〔九〕「九、十月交」與「當南斗口」，詳見洪譜〔四一〕。

〔一〇〕「久之，新甲坐東事不成伏法，上復奪情以閣部楊嗣昌出督師中州」，據《明史》及黃道周此期著述、行事，楊嗣昌於崇禎十四年三月朔日自殺身亡，陳新甲於次年七月因泄露明廷與清人媾和之機密而下獄，旋處死。

〔一一〕「既退」迄「上爲喜怒再四」段。據明孫承澤《山書・爭執綱常》《明實録》、洪譜、莊譜、《明史》本傳，崇禎十一年七月初五日平臺召對時，黃道周與崇禎帝之廷爭未曾中斷。

〔一二〕「按以『僞學欺世』」，《黃漳浦集》中《羈庫中寄魏秉德書》説「明廷以『把持』爲疑」，《京師與兄書》説獄中拷問「江南輦金」事（指南昌士紳捐贈事），《與蔣德璟書》説獄中又拷問所謂收買涂仲吉、解學龍及「講學結社」事，明孫承澤《山書・司寇正告》録刑部尚書劉澤深疏稱「皇上所疑者黨耳」。

〔一三〕「召對」，據《黃漳浦集》中《免戍辭朝疏》《乞赦解學龍葉廷秀疏》《與張湛虚中丞書》《大滌書院告李忠定公朱文公文》《壬午還山墓祝文》《與夏彝仲明府書》《答張御史書》《墓下乞休致仕疏》，及黃道周《易象正》崇禎十六年浙江刊本中弟子孟應春、陳之遴、朱朝瑛題識，自崇禎十五年八月二十五日赦免黃道周四川酉陽之戍並恢復少詹事原職之諭旨下頒，十月初一日黃道周在赴戍途中接旨於九江，初十日南返，大約返抵鎮江時呈上《免戍辭朝疏》，旋又上《乞赦解學龍葉廷秀疏》，經浙江上虞、杭州、餘杭、大滌書院、桐廬等地，閏十一月返抵漳浦。迄明朝覆亡，一直鄉居未出。

〔一四〕〔四〇〕「廬漳浦先人墓側，作《易正言》」，查黃道周平生著述，該《易正言》當指其《易象正》，且據《易象正》崇禎十六年浙江刊本中，弟子孟應春、陳之遴、朱朝瑛、何瑞圖、劉履丁題識，及《黃漳浦集·答陳卧子書》等，崇禎十五年十月初十日《易象正》定稿時黃道周始離九江南返，同月經嘉興時交付弟子陳之遴使與諸同窗校刊。十六年四月以前刊就。

〔一五〕〔四一〕「注《洪範》《孝經》《小學》諸書備經筵」，查黃道周平生著述，未見有關《小學》的著述。

〔一六〕〔四三〕「道周者如此」前，據文義，當有脱文。

〔一七〕「陳壯行」，前稿作「陳壯木」，《罪惟録》黃道周傳作「陳壯行」。

〔一八〕「尋徵吏部右侍郎」中「右」字，據《黃漳浦集》中《時務疏》《衢州聞陞辭職疏》，及清夏燮《明通鑑》清順治元年五月，當作「左」字。

〔一九〕「七月，唐藩入闉正位」，誤。詳見洪譜〔六九〕、莊譜〔一〇五〕〔一〇七〕。

〔二〇〕「道周以從龍進大學士兼兵部尚書」，查黃道周此期《行都求去疏》自署「大學士」銜，稍後《辭職陳事疏》改署「少保吏部尚書武英殿大學士」銜，七月二十五日《恭報招征啟行疏》改署「欽命招征直省便宜聯絡恢復南京江北等處地方少保兼太子太師吏兵二部尚書武英殿大學士」銜。

〔二一〕〔四六〕「道周不得已」迄「屯不進」段，據《黃漳浦集》中《前自請行邊疏》《恭報招征啓行疏》《諫親征疏》《江浙機權疏》《恭報出關日期略陳軍實情形疏》《陳近狀以慰聖懷疏》《出師有期據實再陳疏》《進取成謀疏》《審明先後緩急疏》《將出關疏》《請定出關駐留疏》《請酌用人材疏》《四不敢疏》《再述關外情形以決趣舍疏》《食盡兵單請自黜疏》《關外謝袍膳疏》《諭諸監紀總兵》《復婺情形疏》《諭兩營副總》《與楊機部疏》《江右出師情形疏》《與艾千子書》《與黃東崖相國書》《續報情形疏》《請恤捐軀諸臣疏》《與傅木庵書》《孤軍莫救危疆難支疏》《告辭十八翁詩》等，及明賴繼謹《寄鄭啓應書》、臺灣《中央研究院歷史語言研究所現存清代內閣大庫原藏明清檔案・洪承疇奏揭》等，黃道周見鄭芝龍擁兵專政，無意恢復，遂自請募師北上抗清，於隆武元年七月二十二日朝餞隻身赴閩北募師，九月二十五日率所募親友門人鄉里四千四百餘衆越崇安分水關進入江西，迄十一月六日，麾下義師凡一萬一千餘衆，各向南昌、婺源、休寧挺進。其間，近七百將士經浙江開化馬鈴嶺指向休寧，而鄭鴻逵部十月初方擬向衢州，下旬約二千人方抵馬鈴嶺。

〔二二〕「丙戌正月，道周巾幘躬被褐」迄「道周曰：『勿多求。所爲黃閣部，吾是矣。』」段，誤。詳見明黃景昉《黃道周誌傳》〔八〕。

〔二三〕「上元令王之成潛收其屍，稿葬南門外」，明洪思《文明夫人行狀》說黃道周長子黃麑順治七年「渡錢塘，見大滌諸生，知公首，時有一義士潛瘞聚寶門，發一穴得之。退發一穴，奉屍而出」，黃道周夫人蔡玉卿《題侯太孺人遺詩》説黃麑等請教黃道周門人侯鼎鉉、陸魯瞻，「獲遂全歸」，《二希堂文集》本傳説「及門陸自巖以千金購得之，合身首殯金陵」，《殷頑録》本傳略同，其中陸魯瞻名自巖；《罪惟録》本傳説「江寧典史徐大綬奉命勘梘，私斂之，犒皂隸張七密藏其屍古廟之夾牆。又潛取道周與四人之首，分識並埋廟之息心亭，誡廟祝守之」，《石匱書後集》本傳略同，《皇明四朝成仁録》本傳作「典史宗大綬」，《國壽録》本傳後稿上文有「清令宗典史監之候旨」句，《罪惟録》本傳上文有「仍令宗典史衛舊内」句。

〔二四〕此録黃道周「絶筆」詩四首，皆見《黃漳浦集》卷四四，第一首同隆武元年十二月《自悼》第七章，第二、三首同隆武二年正月初三日《時發婺源趙淵卿職方毛玄水别駕賴繼謹蔡時培二中書相失寄示四章》第一、四章，第四首同隆武二年正月二十九日《發自新安絶粒十四日復進水漿至南都示友》第二章。與明計六奇《明季南略・黃道周誌傳・附記》所録「公丁亥二月十二《致命詞》四首」略異。另，關於黃道周臨刑絶筆，《罪惟録》《皇明四朝成仁録》説是「防風雖倒」句，《二希堂文集》《史外》《重纂福建通志》説是「綱常萬古」句，《石匱書後集》僅説「《正命絶筆詩卷》付門人吴繁祉，藏《絶命詞》於衣帶」，清方苞《石齋逸事》、清鎖緑山人《明亡述略》説是楷書長幅，清劉鑾《五石瓠》説是水墨《松石圖》二大幅。

〔二五〕「子五人」，據《黃漳浦集・誨子》等詩篇、尺牘，及明洪思《文明夫人行狀》、洪譜、明李世熊《寒支初集》，黃道周凡四子。

〔二六〕「原點校者附言」六字，係本次點校者所加。

〔二七〕「古之患在西虜」中「虜」字，及「今之患在東□」中「□」，《黃漳浦集·論陳新甲疏》皆作「遺」字。

〔二八〕「□避其所重而中其所疏」中「□」，《黃漳浦集·論陳新甲疏》作「故」字。

〔二九〕「○出而搗其虛」中「○」，《黃漳浦集·論陳新甲疏》作「敵」字，「虛」字，原作「盧」字，據《黃漳浦集·論陳新甲疏》改。

〔三〇〕「○歸而截其後」中「○」，《黃漳浦集·論陳新甲疏》作「敵」字。

〔三一〕「正所以致○而取之也」中「○」，《黃漳浦集·論陳新甲疏》亦闕。

〔三二〕「折東○之右臂」中「○」，《黃漳浦集·論陳新甲疏》亦闕。

〔三三〕標題「前稿」二字，係本次點校者所加。此傳亦見於明查繼佐《國壽録》。

〔三五〕「時已退」迄「上爲喜怒者再四」段，詳見〔一一〕。又，其中「極爭『嗣昌佞，臣實忠』。以此一字復辯論數千餘言」中「一字」，《山書·爭執綱常》及《罪惟録》本傳皆作「『忠』『佞』二字」，是。

〔三六〕「明日，有旨降江西按察司理問」，據《黃漳浦集》中《乞休疏》《進繳書録疏》《獄中乞恩疏》《感恩疏》《往戍辭朝疏》署銜，及洪譜、莊譜，應是七月五日召對，十七日降旨貶六級調用，八月或九月貶爲江西布政司都事。又據《明史·職官志》，理問一職隸布政司。

〔三七〕「忤旨，以扶同道周被逮並逮學龍」，後稿作「詔以同道周。逮道周，並逮學龍」，是。

〔三八〕「行金乞稍假」，後稿作「行金乞假」，《罪惟録》本傳作「行金□假」。

〔三九〕「按以『爲學欺世』」，誤。詳見〔一二〕。

〔四三〕「陳壯木」，後稿及《罪惟録》本傳作「陳壯行」。

〔四四〕「尋徵禮部尚書，謝不起」，據《黄漳浦集》中《時務疏》《衢州聞陞辭職疏》，及明計六奇《明季南略·諸臣陞遷推用》，黄道周於崇禎十七年五月十六日起爲吏部左侍郎兼翰林院侍讀學士，六月上旬於漳浦家中聞之，二十一日上《時務疏》，九月十五日就道，十月二十一日於衢州聞九月十九日晉禮部尚書，次年正月抵南京就職。

〔四五〕「詔以閣部督師北進」迄「道周因密陳『芝龍不可恃』」段，據《黄漳浦集》中《謝河南唐王啓》《赴召留别親友兼示白石》《行都求去疏》《辭職陳事疏》《恭報招征啓行疏》等，隆武元年閏六月初七日唐王聿鍵稱監國於福州，前一二日召黄道周出山，二十七日稱帝，黄道周以「大學士」任首輔，旋加「少保吏部尚書武英殿大學士」銜，因見鄭芝龍擁兵專權，恢復無望，遂自請募師行邊，七月二十二日朝餞出師，始加「欽命招征直省便宜聯絡恢復南京江北等處地方少保兼太子太師吏兵二部尚書武英殿大學士」銜。

〔四七〕「丙戌正月，道周巾幘躬褐服」迄「道周曰：『不深求。吾是矣』」句，誤。詳見明黄景昉《黄道周誌傳》〔八〕。

〔四八〕「子三」，誤。詳見〔二五〕。

黃道周傳

〔明〕查繼佐 撰

黃道周，字幼玄，號石齋。先世福莆田，徙居漳銅山所。祖世懋，父嘉卿，世業儒。母陳，嘗夢金甲冑神人手授兒，乃舉道周，道周初字螭若，以是也。甫成童，好學攻苦。年三十，不能爲諸生，乃益自負，落落無所可，每有辭世輕舉之意。嘗艤釣龍江，風覆舟，恍惚有導之者，至一殿，殿額曰倪黃，釋水不解所以。時有道使者聞其名，方營搆先賢某祠，屬爲上梁文。道周縫掖進謁，援筆就，催燦驚座，由是聲籍八閩。有相人唐甲，一見道周曰：「天下大無福，公爲宰相矣。」以萬曆戊午鄉試第七人，天啟壬戌成進士，選庶常，歷編修。璫禍漸啟，擬從同館文震孟後連挫魏鋒，不果。例，經筵展書官膝行前，道周以道尊，平步進，魏逆連目懾之，不爲動。遼事方亟，寧遠、中左相繼淪没，島帥毛文龍方自謝鎮江之捷，當事入金，倚圖恢覆。道周獨謂不可恃，草疏，行上之，其略曰：「今廷臣皆知廣寧之不可棄，而常爲虛聲以倖萬一之福；皆知關門之不可孤守，海島之不可虛恃，而常爲守關門恃海島以塞一時之議；皆知水西不破則建州必不靖，水西必覆起，而決不敢少抒東顧以了西事，決不敢急了西事以耑東顧；皆知兵加則兵懦，餉加則餉愈不至，而決不敢停新餉以作内政，決不敢因舊額以寄軍令。五説茫茫，未有定議。故曰食冗之耗小，識冗之耗大；物蠹之禍小，謀蠹之禍大。」以歸葬急，[一]不及上。内艱。道周性強忍，敢言，以賢者自命；澹泊廉静，不事鮮好。初爲文譎辯似子，繼乃閎肆，矯絶近代，天下咸以爲海嶽，所至奔走奇傑。丁卯，烈皇帝嗣位，道周論《易》數，以爲今上即位之年當《師》之上爻。退而謂所私：「不敢指，乃比之上爻耳。」[二]崇禎己巳，起故官。會文龍見殺於袁崇焕，道周又曰：「關門之禍，更自此始矣。」庚午，出典浙闈，晉右春坊左中允。[三]尋東師果深入，詔逮崇焕，詞連舊輔錢龍錫。道周獨抗疏救之，坐曲庇，鐫三級，龍錫亦竟得減死論。乞休，不許。垂出都，以《易》數上陳，忤旨，褫職歸。[四]道浙，浙人築大滌山書院以待。及廬墓北山，漳守敦入紫陽學堂，大集生徒且老。無何，復以原官見召。[五]陞諭德，掌司經局事。則廷議反覆，至以東林比崔、魏，參罰開復，葛藤不休。道周請罷歸，遂指斥時政，疏略曰：「臣觀邇年諸臣，所目營心計，不過勇求報復而已。自庚午春月以來，盛談封疆，實非爲陛下之封疆，不過爲逆案而翻封疆，使諸芟鋤逆案者無端而陷封疆之内。至於封疆之要塞利害、區畫布置，無一言及之。自辛未春月而後，盛言科場，實非爲陛下之科場，不過爲仇隙而翻科場，使諸素無讎隙者無端而陷科場之内。至於科場之源流清濁、屈折易難，又無一言及之。凡在宋人看詳條例之司，今皆舉爲勔勸安攘之具。臣觀古之聖賢，日夕經營，不過外攘内迸二事。今獨以此二憂遺陛下，而大臣夷然自托催科比較之末。至以點畫波撇、隻字單辭，欲斥周、孔之學，廢聖賢之道，即緩急何可得半士之用哉？」疏入，忤旨罷歸。〔六〕中允倪元璐疏白之，不報。丙子，以原官起用。〔七〕因星變，請平大獄，求直言，謂「天下神器，爲之有道，簿書刀筆，非所以繩削天下之具也。上急催科，則下急賄賂；上樂鍥覈，則下樂讒險；上喜告訐，則下喜誣賴。今天下讒險之徒，羣聚京師，鳥聲獸息，白晝相呼；縉紳俯首屏息，以伺動定，皆曰是有由來。孤危之臣，重足而立。陛下方求言，而建言者輒斥；方清獄，而下獄者不休。且夫東蠢西沸，此爲何時？雖仲山甫處此，〔八〕未遑舍《六月》而歌「清風」，奈何與市井細民申勃稽之談，修睚眦之報乎？目下最要者，在安慶勵師措餉，務掃英、霍、襄、鄧之患，勿以若撫若勸誘之道謀。最急者，在寧、錦訓練六師，預爲截伏搗堅之策，勿以若棄若存復成瓦注。最便者，在因士氣方朝，開兵衛，州縣另爲選舉，但約賊平，許以雄職，勿以掣簽分地長其倖心。最善者，在起廢籍批鱗強項之臣，使爲襄、盧、秦、豫諸道監軍，但約賊平，授之節鉞，勿以別户分畦銷其壯志。又最不可緩者，近應詔直言諸臣、被訐無證之士，請悉以一面解其煩冤。臣觀五月朔夕，熒惑與日同在鶉首、參、火之分，又以朝夕合火，宜修平大政，稍節威光，使火不爲厲。明春熒惑在於大火，徘徊氐、房、心、尾之墟，宜慎火器，遜毖戎務。漢臣蓋勳曰：『寇在於外，而內陳兵，黷則不武。』陛下洞燭曆理，深明天道，樽俎之內勝算自饒，何必使舉朝精神盡敝於兵餉刑獄之下乎？」丁丑，同考會試，歷詹事府少詹，多所論奏，不見可行，唯纂修經書稱旨。上嘗曰：「暑天勞頓，道周能成一篇好文字，才誠可愛。」時楊嗣昌奪情，以閣部出督師中州；陳新甲冒推宣督；遼撫方一藻謬款，意籍沿邊爲用。道周知不能爲，三疏一日聞。其劾嗣昌者，〔九〕有曰：「臣雖懦孱，然自二十歲躬耕，手足胼胝以養人。〔一〇〕迄四十餘削籍後，徒步荷擔一二千里不解扉屨。今雖逾五十，然非有妻孥之奉、婢僕之累。所纂數卷書，已移月可畢，筆劄干楯均爲報恩。天下即無人，臣願解清華以執鎖鑰，何必使被棘負塗者祓不祥以玷聖化哉。方今熒惑漸次箕、尾，是爲燕分，九、十月交，〔一一〕當南斗口。〔一二〕是雖有道仁人所不道，然思患豫防，聖人之所垂戒。」召對平臺，語次陳新甲，上曰：「何不言之部推之日？」道周曰：「彼時言官林蘭友、何楷已言之矣。今倫理邊疆，關係匪細，臣不得不力爭。」上怫，心疑道周以不得廷推介意，因稱道周傲物非清，援伯夷爲聖之清。道周曰：「伯夷忠孝，不止於清，宣聖特仁之矣。」上以道周辯，佛不解。道周顧極詆嗣昌奪情非孝。嗣昌遂援疏薦鄭鄤事，連抂道周，蓋鄭方不譽於其鄉，毒也。道周曰：「臣故言文章意氣不如鄭。」上斥爲朋比。道周曰：「衆惡必察，臣何敢朋比？」上曰：「少正卯言行堅辯，不免孔子之誅，道周亦然。」道周曰：「少正卯欺世盜名，臣無其心矣。臣今日不盡言，臣負陛下；陛下今日殺臣，陛下負臣。」上曰：「汝讀書有年，只辯得『佞』字。」叱去。道周謝起，卻步復進，大言：「『忠』『佞』二字臣不敢不辯。在君父之前獨立敢言爲『佞』，豈君父之前讒諂面諛者爲『忠』乎？」上怒益不解，朝退，復召諸臣還，嚴諭勿黨同伐異。明日，謫道周江西布政使司都事。〔一三〕道周臨行，哀所纂完《洪範》《月令》《儒行》《緇衣》等凡八册，合三十萬言。道周從不畜代筆，繕謄俱出五指，即諸疏皆然。適解學龍巡撫江西，甫入境，疏道周「忠孝之至」。〔一四〕詔以「朋比道周」，與道周並逮。主事馬思理、董養河等相繼救道周，〔一五〕皆得罪。道周囊無一錢，守土及紳士爭捐貲餉緹騎。道周曰：「行金□假，〔一六〕是欺朝廷，願如故事。」瘁肌骨不恤。緹騎亦感謝不取，益厚遇道周。既入都，與學龍並杖八十，按以「僞學欺世」，〔一七〕應大辟，學龍坐奪職。刑部尚書劉澤深力請減戍，不得。部臣葉廷秀者，故不與道周交，復冒不測直道周，疏論痛至。則並逮廷秀杖之，削奪去。太學生涂仲吉袖疏詣通政司，〔一八〕持不得上，遂並劾通政使施邦曜，坐廷杖論戍，邦曜亦落職。時有崑山諸生朱永明，持百錢問仲吉繫中，〔一九〕並送部擬罪。道周在獄，手寫《孝經》百餘本。所著《易正》一書，〔二〇〕亦自負杻楚痛垂成。先是，都事被逮時，笑謝諸遠將知交：「此書既三千頁，道周出獄矣。」會中州陷，福藩殉之，嗣昌分失律喪地不赦，乃自殺。上內念道周所言非妄，而輔臣周延儒自田間起，陽爲不知道周者，曰：「道周博學負大名，此不若陛下自赦之，使天下驚嘆聖度汪洋。」有旨出獄，戍辰陽，〔二一〕則《易》象書成矣，二十圖、〔二二〕六十四象，二三及門外鮮能通其學者。尋赦還，復其原官。並赦爲道周而得罪者。召對，〔二三〕退而復陳，以爲今日憂建州甚於憂寇，須寧、錦練大師八九萬，爲要着。退而私謂其門人：「關門以外，甚可慮也。」尋謝病去，復廬墓側，營講舍蓬萊峽。成《孝經集傳》及《坊記表記集傳》。亦講學江東。爲詩不肯輕題目。常有處要，非東林，雖款曲最恭，求一字爲榮，積數十年不可得。閩守令大都出門下，以時就請，或稍饋遺，勿受。鄉之人之得罪者，知其一言可得生，又不能以他干，則悲哀道側，如無意使聞之，道周爲寄言令君脱去，蓋其嘗道周者如此。〔二四〕癸未，山寇創漳、泉之間，居民爭入道周廬避難，賊果過廬門不入。副總兵鄭芝龍平寇，誤連孝廉林、葉二人，道周曰：「芝龍欲自殺二公哉！」入城，不接一客，徒步入獄視孝廉。是日，當事轍弛二人獄。書法妙人，亦偶爲畫，多天然。性無所嗜，廬亦陳石數指。不求工世法，論古耑務至正，凡以通變爲功名皆所不取。又嘗不悦昌黎爲人，曰：「韓先生，老乞兒耳。」鄉之後輩，惟陳壯行不肯北面道周，〔二五〕曰：「先生誼絶高，然不免矜名。」甲申，聞倪元璐殉難，曰：「吾知所自處矣。」弘光初，私見諸講章，有曰「四鎮必不爲用」。尋徵吏部右侍郎，進禮部尚書，陛見，痛哭曰：「願陛下毋忘高皇帝陵寢。」出，徒步至孝陵，草跪一號，聲動行路。嗣以無可爲，自請祭禹陵，出都，私製縞衣，刺「大明孤臣某」七字於其上，曰：「江南必敗，我不知何死，當以此爲識。」已，南都果敗，還漳。七月，唐藩入閩建號，〔二六〕進武英殿大學士兼兵部尚書。〔二七〕嘗陛問：「黄先生博學吾聞之，當有機用以應時艱。」道周密陳「芝龍不可恃」，芝龍顧素啣道周，益不爲用。明年，奉命督鄭鴻逵之師北進。道周檄其所知，從數百人，與鴻逵趨浙開化，鴻逵不進。道周便幘被褐，手小幟，麾二十騎先，甫入婺源界，憩古廟，北師探者至，遂以二十人去，不以二十人有道周，道周曰：「勿多求，所爲黄閣部，吾是矣。」鴻逵懼罪，削髮棄師遁去。〔二八〕道周與兵部主事趙淵卿、中書舍人及門賴敬孺字光啟、通判毛玄水、内弟蔡時培，四人並逮金陵。北督師洪與同鄉勸道周降，不答。操江巡撫陳謙以薙刀滿帽見遺，不受。〔二九〕仍令宗典史衛舊内。在縶所著詩文數卷，留同鄉故詞林黄文焕及門人吴繁祉家。藏《絶命詞》於衣帶，臨刑，過西華門，坐不起，曰：「此死與高皇帝近。」江寧同知傅觀光，故爲道周門人，以道周遺言用布蒙其首，與四人並畢命東門之外。[三〇] 江寧典史徐大綬奉命勘視，私殮之槁，皂隸張七密藏其屍古廟之夾牆。又潛取道周與四人之首，分識並埋廟之息心亭，誡廟祝守之。[三一]庚寅，道周長子子中偕趙之璧來尋父骸，不可得。有故總兵趙漳，忽夜夢道周與語：「當索我息心亭下。」覺而異之，跡亭，無所見聞，還坐茶寮，適之璧至，隔座寒温，偶及道周，故示不足，曰：「黄先生着腐，此多事。」漳怫然爲正色：「足下何人？乃妄議忠臣。」因稍與深語，語所夢。傍一青衣少年側聽之，猝持之璧請間，曰：「家有兄知之矣。」少年，前皂隸張弟也。遂白典史，詭稱皂隸有子死，市一櫬，就夾牆出屍，合息心亭首入櫬。另裹四首一囊。貢士吴磐哭之以詩，卒曰「獨挾遺孤問採薇」，紀拾骸之實也。廷秀字潤山，山東濮州人，天啟乙丑進士，歷吏部文選司主事。性激卓，絶私請。既道周蒙赦，而廷秀故不起。弘光中，薦原官，輒謝去。食貧負氣，往往躬伐野樹，煅炭以爲活。或黄冠出走，數月不返。已而合任漆起北抗，萬餘人，事不就，與漆同日見害。子中字仁表，與其弟子成字神表，壬辰死亂兵。又弟子和字民表，子平字衡表。衡表生一歲，而道周及難。道周遺著，尚有《黄子駢枝集》《續離騷》《大咸經》《三易洞璣》《榕壇問業》《懿畜前後編》。

論曰：余嘗私作詩四律，有擬作先生傳「何當聖主憐」之句。幸後死，其何敢辭？

石齋嘗講學江東，墮崖，創右臂，見余前詩，負痛每韻再和投余，有云：「讀足下所教，如懸崖千尺，負翼無害也。」晤語自許今之成人。嗟乎，石齋誠不負此三語。《絶命詞》十二字：「防風雖倒，猶留一節，以問孔丘。」〔三二〕蓋以闕里爲歸矣。

石齋從《河》《洛》之數，得「稼穡末際，同曆西周」八字，於《洞璣》等書内見之。東崖黄景昉贅一語，以言乎「東」也。石齋又言：「丙子賜環，夢文皇垂帷卧，擁被屈指者再，三九□七云云。」〔三三〕按龍江所恍惚見「倪黄」字，生與鴻寶同官，死與同難。家人嘗簡得小册，自推丙戌止得六十有二。石齋好數學，乃不誣。

（明查繼佐《罪惟録》卷一二，浙江古籍出版社一九八六年版）

【校勘記】

〔一〕「以歸葬急」，誤。詳見《國壽録》〔三〕。

〔二〕「丁卯」迄「『不敢指，乃比之上爻耳』」句，誤。詳見《國壽録》〔四〕。

〔三〕「晉右春坊左中允」，據《黄漳浦集》中《救錢龍錫疏》《欲辭銀綺揭》《引罪告病疏》《辨仁義功利疏》《放門陳事疏》《放門回奏疏》《慎喜怒以回天疏》《擬論楊嗣昌不居兩喪疏》《求言省刑疏》《三罪四耻七不如疏》《救鄭鄤疏》署銜，及《明史·職官志》，當作「晉右春坊右中允」。

〔四〕〔六〕「乞休，不許。垂出都，以《易》數上陳，忤旨，褫職歸」段，與「道周請罷歸，遂指斥時政，疏略曰」迄「疏入，忤旨罷歸」段，據《黄漳浦集》中《辨仁義功利疏》《欲辭銀綺揭》《遵旨回話疏》洪思注、《譴後吹毛屏居有作十二章》《禮曹見參數次不已欣然寄懷謝宗伯四章》《引罪告病疏》《答鄭玄岳書》《乞歸疏》《久滯長安困憊已極倪宫允鴻寶魏給諫倩石李文選瞻韋樊計部紫蓋各移斧見資適錢宗伯御泠亦自南都分俸見寄聊散所懷十章》《小還詩四章》《大還詩四章》《二月九日是予初誕以是日出都掛帽驢背乃作更生之詩十二章》《陳太公哀詞》等，《放門陳事疏》《放門回奏疏》《與外氏書》，及洪譜、莊譜，黄道周崇禎三年十二月因營救錢龍錫，四年二月上旬以前被降三級候調，中旬又因去年主考浙江鄉試被誣「非法割榜」而滯留北京候查，閏十一月十九日冤情大白，仍受「於補任之日罰俸」處分。五年正月十二日獲准以病假還鄉，二十四日上《放門陳事疏》，以《周易·師》上六「小人勿用」爲諫，二十七日至三十日之間奉旨上《放門回奏疏》，以解釋《放門陳事疏》中「葛藤」「株連」諸語所指，並薦舉馬如蛟等將帥之才，二月初六日以「濫舉逞臆」削籍，初九日離京返鄉。八年，以「清望」復官右中允。

〔五〕〔七〕「無何，復以原官見召」，與「丙子，以原官起用」，誤。詳見《國壽録》〔五〕。

〔八〕「雖仲山甫處此」，《國壽録》前、後稿與《黄漳浦集·求言省刑疏》皆作「雖張仲、山甫處此」，是。

〔九〕「其劾嗣昌者」，所引疏文同《黄漳浦集·論陳新甲疏》。

〔一〇〕「手足胼胝以養」後，據文義及《黄漳浦集·論陳新甲疏》，脱「二」字。

〔一一〕〔一二〕「九、十月交」與「當南斗□」，詳見洪譜〔四一〕。

〔一三〕「明日，謫道周江西布政司都事」中「明日」，誤。詳見《國壽録》〔三六〕。

〔一四〕「適解學龍巡撫江西，甫入境，疏道周『忠孝之至』」，據《黄漳浦集》中《獄中自明揭》《獄中悔罪自明疏》，及明黄景昉《黄道周誌傳》、明孫承澤《山書·因薦獲罪》、明李清《三垣筆記》，《明史》中《解學龍傳》《黄道周傳》等，黄道周崇禎十一年八月或九月貶爲江西布政司都事，告假返鄉；解學龍崇禎五年任江西巡撫，十二年冬陞南京兵部右侍郎，十三年春赴任前循例舉薦部屬，首推黄道周，閣臣魏照乘作梗，致崇禎帝疑解、黄結黨，約四月初七日降旨並逮究治。

〔一五〕「主事馬思理、董養河等相繼救道周」，據洪譜、莊譜、清温睿臨《南疆逸史·馬思理傳》，馬思理時任右通政；據《明史·黄道周傳》，董養河時任工部司務。據洪譜、莊譜，馬思理因涂仲吉疏救黄道周一案牽連，受杖入獄；據《黄漳浦集·京師與兄書》、明黄宗羲《明儒學案·忠烈黄石齋先生道周》、明董師吉編《西曹秋思》，董養河因當局唆使許臣虎誣指與黄道周等人結黨而入獄。

〔一六〕「行金□假」中「□」據《國壽録》本傳前、後稿，當作「乞」字。

〔一七〕「按以『僞學欺世』」，詳見《國壽録》〔一二〕。

〔一八〕〔一九〕「涂仲吉」中「吉」字，原作「言」，據《黄漳浦集。獄中悔罪自明疏》，及明孫承澤《山書·因薦獲罪》、明黄景昉《黄道周誌傳》《明實録·崇禎十三年》，洪譜，莊譜，《明史》中《黄道周傳》《施邦曜傳》，光緒《漳州府志》與光緒《漳浦縣志》本傳、《藝文志》等改。

〔二〇〕「所著《易正》一書」，據《黄漳浦集》中《與蔣德璟書》《答曾叔祁書》《方密之屢索〈易象正〉未之敢授爰謝乃翁仁植》，及明方孔炤、方以智《周易時論合編》、方以智《跋南泉所藏銅海書帖》、明孟應春題《易象正》、明劉履丁《題易象正》等，當作「所著《易象正》一書」。

〔二一〕「戊辰陽」，詳見洪譜〔五一〕〔五二〕。

〔二二〕「二十圖」，誤。詳見明黄景昉《黄道周誌傳》〔四〕。

〔二三〕「召對」，誤。詳見《國壽録》〔一三〕。

〔二四〕「道周者如此」前，據文義，當有脱文。

〔二五〕「陳壯行」，《國壽録》後稿同，前稿作「陳壯木」。

〔二六〕「七月，唐藩入閩建號」，誤。詳見洪譜〔六九〕、莊譜〔一〇五〕〔一〇七〕。

〔二七〕「進武英殿大學士兼兵部尚書」，誤。詳見《國壽録》〔二〇〕。

〔二八〕「明年，奉命督鄭鴻逵之師北進」迄「鴻逵懼罪，削髮棄師遁去」段，誤。詳見《國壽録》

〔二一〕。

〔二九〕「北督師洪與同鄉勸道周降，不答。操江巡撫陳謙以薙刀滿帽見遺，不受」，詳見明黃景昉《黃道周誌傳》〔一〇〕。

〔三〇〕「與四人並畢命東門之外」，詳見洪譜〔八六〕。

〔三一〕「江寧典史徐大綬奉命勘視」迄「誠爾祝守之」段，詳見《國壽錄》〔一三〕。

〔三二〕「《絕命詞》十二字：『防風雖倒，猶留一節，以問孔丘』」，詳見洪譜〔八五〕、《國壽錄》〔一四〕。

〔三三〕「三九口七」，明黃景昉《黃道周誌傳》作「三九四七」。

忠烈黃石齋先生道周

〔明〕黃宗羲 撰

黃道周，字幼玄，〔一〕號石齋，福之鎮海衛人。家貧，時時挾策遠游。讀書羅、浮山，山水暴漲，墮澗中，溯流而入，得遇異人，授以讀書之法，〔二〕過目不忘。登天啟壬戌進士第，選庶吉士。散館，補編修，即以終養歸。尋丁内艱，負土築墓，終喪丙舍。崇禎庚午，起原官。〔三〕小人恨錢龍錫之定逆案，借袁崇焕邊事以陷之，下獄論死。先生抗疏頌寃，詔鐫三級。陛辭，因言《易》數：「皇上御極之元，當《師卦》上九：〔四〕『開國承家，小人勿用。』」以諷首輔温體仁，削籍爲民。〔五〕丙子，起右中允。〔六〕上言「慎喜怒、省刑罰」，「即如鄭鄤杖母之獄，事屬曖昧，法不宜坐」。奉旨切責。〔七〕丁丑，進左春坊左諭德。大學士張至發選東宫官屬，不及先生。楊廷麟等之直講讓者以讓先生。至發曰：「道周意見不無少偏，近日疏『三罪、四耻、七不如』，有『不如鄭鄤』之語。蔑倫杖母，明旨煌煌。鄭何如人？而自謂不如，是可爲元良輔導乎？」給事中馮元飇言：「道周忠足以動聖鑒，而不能得執政之心，恐天下後世有以議閣臣之得失也。」戊寅，進少詹事，兼翰林院侍講學士。〔八〕上御經筵，問：「保舉、考選，孰爲得人？」先生對：「樹人如樹木，須養之數十年，始堪任用。近來人才遠不及古，況摧殘之後，必須深加培養。」上又問。對曰：「立朝之才，存乎心術；治邊之才，存乎形勢。先年督撫未講形勢要害，浪言勦撫，隨寇團走，事既不效，輒謂兵餉不足。其實新舊餉約千二百萬，可養四十萬之師。今寧、錦、三協，兵僅十六萬，〔九〕似不煩別求，以供勦寇之用也。」未幾，楊嗣昌奪情入閣，陳新甲奪情起宣大總督，方一藻以遼撫議和。先生具三疏，一劾嗣昌，一劾新甲，一劾一藻。七月己巳，上召先生至平臺，〔一〇〕問曰：「朕自經筵略知學問：無所爲而爲之，謂天理；有所爲而爲之，謂人慾。爾疏適當枚卜之後，果無所爲乎？」對曰：「臣無所私。」上曰：「前月二十八日推陳新甲，何不拜疏？」對曰：「御史林蘭友、給事何楷，皆有劾疏，以同鄉恐涉嫌疑耳。」上曰：「今遂無嫌乎？」曰：「天下綱常、邊疆大計，失今不言，後將無及矣。臣所惜者綱常名義，非私也。」上曰：「知爾素有清名。清雖美德，不可傲物遂非。唯伯夷爲聖之清。若小廉曲謹，不受餽遺，此可爲廉，未可爲清也。」對曰：「伯夷全忠孝之節，孔子遂許其仁。」上以爲強說。嗣昌出辯曰：「臣不生於空桑，豈遂不知父母？臣嘗再辭，而明旨敦迫甚至，臣父而在，且不敢自有其身，況敢有其子乎？道周學行人宗，臣實仰企之。今乃謂不如鄭鄤，臣始太息絶望。鄤之杖母，行同梟獍，道周又『不如鄤』，何言綱常耶？」先生曰：「臣言文章不如鄭鄤。」上責其朋比，對曰：「衆惡必察，豈得爲比？」先生又曰：「古人對仗讀彈文，嗣昌身爲大臣，理宜待罪，豈得出而角口？」於是嗣昌引退。上曰：「爾不宜誹謗大臣。」對曰：「臣與嗣昌比肩事主，何嫌何忌，而不盡言？」上曰：「孔子誅少正卯，當時亦稱聞人，惟以心逆而險，行僻而堅，言僞而辯，順非而澤，記醜而博，不免孔子之誅。今之人率多類此。」對曰：「少正卯心在欺世盗名，臣之心在明倫篤行。」上以「偏激恣口」叱之去。先生曰：「臣今不盡言，則臣負陛下；陛下今日殺臣，則陛下負臣。」上曰：「爾讀書有年，祇成佞口。」先生又爲上辯忠佞者久之，上怒甚，然亦奪於公議，止謫江西布政司知事。〔一一〕蓋上素知先生清苦無私。第三疏在枚卜之後，小人中之者謂「當枚卜之時，隱忍不言，睥睨宣麻，宣麻不得，由是發憤耳」。上入此間，亦遂疑先生平生言行之出於僞也。先是五月間，先生草劾一藻、新甲二疏，俾長班投會極門，長班恐疏上必敗枚卜，乃駕言會極門中官索錢，先生無以應。至會推旨下，長班絶望，始並投三疏，故小人有此揣摩。〔一二〕彼小人之識見，亦猶夫長班之識見也。庚辰，江西巡撫解學龍疏薦地方人才，謂先生堪任輔導。上怒其朋比，逮先生及解撫，廷杖之，下刑部獄。户部主事葉廷秀，太學生涂仲吉，上書頌先生，皆廷杖。先生在獄中，同獄者多來問學，偵事者上聞，詞連黃文焕、陳天定、文震亨、孫嘉績、楊廷麟、劉履丁、董養河、田詔。上使鎮撫司雜治之，連及者既不承，至有戟手而詈者。諸人皆返刑部，而先生改下北寺。當是時，告訐公行，小人創爲「福黨」之説，以激上怒，必欲殺先生而後已。司寇劉澤深擬烟瘴遣戍，再奏不允。宜興出山，天下皇皇以出先生望之。辛巳十二月，戍辰州衛。〔一三〕一日上御經筵，嘆講官不學，宜興進曰：「惟黃道周，識雖偏而學則長。」次輔蔣八公因言道周貧且病，乞移近戍。宜興曰：「皇上無我之心，有同天地，既道周有學，便可徑用，何言移戍？」上笑而不言。既退，即御書「原官起用」。未上而京師陷。南渡，起禮部尚書，掌詹事府事。尋以祭告禹陵出，棲遲浙水。國亡之後，奉思文入福，遂首政府。是時政由鄭氏，祭則寡人。賜宴大臣，鄭氏欲居第一，先生謂祖制武職無班文官右者，相與爭執。鄭氏辭屈，嫌隙遂成。先生視鄭氏殊無經略之志，自請出關，〔一四〕然不能發其一甲，轉其斗粟，徒以忠義激發，旬月之間，揭竿雲集。先生親書告身獎語，給爲公賞，得之者，榮於誥勅。從廣信抵衢州，〔一五〕爲其門人所給，〔一六〕至婺源明堂里見執。繫尚膳監，絶粒十四日不死，引磬又不殊。丙戌三月七日兵解，〔一七〕年六十二。

先生深辨宋儒氣質之性之非：氣有清濁，質有敏鈍，自是氣質何關性上事？性則通天徹地，只此一物，於動極處見不動，於不睹不聞處見睹聞，著不得纖毫氣質。宋儒雖言氣質之性，君子有弗性焉。畢竟從夾雜中辨別精微，早已拖泥帶水去也。故知先生之説爲長，然離心之知覺無所爲性，離氣質亦無所爲知覺如此以求盡性，未免易落懸想。有先生之學，則可；無先生之學，尚須商量也。

（明黄宗羲《明儒學案》卷五六，中華書局一九八五年版）

【校勘記】

〔一〕「字幼玄」，是。原《校記》「『幼玄』《明史》作『幼平』」，亦是。

〔二〕「遇異人，授以讀書之法」，據洪譜、莊譜萬曆二十六年，及明黄景昉《黄道周誌傳》，疑無其事。

〔三〕「崇禎庚午，起原官」，據《黄漳浦集》中《辭墓詩——己巳冬日負土久畢愴然告山八章》《至三山聞□已破遵化薄都下旅人戒途多相挽者詩以示之六章》《至建安知□□浸中畿南諸縣羽檄徵師驛道蕭然乃汏家從獨自携孥出關四章》《崇安逾嶺始乃見雪四章》《迫除過車盤邸舍已壞晨趨鉛山二章》《自明試務疏》《放門陳事疏》等，及洪譜、莊譜，當是崇禎己巳（二年）冬出山，庚午（三年）四月抵京，復原官。

〔四〕「當《師卦》上九」，據《黄漳浦集·放門陳事疏》，及清阮元校刻《十三經注疏·周易正義·

師卦》，當作「當《師卦》上六」。

〔五〕「小人根錢龍錫之定逆案」迄「削籍爲民」段，誤。詳見《罪惟録》〔四〕。

〔六〕「丙子，起右中允」，詳見《國壽録》〔五〕。

〔七〕「上言『慎喜怒、省刑罰』」迄「奉旨切責」句，據《黄漳浦集》中《慎喜怒以回天疏》《求言省刑疏》，及明計六奇《明季北略·李如燦直言下獄》，事在崇禎十年（丁丑）五月二十八日至六月十三日之間。其間，五月二十九日開陞左諭德兼翰林院侍講，掌司經局事。

〔八〕「戊寅，進少詹事，兼翰林院侍讀學士」，據《黄漳浦集》中《讓賢疏》《京師與兄書》《補牘陳言疏》等，當是崇禎十年（丁丑）十二月十三日由左諭德進少詹事，兼翰林院侍讀學士。

〔九〕「令寧、錦、三協，兵僅十六萬」，《黄漳浦集·補牘陳言疏》作「令寧、錦未有十萬之師」。

〔一〇〕「七月己巳，上召先生至平臺」，據明孫承澤《山書·爭執綱常》，及洪譜、莊譜、《明史》本傳，當作「七月丙寅，上召先生至平臺」。

〔一一〕「止謫江西布政司知事」，誤。詳見《國壽録》〔三六〕。

〔一二〕「先是五月間」迄「故小人有此揣摩」段，明孫承澤《山書·爭執綱常》略同。清陳鼎《東林列傳》、清汪有典《史外》本傳，説馮元颷以枚卜勸得黄道周暫不呈上三疏，而據《黄漳浦集》中的《論楊嗣昌疏》《論陳新甲疏》《退尋清仁之旨疏》，以及明孫承澤《山書》中的《清仁之旨》《爭執綱常》，黄道周於六月二十八日前後草擬《論楊嗣昌疏》《論陳新甲疏》《論方一藻疏》，因同鄉何楷、林蘭友已上疏諫止陳新甲出任宣大總督，故未及時呈進。

至七月初三日，才將此三疏與新草《退尋清仁之旨疏》一起呈進。

〔一三〕「戍辰州衛」，詳見洪譜〔五〇〕〔五一〕。

〔一四〕「自請出關」，據《黄漳浦集》中《前自請行邊疏》《將出關薦賢疏》《恭報召征啟行疏》《諫親征疏》《江浙機權疏》《四不敢疏》《再述關外情形以決趣舍疏》《寄家書》等，黄道周隆武元年七月初六日僅擬募師屯守閩北邊境，二十二日朝餞啟程時已有意出浙、贛迎擊清軍；八月中旬在建安或建陽集結演練義師時始思出崇安分水關經江西廣信、婺源、安徽徽州直搗南京；二十六日先遣兩營往崇安，九月初十日親抵崇安，十六日先發六營入廣信府，二十五日餘部繼之，十月初一日進駐府治。

〔一五〕「從廣信抵衢州」，據《黄漳浦集》中《四不敢疏》《再述關外情形以決趣舍疏》《乞獎倪元璐祁彪佳子姓疏》《出師疏》《食盡兵單請自黜疏》《關外謝賜袍膳疏》《諭諸監紀總兵》《復婺情形疏》《與楊機部書》《江右出師情形疏》《與黄東崖相國書》《續報情形疏》《請恤捐軀諸臣疏》《孤軍莫救危疆難支疏》及臺灣《中央研究院歷史語言研究所現存清代内閣大庫原藏明清檔案・洪承疇奏揭》，黄道周義旅十月初一日進抵江西廣信，初六日遣陳雄飛等二千衆北伐婺源，初九日遣夏孚先等千五百人西討南昌，十二月初六日親率中軍近二千人北征婺源。

〔一六〕「爲其門人所給」，誤。詳見明黄景昉《黄道周誌傳》〔八〕。

〔一七〕「丙戌三月七日兵解」，詳見洪譜〔八五〕。

黃道周列傳

〔明〕張岱 撰

黃道周，號石齋，福建鎮海人。道周生而好學攻苦，年三十不能爲諸生，乃益自負，落落無所可。學使者聞其名，方營搆先賢某祠，囑爲上梁文，道周縫掖進謁，援筆就，璀璨驚座，繇是聲籍八閩。有相者唐甲，道服謁道周曰：「憂時宰相也。」道周悅。舉萬曆戊午鄉試第七人。天啟壬戌成進士，選授翰林院庶吉士，補編修。時東事方始，輒苦辦餉，道周以爲冗濫宿蠹之所致，輒草上之，〔一〕略曰：「臣聞善爲國者，有十年之算，而後議三年之功；議三年之功，則必餘十年之算。今爲國者計絀於朝夕，而議懸於歲朔；興師則如涉海，治賦則如煑金。汨没淪胥，茫無畔岸，是誠天下臣子之所共痛也。臣觀天下未嘗不富，兵力未嘗不充，諸臣任事之意未嘗不篤，然而源始不清，末流相倣，汰一冗，一冗旋生；去一蠹，一蠹隨伏，物力已窮，而探索不已，故今天下以爲貧國之患，臣獨以爲富國之患。天下之患，以爲國不見富；臣之患，以爲國不見貧。中官不見貧，而纖造服用鋪墊庫收食料之屬一切不省，又益之衣甲火藥犒賞燎原之數，以陰長其牙爪。朝官不見其貧，而冗吏奸胥、輿皂走從、宴御竿牘之數，一切不省，又益之親戚姻婭，瑣瑣膴仕，以白望其聲利。邊官不見其貧，而游客驕丁、尸班丐籍、巫師鬼卒之數一切不省，又益之朽頓破冒，棄有用於無用，以自喪其軍實。故此三者，則皆自見富而始也。」又曰：「團營中外十二萬衆，散爲工役，隸於私門，無所用之，而常歲食糧八九十萬。直隸衛所、錦衣後軍，屯田四萬八千七百餘頃，侵冒占據，無所用之，而常外税苗地，内競草場。三輔五十萬户，口四百萬，椎埋無賴者億數，無所用之，而常召募五方之兵。遼東兵額九萬，歲餉六十七萬，賞賚外裔十餘萬，地失而額存，無所用之，而常於百四十萬之外，奏數十萬而無所復出。臣觀關門内外，四五十里，聚十三萬之兵，月費一二十萬，籌度咨且，不出三年，天下膏血，從此竭矣。」又曰：「會昌之末，雜賦極少，猶九百二十二萬。熙寧歲入五千六十餘萬，其兵皆八十三萬，然而國日以削，境日以蹙。故賦多則蠹生，兵多則盜出。堆賦如堆肉，上惡而下不可食；聚兵如聚蠱，不毒人則毒其身。」道周強忍敢言，以聖賢自命，淡泊廉静，不事鮮好。初爲文譎辯似子，繼乃閎肆，矯絶近代，天下咸以爲山斗。魏璫時，以東林見廢。〔三〕丁卯思宗嗣位，道周論《易》數，以爲「今上即位之年，當《師》之上爻」，退而謂所私曰：「不敢明指，乃比之上爻耳。」庚午，出典浙闈。時黨與翻覆，至以東林比崔、魏，參罰開復，道周請罷歸，遂以「用人行事」一疏，指斥當事，略曰：「臣觀邇年諸臣，無一實爲朝廷者，其用人行事，不過吹求報復而已。自庚午春以來，盛談封疆，實非爲陛下之封疆，不過爲逆案而翻封疆，使諸芟鋤逆案者無端而陷封疆之內，至於封疆之要塞利害、區畫布置，無一言及之。自辛未春而後，盛言科場，實非爲陛下之科場，不過爲仇隙而翻科場，使諸素無仇隙者無端而陷科場之內，至於科場之源流清濁，屈折易難，無一言及之。臣觀古之聖賢，日夕經營，不過兩事：外攘夷狄，內屏小人。今皆以此二憂遺陛下，而夷然自托於催科比較之末，圖事而事失，則日事不可爲；用人而人失，則曰人不可用，獨以隻句單詞，竊周、孔之學，廢聖賢之道，是臣所仰天而長嘆也。」又曰：「宋儒有言：『邊師之才，即不可得，當於縉紳廉幹有識中求之。』臣觀萬曆中年，林下諸臣，如鄒元標、趙南星、高攀龍等二十餘人，淪棄十九，釀成門户之禍。今又無故取諸縉紳稍有意識者，舉網投穽，即緩急何所得半士之用乎？」其後，上益鍥急，務毫末，刑獄繁作，道周一人之身是非者數矣。壬申，罷爲民。丙子，復起原官。〔三〕旋告病，因上《求言省刑》一疏。丁丑，陞詹事府少詹。既而上之用人益雜，每以召對片言決之，而陳新甲以居艱驟列本兵，廷臣莫敢力爭。道周上疏劾之，不聽。久之，新甲坐東事不成伏法。上復奪情以閣部楊嗣昌出督師中州。〔四〕嗣昌以口辯見幸。道周上言：「朝廷即乏人，豈無一定策效謀者，而必破非常之格，以奉不祥之人。」上不懌，乃召廷臣於平臺，問道周曰：「朕聞無所爲而爲之謂天理，有所爲而爲之謂人慾。爾前疏適當枚卜不用之時，果無所爲乎？」道周對曰：「天人止是義利，臣心爲國家，不爲功名，自信其無所爲。」上曰：「前月推陳新甲何不言？」對曰：「時御史林蘭友、給事何楷皆有疏，二人臣同鄉，恐涉嫌疑耳。」上曰：「今遂無嫌乎？」曰：「天下綱常、邊疆大計，失今不言，後將無及。臣所惜者，綱常名教，非私也。」上曰：「清雖美德，不可傲物遂非。唯伯夷爲聖之清。若小廉曲謹，是廉，非清也。」道周曰：「伯夷忠孝，故孔子許其仁。」上怒其強辯。道周又極詆楊嗣昌。嗣昌出奏曰：「臣不生於空桑，豈遂不知父母？臣嘗再辭，而明旨偪切。道周素負人望，臣所仰企，今謂不如鄭鄤，臣始太息絶望。鄭鄤杖母，行同梟獍，道周又『不如鄤』，何言綱常也？」道周曰：「臣言文章不如鄭鄤。」上責其朋比，道周曰：「衆惡必察，何敢爲比？」上曰：「孔子誅少正卯，當時亦稱聞人，惟行僻而堅，言僞而辯，不免孔子之誅。」道周曰：「少正卯欺世盜名，臣無其心。臣今日不盡言，則臣負陛下；陛下今日殺臣，則陛下負臣。」上曰：「爾一生學問，止辯得一張佞口。起，去罷。」道周叩頭起，復奏曰：「忠佞二字，臣不敢不辨：夫臣在君父之前，獨立敢言爲佞，豈在君父之前，讒諂面諛者爲忠乎？忠佞不分，則邪正混淆，何以致治？」上怒甚，叱去之。明日，有旨降道周江西布政司都事。庚辰，巡撫江西都御史解學龍薦舉人才，疏中極稱「道周忠孝，爲我明道學宗主，可任輔導」。上大怒，逮學龍，並逮道周。道周囊無一文，守土官及紳士爭捐助餉緹騎，道周曰：「行乞假金，[五]是欺朝廷。願如故事。」瘁肌血勿恤。緹騎亦感謝不取，益厚遇道周。入都，案以「僞學欺世」，應大辟。刑部尚書劉澤深力請減戍。詔於午門外各杖四十。[六]杖畢，道周向學龍四拜曰：「道周不才相累。」舉止如常。遂往戍所。[七]已而賊陷中州，福藩殉難，嗣昌知失律喪地不可赦，乃自殺。上已悟道周所言非妄，會輔臣周延儒侍講筵，上偶言及岳飛事，嘆曰：「安得將如岳飛者而用之？」延儒曰：「岳飛自是名將，然其破金人事，史或多溢辭。即如黃道周之爲人，傳之史冊，不免曰其不用也。天下惜之。」上默然，還宮即傳旨復官。道周見延儒專政，遂謝病去。廬先人墓側，作《易正言》，[八]數學極深秘。講學江東。註《洪範》《孝經》《小學》諸書。[九]癸未冬，山寇擾漳、泉間，殺副總兵阮，居民爭就道周廬避難，賊果過門不入。甲申，聞北變，約鄭芝龍起義，不應。弘光監國，起吏部右侍郎。[一〇]南都時事日非，居數月，奉命祭禹陵，欲便假歸。乙酉，南都陷，還漳。七月，唐王入閩稱帝，[一一]道周以擁戴功，進東閣大學士，兼兵部尚書。[一二]上曰：「黃先生博學，吾聞之，當有機用以應時艱。」道周密陳「芝龍不可恃」。然閩、粵之勢已盡屬鄭氏。鄭氏素恨道周，益不爲用。明年，詔以閣部封文明伯，〔一三〕同定虜侯鄭鴻逵之師北進。〔一四〕鄭芝龍不與一錢，隆武給空札百道爲行資而已。道周檄門人各籍家丁，具糗糧以從，得百人。居吉安，〔一五〕與楊廷麟、萬元吉爲呼應。出兵徽州。鄭鴻逵師竟不進。道周角巾披褐，手執小幟，麾其衆前，止二十騎而已。清將許漢鼎來見，蓋道周武闈所録士也，言「部下清騎數百人，欲歸順，願先生以單騎撫之」。道周大喜，從之。去數里被縛。漢鼎下馬泥首稱死罪曰：「洪督師計也。」〔一六〕遂與兵部主事趙淵卿、中書舍人賴敬儒、通判毛玄水等，同至金陵，羈之尚膳監中。洪督師與道周同鄉，使人勸之降。道周閉目不答，使三十人守之。一日，傳道周急，知不免，以《正命絶筆詩》一卷付門人吴繁祉，藏《絶命詞》於衣帶。〔一七〕擁至院門，督師勿與相見。過西華門，道周坐地不起，曰：「此處死，與我高皇帝近矣！」遂刑其地，爲三月十八日也，與四人同畢命於此。〔一八〕洪督師命江寧典史徐大綬視道周屍，大綬欲收殮之，出金犒隸卒，密藏其櫬於古廟之夾牆，又潛竊道周與四人之首，分識並埋息心亭，誡廟祝守之。〔一九〕庚寅六月，道周子黄子中來尋父屍，遍訪金陵無踪跡。有趙章者，爲道周門人，夜得一夢，道周與語曰：「幸得復見子輩，當覓我於息心亭。」覺而異之，奔告子中，遂至古廟，見廟祝，破夾牆，出道周櫬。再發五人首，道周首不腐敗，開櫬入之，歸葬。並囊四首歸，各還其家。閩人稱異。

（明張岱《石匱書後集》卷三七，中華書局一九五九年版）

【校勘記】

〔一〕「輒草上之」，據《黃漳浦集·擬汰冗濫清宿蠹以足軍需疏》，該疏未曾進呈，《國壽錄》本傳後稿作「輒草疏上之，不果」，當是。

〔二〕「魏璫時，以東林見廢」，誤。詳見《國壽錄》〔三〕。

〔三〕「丙子，復起原官」，誤。詳見《國壽錄》〔五〕。

〔四〕「而陳新甲以居艱驟列本兵」迄「上復奪情以閣部楊嗣昌出督師中州」段，誤。詳見《國壽錄》〔一〇〕。

〔五〕「行乞假金」，《國壽錄》本傳前稿作「行金乞稍假」，後稿作「行金乞假」，當是，《罪惟錄》本傳作「行金□假」。

〔六〕「各杖四十」，黃道周《寄家書》「比來，杖至六十者多斃」，可見黃、解受杖不止四十。明黃景昉《黃道周誌傳》：「至京，與解公皆杖八十，下刑部獄。余趨視之獄中……」《洪譜》：「而八月旨下，子與解公各杖八十……」

〔七〕「入都，按以『僞學欺世』，應大辟」迄「遂往戍所」段，查黃道周此期行事，崇禎十三年七、八月之際與解學龍並逮至北京，約八月初一日或初二日俱杖八十，旋下刑部審問，十二月下旬移往北鎮撫司拷問「結黨」之疑，十四年五月二十日返刑部監獄待讞，十二月十九日出獄，改戍四川酉陽宣慰司。又，「按以『僞學欺世』」，誤，詳見《國壽録》〔一二〕。

〔八〕「廬先人墓側，作《易正言》」，誤。詳見《國壽録》〔一四〕。

〔九〕「註《洪範》《孝經》《小學》諸書」，誤。詳見《國壽録》〔一五〕。

〔一〇〕「弘光監國，起吏部右侍郎」，黄道周《時務疏》《衢州聞陞辭職疏》自署「吏部左侍郎兼翰林院侍讀學士」，「十月二十一日至衢州，又聞再陞協理詹事府事禮部尚書兼翰林院侍讀學士」。

〔一一〕「七月，唐王入閩稱帝」，誤。詳見莊譜〔一〇五〕〔一〇七〕、洪譜〔六九〕。

〔一二〕「道周以擁戴功，進東閣大學士兼兵部尚書」，誤。詳見《國壽録》〔二〇〕。

〔一三〕「明年，詔以閣部封文明伯」，據《黄漳浦集》此期奏疏署銜，及洪譜、莊譜等，黄道周就義後被追封文明伯。

〔一四〕「同定虜侯鄭鴻逵之師北進」，誤。詳見《國壽録》〔二一〕〔四六〕。

〔一五〕「居吉安」，誤。詳見《明儒學案》〔一五〕。

〔一六〕「道周角巾披褐」迄「洪督師計也」段，誤。詳見《國壽録》〔二二〕。

〔一七〕「一日」迄「藏《絶命詞》於衣帶」段，詳見《國壽録》〔二四〕。

〔一八〕「遇西華門」迄「與四人同畢命於此」段，詳見洪譜〔八六〕。

〔一九〕「洪督師命江寧典史徐大綬視道周屍」迄「誡廟祝守之」段，詳見《國壽録》〔二三〕。

黃道周傳

〔明〕屈大均 撰

黃道周,字幼玄,〔一〕號石齋,漳州鎮海衛人。天啟二年進士,選庶吉士,陞編修。逆黨魏忠賢始橫,同館文震孟疏論之。例,經筵展書官手書膝行。道周以講筵道尊,平步而進,忠賢目攝之,不能難。久之,以東林見廢。〔二〕崇禎二年,起故官。明年,出典浙江試。晉右春坊右中允。疏救舊輔錢龍錫,坐曲庇,鐫級。龍錫竟以得減死論。道周垂出都,〔三〕以《易》數上陳,忤旨褫職。五年,起諭德,掌司經局事。〔四〕時廷議反復,至以東林比崔、魏。道周切指時事,疏入,忤旨罷歸。九年,起復原官。〔五〕因星變請平大獄、求直言,謂五月朔夕熒惑與日同在鶉首、參、火之分,三辰皆火也。又以朔夕合火,宜修平火政,稍節威光,使火不爲厲。明春,熒惑在於大火,徘徊氐、房、心、尾之墟,宜慎火器,遜瑟戎務。十年,同考會試。歷詹事府少詹,諸所論奏,如《慎喜怒回天》《省刑》《補牘》,惟《申明司經掌職》稱旨。〔六〕六月,兵部尚書楊嗣昌改禮部兼東閣大學士,仍署兵部。七月，命嗣昌大祀大慶，暨傳制、頒詔諸大典，不與朝講，召見如常服隨班。時嗣昌母服方五月，〔七〕工科給事中何楷劾嗣昌，〔八〕上切責之。先是，吏部會推閣員，止及詞臣資序。上不允，命並及在籍守制者，蓋嗣昌爲陳新甲地也。〔九〕已而特召新甲爲兵部右侍郎，總督宣、大。道周上言：「臣雖懦弱，然自二十躬耕，手足胼胝，以養二人，迄四十餘。削籍後，徒步負擔一二千里不解屝屨。今雖逾五十，然非有妻孥之奉、婢僕之累。所纂書數卷，已移月可畢。筆札干楯，均爲報恩。天下即無人，臣願輟清華以執鎖鑰，何必破非常之格，拔不祥以玷皇化哉。方今熒惑漸次箕、尾，是爲燕分，九、十月交，當南斗口，〔一〇〕思患預防，聖人之所垂戒。」上不懌。一日召對，道周顧極詆嗣昌奪情非孝。上怒，謫道周江西布政司都事。〔一一〕修撰劉同升、趙士春，都給事何楷、侍御史林蘭友各疏救之而劾嗣昌，俱謫調有差。適解學龍巡撫江西，甫入境，疏道周忠孝之至。〔一二〕詔道周與學龍並逮。主事馬思理、董養河等相繼疏救，〔一三〕皆得罪。既入都，與學龍並杖八十，案以「僞學欺世」，〔一四〕律大辟，學龍坐褫職。刑部尚書劉澤深力請減戍不得。部臣葉廷秀者，故不與道周交，復直之，疏論痛至。並逮廷秀杖之，削籍爲民。〔一五〕太學生涂仲吉袖疏詣通政司。格不得上，仲吉並遂劾通政使施邦曜。疏聞，廷杖論戍，邦曜坐落職。道周下獄未幾，河南府陷，福忠王殉之，嗣昌以失律喪師自殺。上內念道周之非妄，會周延儒復起見上，陽爲不知道周者，曰：「聞道周博學，負文名，陛下宜自赦之，使天下驚聖度汪洋。」上是之。尋復其官，並赦爲道周而得罪者。比召對，退而復陳□□，以爲今日憂建州甚於憂寇，須寧、錦練大師八九萬爲要着。謂門人曰：「關門以外甚可慮也。」復謝病去。〔一六〕弘光初，徵爲吏部右侍郎，〔一七〕進禮部尚書。陛見，痛哭曰：「願陛下無忘高皇帝陵寢。」出，徒步往哭孝陵，聲動行路。知事不可爲，自請祭禹陵，而私製縞衣，刺「大明孤臣黃道周」七字於其上，曰：「江南必敗，以此識我屍也。」未幾，南都果失。襄皇帝立，訪耆於張家玉。家玉以道周對。上曰：「得此商彝周鼎，當爲廊廟羽儀。」乃以武英殿大學士兼吏兵二部尚書召。〔一八〕道周密陳「鄭芝龍不可恃」。芝龍固素憾道周，益不爲用。隆武二年春，奉命督定虜侯鄭鴻逵師北進，道周檄所知數十人與俱，遂與鴻逵趨浙開化。鴻逵逡巡不即前。〔一九〕道周便幘披褐，手持小幟，以二十騎爲先。甫入婺源界，憩古廟中。敵探騎至，遂以二十人去，不知其中有道周也。道周曰：「勿多求。所謂黃閣部，此是矣。」〔二〇〕鴻逵懼，薙髮，棄師遁。二十人內有兵部主事趙士超、中書舍人賴繼錦、〔二一〕行人蔡春溶、〔二二〕通判毛玉潔咸被執。〔二三〕既至留都，洪承疇勸降，不答。又謹以剃刀、滿帽遺之，不受。絶粒十四日不死。藏《絶命詞》於衣帶，所云「防風雖倒，猶留一節，以問尼丘」是也。〔二四〕臨命，過西華門，〔二五〕坐不起，曰：「此與高皇帝相近。」

遂與四人俱畢命，三月望日也。〔二六〕典史宗大綬私藏其屍於古廟之夾牆，又竊其從人首，分瘗木末山息心亭。〔二七〕後長子子中乃得而合葬之。年六十二。詔贈文明伯，謚曰文忠。〔二八〕蔭諸子有差。在鄉立廟曰報忠，在福州立廟曰閔忠，樹「中興藎輔」坊。

（明屈大均《皇明四朝成仁録》卷九，《廣東叢書》一九四七年石印本）

【校勘記】

〔一〕「字幼玄」，是。原校勘記作「《明史》本傳作『字幼平』」，亦是。

〔二〕「久之，以東林見廢」，誤。詳見《國壽録》〔三〕。

〔三〕「道周垂出都」，原校勘記作「《明史》本傳作五年正月事」，是。

〔四〕「五年，起諭德，掌司經局事」，據《黄漳浦集》中《申明掌故疏》《三罪四耻七不如疏》《救鄭鄤疏》，當是崇禎十年五月二十六日由右中允陞左諭德兼翰林院侍講，掌司經局事。

〔五〕「九年，起復原官」誤。詳見《國壽録》〔五〕。

〔六〕「因星變請平大獄、求直言」迄「惟《申明司經掌職》稱旨」段，據《黄漳浦集》中《慎喜怒以回天疏》《求言省刑疏》《申明掌故疏》等，黄道周崇禎十年六月上《求言省刑疏》。

〔七〕「時嗣昌母服方五月」，據《明史·楊嗣昌傳》，及《黄漳浦集·論楊嗣昌疏》，楊嗣昌於崇禎八年十月起丁内外艱。

〔八〕「工科給事中何楷劾嗣昌」，據《明史》中《何楷傳》《職官志》，何楷時官工科都給事中。

〔九〕「六月」迄「蓋嗣昌爲陳新甲地也」段，據《黃漳浦集》中《京師與兄書》《烈皇召對記》《退尋清仁之旨疏》《論陳新甲疏》，及明孫承澤《山書》中《閣臣言職》《考核閣員》《爭執綱常》，《明史》中《莊烈帝本紀》《程國祥傳》等，崇禎十一年五月十三日前降旨會推閣臣，十三日會單推舉，六月論吏部：「枚卜不拘詞臣。」蓋爲楊嗣昌。二十四日，確定楊嗣昌等五位新閣臣名單，二十八日前楊嗣昌推薦陳新甲奪情出任宣大總督，崇禎爲此下令並推在籍守制者，二十八日遂推陳新甲。

〔一〇〕「九、十月交，當南斗口」，詳見洪譜〔四一〕。

〔一一〕「謫道周江西布政司都事」，是。原校勘記作「《明史》本傳作『貶道周六秩，爲江西按察司照磨』。按《明史》實誤，詳見《明史》〔五〕。

〔一二〕「適解學龍巡撫江西，甫入境，疏道周忠孝之至」，誤。詳見《罪惟録》〔一四〕。

〔一三〕「主事馬思理、董養河等相繼疏救」，誤。詳見《罪惟録》〔一五〕。

〔一四〕「案以『僞學欺世』」，詳見《國壽録》〔一二〕。

〔一五〕「並逮廷秀杖之，削籍爲民」，是。原校勘記作「《明史・道周傳》云户部主事葉廷秀救之，亦下獄」，亦是。

〔一六〕「尋復其官」迄「復謝病去」段，誤。詳見《國壽録》〔一三〕。

〔一七〕「弘光初，徵爲吏部右侍郎」句，誤。詳見《國壽録》〔一八〕。又，該《皇明四朝成仁録》原校勘記作「右，《明史》本傳作左」，是。

〔一八〕「襄皇帝立」迄「乃以武英殿大學士兼吏兵二部尚書召」段，據《黄漳浦集》中《逃雨道人舟中記》《諫親征疏》《唐王監國箋》《過仙霞嶺祭告漁梁鎮神文》《謝河南唐王啟》《赴召留别親友兼示白石》《行都求去疏》《辭職陳事疏》《再繳敕草乞休疏》《將出關薦賢疏》《恭報招征啟行疏》《諫親征疏》等，及明佚名《思文大紀》、明張家玉《名山集》附隆武帝頒給何成吾兄弟之敕諭、明錢澄之《所知録》、洪譜、莊譜等，黄道周於弘光元年六月十一日乘舟逃出杭州後，在桐廬接鄭鴻逵檄（接唐王駕），十三日晚在浙江桐廬或蘭溪舟中晉見唐王聿鍵，共約恢復，閏六月初七日唐王在福州稱監國，後數日黄道周應召出山輔佐，二十七日與鄭芝龍等奉唐王稱帝，任首輔，初銜「大學士」，旋加「少保吏部尚書武英殿大學士」銜，七月二十二日朝餞北上募師抗清，二十五日《恭報招征啟行疏》署銜「欽命招征直省便宜聯絡恢復南京江北等處地方少保兼太子太師吏兵二部尚書武英殿大學士」。

〔一九〕「隆武二年春」迄「鴻逵逡巡不即前」段，詳見《國壽録》〔二一〕、〔四六〕。

〔二〇〕「道周便幘被褐」迄「此是矣」段，誤。詳見明黄景昉《黄道周誌傳》〔八〕。

〔二一〕「中書舍人賴繼錦」，誤。詳見鄭譜〔一一〕。原校勘記作「《明史·道周傳》《明紀》及《明季南略》卷十一，均作『中書賴雍』」。

〔二二〕「行人蔡春溶」，是。詳見鄭譜〔一二〕。該《皇明四朝成仁録》原校勘記作「《明史·道周傳》及《明紀》均作蔡紹謹，《南略》作蔡繼謹」，皆誤。

〔二三〕「通判毛玉潔」，原校勘記作「《明紀》作毛潔玉」。詳見《黄子傳》〔一〇〕。

〔二四〕「藏《絶命詞》於衣帶」迄「是也」段，詳見《國壽録》〔二四〕。

〔二五〕〔二六〕「過西華門」與「三月望日也」，詳見洪譜〔八六〕。其中「過西華門」，原校勘記作「《明史》本傳及《明紀》均作東華門」。

〔二七〕「典史宗大綬私藏其屍於古廟之夾牆，又竊其從人首，分瘞木末山息心亭」，詳見《國壽録》〔二三〕。

〔二八〕「謚曰文忠」，據中國歷史博物館藏蔡玉卿臨黄道周書《孝經定本》時署款，及明洪思《文明夫人行狀》、洪譜、莊譜，當作「謚曰忠烈」。又，該《皇明四朝成仁録》原校勘記作「《明紀》作謚忠烈」。

國相黄道周

〔明〕林涵春 撰

相國黄公道周，字幼玄，號石齋，閩漳浦人。精研《易》理，參究天人，著述典奥，類《太玄》《法言》，間出《焦氏易林》，不可窺測。登天啟進士，歷官宫詹、學士。每直經筵，以誠正格心，表率僚屬。故事，展書膝行。先生唯平步，同官詫異，先生啟青宫云：『先王道無北面。師尚父授太武丹書，立南面敷陳。今展書宫膝行，是褻先王也。身重則道尊，道尊則聽聞日廣。』經筵立講，自先生著令。翰林職，専啟沃，無封事，先生猶與倪元璐建言。魏璫借東林名目，邪黨亂政，傾陷輔臣佐之逮獄。給諫馮元飆，稱道周忠足動人主之知，不能回執政之怒。都御史解學龍申救，〔一〕並杖謫戍。國子諸生涂仲吉，以孤童擔囊走萬里白冤，疏道周『通籍二十載，強半墳廬，稽古著述，一生學術，止曉君親，安暇植黨？言雖過戇，志切忠懇。唐太宗恨魏徵面折，而不果殺；漢武帝惡汲黯直言，而實優容。皇上遠法堯舜，奈何出漢唐下？不可棄直節之臣也。』大史陳子龍，壯仲吉蹈義敢言，不畏強禦，雖王調貫械以訟李固，杜仲殺身以白李雲，不是過也。思宗殉國，先生痛國難君讎，欲以身赴南都革易。唐藩入閩，以先生館閣舊臣，繫天下重望，晉端揆。數月，諸鄭專恣，挾翊戴功跋扈，朝野惴惴慮旦夕解體。先生請募兵江右，以收人心。諸鄭忌成，不給斗糧，不與一卒。迤邐至贛州，[二]部伍略定。婺源令黃樹，輔臣門人也，馳書誘之，詐為內應。[三]至明堂里，猝□北兵，我兵潰，張天祿執輔臣以獻。□帥見其忠義，不忍加害，曰：『當生置金陵□師軍前。朝廷得一忠義之人，勝得土地數州。』輔臣即欲自盡，門人趙士超解勸云：『此去金陵不遠，倘得面數賊臣誤國從讎之罪，魂魄依傍孝陵，死亦未晚。』輔臣然之，遂屈節而行，道中賦詩四律：『陋巷慚顏、閔，行籌負管、蕭。風雲生造次，毛羽定飄搖。唐大難棲燕，橫江捨渡橋。可憐委佩者，宴宴坐花朝。』[四]其二：『大樹難開眼，[五]冰城倦着身。支天千古恨，失路一時人。碧血題香草，白頭終隱淪。更無遺恨事，燥髮為君親。』其三：『搏虎仍之野，投豺又出關。席心如可卷，鶴髮[六]久當刪。怨子不知怨，問人安得閒？乾坤猶半壁，未忍蹈文山。』其四：『諸子收吾骨，參天知我心。為誰分板蕩，不忍共浮沉。鶴怨空山濺，[七]雞鳴中夜陰。南陽江路遠，悵作臥龍吟。』因獄經年，猶手注《孝經》《易象正》。大師經略，輔臣同年友也，[八]且屬同鄉，仰德業清望，援其事解釋，夜半微服，稱名過招。先生愕然，大慟曰：『吾友久死封疆，烈皇帝詔大官太牢七壇弔祭忠魂，人耶？鬼耶？何物鼠輩，竊姓字，玷污清名？』其人慚退。先生曰：『禍機兆此矣！』賦《絕命》云：『一番風起被波推，咫尺銀河去不迴。晝夜秦廷聲斷絕，只餘碧血染蒼苔。』〔九〕遂遇害。開死主事賴學繼、蔡春溶、趙士超，中書毛志潔。〔一〇〕雲林子曰：『先生詩「未忍蹈文山」蓋傷時有可為，晏安於厝火也。身踐疆場，徵兵西豫，急國家之難，謂一息尚存，不容少懈也。』或曰先生學窺《易》微，禍機倚伏，兆於一哭。然薰以香焚，膏以明煎，雖不哭不能強先生以生，豈忍哭求生哉！直以一哭，褫奸回之魄！

（明林涵春《節義文章》福建省圖書館藏福州沈氏嵩齋抄本第十一卷第二十至二十三頁，見《八閩文庫·福建文獻集成續編》，福建人民出版社二〇二四年版）

【校勘記】

〔一〕『都御史解學龍申救』，崇禎十三年至十四年黃道周身陷詔獄，乃因江西巡撫解學龍卸職時，循例舉薦部屬，內含降謫江西布政司都事黃道周，崇禎皇帝疑其結党，與解學龍並逮，廷杖入獄。

〔二〕『迤邐至贛州』，其實黃道周抗清入江西，西討南昌金聲桓，東擊徽州清軍。

〔三〕『婺源令黃樹，輔臣門人也，馳書誘之，許為內應』，『黃樹』當為『黃澍』，據明計六奇《明季南略》，字仲霖，婺源人，崇禎十年黃道周分考會試所取進士，弘光時官湖廣巡按，投降清朝。其招降黃道周事，見清陳壽祺編《黃漳浦集》道光十四年刊本第十五卷第十六頁B面《與楊機部書》記述：『二營當敵，婺源奸民引之抵邑，黃仲霖差人招降，為小隊所殺，我師亦遂陨將，僅足相當。』

〔四〕『陋巷慚顏、閔，行籌負管、蕭。風雲生造次，毛羽定飄搖。厝大難棲燕，横江捨渡橋。可憐委佩者，宴宴坐花朝』，明何瑞圖、吕叔倫編《大滌函書》清初刊本第六卷《黃石齋先生正命麟書》（又名《石齋麟書》）第三頁B面《自悼八章》作『匡坐慚顏閔，紆籌負管蕭。風雲生造次，毛羽合飄搖。火厝難棲燕，江横怯置橋。可憐委珮者，晏晏坐終朝』。清陳壽祺編《黃漳浦集》道光十四年刊本第四十四卷第十三頁B面《自悼八章》略同，惟『坐終朝』作『坐花朝』。

〔五〕『大樹難開眼』詩句，黃道周手跡《黃石齋先生逸詩》上海有正書局一九二〇年石印本《發自婺源復進水漿示賴敬儒蔡時培二中書》『大』作『火』，『千古根』作『千古事』，『遺根事』作『遺恨處』，『終隱淪』作『逐鈞綸』。明何瑞圖、吕叔倫編《大滌函書》清初刊本第六卷《黃石齋先生正命麟書》（又名《石齋麟書》）第六頁B面《發婺源示賴敬儒蔡時培二中書》略同手跡，惟『逐鈞綸』作『退鈞綸』。清陳壽祺編《黃漳浦集》道光十四年刊本第四十四卷第十六頁A面《時發婺源趙淵卿職方毛玄水別駕賴敬儒蔡時培二中書相失寄示四章》同手跡。

〔六〕『鶴髮』，黃道周手跡《黃石齋先生逸詩》上海有正書局一九二〇年石印本《發自婺源復進水漿示賴敬孺蔡時培二中書》作『鶴鬢』。明何瑞圖、呂叔倫編《大滌函書》清初刊本第六卷《黃石齋先生正命麟書》（又名《石齋麟書》）第六頁B面《發婺源示賴敬孺蔡時培二中書》作『鶴髮』。清陳壽祺編《黃漳浦集》道光十四年刊本第四十四卷第十六頁A面《時發婺源趙淵卿職方毛玄水別駕賴敬儒蔡時培二中書相失寄示四章》作『鶴髮』，但注『髮一作鬢』。

〔七〕『鶴怨空山溅』，明何瑞圖、呂叔倫編《大滌函書》清初刊本第六卷《黃石齋先生正命麟書》（又名《石齋麟書》）第六頁B面《發婺源示賴敬孺蔡時培二中書》作『鶴怨空山曲』。清陳壽祺編《黃漳浦集》道光十四年刊本第四十四卷第十七頁A面《发自新安绝粒十四日復进水浆至南都示友》亦作『鶴怨空山曲』。

〔八〕『大師經略，輔臣同年友也』，其中『大師』乃『大帥』之訛，所指洪承疇，萬曆四十四年進士，黃道周天啟二年進士，兩人並非同年，且素無交往。此段所言洪承疇勸降事，參見明黃景昉《黃道周誌傳》〔一〇〕。

〔九〕『賦《絕命》云：「一番風起被波推，咫尺銀河去不迴。晝夜秦廷聲斷絕，只餘碧血染蒼苔。」』中『被波推』，明何瑞圖、呂叔倫編《大滌函書》清初刊本第六卷《黃石齋先生正命麟書》（又名《石齋麟書》）第三十四頁A面《臥禁城漸聞鐘聲蘧然驚覺次第有懷》，以及清陳壽祺編《黃漳浦集》道光十四年刊本第五十卷第十九頁A面《臥禁城漸聞鐘聲蘧然驚覺次

第有懷十二章》，皆作『復波頽』。

〔一〇〕『開死主事賴學纖、蔡春溶、趙士超，中書毛志潔』，據黄道周手跡《黄石齋先生逸詩》上海有正書局一九二〇年石印本《發自婺源復進水漿示賴敬孺蔡時培二中書》，明何瑞圖、呂叔倫編《大滌函書》清初刊本第六卷《黄石齋先生正命麟書》（又名《石齋麟書》）第三十六頁B面《趙淵卿司馬毛玄水別駕賴敬孺蔡時培二中書皆從予就執相持彌月矣正月二十五日乃分羈他處愴然有懷無從寄問也前後郁伊凡（十）八絕》等，賴繼謹（字敬孺）、蔡春溶（字時培），皆官中書舍人； 毛玉潔（字玄水）官信州府通判； 趙士超（字淵卿）官監紀職方。

黃道周傳

〔清〕邵廷寀 撰

黃道周，字幼玄，福建漳浦人。幼孤好學，窮微極博。天啟壬戌成進士。授編修，充經筵展書官。故事，展書必跪，膝行數武。道周獨謂膝行非禮，平步進，監侍駭愕，魏忠賢連目攝之，不動。歸，讀書白鹿洞，〔一〕躬執薪爨，天下士大夫高推之。威宗即位，起原官。〔二〕崇禎庚午，主浙江鄉試，遷右中允。會大學士錢龍錫以袁崇煥事下獄，史𡎗等必欲殺之，主之者周延儒，廷臣無敢訟冤者。道周上疏曰：「秦漢而下，宰相有犯，坐請室不過數日，非大逆，或裁或原，人主未嘗不爲引痛。今纍輔所坐，爲罪督攀援耳。昔輔臣高拱嘗以邊功得蔭錦衣，辭曰：「身未臨疆埸，而受上賞，即一日有敗，何所逃誅？」臣疑其言不忠，由今而觀，實爲先見。漢武帝決意空幕南，心疑丞相墜北伐之師，一日破法而戮劉屈氂；世宗決意棄河套，心疑閣臣撓修玄之事，一日破法而誅夏言。此二子者，皆生值明時，無故身伏斧鑕。今東疆之圖，未有定算；恢復之計，上下持疑，未有一男子據鞍而斫，騎牆之見者，獨斷然快意於一纍輔。纍輔既無斂棋引杯之致，廷臣又無蹴芻齒馬之嫌，遂使三臺灰溺於貫城，斗柄銷光於理勢。每見衣冠相語以目，不曰安敢言，則曰哪得歸，天下人心，衰颯如此，誰復挺脊梁擔安攘之略者乎？陛下御極以來，輔臣坐重譴者九人矣。一代之中，有幾宰輔？而三年每降，愈下至此。」疏入，上感動，延儒意亦釋，龍錫竟得出戍定海衛。

五年，孔有德反登州，連陷州縣，而溫體仁當國，專輔上以法律，益爲廉謹取媚，凡事蒙蔽，兵政怠弛。道周精《易》數，故以《易》諫言：「《易》以天道爲准，以《詩》《春秋》推其運候。始春秋元年己未，加五十有五，得周幽王甲子。其明年十月辛卯朔，日食。以是上下中分二千一百六十年，内損十四，爲洪武元年戊申，爲大明資始。戊申距今二百六十四年，以《乾》《屯》《需》《師》別之，三卦五爻，丁卯大雪，入《師》之上六。是陛下御極之元年，正當《師》上六，辭曰：『大君有命，開國承家，小人勿用。』凡《易》一卦直六十七年一百五日，一爻直十一年七十七日。今歷十分之四矣。陛下開承之始，曾未四年，士庶離心，寇攘四起。往者敵去遵、永已六七日，而叙收復者以爲千古奇功；近者賊破山東已六七縣，而護叛帥者以爲不犯秋毫。凡小人見事，智恒短於事前，言恒長於事後。不救淩城，謂淩城必不可築；不理島民，謂島民必不可用。昔有夏《胤征》，仲尼所録；向戌去兵，丘明非之。臣以爲正功之道，在乎定命；亂邦之戒，止乎小人。小人用，即無寇賊，亦足以致亂；小人不用，即有外憂，亦足以致理。人主之學，一以天道爲師，則萬物之情可照，斷事一以聖賢爲法，則天下之材具服。二年以來，以察去蔽蔽愈多，以刑樹威威愈殫，亦反申、商歸周、孔之秋也。臣考自丁卯大雪，至戊寅春分，凡十一年餘七十七日，皆在《師》上六『勿用』之防，誠不可已。」傳旨明切更奏。道周言：「明切之要，莫若要用君子，去小人。自庚午以來，爲邊疆之案以陷君子，爲科場之案以尋私怨，其緒餘爲參罰催科。在宋人一看詳條例之司，諸臣倚之當匡襄之務。宋儒言：『邊帥之才，當於廉幹有識中求之。』又云：『直言敢諫之士，即杖節死義之臣。』萬曆末年，如鄒元標、趙南星等二十餘人，廢棄廿年，釀成門户之禍。今又取縉紳有器識者，舉綱投穽。知其爲小人，又以小人矯之；知其爲君子，又以小人參之。天下事尚安望有成功哉？」因論馬如蛟、毛羽健、任贊化等被譴，而薦惠世揚、李邦華、梁廷棟可大用。末云：「昔蘇軾臨行，求陛辭，不得，上書言：『極泰之世，小民皆得上通；極否之世，近臣不能自達。』臣今雖乞枯骸，猶荷明問，死且不朽。」坐削籍出都，爲衛士凌辱，作《重生》詩。至杭州，諸生築大滌書院於餘杭之洞霄宫，從講學焉。歸廬墓者三年，以原官召，遷左中允。〔三〕時五日内繫兩尚書，道周上書請慎喜怒，以回天。再應詔，言：「天下神器，爲之有道。簿書刀筆，非所以繩削天下之具也。古者聖人設爲禮樂，以治方內；設爲征伐，以治方外。禮樂不足以治其內，始有縲絏纓鐜，纏於君子；征伐不足以治其外，始有揭竿裂帛，起於小人。共工、伯鯀，身亮天工，使水土不治，人民不安，雖神明之胄，不保幽、羽之戮。今陛下寬仁宏宥，蓋有身應重寄，七八載罔效，尚擁權藉自若者。天下巉險無賴之徒，羣聚京師；縉紳俯首屏息，以伺動定。幸逢陛下好生，下詔求言，省刑清獄。然方求言而建言者輒斥，方清獄而下獄者旋聞。且以人心時事如此，輔臣雖甚清且強，寧保天下無一蹴芻齒馬之事哉？」上心重道周，意其言事頗迂，而言醇行清，可任講幄，累陞左春坊左諭德、詹事府少詹事侍讀學士，修玉牒，充經筵日講官。十一年二月，上御經筵畢，召道周及詹事顧錫疇、庶士黃景昉、〔四〕編修楊廷麟等二十餘人前，問保舉、考選孰爲得人。道周對：「今人才遠不如古，矧屢經摧折。如樹木然，須養之數十年，方其得用。世宗皇帝時，臣下救過不給，然或朝行譴逐，暮即追還。」上感動。已復班，更召詢，道周言：「立朝之才，存乎心術；治邊之才，存乎形勢。曩來督撫未揆形勢，隨賊奔走，事既不效，輒謂兵饟不足。其實新舊饟約千二百萬，可供四十萬師。今寧、錦、三協，僅十六萬，〔五〕不須別求增饟。至撫賊之法，令斬捕自贖，使望風解還；收其衆，分隸諸將，以實塞下。倘令自擇散地，一入鄖陽山中，終爲腹心之患。」上深是之，而未能行。〔六〕後張獻忠反穀城，卒如道周言。楊嗣昌爲本兵，主棄義州，致寧、錦孤危；且引漢和親、宋納幣，稱爲「樂天」，而援孟子「善戰服上刑」傅會其説，嗾遼撫方一藻奏言：「北朝鐵騎十萬，並三十六家之衆十餘萬，西並插部及順義又十萬，八城之衆不過六七萬人，何以御之？請如俺答故事，行款，撤兵中原，討流寇。」已遣瞽者周元忠前往諭其就撫，皆受成。中樞與宣督盧象昇密商。幸上獨斷。道周聞之，頓足曰：「果爾，不爲趙氏續乎？」乃上言：「俺答之事，與今日不同。俺答據有河套六七十年，故漢匈奴河南地，非若遼東衣冠之國，在我版章，一也。河套深阻，形勢窪曲，距三輔四千里，必蹂秦、晉以寇宣、雲，非如遼左近我肘腋，猝不及制，二也。答誘我降人如趙全輩，不過教以擾邊盜馬，今諸叛將獷卒無賴者，視取全遼若寄，動引契丹、蒙古爲雅談，不可稍示以隙，三也。俺答制於胡婦，老且倦共，今東人狂稺，初無撫意，我又未得其要領，四也。答與吉囊共爲雄長，恐己死囊並其衆，欲及生時借名封以襲諸部，收諸邊撫賞之利，非若東人盡吞屬國，西取順義，東取朝鮮，桀驁盤踞，五也。答受撫雖不出套，其王庭猶在漠北，時射獵賀蘭、青海之外，東人必不肯棄遼、瀋，舍固、鐵，還徙建州，與魚皮諸夷爲鄰，六也。答既受金印，七十年稱外藩，一旦爲東人所乘，席卷其地，我邊臣若罔聞知，無由復侈東封，使還順義，七也。我雖不築東勝，答亦不犯慶、延，受降兩城，東西自若，東人即畫坌河，中分首山之道，而神京左臂猶未安復，八也。答即據套，不能斷我屬夷；東人既割遼左，必不肯吐諸驛還我朝鮮，九也。答馬市在陽和、天城，即東犯紫荊，尚六七百里；東人馬市若在張家，不百里至宣鎮，不二百里逾隆慶、嬀川，迫我居庸，且又紆道非其所樂，必尋遼西舊市，屯踞寧、錦間，以蠶食八城，窺我左協，十也。款必不可成。即幸而獲成，寧、錦、遵、薊宣、大之師，何處可撤？不悔罪臣貢，不可撤；不卻地還巢，不可撤；不北盡威遠、清揚，南盡靉陽、寬奠，不可撤；不盡東諸部落，不侵不叛，不可撤；不西還我順義、金印、名王之封，不可撤；不盡捉東江諸島孔、耿、尚、沈四酋，以謝登、萊、靖、旋順，不可撤；中原叛帥、江南流人未還成，藉得出入狡獪其間，不可撤；馬市數徙，出撫順又出廣寧，求宣口又求中協，故例可循，而邊隙不塞，不可撤；元凶猶在，蛇豕無懲，德明之外，別有元昊，不可撤；兀堂再誅，京觀屢築，而安樂自在之民，未還冠帶詩書之舊，飄摇風雨，其來無方，此乘塞關外者，可撤乎？不可撤乎？宋祖欺人孤寡，取天下得於契丹嘯蹴之餘，不二十五年而爭盟，欣然封禪。我太祖、太宗，光還日月，誰敢爲不潔之談？穆宗不動一旅，而收順義；神祖不憚大師，以復朝鮮之宇。今西喪卜部，東陷朝鮮，中外諸臣，恬不爲意。臣非謂寧、錦六七萬，便可犁建州。彼既據瀋陽，西面攻略，必渡坌河。出臨潰之外，北歷興、寧千七百里始至宣口，即中折而回三協諸口，亦已七八百里。今從錦、義至静寧堡，彼所必經一二百里，距瀋陽五六百里耳。静以觀其釁，逸以待其歸，彼之有虞於寧、錦，猶寧、錦之有虞於彼也。彼兵雖盛，散於各部，不能長聚六七萬人以待引弓。彼以一州之衆，馳千七百里，何必有餘？我以天下之力，應五六百里，何必不足？度邊臣之意，以久戍之卒，當猝至之敵，無衆不摧，不如以不戰之飽與彼，以有生之安與我，是不言款而款已久。猶恐以一朝之戰，敗其終年之款；思以其不款之款，文其不戰之戰。光考在御，旬日間發帑二十餘萬，未底厥成。今可以苟簡終之，但請立爲擣虚斷後之令，敵以數萬騎出千里之外，我不能以數千騎擣五百里之内者，誅無赦。敵以十餘萬騎出千里之外，我不能以數萬騎擣五百里之内者，誅無赦。又爲之令曰：敵以萬騎出千里歸，我不能以二萬騎邀其輜重者，誅無赦。如此彼必不敢遠出，必憒而與我持於堅城之下，我始得斂兵，專以老之撓之，設奇以致之，多方以誤之，以八九萬人全力，與遵、薊相犄角，即錦、義之間固已，可伏而笞其背矣。今聽敵入平，今日曰出宣府，明日曰出大同，今日曰駐馬肺山，明日曰駐青澗口，經春涉夏，逍遥不歸。絶不聞遣一卒擾其虎穴，又烏用是遼撫爲者？遼撫既無成謀，内受算於樞臣；樞臣又無成謀，外受算於錦帥。款事成，則逃眚旦夕之間，貽釁三年之後；不成，則謂外有王、田之智，内無高、張之忠，委過朝端，安受禍敗。昔唐憲宗獨斷而平淮蔡，然遇藩鎮大事，皆咨策杜黃裳，謀於李絳，詢於裴垍，納諫於白居易，後乃委心於裴度。方今上天告災，星象示儆，宜以實示羣情，無以文稽衆論。惟陛下發樞臣前後諸疏，衆正其罪。」上方倚信嗣昌，議雖不行，心銜道周。會象昇以憂求解任，嗣昌意在陳新甲，並推在籍守制者。先是，嗣昌奪情，道周三具疏，以事遂中止。至是，聞會推宣督之命，遂上疏曰：〔七〕「臣觀古今治跡，其典章法度，雖受於先王，義不敢改；至於事窮勢極，亦時通變，以盡其神。惟綱常所繫，爲臣教忠，爲子教孝，垂憲萬世，本於民彝，不可易也。禮：三年之喪，君命不過其門；兵革鑿兇，時出戎右，不施於士大夫。宋時武弁如田況、岳飛，皆累乞終制。我太祖以劉基、宋濂帷幄之任，特聽其奔喪，嗣後雖有奪情，終違物論。嘉靖中葉，以邊圉事殷，特起楊博於宣大，還翁萬達於本兵。然其時博且禫矣，又以夙歷移近雲中，萬達以尚書降左侍郎，棲遲不數日，墨衣視事，世宗亦心非之，卒罷閑以去號。自是非終喪不稱起復也。張居正以不守制，損其勳名。天啟季年，袁崇煥冒起於右屯，崔呈秀靦顔於樞府，身膏斧鑕，貽唾西市。去今幾何時，而士大夫蒙面喪心，營推營復。天下無無父之子，亦無不子之臣。衛開方不省其親，管仲至比之猳狗；李定不丁繼母憂，宋世共指爲梟獍。臣前三月在經筵，見楊嗣昌吉服應召，擬已終制，今乃未然。嗣昌秉樞已垂二年，不知其何時居喪，何人推轂，而顛越至此。陛下聖德，孝治天下，小遇災眚，輒減膳撤縣，素服避殿，以厲導臣。所以然者，陛下爲天之子，三辰不輯，天有違行，猶之父母温清不安，人子爲之不櫛不沐，廢寢忘餐，以俟父母之平復，所以教孝也。今督臣盧象昇，父殯在途，椎心泣血，以俟奔喪，而羣臣動推闊遠難移之人，以緩其事。今又有並推在籍守制之旨。夫使守制者可推，則是聞喪者可不去也。是爲子者可不父，爲臣者可不子也。陛下以從月拂經，星辰陵次，輝氣違和，尚下詔求言，引躬克治，明示天下以君臣父子，皆受於天，禮樂刑政之所從出，不可替越。而人臣以哀毀不祥之身，飛揚喑咤，彼此相煽，以玷聖明仁孝之治，干天地綱紀之常，是不宜使四方聞見也。嗣昌張綱溢地之談，款市樂天之説，才智略見矣。更起一不祥之人，與之表裡，猶狼狽依肩，無益負重，陛下又何以施其鞭策乎？」上切責。及會推，竟以新甲上，道周又疏言：「臣不知新甲爲何如人，然聞其丁艱猶未終制也。古儒臣專閫，能任弘鉅，垂竹帛者，率皆本道德，敦行義，根柢甚茂，而後枝葉生焉。三代而下，如趙充國、皇甫嵩、羊祜、杜預、裴行儉、高仁厚、韓琦、范仲淹輩，皆卓然自竪，纖毫不苟，其所成就猶未造古吉甫、張仲之流。今聖主焦勞邊境，十年於兹，負氣敢諫諸臣，半棄不録，欲使軟美容悦者叩頭折枝，以倖非常之功，徹不世之業，寧可得乎？比寧、錦邊遽，東人曾未越邊，而宣、雲警報，輒云九營十營衣青蟒者無數。中樞且欲以義州馬市權畀款邊，中外譸張，幾易鹿馬之形，盡假叢神之意，空破非常之格，以授不祥之人。《傳》曰：『天子守在四夷。』又曰：『王者有征無戰。』誠使禮樂修明，舉錯各當，忠讜在朝，貪佞在野，以此守何不固？征何不服？古亦有忠臣孝子，無濟於匡攘之用者，決未有不忠不孝而可進於功名道德之門者也。臣雖孱懦，然自二十歲躬耕，胼胝手足，以養二人；四十餘削籍，徒步荷擔二千里，〔八〕不解扉屨。今雖逾五十，然非有妻子之奉，婢僕之累。所纂數卷書，已移月可畢，筆札干楯，均爲報恩。天下果無人，臣願解清華以執鎖鑰，何至使被棘負塗者祓不祥以玷皇化哉，方今熒惑漸次箕、尾，是爲燕分，九、十月交，〔九〕當南斗口。雖有道儒者所不談，然思患豫防，聖人所誡。新甲聞報，崎嶇秦蜀，發表束裝，度須百日，比其載道，已垂半載。象昇空以煢煢歸說之身，待其遲遲援琴之道，所謂乞河神而濡突火也。」疏入，上滋不懌。九月，御平臺召對，謂道周曰：〔一〇〕「朕幼而失學，長而無聞，賴以講臣之力，啟沃朕心，少知天理人慾兩端。夫無所爲而爲之曰天理，有所爲而爲之曰人慾。爾前疏適當枚卜不用之時，可謂無所爲乎？」對曰：「天人義利之辨，臣嘗聞之矣。臣以綱常名教爲心，不以功名爵禄爲心，自信無所爲也。」上曰：「朝推新甲，爾疏夕至何也？」對曰：「前旨云『不拘守制』，知新甲矣。始嗣昌欲用新甲，臣疏夙具，適相會耳。」上曰：「三疏皆上，而云阻於際會，何也？」對曰：「臣同鄉御史臣蘭友，給事中臣楷已有章矣，恐涉嫌疑，故臣疏未上。天下綱常、封疆大計，若終不言，後將莫及。且言路未有言者，臣之有言，非得已也。」上曰：「清，美德也。小廉曲謹，非清也。且汝言辯而多非，前講所云子思一生以誠明爲本，是也；云誠出於清，仁生於誠，非也。」對曰：「曲能有誠，此誠出於清之説也。孝弟爲仁之本，此誠生仁之説也。夫惟孝弟之人，能理天下，生萬物。不孝不弟，本實撥矣，禮義廉耻盡矣，何事之能成？」嗣昌進曰：「道周責臣奪情起復，是也；其謂臣營推營復，非也。臣不幸遭臣父之艱，又遭繼母之憂，臣不生爲空桑，豈不知有父母？君爲臣綱，父爲子綱。古者列國之君臣，尚可去彼適此，今則一統之君臣，無所逃於天地。即臣父母皆受君恩，臣於君臣，尤重於父子。況臣乞終制者三矣。至奉明旨，撫按敦迫，自分何能敢復晏然？倉皇奔命，行至保定，猶乞終喪，引成化間修撰羅倫事，意謂今詞臣中，必有博通古義，親切論思，可代臣直言，上回天聽。比入京，聞道周品行學術，士類所宗，必有持正之言，可以使臣終制而去。不謂其疏中自稱不如鄭鄤，臣乃太息而絶望也。古人有言：禽獸知母不知父。鄤杖母，禽獸不如。道周又『不如鄤』，未知道周之於綱常何如也？」上曰：「卿爲卿父屢疏，昭然。數年在外，並不携家人，墨衰視事，朕自知卿耳。且道周所言不如鄭鄤，朕正欲詰之。」嗣昌曰：「臣以綱常名教所關，不容不辨。道周實清介，人望所歸。乞罷臣放還歸田里。」上温慰之，且斥道周邪説。道周曰：「臣平生耻言人過，今與嗣昌爭論於上前，非體也。但爲天下後世，留此綱常名教，不得不然。」上曰：「對君有體，狂詈何也？」道周曰：「臣疏中惟『猳狗』『梟獍』兩語，不無過激，然遭遇聖明，故敢直言。夫立言，甚難也。綱常名教者，朝廷之綱常名教；禮義廉恥者，國家之禮義廉恥。假以臣爲一人之私，緘默取富貴可矣。」上曰：「爾借題污詆大臣，別有所爲耳。」道周曰：「司馬光有言：『臣若有專司，則有所不言；如爲論思，則無不可言者。』臣受論思之職，與嗣昌比肩，當言而言，不得云詆毀大臣。讀書五十年，無一言一事不可對君親、告妻子。臣躬耕二十年，手足胼胝，四十喪親，負土作墓，畚鍤皆臣自操，故奪情之事，所不忍見。」上曰：「爾如是，云不如鄭鄤，何也？」道周曰：「匡年棄於通國，〔一〕孟子不失禮貌；孔子自云辭命不如宰予。臣謂文章不如鄭鄤。」上曰：「鄤自絕人倫。許曦小臣，猶知公論，爾曾曦之不如。」道周曰：「宋人惡李定不持母服，擬賜孝子徐積粟帛以諷之。臣奉彈嗣昌，則非救鄭矣。」上曰：「少正卯亦稱聞人，徒以言僞而辯，行堅而僻，記醜而博，順非而澤，不免孔子之誅。今之人多類此者。」道周曰：「少正卯心不正，臣心正者也。」上曰：「朕知爾操守，雖屢進屢退，終欲用爾。不圖偏矯恣肆，乃至於此。念以講官，姑寬爾。」因令之去。道周猶不起，有所陳。上怒。嗣昌曰：「道周所言，經也；臣拜命，權也。惟上優容之。」已出，上止諸臣，諭之曰：

「今者内寇外邊，天妖地震，朕不能發諸臣公忠爲國之心，宣德化，芟禍亂，所賴諸臣匡朕不逮。而乃黨同伐異，沮撓朝廷用人之權，是外寇易治，内寇難除也。今有仍前軫者，立置重典。」明日，謫江西布政司都事。〔一二〕道周既謫，而名愈重，天下稱直諫者，必曰黄石齋。十三年，福建巡撫解學龍薦閩中人才，以道周爲冠。〔一三〕上大怒，緹騎逮學龍及道周，詣北寺對簿。是日，黄霧四塞，日眚無光，各杖八十，下詔獄入白雲庫。獄卒曰：「此周順昌、周宗建畢命所也。」視北鎮撫司事滕胤玉給藉草餽槖饘。作《重生生詩》。監生涂仲吉上言：「道周通籍二十載，半居墳廬，一生學力，止知君親。雖言嘗過戇，而志實忠純。今喘息僅存，猶讀書不倦，此臣不爲道周惜，而爲陛下天下萬世惜也。昔唐太宗恨魏徵之面斥，至欲殺而終不果；漢武帝惡汲黯之直諫，雖遠出而實優容。陛下欲遠法堯舜，奈何出漢唐主下？」户部主事葉廷秀亦疏救，俱下獄廷杖。初，上命天下共表《孝經》並《小學》頒行，道周於庫中作《聖世頒〈孝經〉頌》，頌曰：「粤稽天德，厥貴恒性。于皇師天，永孝配命。師天永孝，乃立民極。明明我皇，允惟天德。」餘姚孫嘉績，亦繫白雲，從道周受《易》。刑部尚書劉澤深擬瘴戍，再奏不允。澤深上言：「道周之罪，前兩疏已嚴矣，至此惟有論死。死生之際，臣不敢不慎也。自來論死諸臣，非封疆，則貪酷，未有以建言誅者。今以此加道周，道周無封疆貪酷之失，而有建言蒙僇之名，於道周得矣，非我皇上覆載之量也。且皇上所疑者黨耳。黨者，見諸行事。道周具疏空言，一二臣工，始未嘗不相與也。今且短之，既而斥之，烏有所謂黨，而煩朝廷之大法耶？去年行刑時，忽奉旨停免。今皇上豈有積恨於道周？萬一轉圜動念，而臣已論定，噬臍何及？敢仍以原擬上。」上從之，戍辰州。〔一四〕自十四年正月入詔獄，積十有四月始得出。〔一五〕作《再重重生》詩。學龍、廷秀、仲吉亦戍。道周道南都，至杭州，諸生迎至大滌，析鵝、鹿疑義，示《三易指歸》《詩》《禮》《樂》《春秋》及樂律，論儒派。八月，荷芟入楚，未至。上議起廢錮，禮部右侍郎蔣德璟言：「前少詹事臣道周，愚戇之咎，實皆自取，第半生孤苦，子幼家貧，萬里投荒，深可軫念。」德璟旋入閣。八月日講，上與輔臣從容語及張溥、張采之爲人，曰：「溥小臣，且不免偏，何以負重名？」周延儒進曰：「張溥、黃道周，皆爲偏，惟是讀書博通，所以人人惜之。」上默然。德璟因言：「前蒙皇上放道周生還，渠極感聖恩，但子方十歲，得免其永戍，量移內地，皆出憐才好生之德。」上微笑。德璟又言：「道周在獄時，寫有《孝經》百本，每本作文一篇，是感頌聖德。」黃景昉、陳演、吴甡合言：「道周事親孝，且清苦極不可及。」延儒言：「即其讀書，亦尚可用。」上不答，惟微笑而已。明日，手勅：「曩諸先生面奏，永戍黃道周清操博學，見今戍遠子幼，朕心不覺憐憫。彼雖偏迂，經此一番懲創，想亦改悔。人才當惜，宜作何赦罪，酌用密議來奏。」輔臣上言：「道周向來未經追琢，每有任性率意之咎。自蒙恩譴，裁抑陶鎔，聞已甚悔前非。每日在獄，手書《孝經》，極其感佩天恩，頌揚聖德。恭睹皇上勤學好問，稽古考文，臣等自慚固陋，未能仰承萬一。因思及道周博雅，遂據臆陳，伏蒙皇上憐其貧苦，鑒其改悔，而軫及於人才當惜，赦罪酌用。斯真造化生成之恩，天地覆載之量。原道周職詹事府詹事，〔一六〕今既蒙恩赦用，似當還其故秩，以備史局編摩，更足資其一得，此又非止從道周起見也。」上報「可」，命即擬旨。輔臣復上言：「皇上此舉，衆美俱備，從此知學行之足貴，信廉吏之可爲，所裨於作人磨世，君德治象非細。」是日，詔復道周少詹事。都下臣民，中外相慶。道周已至九江，朝命敦促就道。旋請假歸里。以學龍、廷秀等尚在戍所，席藁請命，亦得釋。道周既歸漳浦，堅卧不出。明年甲申三月，京師陷。福王立於南京，起吏部右侍郎兼翰林院學士。〔一七〕時馬士英當國，道周入朝，無所爲。乙酉三月，奉命祭告禹陵，舟泊龍江灣，夢高皇帝呼曰：「卿竟舍我去耶？」對曰：「朝廷舍臣，非臣舍朝廷。」時左都御史劉宗周去國，道周祀陵，留連紹興彌月，三謁宗周，固卻不見，曰：「際此亂朝，豈大臣徜徉山水之日？」道周聞之，即行。南都潰，馬士英東奔錢塘，道周逢之江上，痛詈之，士英落靴走。〔一八〕及浙省降，宗周與門人前吏科都給事中章正宸等謀起兵，求道周計事，不獲，悔曰：「石齋夙有淵思，吾初不宜拒之太深。」

唐王在位，訪故臣於張家玉，薦道周，〔一九〕王拱手曰：「得此商彝周鼎，當爲廊廟羽儀。」道周來自浙，拜大學士兼吏部尚書，位首輔。鄭芝龍以公爵班宰相上，道周爭之。芝龍不肯出兵，道周憤時事不可爲，而荷殊絶之知，乃自請視師，經略江西。〔二〇〕芝龍不與一卒，道周親書告身奬語號召，得百餘人徑進，出杉關，〔二一〕衆至萬人，田夫荷鋤從之，曰扁擔兵。開府廣信，與楊廷麟、萬元吉爲呼應。王命家玉出屯金溪，以爲之援。道周遺家玉書曰：「道周之年，不能致遠，爲皇上爲馬；道周之力，不能任重，爲皇上爲牛；或者左右拾遺，因事靖獻，道周其皇上晨雞乎。」時魯王上書福州，稱皇叔父，不稱陛下。唐王怒，殺其使者陳謙，遂積隙。道周移書浙東大臣張國維、熊汝霖等解之，大略謂：東遷以還，藉力晉、鄭；葵丘而後，推德桓、文。上愛殿下，篤於所生，勿以降階之問，爲博達所笑。其冬，徽州陷，道周提兵赴救。新守婺源令，故門士，以書紿約内應，〔二二〕抵明堂里，猝遇大清將張天禄，被執。〔天禄，史可法故將，一云道周武闈所録士，致書言：「北軍欲附，須單騎撫之。」公方巾儒服行。〕〔二三〕從者，職方福州趙士超，通判六合毛玉潔，中書平和賴繼堂、〔二四〕龍溪蔡春溶。順治三年丙戌正月七日，入徽州。元宵，見張燈爲魚龍百戲趨營帳，念民，爲之泣下。至南京，置西上門故尚膳監中，先後絶粒十餘日，作《自輓》詩，書後曰：「丙戌就俘以來，義在必死，未了諸緣，無所復憶。所憶者爲《春秋表正》《詩畧正》二書未就，及未登嵩室，陟華嶽之巔耳。《表正》爲少時舊書，墜婺源明堂，想已廢於兵火，無復能讀之者。嘗讀陳無涯兄弟裁其大略，[二五]不知能竟之否？《畧正》必須吾自草，無復能傳其意者。如嵩、華二嶽，先年欲以黄冠丐此了願，當遣戍辰州，乞多千里移去潼關，爲林讓菴銓部所尼，垂老得此，坐華巔，卧王屋，執筆以事《詩》《春秋》，雖禮北斗、受玉虹，不爲過矣。生平所歷黄山、白嶽、匡廬、九華、浮丘、龍首、穹窿、玄墓、洞庭、三茅、天目、徑山、西陵、委宛、天台、雁宕、羅浮、懷玉，一十八翁，要當一一謝之。生死千秋，未必再晤；風雷楮墨，載其精神，亦使衆山聞之，謂我不薄也。」[二六]又云：「武夷、天姥，繫於維桑；大滌、焦桐，爲吾講舍，寤寐相綣，未之辭焉。」三月十五日畢命。[二七]韓四維子僧某殮而瘞之。[二八]凡八旬中，賦詩三百十一章，自名《石齋逸詩》，曰：「石齋死後，世當傳之，以當逸事。」年六十一。[二九]贈文明伯，立廟福州及漳浦。所著有《三易洞璣》《易象正》《緇衣儒行坊記表記集傳》、司經局進呈諸書、《行業詠業焚草》《解遼環》《解齊環》《榕壇問業》《逆流草》《駢枝集》《浙閩策問》《洪範月令明義》《孝經大傳》《鄴書》《大滌函書》《逸詩》行世。夫人蔡，名玉卿，能倣道周書，嘗集兵萬人，號「夫人軍」，已而饟乏，解。[三〇]子四：子中、子成、子和、子平。

論曰：莊烈自信王繼統，無腹心股肱之助，不動聲色而除魏忠賢，天下欣然以爲明王復出。洎臨御十七載，憂勤宵旰，終用身殉。後之論者，不欲以亡國之咎訾之。然剛而自賢，莫肯慮下，屢用詔獄、廷杖以待言者。任人理財，每與《大學》平天下之道反其好惡。觀黃道周、劉宗周之進退，亦可見矣。其失天下，不可謂已無以取之。宗周粹然儒者，非一代之士。道周説經議事，與匡衡、劉向相類，而直節則李膺、范滂之流，雖才不及濟亂，要亦三百年之元氣所留也。嗚呼！後之人主，無執理任剛，決於違諫，使君臣俱覆，以宗社爲孤注如莊烈者，可不鑒哉！

（清邵廷寀《東南紀事》卷三，神州國光社一九五一年版）

【校勘記】

〔一〕「讀書白鹿洞」，並無此舉。

〔二〕「威宗即位，起原官」，詳見《明儒學案》〔三〕。

〔三〕「遷左中允」，據《黃漳浦集》中《在詞林既九載以〈實録〉成得遷宮允猶未謝恩值舊輔錢龍錫非罪下獄四顧廷臣無復言者中夜草疏排衆叩閽並作小詩以別内子六章》《恩澤詩》自序、《欲辭銀綺揭》《辨仁義功利疏》署銜等，崇禎三年十一月二十六日前，黃道周因天啟四年預修之《神宗實録》竣工。得擢右中允。其餘詳見《國壽録》〔五〕。

〔四〕「庶士黃景昉」，據《明史·職官志》，及《明實録》本年二月，當作「庶子黃景昉」。

〔五〕「今寧、錦、三協，僅十六萬」，詳見《明儒學案》〔九〕。

〔六〕「上感動，已復班，更召詢，道周言」迄「上深是之，而未能行」段，據《黄漳浦集》中《補牘陳言疏》《遵旨回奏疏》《京師與兄書》，及《明實録》本年二月，明孫承澤《山書・司寇下獄》，洪譜、莊譜本年，《明史》中《鄭三俊傳》《黄景昉傳》《文震孟傳》《姚希孟傳》等，崇禎十一年二月十二日黄道周首次侍經筵，並隨班召對二次，承問保舉、考選孰佳，諷諫用人失當，並救鄭三俊，爲文震孟、姚希孟申雪。次日，上《補牘陳言疏》，内亦有「立朝之才，存乎心術」等語。十七日，鄭三俊獲釋。二十三日，以「《補奏》亦未明切」與偏袒鄭、姚等因奉旨回奏，二十五日遂上《遵旨回奏疏》，三月一日駁下，以「語多支飾」令再奏，遂上《遵旨再奏疏》。初九日，得旨不究。

〔七〕「先是，嗣昌奪情，道周三具疏，以事遂中止。至是，聞會推宣督之命，遂上疏曰」，據《黄漳浦集》中《論楊嗣昌疏》《論陳新甲疏》《退尋清仁之旨疏》，及明孫承澤《山書・清仁之旨》《明史・楊嗣昌傳》等，崇禎九年秋楊嗣昌奪情任兵部尚書，冬黄道周聞警出山，十年正月初一日黄道周朝見，三月楊嗣昌到任，十一年五月崇禎帝欲拔楊嗣昌入閣，遂命會推閣員，六月十三日會推，二十四日楊嗣昌入閣，二十八日黄道周聞楊嗣昌薦陳新甲奪情總督宣大，始草《論楊嗣昌疏》（本處援引其片斷），二十八日又聞會推陳新甲，遂撰《論陳新甲疏》（本處援引其片斷），同月聞楊嗣昌、方一藻與清人秘密媾和，乃草《論方一藻疏》（即上文所引)，但據《退尋清仁之旨疏》自謂，此三疏「皆厄於時會，不能自達」，至七月初三日以「今日不言，使後世人言之，臣死有餘耻」草成《退尋清仁之旨疏》，連同「前三疏並附實封」，「遣役代賫以聞」。

〔八〕「徒步荷擔二千里」，《黃漳浦集·論陳新甲疏》及《罪惟録》本傳、《皇明四朝成仁録》本傳等，皆作「徒步荷擔一二千里」。

〔九〕「九、十月交」，詳見洪譜〔四一〕。

〔一〇〕「九月，御平臺召對，謂道周曰」，誤。詳見《明儒學案》〔一〇〕。

〔一一〕「匡年棄於通國」中「匡年」，據《孟子·離婁》及明孫承澤《山書·爭執綱常》等，當作「匡章」。

〔一二〕「明日，謫江西布政司都事」，誤。詳見《國壽録》〔三六〕。

〔一三〕「十三年，福建巡撫解學龍薦閩中人才，以道周爲冠」，誤。詳見《罪惟録》〔一四〕。

〔一四〕「戌辰州」，詳見洪譜〔五一〕、〔五二〕。

〔一五〕「自十四年正月入詔獄，積十有四月始得出」，據《黃漳浦集》中《赴逮與兄書》《庚辰五月二十三日辭墓就逮時緹騎尚在南昌中夜出門諸友環顧不及爲別匍匐至水口揮手謝同人悵然有作》《獄中乞恩疏》《獄中再乞恩疏》《寄家書》等，及明李世熊《寒支二集·祭彭躬庵文》，明方以智《跋南泉所藏銅海書帖》《靈前告哀文》，明孟應春《題易象正》，明錢謙益《徐霞客傳》，明黃景昉《黃道周誌傳》，明孫承澤《山書·司寇正告》等，黃道周崇禎十三年五月十二日前聞逮，二十三日赴逮，六月十五日在南昌就逮，七月下旬抵京，八月初一日或初二日受杖，旋下刑部監獄，次年十二月十九日出獄改戍，即使以入刑部獄算起，凡在獄亦達十六個月以上。

〔一六〕「原道周職詹事府」後，脱「少」字。詳見《明儒學案》〔八〕。

〔一七〕「福王立於南京，起吏部右侍郎兼翰林學士」中「右」字，當作「左」，詳見《國壽録》〔一八〕。

〔一八〕「道周逢之江上，痛詈之，士英落靴走」，據《黃漳浦集》中《潞王監國記》《潞王監國箋》《潞王監國表》《請召劉宗周姜曰廣高弘圖楊廷麟劉同升以收人心箋》《論馬士英阮大鋮賣君國箋》《命師箋》《潞王勸進表》《臨安勸進疏》《逃雨道人舟中記》，弘光元年六月初七日黃道周自金華募師抵杭州，馬士英等已自南京逃至杭州，次日奉潞王行監國禮時，黃、馬不協，然未見痛詈事，十一日清軍逼近，馬士英挾潞王離去，黃道周攜長子黃子中、弟子涂仲吉，移舟富春江南下。

〔一九〕「唐王在位，訪故臣於張家玉，薦道周」，詳見《皇明四朝成仁録》〔一八〕。

〔二〇〕「乃自請視師，經略江西」，誤。詳見《明儒學案》〔一四〕。

〔二一〕「得百餘人徑進，出杉關」，誤。詳見《國壽録》〔二一〕。

〔二二〕〔二三〕「新守婺源令，故門士，以書給約内應」，與「致書言：『北軍欲附，須單騎撫之。』公方巾儒服行」，皆誤。詳見明黄景昉《黄道周誌傳》〔八〕

〔二四〕「中書平和賴繼堂」，誤。詳見鄭譜〔一一〕。

〔二五〕「嘗讀陳無涯兄弟裁其大略」中「讀」字，《黄漳浦集・告辭十八翁詩自序》作「囑」，是。

〔二六〕「作《自輓》詩」迄「謂我不薄也」段，據黄道周手書《石齋逸詩》（一九一五年石印本），及《黄漳浦集》中《告辭十八翁》《自輓》（又名《自詛》），當作「作《告辭十八翁》詩」。

〔二七〕「三月十五日畢命」，詳見洪譜〔八六〕。

〔二八〕「韓四維子僧某殮而瘞之」，詳見《國壽録》〔一三〕。

〔二九〕「年六十一」，據《黄漳浦集》中《續離騷・離疚上》自序《贈考青原公墓志》《孤軍莫救危疆難支疏》，及黄道周《榕壇問業》第十八期題蔣德璟《榕壇十八問》，洪譜、莊譜等，當作「年六十二」。

〔三〇〕「嘗集兵萬人，號『夫人軍』，已而饟乏，解」，據明洪思《文明夫人行狀》，當無其事。

黃道周傳

〔清〕陳汝咸等 撰

黃道周，字幼玄，號石齋，銅山人。十歲作古文詞，若有神授。未成童，多長者交遊。嘗抵博羅謁韓大夫日纘〔一〕，韓驚異，禮爲上客。每策馬遍歷羅、浮諸名勝。博羅多豪貴人，皆因大夫交歡。即席酒酣，援筆立就數千言，名大噪起。丁父憂，有《續騷》諸作。天啓二年第進士，選庶吉士。歷編修，與修國史實録。故事，經筵展書官必膝行而前。道周獨否，閹魏忠賢目攝之，不爲動。予告歸。葬父北山，結廬其下，躬畚鍤。丁内艱，服闋。崇禎一年，〔二〕出典浙江鄉試，以《神宗實録》成，晉右中允。明年冬，〔三〕抗疏救故相錢龍錫，竟貶秩調他曹，〔四〕而龍錫卒得減死。科臣有啣道周者，以蜚語摭典浙試事。疏乞休，許之。濱行，上疏，大意謂：「陛下有『大君』之實，而小人懷干命之心。自臣入都以來，所見諸大臣，皆無遠猷，動尋苛細；治朝宇者以督責爲要，談治邊疆者以姑息爲上策；序仁義道德則以爲迂昧而不經，奉刀筆簿書則以爲通達而知務；一事磨勘則葛藤終年，一意不調而株連四起。」帝不懌，摘「葛藤」「株連」數語，令再陳。道周上言，謂：「邇年以來，諸臣所目營心計，無一實爲朝廷者，其用人行事，不過推求報復而已，此非所謂『葛藤』『株連』乎？臣觀古之聖賢：外患未弭，則大臣一心以憂外患；小人未退，則大臣一心以憂小人。今獨以此遺之君父，而大臣自處於催科比較之末，臣所謂舛也。」語皆刺時相周延儒、温體仁。上以爲挾私逞臆，斥爲民。掛冠出都門，過兗州，至曲阜，徘徊孔林、周文公廟不能去。遂歷黃山、白嶽、九華、匡廬諸勝，[五]建大滌書院。大滌，即宋洞霄宫，在餘杭西，舊祀李伯紀、朱紫陽。冬，抵墓下。復治壙廬。時聚徒講學於郡治紫陽祠，遠近畢至。九月，用薦召復故官。明年，分校會試。[六]閏四月，久旱修省，上言曰：「邇來邊圉洊驚，寇攘式内，廉耻道衰，人心盡喪，非有獨立不懼、有殞無二之臣，必無以灑發夙心，湔除暮氣。」[七]六月，又上疏曰：「幸逢陛下好生，下詔求言省刑清獄。然方求言而建言者輒斥，方清獄而下獄者旋聞。陛下有仁智之端，大臣鮮擴充之力。當此南北交訌，奈何與市井細民申勃磎之談、修睚眦之隙乎？」時温體仁方招奸人，興東林、復社之獄，故道周言之。晉左諭德，掌司經局，疏辭，有「三罪、四耻、七不如」語。[八]時鄭鄤以杖母被詬，道周言文章意氣轗軻磊落不如錢謙益、鄭鄤。帝怒其倒置是非，令陳狀復奏；又以語多營護，怒益甚。冬，擇宫僚，時相體仁罷，張至發當國，擯道周不與。同僚項煜、楊廷麟、給事中馮元飈並推讓道周。至發愠，偕同官疏辯謂：「鄭鄤杖母，明旨煌煌，而周自謂不如，是可爲元良輔導乎？」遂稱病乞休，不許。以司經局少藏書，乞發成祖《聖學心法》《廣昭鑒録》《務本訓》四書謄録布之詞臣，〔九〕及他御製書。詔可。遷少詹事，兼管玉牒。十二年，侍經筵，承問人才。〔一〇〕退，補牘言人才必須培養，又言剿賊當審形勢，其語甚具。會鄭三俊下吏，時官黄景昉救之。因上疏推□。〔一一〕旨下切責。再疏。以「文飾」譴。〔一二〕道周前有疏纂述《洪範》等書，未就，乞寬假數月去。有旨：「得卒業。」〔一三〕時楊嗣昌奪情入閣，陳新甲奪情起宣大總督，方一藻以遼撫議和。道周草疏分劾，同日上之。其劾嗣昌，謂「天下無無父之子，亦無不子之臣」。論新甲，謂「新甲守制未終，聞其走邪徑，托捷足。天下即甚乏才，未宜移借及此」。論一藻，則方詆和議之非。〔一四〕奏上，帝持三疏不下，召對平臺，謂曰：「天下事，無所爲而爲者，謂之天理；有所爲而爲者，謂之人慾。」道周所對不合，又以「綱常名教」廷責嗣昌。嗣昌因摭鄭鄤事抵道周。道周奏：「大臣聞彈，義當退避，未有御前爭辯，不容小臣盡言者。」嗣昌始引咎乞還。帝因問道周：「爾言不如鄭鄤，何也？」對曰：「臣言文章不如鄭鄤耳。」又問：「爾言陳新甲走邪徑，托捷足，果遣人行賂耶？且『軟美容悅，叩首折腰』者誰？」道周言：「人心邪，則行徑皆邪。」帝又曰：「喪，固凶禮，豈遭喪者盡不祥之人乎？」道周曰：「古三年之喪，君命不過其門，自謂凶人不祥。故兵禮『鑿凶門而出』。奪情，在邊疆則可，在中樞則不可；中樞猶可，在政府則不可。」駁問久之，帝因言：「少正卯言僞而辯，行僻而堅，故不免聖人之誅，今之人多類此。向以爾偏激，稍示裁抑，後以操守賜環，不圖恣肆如此！一生學問，止成佞口耳！」道周叩首，復將「忠」「佞」二字奏辯。帝曰：「非輕加爾『佞』，但所問在此，所對在彼，非『佞』而何？」再叱之退。先是，五月間道周草疏，俾班役投會極門。班役恐疏上必敗枚卜，乃駕言會極門中官索錢。道周貧，無以應。至會推旨下，班役絕望，遂並投三疏。〔一五〕故小人揣摩，以此間上。上亦遂疑道周平日言行之出於僞也。時上怒甚，然亦奪於公議，止謫江西布政司知事。〔一六〕未幾，江西巡撫解學龍循例薦所部官，謂道周堪任輔導。故事，但下所司，不復閲。而閣臣魏炤乘乃擬旨責學龍濫薦。〔一七〕帝怒，立削二人籍，遣使逮治，責以黨邪亂政，並廷杖，繫刑部獄究黨與，欲置之死。詞連黄文煥、陳天定、董養河、文震亨，俱詔獄。户部主事葉呈秀、〔一八〕太學生涂仲吉先後疏救。上怒，廷杖呈秀、〔一九〕仲吉。時道周繫獄中，諸獄吏日奉紙筆乞書，道周爲書《孝經》當役錢，凡一百二十本。〔二〇〕感「明夷」事，著《易象正》，方草十二圖，錦衣校以筐籃徵道周急，道周恬然謂諸校曰：「俟吾畫一圖成就逮耳。」校怒，擁之去，諸圖像翻播床下。至北寺，與仲吉對簿，受械鞫創甚。杖仲吉百，同繫北寺。獄已，復逮呈秀與諸人對簿。〔二一〕呈秀與道周實未相識，〔二二〕乃囚服從容交揖通姓名；次及學龍，相與噫噓久之，伏聽鞫。當時株連者幾二十人。既復移西庫，道周上疏自理。會諸内侍時購所書《孝經》入内，上時一見之，指爲「好名」。乃羣小搆爲「福黨」之説，以激上怒，欲必殺道周而後已。尚書劉澤深等議，謂道周不宜以建言誅，使朝廷負殺直臣名。得遣戍廣西。〔二三〕所株連諸人亦各分戍。既而楊嗣昌死，周延儒再當國。一日，上御經筵，歎講官不學。延儒進曰：「惟黄道周識雖偏，而學則長。」次輔蔣德璟因言道周貧且病，乞移近戍。延儒曰：「皇上無我之心，有同天地。既道周有學，便可徑用，何用移戍？」上笑而不言，遂傳旨復故官。乃疏謝病歸。於江東橋上築講舍，號「鄴山」。抵家守墓。歲癸未，成《孝經集傳》。明年，會於浦邑之明誠堂。其日，郡邑有司及鄉大夫士畢至。堂設先聖賢位，具鐘磬琴瑟，立監史讀誓戒，以次問難，即席歌《詩》，賓主百拜，酬酢退。復於鄴山講學，如明誠堂，凡一再會。而燕都變作，追恨時事，瀝爲詩章，泣血嚼齒不能自禁。弘光南渡，起吏部右侍郎。至，則陳進取九策，優旨報聞，拜吏部尚書協理詹事府。〔二四〕以朝政日非，著《興元紀略》。見意諸正人若劉宗周、〔二五〕姜曰廣輩皆去國，道周亦決志去，因乞祭禹陵。尚棲遲浙水，而南都覆没矣。國亡之後，奉思文入閩，遂首政府。會賜宴，鄭芝龍以侯爵欲位道周上。與爭之力，卒抑芝龍。由是文武不睦。有諸生上書詆道周迂腐不可用，思文知其出芝龍意，下督學御史撻之。然是時政歸鄭氏，諸將帥皆觀望，無肯出死力。道周憤，自請督師出關。〔二六〕然不能發其一甲，轉其斗粟，徒以忠義激發。旬月之間，揭竿雲集。由廣信出衢州。〔二七〕進至婺源，一軍盡覆，被執。羈婺源，七日不食。不死，復進水漿。至新安橋，〔二八〕復絕粒。至留都，分縶諸從者，獨幽禁城。改繫尚膳監。夜聞鐘，感舊事，得絶句百餘首，哽咽絶續。左右時時折玉梅爲供，令人弄北琴娱道周。乃益悲憤，不食十四日，猶不死。〔二九〕遇生日，作《蒿里》十章以自弔。三月五日，騎擁過西華門，坐不起，曰：「此與高皇帝陵寢近，可死矣。」監刑者從之。〔三〇〕及門賴繼謹、趙士超、蔡春溶、毛玉潔，皆從死。傳首至徽示衆，門人陸自巖以千金購得之，合身首殯金陵鳳臺門外五里，立黄石爲記。〔三一〕越數載，長子麑與門客趙子璧往金陵扶櫬，〔三二〕歸葬北山先人墓側。道周學貫天人，詩文敏捷，博奥黝深，不可卒讀，而妙義迴環，討繹不盡；旁及天文曆數、《皇極》諸書。所著《三易洞璣》《易象正》《革象新書》，學者窮年不能通其説，而道周以之推驗治亂若發覆。自幼以忠孝爲分内事，出則言朝，入則守墓講學著書，無他嗜好。嘗自推年曆至六十二歲止，果如左契。論者比之文信國云。

（康熙《漳浦縣志》卷一五，漳浦縣政府財務委員會一九三六年排印本）

【校勘記】

〔一〕「日纘」，據張哲民《從銅山到漳浦——黄道周入仕前經歷考辨》，當作「鳴鳳」。

〔二〕「崇禎一年」，據《黄漳浦集》中《浙試録序》《恩澤詩八章》自序、《在詞林既九載以實録成得遷宫允猶未謝恩值舊輔錢龍錫非罪下獄四顧廷臣無復言者中夜草疏排衆叩閽並作小詩以别内子六章》《救錢龍錫疏》等，當作「崇禎三年」。

〔三〕「明年冬」，據《黄漳浦集》中《救錢龍錫疏》《小解綱》自序、《在詞林既九載以實録成得遷宫允猶未謝恩值舊輔錢龍錫非罪下獄四顧廷臣無復言者中夜草疏排衆叩閽並作小詩以别内子六章》等，「明年」二字衍。

〔四〕「竟貶秩調他曹」，詳見《罪惟録》〔四〕、〔六〕。

〔五〕「遂歷黄山、白嶽、九華、匡廬諸勝」，詳見洪譜〔二八〕。

〔六〕「九月，用薦召復故官。明年，分校會試」，據黄道周《榕壇問業》第十八期弟子吕士坊跋、第十六期自序，手書《誓墓文》自跋，《黄漳浦集》中《慎喜怒以回天疏》《丙子出山携義從别親友二章》《京師與侄書》，及洪譜、莊譜等，黄道周於崇禎八年十一月十六日榕壇講席中接報復官右中允，延至次年九月聞清兵入侵京畿，遂毅然出山，十二月抵北京，翌年二月分考會試。

〔七〕「閏四月」迄「瀰除暮氣」段，據《黃漳浦集》中《慎喜怒以回天疏》《求言省刑疏》，黃道周本次上疏即《慎喜怒以回天疏》，撰於崇禎十年五月二十八日，其中「懼」作「患」、「二」作「貳」，是。

〔八〕「晉左諭德，掌司經局，疏辭，有『三罪、四恥、七不如』語」，據《黃漳浦集》中《申明掌故疏》《三罪四恥七不如疏》《救鄭鄤疏》《慎喜怒以回天疏》《求言省刑疏》，黃道周於崇禎十年五月二十六日晉升爲左諭德，掌司經局事，兼翰林院侍講，二十八日上《慎喜怒以回天疏》，六月三日上《求言省刑疏》，十三日上《三罪四恥七不如疏》。

〔九〕「乞發成祖《聖學心法》《廣昭鑒録》《務本訓》四書謄録布詞臣」，據《黃漳浦集・申明掌故疏》所列明成祖時詔授東宮四書，尚有《文華寶鑒》一書。

〔一〇〕「十二年，侍經筵，承問人才」，據《黃漳浦集》中《補牘陳言疏》《遵旨回奏疏》《遵旨再奏疏》《京師與兄書》，及洪譜等，黃道周侍經筵並隨班召對。承問人才，事在崇禎十一年二月十二日。

〔一一〕「因上疏推□」中「□」，原係空闕，清蔡世遠《二希堂文集》本傳作「獎」。又，據《黃漳浦集》中《補牘陳言疏》《京師與兄書》，黃道周在本次召對中已請崇禎皇帝赦免鄭三俊，二月二十三日奉旨回奏，遂於二十五日上《遵旨回奏疏》。

〔一二〕「以『文飾』譴」中「文」字，《黃漳浦集・遵旨再奏疏》，及洪譜、莊譜等，作「支」。

〔一三〕「道周前有疏纂述《洪範》等書」迄「得卒業」段，考黄道周此時行事，未有「乞寬假數月去」之舉，唯七月平臺召對後以論劾楊嗣昌等，被降六級調用後，於八月上《乞休疏》言及奉敕纂修諸經書：「三十萬言，凡再易草」與「惟陛下察其真病真危，許其待痊待補」，毫無「乞寬假數月」之意，況且大約同期呈上《進繳書録疏》，旋貶江西布政司都事，九月南返。

〔一四〕「則方詆和議之非」中「方」字，據文義，當作「力」。

〔一五〕「先是」迄「遂並投三疏」段，詳見《明儒學案》〔一二〕。

〔一六〕「止謫江西布政司知事」中「知」字，當作「都」，詳見《國壽録》〔三六〕。

〔一七〕「魏炤乘」，據《明史》本傳，與明李清《三垣筆記》等，以及古籍整理通例，凡人名異體字不改，當作「魏照乘」。

〔一八〕〔一九〕〔二一〕〔二二〕「葉呈秀」與「呈秀」，據《明史》本傳，及《黄漳浦集》中《獄中悔罪自明疏》《寄家書》等，當作「葉廷秀」。

〔二〇〕「道周爲書《孝經》當役錢，凡一百二十本」，據清卞永譽《式古堂書畫匯考》收録黄道周獄中《與蔣德璟書》，及《黄漳浦集・書〈孝經別本〉後》，在百二十本中，八十本寫石臺今文本付獄卒或外人，四十本「別本」又稱「定本」用於贈親友。

〔二三〕「得遣戍廣西」，誤。詳見洪譜〔五一〕〔五二〕。

〔二四〕「弘光南渡」迄「拜吏部尚書協理詹事府」段，詳見《國壽録》〔一八〕〔四四〕。

〔二五〕「見意諸正人若劉宗周」中「意」字，據文義，衍。

〔二六〕「自請督師出關」，詳見《明儒學案》〔一四〕。

〔二七〕「由廣信出衢州」，詳見《明儒學案》〔一五〕。

〔二八〕「至新安橋」中「橋」字，據《黃漳浦集》中《人日新安虜帳勉觀梅花四章》《新安元夕四章》自跋、《燈夕不堪乃遂絶粒是夜雷雨明日甲子抵晚雷電大作繞營不休凡三晝夜□□遂發予入南都六章》《發自新安謝風雷乃遂絶粒凡十四日復進水漿》等，當衍。

〔二九〕「左右時時折玉梅爲供」迄「猶不死」段，據《黃漳浦集》中《絶粒十四日不死傅君折得玉梅兩枝寄瓶中聽□弄胡琴六章》《卧禁城漸聞鐘聲蘧然驚覺次第有懷十二章》等（餘見本校勘記〔二七〕），黃道周隆武二年元宵節因憤慨新安（徽州）百姓戲燈如昔，遂再次絶食。二十一日稍前抵金陵，二十五日獨囚禁城中尚膳監，二十九日結束本次爲時十四天之絶食，時有「傅君」（疑即傅覲光對揚）爲折玉梅，並聞胡琴。

〔三〇〕「三月五日」迄「監刑者從之」段，詳見洪譜〔八六〕。

〔三一〕「門人陸自巖以千金購得之」迄「立黃石爲記」段，詳見《國壽録》〔二三〕。

〔三二〕「長子麑與門客趙子璧往金陵扶櫬」中「門客趙子璧」，據《黃漳浦集》中《江右出師情形疏》《請恤捐軀諸臣疏》等，當作「門客趙之璧」。

黃道周傳

〔清〕鄭亦鄒　撰

黃道周，字幼平，初字幼玄，漳浦人。所居漳海銅山孤島中，旁有石室，名曰石齋，故學者稱為石齋先生。

少負奇節，以孝聞。治古文詞賦，含泓六籍，鄉疾疏徹，烺烺數千言立就，語皆創獲。家貧不能從師，當安陵間，天下猶乂安，道周見儒術之日下，皇綱之不振，憂天下之將亂，年十四慨然有四方之志，不屑治博士業，聞博羅韓大夫家多異書，其人賢而好古，遂造焉。大夫與之語，大奇之，曰：『此儒者也！天其或者將興名世之業乎？』邀道周與諸子處，得盡睹所未見書。其學深於天人之際。大夫與之一馬一力，乃遍探朱明洞，作《羅浮山賦》以歸。一日策馬渡河，水驟溢，漂里許，忽振衣出，得不死，粵人頗傳有所遇。久之，踏省門試，渡釣龍江，舟覆溺焉，恍惚如夢，見一人前導至一殿，律兀嶺嶒，扁曰倪黃，頃之泊岸，又不死，道周亦竊喜自異。

年二十餘，未籍諸生，試縣童子科第一，旋丁外艱，漳浦令黄應舉遣使召之，不至，令大奇之，趨五使召。道周白衣冠揮涕至縣庭，偃蹇不拜，大聲言生命數奇，不能事吾父，安能事長者。遂趨出。令心重之，念道周貧，問所言，具悉無有；問所結撰，僅以《續騷》進。於是漳人爭傳誦焉。

既免喪三年，始補諸生。戊午，舉於鄉。壬戌，第進士。嚮之所謂韓大夫者，以詞林分考，〔一〕得道周卷，笑曰：『此必漳浦黄子也！』已而果然。遂授庶常。

方道周之初讀中秘也，璫焰方熾，同館文震孟、鄭鄤首挫其鋒，道周約繼之，屬迎母夫人陳且至，葉向高堅持不可，三疏而三覆之，乃止。〔二〕尋授編修，與修國史實錄，充經筵展書官。故事，展書官奉書膝行。道周謂膝行非禮也，平步而進。魏璫目懾之，不為動。

罷講，乃棄歸。葬父青原公於浦東，〔三〕負土成墳，遂廬墓下，所謂石養山也。尋丁內艱三年，亦毀甚。時海寇披猖，漳中士民踉蹌伏山谷，道周獨守墓不去，寇不敢犯。依以避亂者，可數百家。

久之，還朝，出典浙試，諸倖竇一時俱塞，而權貴子弟或多側目矣。事竣，晉右春坊中允。時袁崇煥督師至邊，以便宜殺毛文龍，自謂五年可空漠南。我太祖知文龍死，無內顧憂，遂觀兵略畿輔。崇煥以五萬衆赴援，壁近郊不戰，天子召之不奉詔，以中貴人質壁中，始入朝，天子怒而磔之。事連舊輔錢龍錫，逮詔獄。其事蓋溫體仁、周延儒與王坤諸奄為之也，欲因錢龍錫以起大獄，盡殺東林諸君子。時天子怒不測，廷臣無敢言者，道周中夜草疏，排閶叩閽，略曰：

『臣竊觀比來逮繫舊輔錢龍錫，拲梏鋃鐺，〔四〕對簿法庭，搶首獄吏。群臣相視，啞無一言。此自書傳以來，所未經見也。秦漢而下，宰相有犯坐請室不過數日，自非大過，或裁或原，人主未嘗不為引痛也。今纍輔所坐，循常疏率，為罪督攀緣耳。督臣受劍制閫外，僨事誤國，雖磔裂莫贖；閣臣坐綸扉，遙度邊事，不知能否成敗，浪浪叩頭，此於城旦鬼薪奚加乎？凡邊疆事最難言，勝負相倚，一彼一此。今閣臣以邊事坐誅，〔五〕後之閣臣必顧盼躊躇，不敢任邊事；又令邊臣得以瑕罅卸閣臣，後之邊臣有事，必摭閣臣隻語單詞為質，則是綸扉之內，割邊牆為殊域也。自古宰相生值明時，無大故而伏斧鑕者，惟漢屈氂，及先朝夏言耳。漢武帝決意空漠南，心疑丞相隊北伐之師，故一旦破法而戮屈氂。世宗決意棄河套，心疑開釁擾玄修之事，故一旦破法而誅夏言。今東疆之圖未有定算，恢復之計上下持疑，未有一男子據鞍斫騎牆之案者，獨斷然決意於一纍輔。每見衣冠相語以目，不曰安敢言，則曰那得歸，天下人心衰颯如此，誰復挺脊樑以擔安壤之略者乎？陛下御極以來，輔臣負重譴者九人矣，一代之間，寧有幾宰輔？當堯舜盛時，獄牧舉鯀，貽禍滔天，未聞舉主繫纍，煩皋陶之聽也。人主御臣，自當以堯舜為心，秦漢而下有何足法？何必囹圄憒盈，孤卿駢首，令四方傳者謂獄吏甚貴，士紳甚賤乎？臣於纍輔，無半剌之投，一揖之雅，然度其人，中人耳，殺之不足以明威，徒有損於國。倘纍輔罪猶可贖，臣請輟青華，〔六〕歷疆埸，視要害，約束江東，〔七〕收拾遼廣，擔得一當橫原草，為纍輔減千一之罪。〔八〕』

疏入，坐曲庇，鐫三級。道周念調官當得大行，欲請使朝鮮，收拾江東〔九〕。未果，而浙闈磨勘之事又起。先是，溫體仁之得相也，以論錢謙益浙試賄弊，謙益方枚卜，得罪去，而體仁枋用，故設為磨勘試卷之說，以自市前功，而體仁子又黜浙試，持道周益急。道周已三疏乞休，於是同官倪元璐疏稱道周為古今第一詞臣，願以職讓。不報。天子以久旱步禱，心納前疏，釋龍錫於獄，天亦隨雨。

道周既得請，將行，復以《易》數上陳，謂臣自少學《易》，以天道為准，以《詩》《春秋》推其運候，上下載籍二千四百年，考其治亂，百不一失。其法：以春秋元年己未為始，加五十有五，得周幽王甲子。其明年十月辛卯朔日食，以是上下中分三千一百六十年內損十四，得洪武元年戊申，為大明資始。戊申，距今二百六十四年，以《乾》《屯》

《需》《師》別之三卦五爻，丁卯大雪，入《師》之上六『大君有命』，『小人勿用』。過此，遂為《小畜》，五君以民，恐天下自此亂矣！凡《易》一卦直六十七年零一百五日，一爻直十一年零七十七日有奇，今歷十分之四矣！臣觀陛下開承，應『大君』之實，而小人枋用，懷干命之心。在陛下，以大君之哲，可制小人而有餘。在小人，以干命之才，可中大君所不覺。臣考丁卯大雪至戊寅春分，凡十年零七十七日，皆在《師》上六『勿用』之防，誠不可已。蓋指溫體仁、周延儒也。天子命道周舉《師》中人才，乃再疏極論收寇剿撫大略，並申邪正之說，為當事者所媢，乃削籍去。

遂入孔林孟林，盡歷黄山、白嶽、匡廬、九華諸山。浙中學者聞道周至則大喜，執經問業，從者如雲，因築大滌書院於臨安之洞霄宮，為講舍以居之，蓋朱文公、李忠丁公之俎豆在焉。遂偕諸生棲遲其中。至冬，抵里，復廬墓石養山，漳中子弟問業者交錯，學舍至無所容。漳守敦請入郡，即紫陽學堂為講舍以居之，所謂榕壇，四仲之月大會，剖析格致疑義，遂及求仁明善之指，定以會日問業，先經後傳，先籍後史，乃條其問答為《榕壇問業》十八卷。時朝廷方嚴講學之禁，故令諸生但先以會作制義云。《冰天紀事》雲，往歲先生治壙，皆自插畚插，日負土數百斤，比遂不同，但督諸傭保耳。往歲登第後，不作舉業，比時時為之。或疑其別反，道周曰：『筋力時休，神明不歇。』又曰：『漢唐而下，斗分自贏趣縮，文章自盛而衰，崔、蔡之文不如班、揚，韓、柳之詩不及沈、宋。至元而來，斗分自縮而贏，文章自衰而盛，陶、劉之繼而有徐、何，徐、何之繼而有王、李。又，先輩詩盛而制義未昌，近者詩衰而制義始盛，皆於情理有關，至極不在繁約之極。』

居久之，起原官還朝。丁醜，分校禮闈，隨具疏乞休，不允。時方大旱，五日內繫兩尚書，道周疏慎喜怒以回天。再上《求言省刑疏》，謂『方求言而建言者輒斥，方清獄而下獄者旋聞』。又謂『五月朔夕，熒惑與日，同在鶉首； 參火之分，三辰皆火也，又與朔日合伏，宜修平火政，稍節威光，使火不為厲。明春熒惑在於大火，徘徊氐房、心尾之墟，宜慎火器，遜毖戎務』。言極切直多不省。

尋遷左諭德，兼翰林侍講，有疏自劾『三罪四恥七不如』。三罪者，謂『臣始以遼藩為必可復，流寇為必可掃，比見諸邊腹事勢久殊人情頑鈍，臣遂不敢言征伐，罪一。臣始以仁義為必有效，申、商為必可廢，眾正盈廷則奸邪自遠，比觀中外詭隨，下犯上，贼犯贵，不肖犯贤，臣遂不敢言礼乐，罪二。臣初见明诏敦尚孝弟，颁《孝经》小学，谓士大夫即不能师法圣贤，宜念纲常名教，比见缙绅毁柙逾闲，挂縗服入都门，臣遂不敢言名教，罪三。四耻者，谓臣前后出山，两职云汉，求言两值京辅敌退，未有一事一行以蔽初志。在辛未，求言则以引慝，候旨欲陈而辍者三。在今岁求言，则以清狱方行，欲陈而辍者再。在庚午，敌退则以携家载道，落节於浙闸。在去冬，敌退则以单骑息肩，溷荣於房考，皆始於危言，终於持禄；始於危行，终於养交。此四者，皆臣偷安不顾名实，以负陛下也。七不如者，谓臣庸劣，不敢上方古人，如今日诸臣，品行高峻，卓出伦表，则臣不如刘宗周；至性奇情，不愧纯孝，则臣不如倪元璐；湛心大虑，远猷深计，有经世之器，则臣不如魏呈润；直言敢谏，贞心绝俗，则臣不如詹尔选、吴执御；雅尚高致，博学多通，足备顾问，则臣不如华亭茂才陈继儒、龙溪孝廉张燮。乃至圜土之下，纍执诸臣，朴心醇行，臣犹不如李仲灿、傅朝祐〔十〕；文章意气，轗轲拓落，臣犹不如钱谦益、郑鄤，而诸臣或在草野，或坠渊壑，臣独以庸劣馀灰，重依日月。臣以顽冥无耻负陛下也。

疏御，以『偏拗好名』忤旨。又以『不如郑鄤』仍着回奏。自劾疏上，不报。

寻擢詹事府少詹事兼侍读学士，充经筵日讲官，命纂集经书进览，为太子读。

疏薦鄭三俊、姚希孟，又下，以『偏私』忤旨。他所論奏在俞拂之間。道周自知不容於朝，徒以數書未就，不欲遽去。

當楊嗣昌之奪情也，陳新甲亦遭喪起復為宣大總督，道周念國家即無人，奈何以墨縗從政貽笑後代，退作二疏，欲並上之。又一夜讀《真德秀傳》，拊几歎曰：『古人立朝，一月三十六封事，今上觀熒惑逆行，太白晝見；下睹嗣昌籌寇，國事滋失，我等獨安得默默而已乎？』乃隨班召對中極殿，已條答救時知人之間，復退而具疏，並前草三疏俱上。

三疏者，一疏閣臣楊嗣昌奪情，一論督臣陳新甲奪情，一論撫臣方一藻謬款。

其論楊嗣昌，略曰：『臣觀古今典章法度，雖受於先生，誼不敢改，至於事勢窮極，亦時有變通，以盡其神，惟綱常所繫，為臣教忠，為子教孝，垂憲萬世，本於民彝，不可易也。《禮》三年之喪，君命不過其門；兵革鑿凶，時出戎右，不施於士大夫。宋時武弁如田況、岳飛，皆累乞終制；皇太祖以劉基、宋濂帷幄之任，特聽其奔喪，嗣後雖有奪情，終違物論。嘉靖中年，以北警孔棘，起楊博於宣大，還翁萬達於本兵，然其時博且禫矣，又以夙歷移近雲中；萬達以尚書降左侍郎，棲遲不百日，〔十二〕墨衣視事，世宗心非之，卒罷閑以去。蓋自是非終喪不稱起復也。張居正以不守制損其勳名，是後七十年士大夫守禮法，邊鄙亦無事。天啟末，袁崇煥冒起於右屯，崔呈秀靦顏於樞府，身膏斧鑕，貽唾西市，去今幾何？時而士大夫又蒙面喪心營推營復。嗟乎，天下無無父之子，亦無不子之臣。衛開方不省其親，管仲至比於豭狗；李完不丁繼母憂，宋世共指為人梟，〔十二〕今遂有不持兩服坐司馬堂如楊嗣昌者！臣前三月在經筵見其吉服應召，疑已終制，今乃不然。自嗣昌秉樞，亦垂兩年矣，不知其何時居喪，何人推轂，而顛越至此乎！宣大督臣盧象昇，父殯載道，不視含斂，搥心飲血，以俟奔喪，而廷臣動推闊遠難移之人，以緩其事！臣見邸抄，象昇所請附近撫臣擁攝其事，於理可通。今又忽有並推在籍守制之旨，夫使守制者可推，則是聞喪者可以不去也；聞喪者可以不去，為子者可以不父，為臣者可以不子也。是不宜使天下四方聞見之也。天下人才固自不乏，疆場內外尚可料理。即使人才甚乏，疆場甚逼，當旁求朝野誠信不貳心之臣而用之，奈何使不忠不孝者連苞引孽，種其不祥，以穢天下乎？治天下無多端，不過正綱紀，審法度，汰濁揚清，舉直錯枉，當於民心而已。民心當，則人心悅，而陰陽調，風雨時，雖有四裔之警，如豺虎逸於原田，田父來墉而射之矣。即不得已，相其要害，耑力注之，使忠臣孝子鼓厲四方，眾志可城也。諸忘君親營富貴，射生刺飛者，豈有毫末利朝廷，而建官以餌之耶？凡人遺其親，必不利於君；壞於家，必無成於國。楊嗣昌在事二年，張綱溢地之談，款市樂天之說，才智備睹矣，更起一不祥之人與之表裡，指鼿指梟，說夢描風，猶狼狽之獸，倚角肩俱走，無從施其鞭策，又何益於重負乎？陛下事事欲卓越古今，又以經學範圍縉紳，家庭小小勃稽，尚以法治之，而冒喪斁倫，諸臣獨謂無禁，臣雖至愚，竊以為不可也。臣於此事，曾三具疏，皆以遂事中止，抱愧於心。近見明旨已數日，而封駁未聞，誠恐有不祥之人，勾連欲起，則轉盼之間，又成遂事，則言之若晚，悔之無及矣。如使世界果有此事，臣實無顏以述經書，乞先賜罷，然以為隱忍苟偷者之戒。』

其論陳新甲，略曰：『於本月二十日晚，乃知有會推陳新甲之事。臣不知新甲為如何人，然聞其丁艱未終制，又聞其走邪徑，托捷足，天下即甚無才，亦未宜移借至此也。臣觀古儒臣，專閫自效，能任宏鉅，垂竹帛者，率多本道德，敦行誼，根柢甚茂，而後枝葉生焉。今邊圉久偷，北狄方惡，才士盡於斂身，通人樂為緘然，聖主焦勞，十年於此，未有發篋而應者，卒不得已，欲舉不祥之人，拂拭而試之，以觀其成功，責其後效，猶使無根之樹，發幹抽條，臣雖迂愚，萬萬以為不可也。臣觀比日寧錦，所探北人，終未越邊，而宣、雲議賞，明察未有實情，〔十三〕而中樞首謀，輒云義州馬市，可權畀以款邊。中外譸張，幾易馬鹿之形。陛下三思諸臣，豈復為定國遠猷，謀實效者乎，而破空非常之格，以奉不祥之人。古今多有忠臣孝子，無濟於匡攘之用者，然決未有不忠不孝，而可以進於功名道德之門者也。今天下亦多人才，而漸習已久，氣骨大細，知者畏言禍難，仁者喜談精微。臣則以為禍難自天，應得禍難，則書詩誦讀之中亦有禍難；精微自性，已得精微，即干戈矢口〔十四〕之下亦有精微。即使天下無才，臣願解青華，〔十五〕執鑽鑰，以撐宣、雲之塞，但得數年之內，貴人不掣其肘，廷臣不開其隙，天壽草木，有泰華之色也。方今熒惑漸次箕尾，是為燕分，八九月交，當南斗口，是雖有道所不談，然思患預防，聖人垂戒。新甲崎嶇秦蜀，載道赴宣，度須半載，象昇以煢煢歸說之身，待其遲遲援琴之道，所謂乞河神而濡突火也。語曰『奔車無仲尼，覆舟無伯夷』，臣雖不才，受皇上殊恩，猶將安轡、奔車之間，振衣、覆舟之下，惟陛下垂察焉！』

其論方一藻，略曰：『臣謹按遼撫揭帖，不覺為之頓足投牒於地。陛下勵精十餘年，思以堯舜之化被天下，而諸臣無能一死以紓主憂，此不待有志之士為之注弓而鳴鼓也。夫俺答之事，與今日不同者五：俺答之據河套，已六七十年，是漢朝匈奴河內地，非若遼左衣冠在我版圖，一也。河套深阻，遠距三輔，必躪秦晉以寇宣、雲，非若遼沈肘腋，發不及制，二也。俺答誘我降人，不過教之授邊盜馬；今諸叛將視取全遼如掃落葉，動引契丹、蒙古以為雅談，三也。俺答制於壺婦，老且倦兵，假道雞以息末路，非若四氏□稚，初無撫意，我又未得其要害，仰面於彼，四也。俺答與吉囊共為雄長，恐死為吉囊所並欲生。今時借封以讋諸部，非若四□並諸屬役，西取順義，東取朝鮮，桀驁盤踞，五也。此五者，皆不同於俺答，而欲以所馭俺答者馭之，徒以啟侮誨盜，為敵笑而已。且如北人果遂悔禍，勉就緣□事之不同於俺答者，亦復有五：俺答王庭猶在漠北，時出射獵賀蘭東海之外，北人必不肯退遼沈，舍固鐵，還舊建州，一也。俺答既受金印，稱外藩，齊整七十年；一旦為北人所並，我邊臣若惘，聞知無由，復侈東封，使還順義，索故印，給新印，棄地志讎，大捐往過，一也。我雖不築東勝，俺答亦二犯延慶，受降兩成，東西自若；北人即畫岔河，中分首山之道，而神京左臂猶未安復，三也。俺答據套，不能斷我屬套；北人既割遼左，必不肯吐南關諸驛，還我朝鮮，離合之間，瑕釁彌多，四也。俺答馬市在陽和、天城，即東犯紫荊，尚六百里；北人款市，若在張家，不百里至宣鎮，不二百里逾隆慶、嬀川，迫居庸，且又紆道非其所樂，必尋遼西舊市，盤踞寧錦之間，以蠶食八城，窺我左肋，五也。有是十者，皆不同於俺答，而強引俺答以惘惑聖明，不知意欲何等也。且如遼撫之說，款敵撤兵，〔十六〕以討流寇，此又大謬不然者有十焉：敵與流寇，相為雌雄，以弊天下，其勝敗之數，視我之強弱，不視我之左右。討寇如捕蝗，焚埋置網，猶有作止之時；崇敵如防川，列堤築埽，終無間隙之日，毋論敵必不可款，款必不可成，成必不可久，即款矣成矣久矣，以視寧、錦、遵、薊、宣、大之師，何處可撤者？故曰款而不悔罪□貢，不可撤也；〔十七〕不卻地還巢，不可撤也；不北盡威遠清揚，南盡靉寬奠，〔十八〕不可不可撤也；不盡東諸部□，不侵不叛，不可撤也；不西還我順義金印名王之封，不可也；不提東江之島孔、耿、尚、沈四□之首，縣於槁街，以謝登、萊，以靖旅順，不可撤也；馬市數徙，出撫順，又出廣甯，求宣口，又求中協，故例可尋，而邊隙不塞，不可撤也；即使故例不尋，邊隙不塞，不可撤也；而人尚在德明之外，別有元昊，不可撤也；

且如北人就馴，元昊不生，而安樂自在之民未還，冠帶詩書之舊，风雨飄搖，其來無方，此乘塞關外者，可撤乎？不可撤乎？此十者不可撤，而謂款敵撤兵，以討流寇，此不思之甚矣。夫時會固有不齊，張弛不能盡合，穆宗不動一旅，能受俺答之降。今卜部喪於中裔，中外諸臣不復掛之齒頰；神祖不憚大師，以伏朝鮮之宇。今高麗臣於北人，彼此相望，不敢以一葦周旋，而臣猶欲使八城之眾，掃全遼之敵；寧錦餘黎，持三韓之後，臣所望於邊臣者，亦已過矣。然舍此說，必無以固東疆。舍東疆，必無以奠三輔。搗巢斷後之談，已出下策矣，非有所重困於遼撫也。今據遼撫所稱，北人有兵十萬，又並三十六家之眾十餘萬，又西並插部，又順義，可十萬。八城之眾，不過六七萬人，何以抗之？臣非謂寧錦六七萬人，便可建州滅此朝食也。北人既據瀋陽，西面出師必渡岔河，出臨潢之外，北曆興寧，可千百里始至宣口，即中折而回三協諸口，亦已六七百里。今從錦義至鎮靜堡，敵所經過一二百里，即拒瀋陽不過五六十里耳。靜矣觀其釁，動以待其歸。敵之有虞於寧錦，猶寧錦之有虞於敵也。北人雖眾，已散於各部，不能長聚六七萬人，以待引弓。吾以天下之大，應寧錦而猶恐不足；敵以一州之大應各部，而何必有餘？且敵以一州之眾，馳千百里，而嘗若有餘，吾以天下之力應四五百里，而何必不足乎？今即未遑克詰六師，但立為搗虛斷後之令曰：『敵以數萬騎出千里之外，我不能以數千騎搗五百里之內者，誅無赦！』又為之令曰：『敵以數萬騎出千里歸，我不能以一萬騎盡截其輜重者誅無赦！』如此則敵必不敢遠出，必驕憤而與我持於堅城之下，我始得出精一處老之擾之，為道以致之，為法以取之，即八九萬人付一謀畫之臣，與遵薊相桴鼓，則錦義之間，固北人之所□背也。今諸邊臣共為款局，以搖惑眾志，果若此言敵出宣雲，經春涉夏，逍遙不歸，又恐用是遼撫為者？遼撫既無成謀，而內受算於樞臣，樞臣又無成謀，而外受算於錦帥，不幸而成，則逃告朝日之間，貽釁三年之後，掠蟒玉以賒膏斧；幸而不成，則委過朝端，謬稱築舍，以謂外有王、田之智，廷無高、張之忠，安受禍敗自為是？嗟乎，是豈臣子之所當為乎！臣見遼撫揭帖，稱遣瞎者周元忠洞察敵情，諭其就撫。臣疑其言不倫，意其詐在邊外，欲借此以罣惠文，可置不道，比乃知其實然，皆受成於中樞，與宣督商度，欲使陛下從中斷而行之，廷臣未有知其庢略者。方今上天告災，星象垂儆，宜以實示群情，毋以文稽眾論。惟陛下慨然發樞、邊諸疏，眾正其罪，毋使事成禍作，異日不可後悔。』

於是，遂有召對平臺之事。方三疏之未上也，道周與嗣昌同日枚試，天子心疑枚卜不用，故枝而有言，召道周等至平臺，上謂道周曰：『朕聞無所為而為，為天理；有所為而為，為人欲。三疏不先不後，適當枚卜不用之時，可謂無所為乎？』對曰：『臣心為國家，不為功名，是以自信其無所為也。』上曰：『前月推陳新甲，何以不言？』對曰：『臣以同鄉林蘭友、何楷有疏，恐涉嫌疑。』上曰：『今遂無嫌疑乎？』對曰：『今日不言，後將無及。臣之有言，不得已也，且臣緘口，亦可避咎，所惜者，陛下之綱常名教。』語未畢，楊嗣昌出於旁，奏曰：『臣不生於空桑，豈遂不知父母？臣常再辭，而明旨切責。道周學行人宗，臣實企仰。今謂「不如鄭鄤」，臣始太息絕望。鄭鄤杖母，行同梟獍，道周又「不如鄭鄤」，何言綱常？蓋以道周前疏有「不如鄤」之語。鄤與道周同年，才高而傲，獨心重道周。道周事母夫人孝，方迎養時，托鄭園中，鄭家人盡禮，日侍夫人，得其歡心。鄤以庶常劾魏璫家居，以父母反目，權假神道，杖其母以解□。』諸惡道周者，欲以不孝殺鄤，塞東林口，故嗣昌語及之。是時，鄤已置極刑，道周奏曰：『故事，諫官論執政，出聽對仗聽彈文。臣雖非諫官，未有大臣跪上前，不容臣盡言者。』嗣昌即佯謝請去。天子慰留之。道周亦謝曰：『臣素恥言人過。今與嗣昌角口，亦非體。臣為陛下存人心而已。』上曰：『爾無端詆毀大臣。』對曰：『臣為侍從論思之臣，與嗣昌比肩事主，不得比詆毀大臣。臣二十躬耕，四十喪親，負土成墳，畚鍤皆臣自荷，誠不忍見奪情之事。』上曰：『如此又何云不如鄭鄤？』道周曰：『匡章通國皆稱不孝，孟子不失禮貌。孔子自云辭命不如宰予，臣亦謂文章不如鄭鄤。』上責其朋比。道周曰：『眾惡必察，奈何迫於權勢，使皇上不知是非之實？』上曰：『陳新甲諳練軍情，汝又言其走邪徑，豈督撫才料朕一不知，只聽人競營耶？』對曰：『凡人心正則行正，心邪則行邪。嗣昌以己奪情，又推新甲，呼群引類，使成奪情世界，臣實恥之。』上曰：『鄭鄤五倫俱絕，許曦言之甚悉。小臣有公論，大臣反無，豈不可恥！』對曰：『宋人惡李完不丁母憂，〔十九〕故賜孝子徐積粟以風之。臣欲救鄭鄤，則攻嗣昌非所以救鄤也。』上曰：『鄤以爾偏激，稍示裁抑，後聞操守，隨復賜環。前召對時，見汝暑天勞頓之餘，能成一篇文字，才亦可愛，遂將擢用，不圖偏激自私至此！少正卯當時亦稱聞人，惟行僻而堅，言偽而辨，不免孔子之誅。』道周曰：『少正卯欺世盜名，臣無其心。臣今日不言，臣負陛下；陛下今日殺臣，陛下負臣。』上曰：『一生學問，只得佞口！』叱去。道周起已，復跪叩頭，觸地冠鏑然，奏曰：『忠佞二字，臣不敢不辨。夫人臣在君父前，獨立敢言為佞，豈阿諛順旨者為忠耶？爭是非辨邪正為佞，豈容悅緘口者為忠耶？』上怒甚，旗校在殿下，惴惴將有所收縛者，道周尚欲出班申前論，時王命瓚聯班手扼其腰帶，乃止。於是乎嗣昌又佯乞優容道周可以教為臣。上曰：『朕亦優容多矣。』。蓋終以道周有所為而為也。上還宮，御筆榜朝堂，以道周申戒，鐫六級調用，補江西布政司都事。

臨行，裒前奉旨所纂成《洪範明義》《月令明義》《儒行集傳》《緇衣集傳》八冊凡三十萬言以進。

還至大滌，與諸門人徜徉夷猶者久之，乃還北山，復守墓下。

是時道周雖歸，而薛國觀、蔡國用當國，二人嗣昌黨也。嗣昌出督師，遥參朝枋。新甲起為宣督，諸人恨道周刺骨，惟天子猶不悦也。會江西新撫解學龍，〔二十〕例薦僚屬，首列道周。故事，循例革職章疏，部復而已。國觀、國用輩，見道周名，即以僉貼疏，申請上裁。天子見之，果然大怒，疑為黨，召學龍、道周並逮。至中途，國觀罪死，國用廢去，然諸奸黨枋用者猶多。至京，中旨未下，濮州人葉廷秀，釋褐後，以璫亂，不出，既補計部，於道周未嘗睹面，號於曹署曰：『吾輩冠進賢冠，今名賢罹厄，忍復坐視耶？』呼一曹不應，又呼一曹。呼已，繼之以罵。又復罵復呼，無一應者。乃自抗疏，請以身代。詔杖道周、學龍各八十，下西庫。越數日，廷秀杖以如之。〔二一〕是時，執政、旗校索廷秀，廷秀曰：『吾待子久矣。請視吾居。』入，左置秘器一具，右陳全襲壽服，廷秀曰：『吾老母已終世，又無妻子貽累，正須公輩一來了吾事耳。』同往拜杖。監杖者聞之，曰：『異哉！千古乃有此人。』廷秀不行一銖一錢，諸執杖者皆愕眙不忍擊，乃反輕於他杖者。太學生塗仲吉，銓部一棒之子，倜儻尚氣節，袖疏詣納言施邦曜，格不上。仲吉並劾邦曜。邦曜不得已，封進。右納言馬思理左右仲吉疏入。仲吉亦廷杖，詔獄如道周。邦曜坐落職追逮。廷秀、思理、道周等至北寺，同日對簿，諸君子纍纍相望，慘毒備至！株連者凡二十人，鍛煉無所得。昆山諸生朱永明，聞仲吉義烈，持百錢扣北寺門，將遺仲吉，邏者得之，遂同繫獄。永明親為道周沐浴，侍左右，執爨汲者，二年所。道周在獄，理《易》象，左手貫鐨，右手袖書，二十四圖，六十四象正，直於血肉淋漓，指節垂斷時成之。時方開府仁植，同在羈庫，自言詮《易》三世，未畢此理，每道周片字落紙，觀玩不已，曰『吾雖不及三世次公，寧佈夕死，遽隊朝聞！』蓋二三高足之外，鮮有能傳其學者。又時時寫《孝經》，凡百二十部，各有論說，以當獄錢，而諸中貴人，亦往竊購道周筆劄，故上亦時時見□中書，以道周為沽名也。久之，嗣昌以失律自經，而其党陳演、張四知、張志發、〔二二〕謝陞等，皆坐政事堂，新甲從宣督入秉樞，必欲殺道周以快意，賴天子英明，得移請室。道周從獄中上書，略曰：『今刑部定臣何罪，臣不敢辨，亦不敢知然。臣自計，平生無門外之交，無一介取與，鉛槧終年，不知馬足。即如丁丑三冬，至戊寅七月，所進三十□卷書，〔二三〕皆臣手勒，一再易稿，則臣之不暇朋從，亦可知矣。』不報。

又疏〔二四〕曰：『臣自北司過刑部，又一伏臘矣，九掏四拷，不敢言冤，誠感陛下摧折懲艾之餘，許其自新，則圖報效也。臣生於海隅，輕蹈狂瞽，然自戊寅降謫而外，未有過犯，直以撫臣例薦萬里逮杖，又以諸臣申救，嚴拷數番，事出意表，非臣所料。憶臣囊昔召對平臺，惶遽之餘，進不擇言，拊心何極！至於撫賊和邊之說，遺禍蒼生，罣誤大計，臣猶自悔知之不盡，言之無力也。臣通籍三十載，歷俸未三年，今垂老髀消，與囚對泣，即欲洗骨滌髓，纂書自贖，誰肯信者？幸以螻蟻餘魂，又聞寬大之恩，蟄蟲腐草，欣欣更生，惟聖主垂察。』

疏御，得免死，戊辰陽[二五]。廷秀、思理、仲吉等各分戍有差。當是時，道周繫二年，獄急，海內名流力為排解，皆不得要領。刑部尚書劉澤深，擬瘴戍，不允。執奏。而周延儒以舊輔召，張溥、馬世奇、陳子龍、夏允彝等，力從臾之，皆曰：『公此行，宜先救黃漳浦。今日國家事，未有大於此者。』一日，天子莅講筵，延儒因及道周，蔣德璟、王家彥，旁力贊之，故有此令。道周之繫獄也，張溥力為營解，憒且死，目不瞑，傷不能救也，臨死而歎，其母曰：『而有何恨？』呼曰：『可惜黃石齋！』徐霞客者，江陰狂士也，能文章而喜遊，隻身戴釜，歷二經兩戒，四遊四極，如適莽蒼。嘗繇繭足，窮星宿海以歸，聞道周下詔獄，遣其長子間關送視，三月而返，具述道周狀，據床浩歎，不食而卒。錢謙益云。道周既戍，天子終念道周，制詔曰：『道周清操力學，尚堪策勵，特准赦罪還職，以昭朕獎廉尚學，宥過惜才至意。』道周行至九江西林寺，而環命適至，乃疏謝病乞休。蓋自己巳至癸未，凡一再出山，中間申救二大獄，劾二奪情，一褫斥，再貶謫，廷杖、詔獄、遺戍、賜環、出再生。

自是之後，還山守墓，無復仕意，惟從郡邑有司之請，築鄴山三講堂。按道周《鄴山記》云：『鄴侯山，即漳艮嶽之陰，北溪迸流，長橋束之，谽谺多奇，蓋蛟龍出沒，風濤崩激，沙土已汰，石骨總出，舊稱蓬萊峽，里人名之曰石仙。石仙者，指其蜿峙林立，飄然若登者也。石仙十五六輩，褰裳欲渡，簇而告語，皆昂藏百餘尺。植劍、柱笏，以隊相命。計諸丈未出山時，皆罨覆其下，不勝風雨。稍出戶庭，高遮一動，〔二六〕遂見破綻，令呼諸丈稍納足，後還故處，則猶然混沌也。嗚呼！信混沌，吾安能從汝遊乎？予以癸未抵里，五月十日實啟疆，乃扶筇上下點定其處，令諸友得命意匠焉。』諸弟子以次傳習，講《易》象洞璣，《詩》《春秋》正變之故。每都授時，堂設先聖賢，具琴瑟鐘鼓，立監史，讀誓戒。獻酬歌詩，賓主百拜，四方學者圜江門以聽者，蓋數千人，禮樂之盛，比於河汾。

居無何，煤山變至，道周率門生為位於鄴山，袒髮哭三日。

福王立南都，改元弘光。是時馬、阮為政，以典午修禊故事，起道周吏部左侍郎，晉禮部尚書，召至江南，見諸逕逕無可共事，自請祭禹陵。事竣乞歸，舟次錢塘。張若仲云：『初，先生出南都，將至天寧州〔二七〕，為風驅回，泊龍江灣，夜夢高皇帝淒然謂曰：「卿竟舍我去耶？對曰：「「朝廷舍臣，非臣舍朝廷。」寤而惆悵，是以雖乞歸，猶徘徊江上，不忍離故邦者以之，制一衣，刺「大明孤臣黃道周」於裾，語弟子曰：「南都必敗，當以此識吾屍。」』

乙酉夏五，王師南撻，弘光蒙塵，皇太后至臨安，與駕相失，首輔馬士英擁兵西湖，士民詰問，則曰：『聖駕在靖南軍中。』道周乃上奏太后，請趣士英統黔兵，會靖南軍，輔翼聖駕。又請召金華、江右，及閩潰兵，立功自贖。又草諸檄及諭數千言，而太后懿旨闃然無聞。

潞藩已稱監國，道周具啟上監國事宜凡七條，皆持未下。六月辛酉，潞藩賜道周食，命內侍李進、高起潛、孫元德為陪，元德脫巾狎坐，起潛左恣睢之語，宛如曩時。道周請面謁，李進辭以懿駕在內。

道周忽忽移舟桐廬，適鄭鴻逵等擁唐藩至。唐藩者，諱聿鍵，開國南陽唐王九世孫也，隆準日角，生有奇表，每談王室板蕩，聲淚俱並，又博通經籍，洞於時務。道周入見，出語人曰：『皇王十六藩，此為重耳矣！』乃同眾交拜，約成大業。

具啟監國，陳四通四塞、三師三友之議。所謂四通四塞者，東通溫、處之使，以懷魯藩；西聯建、昌之交，以平益府；上達慈禧之旨，以繫輿情；下通杭、紹之歡，以洽惠、潞。此四者，以通其情。又西立信州之鎮，以通大關；東治三寨之舟，以疏海道；

北以衢州，權為行在，足通兩路之師；　西南約虔、臺，實為犄角，以資策應之用。此四者，以通其勢。有此四通者，而中原音問，日夕不違。汀漳以下，廣嶺東西，可頤指使也。有是四通，隨而塞之：　西塞五虎、杉關，以斷建、昌；　西北塞車盤、大安，以防東楚；東塞溫州諸嶺，以防間道；　北塞清湖、江山，以扼小關。此四者，以塞其勢。又嚴賄賂之端，絕刑餘之竇，謹進奉之始，斷僉派富民之路，行以寬仁，申以慈儉。此四者，以塞其情。有四塞者，而盜賊不生，釁亂不作，以千里而奮王業，天下人心，亦次第可收也。昔夏后相，與有扈氏戰於甘澤，不勝，退而自誓，坐不重席，食不甘味，三年乃滅有扈。晉悼公，十四歲而纘霸緒，路遇老人，皆稱祖父，選賢擇能，各稱其職，施給梵獨，歲無虛月。劉先生，親下隆中，以結魚水，言聽計從，不為親近所間。此三君者，真哲後之師。衛文公，大布之衣，大帛之冠，遷於楚丘，逾年而有馬三千。越勾踐，棲於會稽，剉薦而炊，絺葛而衣，與下士臥起，十年而並吳國。苻堅，起於索虜，舉國以授王猛，稱曰仲父，委任不疑。此三君者，真明辟之友。以殿下之才，師此三師，友此三友，寬仁以為城郭，慈儉以為衽席，察四通四塞之宜，輕重布之，不出一年，而國勢可立，然後右攜江右，左挾會稽，興桓文之師，王業可成也。

晚至衢州，誓眾犒師，潰卒至者不能數千，軍容不立。道周謂當駐節衢州，控制二浙，以臨俯諸侯，不欲偷安七建。而諸將草草，遂擁藩入閩，於閏六月戊子行監國事〔二八〕。道周還浦城，追趣不及，又所持論與諸勳不合，乃遣人入賀，而身從洪塘間道還山。唐藩聞之，憮然失席，使人要道周於道。不得已，入謁省門。

時兩粵、虔、郢以西，雖未驛騷，而判渙不屬；大江左右諸臣，又擁衆橫行，蓄威自衛，抱妻攜子，藏馬於舟，掠資於道，所在皆爾。道周以為，不早上大位，無以收拾遠邇，號召天下，乃偕鄭芝龍、鴻逵，及撫按僚屬臣民，協力勸進，於七月庚戌朔奉唐藩即天子位，〔二九〕改元隆武，大赦天下，改福州府為天興，稱行在，晉道周少保兼太子太保吏部尚書武英殿大學士，〔三〇〕凡大小禮節庶務，皆決道周。

然而轉徙之餘，氣息未屬；張國維又立監國於紹興，爭名號，閩越水火；芝龍兄弟侈擁立功，操阿柄，政歸鄭氏，隆武徒擁虛名，實為寄生，獨倚道周為重。道周知事不可為，每陛見涕下，輒請行邊。翌日，朝宴，又與鄭芝龍爭執朝班，乃上疏求去，曰：『臣以國恥未雪，中夜撫心思聖明垂諭之言，一字一淚，一語一血，是以奮不自量，謬請行邊，而旁觀側目，姍笑詆譏，臣茫然無覺，猶聾馬思鐘，啞蟬操琴，了不知其意所在。嗟乎！臣為高皇之世界未清，陛下之大業未遂，豈衡門之下，不可棲遲乎？臣去矣！臣不去，諸撫口實者，必不肯奮。臣藉引車之義，為推轂之實。』隆武慰留再四。道周見芝龍頗懷異志，日為不軌，以為坐而待亡，不如身出關門，伺動靜為進取計，乃於是月辛未朝踐啟行，帥七建、浙江諸門人、子弟之兵，可四千人，以閣部招征，而無餉，今散去，留數百於帳下。〔三一〕時餉在鄭人，諸臣不能問也。

至延平，聞隆武決策親征，上疏諫止，乃不果行。

初，御史金聲，守徽州未下，約眾數萬。道周念兵弱餉絀，欲率所部，從中道至徽州，與聲合勢。

行至建陽，賜尚方劍，便宜行事。尋有以『外交諸藩』蜚書，聞於隆武者，隆武以示道周。蓋道周嘗草代言數十牘，與諸藩大臣；又自為書招征，凡七十六封，忌者因而中之。乃上疏自陳曰：『臣耕無一畝，居無一椽，幸以是見憫於主上，允信於親友，然不能以是見諒於犬豕豺狼。臣於二十九日退居後堂，有人持小書，云是舊按臣陸清源書，皇上手折〔三二〕。臣錯愕展玩，有云南□立主，臣當元勳。臣驚懼欲死！念清原生平謹慎，〔三三〕何至有此？臣行素六十年，无险心酖语为凶人所雠，無奇功異能為要人所嫉，獨恃一片肝腸，為高皇列宗，與天下黎獻，相對白日耳！臣雖庸下，亦讀書至此，遭逢陛下魚水相期，猶一月之內四疏乞歸，何至以「元勳」微膻，為嫉邪所謗。若至子弟慕義勤王，雖天性使然，亦恐臣孤身隻手陷於絕域，每一相見，涕泗漣如。當二十六日以前，溽暑未收，毒水四下，臣兵自延過寧，渴而谷汲，病者八九。一日下操，十隊之士，呼半不起，遂損去健將陳伯興，念其雄略，十射九破，千觔之力，盡於盆水！四顧殣者，何能不衰？今稍稍平復，遂相對強顏，勸臣出關。嗚呼！此喟喟者，亦臣子也，豈盡讀書受朝廷之寵顧，而擄憤若此？今在朝廷諸臣，不滌腸剖胸，誓同將卒分膽共薪，而噏噏呲呲，望影射沙，欲何為者？陛下不屑為昭烈，臣亦不屑為孔明；陛下不屑為宋高宗，臣亦不屑為李伯紀。取法不高，則庸佞狎來；視人太卑，則奸豪肆志。古今讒賊，偏中於高明；近代人才，沉淪於苟賤。惟陛下垂察！』蓋為鄭芝龍、鴻逵等也。

疏入，朝議欲留道周駐關鎮壓，道周復抗疏自陳：『不文不武，為中外所笑。』且言：『臣老，四十八歲始有一子，今春三月家中舉子，呱呱未嘗一視。又臣兄道琛，年七十七，一子一孫皆從臣所。父兄聞臣得歸，無不跂足稱慶；今復棲遲行間，則大小悲零，有酒泉、玉門之歎。臣老且疾，遇明時又附鱗翼，特達之知，何所取管、葛降階而慕之？惟陛下矜憫，放臣還山，見父兄稚子，勿使徒遭禍敗，扞文網，為親知所憐，而側目所笑！』疏御，隆武潸然淚下，沾濕御袍，噓唏者久之，詔曰：『自卿離朝，朕慮猝然未可成軍，何忍魚水重臣孓然令進亂離之地？且留彈壓關內，出於愛卿之誠！適見卿報募兵已至，則朕事托卿身，卿身托兵士。朕復喜卿之至，〔三四〕必不欲卿止矣！讀卿手奏，援筆為綸，是我君臣以精氣代形骸。卿從此百為自信，為信朕之本。並播此信於隨行兵士也！朕親發袍膳三百兩，為卿制寒衣，卿身若暖，朕心始和。望今冬春握卿手於孝陵松柏之間也！』道周於是頒犒賜給諸將士，遂出關。

至廣信，聞徽已破，遣將守馬鈴嶺。嶺高極天，為江南要脊。嶺下百里為徽州。時廣信士大夫迓道周入城，城內居民逃匿岩岫，不能數百，公私俱盡，乃集父老諸鄉紳子弟於明倫堂，申在泮之義，諭勉輸助，軍賴以濟。又令自募兵固園，給以閣劄，諸慕義從者幾萬人，〔三五〕軍聲頗振。

冬十月丁亥，乃部署諸將，一出撫州，一出婺源，一出休寧。其出婺源者黃奇壽，有牛頭嶺之捷。諸將乘利遂疾進師。既而休、婺兩師，一時俱爨，方集逃散，以圖再舉，未幾而收復撫州之師又潰。道周乃疏核諸將功罪，略云：『臣以十月初九日出師休、婺，申敕將士謂「師爨力單，當並力一路。先集婺源，因其糧食鄉眾，俟五營麇至，然後角逐」，而時值天陰雨連旬，陳雄飛、賴履葵二營，徑往玉山，出馬鈴嶺，以趨休寧； 黃奇壽、應天祥二營，又從八都出牛頭嶺，尋婺源之路； 李瑛、倪彪一營，又出童家坊，攻婺源之東，臣又離軍單弱為憂〔三六〕，日發四矢，趨其合營，而東西百里，嶺高溪深，卒不可挽。及奇壽有牛頭嶺之捷，諸將蓋自便間道獨出。十月二十三日，天祥之營先挫於婺源山下，參將王加封戰死，遊擊李忠遠被獲以去，奇壽援之不及。李瑛一營，自童家坊濟。臣又發矢，趨合奇壽、瑛，猶不可，與彪俱潰，奇壽亦奔。又當冬至，休、婺之騎俱發，吳俊、戴恩為北諜，屢趨雄飛戰，雄飛覺之，持不可。以參將應士瑛等二百人應之，薄有斬獲。俄而北兵大至，屯於高偃橋衷應師諸將各力氣兜以死〔三七〕。睿與履葵援之不及。至於湖東之師，漸出瑞洪，臣以千三百人濟之，〔三八〕亦復分路，以天雨為詞，惟夏孚先一營守東鄉，窺進賢；趙之璧、陳學鵬二營舟下瑞洪。之璧窺南昌，學鵬邅迴不進，以三百人取團魚洲，燒其糧艘，斬馘百有餘級。北兵還逐之，大潰，學鵬奔，之璧、孚先俱乎潰。臣之調度無能，亦可見矣！臣儒生懦弱，終無武人之貞，又歲月趨人，物力已絀，蝦蟆審視，雖跳不遠，乞早正李瑛、陳雄飛、應天祥之罪，以謝死者；早正臣之罪，以謝三弁！例與王加封等十人贈恤，以為志士捐軀報國者之勸。』

疏上，未報，而突騎四逼，乃復上疏請兵，略曰：『臣今年六十有二，才能智勇，不逾中人，而自請行邊，拮据關外，譬之雞然，風雨如晦，而鳴聲不已。即有不寤之人，起而刀俎之，亦無可奈何而已。臣少而學道，於物無競，於人寡怨，直以出師之故，為異志所排，寡識之人，群起而和之，千端百出，以阻其成，傍勾曲引，以幸其敗。或叩關門，數日不達，饑疲之眾，寧死中野。嗚呼！臣何所營，而坐困於此哉！臣遭風雲，甫及一月，而五疏求去，直以皇上英武洞矚遐風，嘗監臣於言語行跡之外所以荏苒嶕嶢，瘁毛鎩羽，〔三九〕以為朝廷守一日之藩籬，非曰能之，亦各其義而已。今敵之來者，日以压境； 众之附者，日以携志。蠢冥何知，唯利是视，贪生怖死，则前后异致。信州闾巷，鸡犬方集，今復翩翩然，欲舍而去矣！据徽人来者，咸云敌一百六十骑守婺源，又五百騎狗婺源，自海口、煖水，焚掠殆盡。煖水距廣信百餘里，臣師屯八都者，僅千五百人，皆村落新募，月食一兩之卒。其東出馬鈴者，僅七百餘人。又千二百人西去饒、撫，馳收未回，所餘帳下千二百人而已。臣自八月以來，東弭臺、寧之釁，西消金賊之孽，精力疲於文告，歲月馳於期會，未有一智一謀，佐於其內； 一膂一力，助於其外，空以老疲一意報主，為愛己所憐，異己所笑。今事勢甚急，可急命方國安一一萬之眾徙嚴州，出老竹嶺，直搗徽州，乘其西馳，可以破敵。即不然，亦可解信州之危，成牽制之功。』

疏禦，詔方國安從嚴，鄭鴻逵從馬金兩路，以牽其勢。然而諸鎮之師，竟無出者。道周於是悼功之不成也。召諸將計曰：『北兵雖眾，虛聲也。延至春仲，弓馳馬懈，破之必矣。今數千卒即乏糧，奈何與其卻還潰散，無以報朝廷，不如一戰決也。吾計不再出矣。』因相持泣下。

十二月甲申，復自廣信進攻婺源，至童家坊，僅有三十日之糧，又聞樂平已破，弋、貴、永、鉛諸縣所募二千餘人皆不至。信州守臣，亦致書迓道周歸。道周以成師而出，義不反顧，獨與閩士，又樂平、德興二縣鄉勇，千二百人，鼓行而前。

壬寅，次明堂里，僅三百人，馬十匹，持三日糧，距婺源城十里而軍。是夜，夢惡，旦起，為文以禳，未徹而突騎至矣！道周策馬前進，中書賴繼謹督眾鏖戰，攻殺十餘人。道周疑為誘騎，傳令勿逐。參將高萬榮不受節度，謂兵法乘高者勝，引兵登山，北兵已從間道山行，繞陣後，軍士右移，遂亂潰走。道周獨守中軍不動。乃以所佩『招征』印，及帝賚『良弼』印，付中書陳駿音，令疾馳還，曰：『脫有不虞，國印不可失也。』時惟樂平將士翼衛道周，道周戟手一呼，爭為奮發，而飛鏃雨集，塵沙被面，退而大潰，路塞馬不得行，北騎諜略之，乃止。

輿道周至婺源，執榼承飲。道周罵，不食七日。乃即杜詩『陰陽割昏曉』之義，摘詩八章，詳剖舊史。其七章曰：『傾危世事廿年中，曾夢高皇與二宗。勝負當頭應有數，去留舍我更何從？』所云夢高皇者，即前龍江夜泊，有『卿舍我』之語，故道周又識曰：『不圖今日全身於此也。』二宗者，謂文皇帝、神宗也。按道周以天啟甲子散館，夢神宗召謂曰：『汝欲勝人，道在自勝。』又崇禎丙子入都，夢文皇召至床前，屈指者再，雲：『三九四九，〔四〇〕誠如所言。』蓋指《易》象中命曆也。其致身分感者如此！作《過言》《自悼》《造怨》諸詩。發婺源，復進水漿。其明年春正月，至新安橋，見演燈甚盛，為魚龍百戲，群趨帳下，又念世事不競，遂使民情至此！翌日，遂絕粒。

同時與難者，中書蔡春溶、賴繼謹，漳州人；主事趙士超，侯官人；別駕毛志潔，六合人。適繼謹、春溶附書還家，道周不復作書，但題賴書尾曰：『綱常萬古，性命千秋。天地知我，家人何憂？』又題蔡書尾曰：『蹈仁不死，履險若夷平。有隕自天，捨命不渝！』道周蓋奉天而行也。

至金陵，幽於禁城，有《待命》《歸羇》諸詩。

繼而繫尚膳監。夜聞鐘聲，感舊事，前後得絕句百餘首，作《南都賦》，作《謇騷》凡九章，哽咽絕續，不勝傷悼。而左右又時時折玉梅為供，令人弄胡琴以娛，道周益悲憤為詩，蓋不食十有四日矣！或疑其死也！又不死，因復為詩，以寄四子。丁未，更進水漿。二月丙戌，為道周誕辰，乃作《蒿裡》十章，以自吊；《癡絕》八章、《思在黃海》六章，《別諸名山》七十二章。自識云：『防風雖倒，猶留一節，以問尼父！』自是潦倒餘生，不能執筆也。

時有陳操江某，來說曰：『先生海內名流，我朝敬之如神，天命有歸，何自苦？』道周閉目掩鼻。因問之，道周曰：『吾有目不忍視，有耳不忍聽。』然則掩鼻何也？曰：

『色味難嘗。』賦《柏舟》之三章。操江然後乃去。

三月壬子，完節於曹街，兀立不僕。

更提四子赴笪橋。趙士超過曹街，抱道周首而哭曰：『師乎！魂其少須，吾即來矣！』四子同時就義。是日晝晦，悲慟行道！

始道周之溺水也，而見『倪黃』。選館時，元潞名第一，〔四一〕道周第二，此兩人交善。其後元潞死北都，〔四二〕道周死南都，出處始終。蓋前定云。

道周所著，有《洪範明義》《月令明義》《儒行集傳》《緇衣集傳》四部，懷宗時已表進御覽。其《易象正》《三易洞玑》《孝经大傳》《坊記集傳》《表記集傳》五部，及《榕壇問業》《大滌問業》，已刊行於世。惟《易本象》《詩表》《春秋揆》《疇象》在梁山；《孝經外傳》《解齊環》在大滌；《孝經贊》《三禮定》《懿畜》在榕壇，皆或存或亡，多不傳。又有《易筮命》《詩晷正》《春秋表正》，墜於明堂里，今恐不可復得。道周壬午出獄往戍，將之楚，門人請藏書，道周擬〔四三〕以《易象正》《詩序正》《春秋表正》《孝經大傳》《洪範明義》《月令明義》《禹貢明義》《呂刑明義》《儒行集傳》《緇衣集傳》《典謨集傳》《政官集傳》，為《石齋十二書》，藏於大滌，已而不果。今書多散亡，而逸其半。後門人洪思作《收文序》以求亡书及诸遺文，而考正焉。乃復定治其部居，以《易象正》《三易洞玑》《孝经大傳》《洪範明義》《月令明義》《坊记集傳》《表记集傳》《儒行集傳》《三禮定》七十有七卷为上部，以《黃子录》《黃子外录》九十有九卷为下部，乃合十经二录为《石齋十二書》，〔四四〕存初志也。思又述《黃子譜》四卷，為初部；《黃子講問》十有六卷，為終部，附離之。今是書凡四部九十有六卷，藏鄒之白麓書舍。

道周死事聞，隆武謚忠烈，贈太師、文明伯，凡講堂皆賜表文明書院，令有司歲時而俎豆焉。

今鄴山講堂久已廢為禾黍，惟梁山講堂尚存，所謂明誠堂者，今為黃子廟，在漳浦之東皋，與北子墓廬相望。

論曰：若石齋黃子，則可謂儒矣！處則正誼明道，出則致遠經方，有事則犯顏敢諫，有變則仗節死難，此數者，儒者之大略也。天下無儒學，則道義不光，禮樂不作，小人在位，亂政亟行，盜賊寇攘交訌於外，而仁義忠孝之傳亦幾乎息矣。明自中葉承平日久，士大夫習於帖括，競於浮靡，不復知有聖賢成己成物之大，而一二奇才異敏，爭以微言眇論，倡為虛誕良知之說，自文其無有，故學無根氏，文章事業多駁而不醇。黃子，閩海經師，倡學東南，以奧博雄新之才，紛綸五經之學，若讖緯術數百家之言，無不兼綜條貫，有劉、揚之精，而本之洙、泗；有僑、肸之雅，而歸之周、召。要其文繁旨遠，不離仁義中正之談，而浩然之氣鬱積磅礴，炳日星而淩雲漢，蓋明室二百七十餘年其為首屈一指矣！

（清鄭亦鄒《黃道周傳》，上海圖書館藏王大經編《東冶國朝文編》，清鈔本，見《八閩文庫·福建文獻集成初編》，福建人民出版社二〇二〇年版）

【校勘記】

〔一〕『嚮之所謂韓大夫者，以詞林分考』，黃道周天啟二年成進士，分考《詩》二房之房師為韓日纘，據張哲民《從銅山到漳浦——黃道周入仕前經歷考辨》，黃道周少年時拜訪廣東博羅韓大夫家，韓大夫乃退休沅州知州韓鳴鳳，是新舉人韓日纘之父。

〔二〕『葉向高堅持不可，三疏而三覆之，乃止』，此說乃獨家之言，黃道周《魏太君墓誌》曰：『念吾方泰、啟時，引疏出媒灶，三曳三焚，即先慈亦勸吾遠去，勿為死餌事促刺。』未言葉向高勸阻。黃道周《救鄭鄤疏》亦曰：『天啟二年，與臣同為庶常，鄤與文震孟後先抗疏，臣以迎母且至，三疏三焚。』現存黃道周天啟七年初致葉向高信劄《答葉文忠公書》亦未言及此事。

〔三〕『葬父青原公於浦東』中『東』字，當是『北』字，此據黃道周篆書《贈考青原公墓碑》自述父母『葬於縣北之州市山』，漳浦縣退休副縣長黃榮川指出即今『舟市村』所在『舟市山』，别稱北山、石養山。黃道周《書埜山〈示兒詩〉後》落款『崇禎二年秋八月書於北山廬下』，此類證據不一而足。

〔四〕『拳牿鋃鐺』中『拳』字，清陳壽祺編《黃漳浦集》道光十四年刊本第一卷第一頁B面《救錢龍錫疏》作『拲』字，是。

〔五〕『今閣臣以邊事坐誅』中『今』字，清陳壽祺編《黃漳浦集》道光十四年刊本第一卷第一頁B面《救錢龍錫疏》作『令』字，聯系下文『又令邊臣得以瑕罅卸閣臣』中『又令』二字，可見當是『令』字。

〔六〕『臣請輟青華』中『青華』，清陳壽祺編《黃漳浦集》道光十四年刊本第一卷第一頁B面《救錢龍錫疏》作『清華』，是。

〔七〕『約東江東』，清陳壽祺編《黃漳浦集》道光十四年刊本第一卷第一頁B面《救錢龍錫疏》作『約束東江』，是。

〔八〕『擔得一當橫原草，為纍輔減千一之罪』中『擔』『千』『罪』三字，清陳壽祺編《黃漳浦集》道光十四年刊本第一卷第一頁B面《救錢龍錫疏》作『誓』『十』『死』。

〔九〕『收拾江東』，清陳壽祺編《黃漳浦集》道光十四年刊本第一卷第一頁B面《救錢龍錫疏》作『收拾東江』，是。

〔一〇〕『李仲燦、傅朝祐』，據中華書局標點本《明史》第六六六五頁、第六六六三頁本傳，當作『李汝燦、傅朝佑』。

〔一一〕『萬達以尚書降左侍郎，棲遲不百日』中『左侍郎』，當作『右侍郎』。清陳壽祺編《黄漳浦集》道光十四年刊本第三卷第十頁A面《论杨嗣昌疏》作『萬達以尚書降左侍郎，棲遲不十日』，皆誤。中華書局標點本《明史》第五二四四頁《翁萬達傳》曰：（嘉靖二十七年翁萬達擊敗俺答於隆慶石河營）『立進兵部尚書兼右副都御史。尋召理部事。以父憂歸』，（次年秋）『俺答犯都城。兵部尚書丁汝夔得罪，遂即以萬達代之。萬達家嶺南，距京師八千里，倍道行四十日抵近京』，（因嚴嵩、仇鸞讒言）『萬達遂失眷，降兵部右侍郎兼右僉都御史，經略紫荊諸關』。

〔一二〕『李完不丁繼母憂，宋世共指為人梟』中『李完』，當作『李定』，事見中華書局標點本《宋史》第一〇六〇一頁《李定傳》，且清陳壽祺編《黄漳浦集》道光十四年刊本第三卷第十頁A面《论杨嗣昌疏》作『李定』。

〔一三〕『明察未有實情』中『察』字，清陳壽祺編《黄漳浦集》道光十四年刊本第三卷第十二頁B面《論陳新甲疏》作『插』字。

〔一四〕『矢口』，清陳壽祺編《黄漳浦集》道光十四年刊本第三卷第十二頁B面《論陳新甲疏》作『矢石』，是。

〔一五〕『臣願解青華』，見本校勘記〔六〕。

〔一六〕『款敵撒兵』中『撒』字，據文義當作『撤』字。

〔一七〕『故曰款而不悔罪□頁，不可撒也』中『撒』字，據文義當作『撤』字。

〔一八〕『南盡黌寬奠』中，當脱一字。

〔一九〕『宋人惡李完不丁母憂』中『李完』，當是『李定』，見本校勘記〔十二〕。

〔二〇〕『江西新撫解學龍』，中華書局標點本《明史》第七〇四二頁本傳：『（崇禎）五年改右僉都御史，巡撫江西』，『十二年冬，擢南京兵部右侍郎。明年春，將解任，遵例薦舉屬吏，並及遷謫官黃道周。帝怒，徵下獄，責其黨庇行私，廷杖八十，削其籍，移入詔獄，竟坐遣戍。』

〔二一〕『廷秀杖以如之』，中華書局標點本《明史》第六六〇一頁本傳：『道周逮下獄，廷秀抗疏救之。帝怒，杖百，繫詔獄。』

〔二二〕『嗣昌以失律自經，而其黨陳演、張四知、張志發、謝陞等，皆坐政事堂』，其中『張志發』，據中華書局標點本《明史》第六五三三頁《張至發傳》、第三三五一頁《宰輔年表二》，當作『張至發』。又據《宰輔年表二》，以及第六五〇九頁《楊嗣昌傳》，張至發崇禎八年七月入閣（本傳崇禎五年六月入閣），十年晉首輔，十一年四月罷去，十四年召，辭不赴，十五年七月病歿。而楊嗣昌死於崇禎十四年三月朔。

〔二三〕『即如丁丑三冬，至戊寅七月，所進三十□卷書』，清陳壽祺編《黃漳浦集》道光十四年刊本第三卷第十五頁B面《進繳書錄疏》自述『謹將纂完書本開列如左：　一函二冊，《洪範明義》十二卷；次函二冊，《月令明義》十二卷；三函二冊，《儒行集傳》十八卷；四函二冊，《緇衣集傳》二十三卷』，合計六十五卷。

〔二四〕『又疏』，指崇禎十四年十二月獄中《感恩疏》，見清陳壽祺編《黄漳浦集》道光十四年刊本第三卷第十八頁A面。

〔二五〕『戊辰陽』中『戊』字，當作『戍』字；『辰陽』，古縣名，今廣西懷化市辰溪縣，然而黄道周永戍地更準確者乃酉陽宣慰司（今重慶市酉陽縣），據清陳壽祺編《黄漳浦集》道光十四年刊本第十七卷第十一頁B面《寄家書》曰：『原票煙瘴，則在廣西地方，便道至家，而兵部必以酉陽相處，謂酉陽武陵之傍郡，意欲相難耳。』《黄漳浦集》第十八卷第七頁B面《與何元（玄）子書》又曰：『票意在嶺西，而典午竟置之酉陽。』典午，乃兵部之隱語。

〔二六〕『高遮一動』中『遮』字，清陳壽祺編《黄漳浦集》道光十四年刊本第二十四卷第四頁B面《鄴山書院記》作『蹠』字，是。

〔二七〕『天寧州』，當作『天寧洲』。

〔二八〕『於閏六月戊子行監國事』中『戊子』，當作『丁亥』，此據明張家玉錄存唐王監國聿鍵頒示何成吾兄弟敕諭，自言『閏六月七日監』（丁亥日，合公曆七月二九日。敕諭内容見中華書局一九六一年版朱希祖《明季史料題跋》第一〇〇頁）。此外，上海錦章圖書局一九一一年石印版黄道周弟子錢澄之《所知錄》上卷第一頁B面，以及上海書店一九八二年影印版《虎口餘生記》第一四一頁明佚名《思文大紀》，皆記唐王聿鍵監國於農曆閏六月初七日。

〔二九〕『於七月庚戌朔奉唐藩即天子位』中『七月庚戌朔』，當作『閏六月二十七日』，此據明張家玉錄存唐王監國聿鍵頒示何成吾兄弟敕諭，自言『閏六月廿七登極』（丁亥日，合公曆八月一八日。敕諭內容見中華書局一九六一年版朱希祖《明季史料題跋》第一〇〇頁）。此外，上海錦章圖書局一九一一年石印版黃道周弟子錢澄之《所知錄》上卷第一頁B面，上海書店一九八二年影印版《虎口餘生記》第一四一頁明佚名《思文大紀》，中華書局一九五九年版清溫睿臨《南疆逸史》第一三頁，皆記唐王聿鍵稱帝於農曆閏六月廿七日。

〔三〇〕『晉道周少保兼太子太保吏部尚書武英殿大學士』，其實黃道周在隆武朝之職務，起初《行都求去疏》《辭職陳事疏》《再繳敕草乞休疏》，七月六日《將出關薦賢疏》，皆自署『大學士臣黃道周謹奏』，七月二十五日《恭報招征啟行疏》自署『欽命招征直省便宜聯絡恢復南京江北等處地方少保兼太子太師吏兵二部尚書武英殿大學士』，依次見清陳壽祺編《黃漳浦集》道光十四年刊本第四卷第八頁A面、第九頁A面、第一〇頁A面，第五卷第二頁A面，第三頁A面等。

〔三一〕『帥七建、浙江諸門人』至『今散去，留數百於帳下』，據廈門大學出版社一九九五年版侯真平《黃道周紀年著述書畫考》下冊第四〇二—四六六頁考證，黃道周抗清義軍總兵員大約一三六〇〇人，由於分兵西討南昌金聲桓，東擊徽州清軍，導致隆武元年十月二十三日黃道周在婺源戰場被俘時，身邊僅剩中軍閩南親友二個營七六八人，以及樂平、德興義勇數百人。

〔三二〕『皇上手折』中『折』字，當作『拆』字。

〔三三〕『念清原生平謹慎』中『清原』，當作『清源』。

〔三四〕『朕復喜卿之至』中『至』字，清陳壽祺編《黃漳浦集》道光十四年刊本第六卷第十一頁B面《關外謝賜袍膳疏》作『進』字，是。

〔三五〕『諸慕義從者幾萬人』，黃道周抗清義軍之兵員狀況，詳見本校勘記〔三十一〕。

〔三六〕『臣又離軍單弱為憂』，清陳壽祺編《黃漳浦集》道光十四年刊本第六卷第二十一頁B面《請恤捐軀諸臣疏》作『臣見報，知其離軍單弱，為憂悶不食』。

〔三七〕『俄而北兵大至，屯於高偃橋衷應師諸將各力氣兜以死』中『衷應師』三字，疑衍，清陳壽祺編《黃漳浦集》道光十四年刊本第六卷第二十一頁B面《請恤捐軀諸臣疏》全文作『俄而敵大至，兵屯於高偃橋，前後路絕。諸將各力鬥以死』。

〔三八〕『臣以千三百人濟之』中『三』字，清陳壽祺編《黃漳浦集》道光十四年刊本第六卷第二十一頁B面《請恤捐軀諸臣疏》作『二』字。

〔三九〕『瘁毛鍛羽』中『鍛』字，清陳壽祺編《黃漳浦集》道光十四年刊本第六卷第十六頁B面

《孤軍莫救危疆難支疏》作『鎩』字，是。

〔四〇〕『三九四九』，《洪譜》《莊譜》皆作『三九四七』。

〔四一〕『元潞名第一』中『潞』字，當作『璐』字。

〔四二〕『其後元潞死北都』中『潞』字，當作『璐』字。

〔四三〕『道周儗』中『儗』字，據文義，當作『擬』字。

〔四四〕『以《易象正》』至『乃合十經二錄為《石齋十二書》』，所列尚缺一經，據清陳壽祺編《黃漳浦集》道光十四年刊本卷首明洪思《收文序》所列，尚有《緇衣集傳》，以及附錄《易本象》《孝經贊》。

黃道周列傳

〔清〕溫睿臨 撰

黃道周，字幼平，號石齋，漳浦人。家貧。時挾策遠遊。讀書羅、浮山，山水暴漲，墜澗中，溯流而出，遇異人，授以讀書之法，〔一〕過目不忘。自少攻苦，爲文典奥，原本經術。登天啟壬戌進士，改庶吉士，授編修，內艱歸。〔二〕崇禎初，起右中允，〔三〕以救錢龍錫貶三秩調他曹，未幾遘疾求去。〔四〕瀕行，猶疏引《易》理治亂之準爲諫。屢起屢蹶，五遷而至少詹事兼侍講學士。〔五〕道周以文章風節高天下，而嚴冷剛方，不諧流俗，公卿多畏而忌之。嘗上疏自陳，言「文章意氣、坎坷磊落不如錢謙益、鄭鄤」。〔六〕時鄤方杖母被大詬，帝得疏駭異，而忌者愈藉爲口實。最後以劾楊嗣昌奪情入閣，帝怒甚，親召至平臺詰責，下獄遣戍，事具《明史》。南渡，起吏部右侍郎，〔七〕道周不欲出，馬士英遣人諷之曰：「人望在公，公而不起，豈欲從史可法擁立潞王乎？」道周不得已，乃趨朝。至，則陳進取九策。九月，陞禮部尚書，掌詹事府事。〔八〕尋以祭告禹陵出。臨行上言：「今欲東收兗濟，北略漳河，西取應安，然後問洛陽之鐘簴，掃承德之松楸，上規天壽，此曠日持久，其道誠難。必如臣愚計，得一沉鷙之將，簡士三萬，賫糧百日，出贛榆、韋橋，東逾破車，度臨朐，歷博興，直上鹽山，抵滄州。此間三四千里，皆荒曠如升虛邑，惟臨朐、安邱、樂安、陽信之間稍有屯聚，可因糧而食。盡七晝夜至武清，渡白溝，出其不意，從天而下，然後致陛下哀痛之意，祭告灑掃於十二陵，與長安士民拭淚而覲九廟。還則兵分兩道：一下臨清，以收兗、濟；一下邯鄲，以收彰、衛，其用力甚少，奏功甚鉅。此耿弇所發憤於祝阿，劉裕所歡呼於大峴也。」南京潰，唐王聿鍵建號於福州，召爲首輔。是時鄭芝龍專政，賜宴大臣，芝龍欲居第一，道周謂「祖制：武職無班文官右者」，芝龍辭屈，由是與道周不和。〔九〕道周見芝龍殊無經略之志，求出關自効。〔一〇〕請兵請糧，芝龍皆不與。〔一一〕道周徒以忠義激發，〔一二〕旬日間得九千餘人。〔一三〕親寫札副獎語給爲公賞，得之者榮於誥勅。而應募者多不練之兵，不能應敵。由廣信抵衢州，〔一四〕婺源令某，其門人也，僞致降書，道周信之，決計深入，曰：「國家養士數百年，士民豈無人心？傳檄自歸命耳。」十二月，至婺源明堂里，大兵猝至，一軍殲焉，道周知爲令所賣。〔一五〕叱從者俱退曰：吾死此矣！」遂被執。職方趙士超，字淵卿，福州諸生；中書賴繼謹，字敬儒，漳州諸生；蔡春溶，字時培，漳州諸生，道周婦弟；通判毛玉潔，字去水，六合人，沙縣丞，〔十六〕四人從。〔一七〕道周絶粒七日，不死。至徽州，元旦張燈甚盛，〔一八〕爲魚龍漫衍諸戲，乃與士超等悵然賦詩。是夜，雷雨大作，繞營三晝夜不止，訓導吴士繡呼其子祺生曰：「皇天震怒，殆爲黄先生乎？」不食而卒。道周至江寧，督師洪承疇，其鄉人也，使人來言曰：「先生毋自苦，〔一九〕我可以保先生不死。」道周罵曰：「承疇久死矣，松山之敗，先帝痛其死，親自哭祭，焉得尚存？此無籍小人冒名耳！」〔二〇〕承疇館而禮之，〔二一〕上疏乞貸死，〔二二〕朝旨不許。道周在館，〔二三〕與門人講習吟咏如常。素善書翰，都人爭求之，終日握管不辭也。三月七日赴市，見市有竪福建門牌者，指曰：「福建，吾君在焉，死於是可也。」南嚮再拜，遂受刑。〔二四〕士超等四人偕死。〔二五〕隆武聞之大哭，追贈文明伯，謚忠烈。道周詩文敏捷，精天文曆數《皇極》諸書，所著《三易洞詮》、〔二六〕《革象新書》，學者窮年不能通其説，而道周以之推驗治亂，其説多中；自推行年，終於六十三歲丙戌，〔二七〕書之小册，始知其能前知也。

逸史曰：當明之季，若劉、黄二公，豈非盛世之麟凰哉？惜乎出非其時。夫道有污隆，時有常變；文經武緯，迭相爲用。兵之設，肇於炎黄，聖人未嘗不亟講也。故《易》著《師》象，藝尚射御。武王親秉旄鉞，周公東征，四國是訛。孔子夾谷之會，具左右司馬，誅萊夷而齊侯懼。清之戰，冉求用矛以入齊師，孔子稱其義。故以即戎望之善人，而夫子自言戰則克，蓋得其道矣。聖人何嘗諱言兵哉？自晉人尚清言，宋人崇理學，指武備爲末事，將帥爲粗人，借弭兵偃武之説以自文其不能，天下靡然從之。於是，將鮮道德之選，軍蔑尊親之習，甲兵朽鈍，行伍單弱。馴至盜賊縱横，夷貊交侵，乃尊用粗暴猛厲之夫，奉以爲帥，始則慢之，繼則畏之，驕兵悍將挾寇自重，文吏慪怯而不敢究。蓋後世中國之衰，皆自腐儒釀之也。宗周侃侃正色，忠矣直矣，至欲以干羽格闖、獻方張之虐焰，何其迂也。南都立國，宿將盡矣，惟有四鎮耳，故雖暴横，而史公欲用之，不憚委曲綢繆，撫輯其衆，乃宗周概指爲當誅，以激其怒，使之抗疏誣詆大臣，不反輕朝廷之威耶？漢文帝有言曰：「卑之無甚高論。」令及今，可施行也。後世之君子，皆自恃其正論以博名高耳，豈計時勢之不能行哉？悲夫道周出關之舉，志則偉矣，然以不練之兵，甲仗糗糧百不一具，又輕信敵人之間，深入險地，是棄其師也。孔、孟「棄民」「殃民」之戒，獨不聞歟？嗚呼！世有君子而使其道不得行，人君之過也。尊其身矣，聽其言矣，而言不度乎時宜，身無救於敗亡，則豈孔、孟之道果僅可用之平世歟？若二公者，君子諒其志焉可也。〔二八〕

（清温睿臨《南疆逸史》卷八，中華書局一九五九年版）

【校勘記】

〔一〕「遇異人，授以讀書之法」，詳見《明儒學案》〔二〕。

〔二〕「内艱歸」，誤。詳見《國壽録》〔三〕。

〔三〕「崇禎初，起右中允」，誤。詳見《明儒學案》〔三〕。又據《黄漳浦集》中《在詞林既九載以實録成得遷宫允猶未謝恩值舊輔錢龍錫非罪下獄四顧廷臣無復言者中夜草疏排衆叩閽並作小詩以别内子六章》《救錢龍錫疏》《恩澤詩八章》自序、《欲辭銀綺揭》《辨仁義功利疏》等，崇禎三年十一月二十六日前，因天啟四年參與修纂之《神宗實録》竣工，故自翰林院編修擢右中允。

〔四〕「以救錢龍錫貶三秩調他曹，未幾遘疾求去」，詳見《罪惟録》〔四〕〔六〕。

〔五〕「五遷而至少詹事兼侍講學士」，據《黄漳浦集》中《救鄭鄤疏》《申明掌故疏》《論楊嗣昌疏》《論陳新甲疏》《退尋清仁之旨疏》等自署官銜，及明孫承澤《山書·東宫講官》，當作「四遷而至少詹事兼侍讀學士」。另，《黄漳浦集》舊排印本、《三罪四耻七不如疏》《請告疏》《讓賢疏》所署「侍講」皆傳寫之訛。

〔六〕「言『文章意氣、坎坷磊落不如錢謙益、鄭鄤』」中「言」字後，臺灣大通書局《臺灣文獻史料叢刊》本尚有「已有三罪、四耻、七不如。三罪、四耻以自責；七不如者，謂品行高峻、卓絶倫表不如劉宗周；至性奇情、無愧純孝不如倪元潞；湛深大慮、遠見深計不如魏呈潤；

犯顏敢諫、清裁絕俗不如詹爾選、吳執御； 志嚮高雅、博學多通不如華亭布衣陳繼儒、龍溪舉人張燮； 至圜土纍縶之臣，樸心純行不如李汝璨、傅朝佑」一段。

〔七〕「南渡，起吏部右侍郎」中「右」字，當作「左」，詳見《國壽錄》〔一八〕。

〔八〕「道周不得已」迄「掌詹事府事」段，據《黃漳浦集・衢州聞陞辭職疏》，及明古藏室史氏《弘光實錄鈔》，崇禎十七年九月十九日黃道周得陞禮部尚書兼翰林院侍讀學士協理詹事府事，十月二十一日在趨朝途中衢州聞之，但遲至次年正月方抵南京就職。

〔九〕「南京潰」迄「由是與道周不和」段，臺灣大通書局《臺灣文獻史料叢刊》本作「南京潰，唐王建號福州，以本官兼武英殿大學士，參贊機務。王素重其學行，禮敬備至。時何吾騶、蔣德璟等未至，道周爲首輔。會賜宴，鄭芝龍以侯爵欲居第一，道周謂『祖制：武職無班文臣右者』，芝龍辭絀，由是文武不和。有諸生上書詆道周迂，不可居相位。王知出芝龍意，下督學御史撻之。然是時國勢衰微，兵食俱乏，政歸鄭氏，諸大帥選愞觀望」。

〔一〇〕「求出關自効」，誤。詳見《明儒學案》〔一四〕。另，臺灣大通書局《臺灣文獻史料叢刊》本作「憤激請督師自効」，是。

〔一一〕「芝龍皆不與」，臺灣大通書局《臺灣文獻史料叢刊》本作「芝龍皆不應」。

〔一二〕「道周徒以忠義激發」，臺灣大通書局《臺灣文獻史料叢刊》本作「乃以七月二十二日放行，僅賫一月糧，以虛聲鼓動忠義士」。

〔一三〕「旬日間得九千餘人」，誤。詳見《國壽録》〔二一〕。

〔一四〕「由廣信抵衢州」，誤。詳見《明儒學案》〔一五〕。

〔一五〕「婺源令某」迄「道周知爲令所賣」段，誤。詳見明黄景昉《黄道周誌傳》〔八〕。

〔一六〕「通判毛玉潔，字去水，六合人，沙縣丞」，據《黄漳浦集》的《時發婺源趙淵卿職方毛玄水别駕……寄示四章》、《毛玄水别駕……凡八絶句》，以及《莊譜》，毛玉潔字玄水，六合人，以明經任福建沙縣丞，隨黄道周入江西抗清，授信州通判。

〔一七〕「職方趙士超」迄「四人從」段，臺灣大通書局《臺灣文獻史料叢刊》本作「幕下士兵部職方主事福建趙士超，字淵卿；中書賴繼謹，字敬儒；蔡春溶，字時培，皆漳州人，道周妻弟；通判毛玉潔，字去水，六合人，四人俱從之」。其中，「通判毛玉潔，字去水」中「毛玉潔」，洪譜、莊譜、《文明夫人行狀》同，而臺灣《中央研究院歷史語言研究所現存清代内閣大庫原藏明清檔案·洪承疇奏揭》作「毛至潔」；又據黄道周手書《石齋逸詩》（一九一五年石印本）、《至新安示趙淵卿毛玄水賴敬儒蔡時培四章》，及《黄漳浦集》中《時發婺源趙淵卿職方毛玄水别駕賴繼謹蔡時培二中書相失寄示四章》《毛玄水别駕趙淵卿司馬賴繼謹蔡時培二中書皆從予就擄相持踰月矣正月二十五日乃分輯他處愴然有懷無從寄問也前後鬱伊凡八絶句》，「字去水」當作「字玄水」。

〔一八〕「元旦張燈甚盛」，據《黄漳浦集》中《在徽州寄家書》《人日新安虜帳勉觀梅花四章》《新安元夕四章》自跋等，黃道周於隆武二年正月初六日自婺源解至徽州，十二日至元宵節期間徽州百姓演燈甚盛。

〔一九〕「先生毋自苦」，臺灣大通書局《臺灣文獻史料叢刊》本作「幸毋自苦」。

〔二〇〕「道周罵曰」迄「此無籍小人冒名耳」段，詳見明黃景昉《黃道周誌傳》〔一〇〕。

〔二一〕〔二二〕「承疇館而禮之」與「道周在館」，據黃道周手書《石齋逸詩》（一九一五年石印本），及《黃漳浦集》中《廿五日既聽質予滯禁城尚膳監中趙毛蔡賴諸友分羈兩縣遂不可面爲覓樸被不得悵然寄懷六章》、《待命八章》自序、《後死吟》自跋，黃道周於隆武二年正月二十一日前解至江寧，二十四日繫原禁中，次日審罷獨囚尚膳監，至少在二月初九日前仍繫尚膳監中。

〔二三〕「上疏乞貸死」後，臺灣《中央研究院歷史語言研究所現存清代內閣大庫原藏明清檔案·洪承疇奏揭》（三月十三日送抵北京）有「或解赴京師，或在江南正罪，職俱未敢擅便，恭請明旨遵行」句。

〔二四〕「三月七日赴市」迄「遂受刑」段，詳見洪譜〔八六〕。另臺灣大通書局《臺灣文獻史料叢刊》本「三月七日赴市」後，尚有「書絕命詞於衣帶間，遇東華門坐不起，曰：『此與高皇帝陵寢近，可死也！』既」一段。

〔二五〕「士超等四人偕死」，臺灣大通書局《臺灣文獻史料叢刊》本作「士超等四人皆從死」。

〔二六〕「所著《三易洞詮》」，據《黄漳浦集》中《三易洞璣序》《三易發明》，及明洪思《黄子傳》《收文序》、洪譜、清鄭開極《石齋先生經傳九種》及《四庫全書》等，當作「所著《三易洞璣》」。

〔二七〕「自推行年，終於六十三歲丙戌」，關於黄道周享年詳見《東南紀事》〔二六〕。

〔二八〕「逸史曰」迄「君子諒其志焉可也」段，臺灣大通書局《臺灣文獻史料叢刊》本闕，而另有一段：「勘本曰：石齋先生爲翰林時，補經筵展書官。故事，必膝行以前。先生獨否。魏忠賢目懾之。後救故相錢龍錫，疏凡三上，錢得減死。及召對平臺，帝問：『鄭鄤，激父杖母者也。爾自言不如，何邪？』對曰：『臣章見棄通國，孟子不失禮貌。臣言文章不如，且衆惡之必察也。』論列久之（語詳《明史》）。既而曰：『臣今日不盡言，則臣欺陛下；陛下今日殺臣，則陛下負臣。』帝怒，下之獄，尋即遣戍。時有涂仲吉者，漳浦諸生，以論救受廷杖，遂終身事之無怨言。先生所至，學者雲集，講論無倦。所居銅山，在孤島中，有石室，自幼坐卧其中，故門下士稱爲石齋先生。講學禹航時，愛大滌山川之勝，嘗曰：『大滌，吾墓田也。』後之人有爲之立祠祀焉者。其傳道弟子，曰禹航何羲兆（瑞圖）、曰紹興吕漢嶌（叔倫）。先生正命，門人星散，惟二君抱其遺書入山，終身不出，以逸民終，其節最高。他如甬上董次公（守諭），少即受業，而講學於大滌山房爲最久，江東司饟幾至殺身，其所著《易》學，則猶是漳海緒言也。右是卷，專爲儒臣二周先生傳。原本簡略過半，如子劉子門下盡屬有光殘局者也，特於『書後』表出請，以證一時忠義之盛云。」

黃道周傳（修漳志作）

〔清〕蔡世遠　撰

黃道周，字幼平，號石齋，漳浦之銅山人。少負奇節，以孝聞。當神廟時，天下乂安，道周見儒術日下，皇綱不振，憂天下將亂，年十四慨然有四方之志，不肯治舉子業，抵博羅，謁韓大夫日纘。韓家多異書，得盡覽所未見。嘗即席酒酣，援筆立就數千言，名大噪。天啓二年第進士，選庶吉士，歷編修，監修國史實錄。〔一〕故事，經筵展書官奉書膝行。道周謂膝行非禮也，平步進，魏璫目攝之，不爲動。未幾，乞歸。葬父北山，結廬其下，所謂石養山者也。旋丁內艱。服闋還朝。崇禎三年，典試浙江，以《神宗實錄》成，晉右中允。明年冬，故相錢龍錫坐袁崇煥事逮治，媒孽者且興大獄，天子怒不測，道周草疏救之，貶秩鐫三級，而龍錫卒得減死。科臣有銜道周者，摭浙江典試事，蜚語上聞。疏乞休，許之。瀕行，上《小人勿用疏》，蓋指輔臣溫體仁、周延儒也。上怒，削籍還。浙江學者聞道周至，則大喜，爲築大滌書院而稟學焉，留數月乃去。〔二〕歸石養山，日展拜墓左如新喪時。逾年，以有司請，講學於郡治紫陽祠，門人自遠至者，可千人。乙亥，起補原官。丁丑，分校禮闈，隨具疏乞休，不允。時方久旱，五日內繫兩尚書，道周疏請慎喜怒以回天意。六月，又上疏曰：「陛下詔求言省刑獄，然方求言而建言者輒斥，方清獄而下獄者旋聞。當此南北交訌，奈何與市井細民申勃谿之談，修睚眦之隙乎？」時溫體仁方招奸人，興東林、復社之獄，故道周言及之。晉左諭德，掌司經局，疏陳有「三罪、四恥、七不如」語。時鄭鄤方以杖母被大詬，道周言「文章意氣，臣不如錢謙益、鄭鄤」，上得疏愕異，令自陳。嚴旨切責。道周孝謹風節高天下，而嚴冷剛方，不諧流俗，大臣多畏而忌之。時方擇宮僚，楊廷麟、馮元飆並推道周。〔三〕閣臣張志發當國，〔四〕摘「不如鄭鄤」語爲口實，擯道周不與同僚。遂稱病乞休，不許。遷少詹事。侍經筵，會鄭三俊下吏，講官黃景昉救之，道周上疏推獎。〔五〕旨下，切責。再疏，以「支飾」譴。道周前有疏纂述《洪範》《月令》等書，未就，乞寬假數月去。有旨：「得卒業。」〔六〕時楊嗣昌奪情入閣，陳新甲奪情起宣大總督，方一藻以邊撫議和，道周草疏分劾，同日上之。上持三疏不下。召對，又言。上疑其有所爲而爲。道周方奏辯，嗣昌從旁摭鄭鄤事詆道周，道周奏：「大臣聞彈，義當退避，未有御前爭辯，不容小臣盡言。」嗣昌則佯謝請去，上因曰：「爾言『不如鄭鄤』何也？」對曰：「臣言『文章不如鄭鄤』耳。」又曰：「爾言『陳新甲走邪徑，托捷足』，果遣人行賂耶？」道周言：「人心邪，則行徑皆邪。」上又曰：「喪固凶禮，豈遭喪者盡不祥之人乎？」道周曰：「古三年之喪，君不呼其門，自謂兇人不祥。故兵禮『鑿凶門而出』。奪情，在邊疆則可，在中樞則不可；中樞猶可，在政府益不可。」駁問久之，上因曰：「少正卯言僞而辯，行僻而堅，不免聖人之誅。向以爾爲偏激，不圖今日恣肆如此！一生學問，止成佞口耳！」道周叩首伏地請辨「忠」「佞」二字。上曰：「非輕加汝佞，但所問在此，所對在彼，非佞而何？」叱之退，御筆榜朝堂示戒。貶江西布政司都事。未任，巡撫解學龍以道周才堪輔導薦。上怒，疑爲黨，削籍逮治。詞連黄文焕、陳天定、董養河，俱下詔獄。户部主事葉廷秀、太學生涂仲吉先後疏救，右納言馬思禮左右仲吉，〔七〕並杖戍。道周繫獄時，吏日奉紙筆乞書，道周爲書《孝經》百二十本。〔八〕在獄兩年，感「明夷」事，著《易象正》，方草十二圖，錦衣校徽急，道周恬然謂曰：「俟吾畫一圖成就逮耳。」擁之去。至北寺，與仲吉、廷秀對簿，受械鞫。廷秀與道周實未相識，囚服從容，交揖通姓名。次及學龍，相對噫嘻。時奸黨必欲殺道周，尚書劉澤深等謂道周不宜以建言誅，得遣戍廣西。〔九〕既而嗣昌敗，周延儒、蔣德璟乘間爲上言，得免戍，復故官。疏乞致仕歸。講學於邑之明誠堂及江東鄴山，郡邑有司、遠近卿大夫士畢至，凡一再會，而燕都變作。福王南渡，以少宰召，晉秩尚書，陳進取九策。時馬、阮亂政，正人如劉宗周、姜曰廣輩多擯不録。自請祭禹陵，夜泊龍江，夢太祖高皇帝至，厲聲曰：「卿竟舍我去耶？」對曰：「朝廷舍臣，非臣舍朝廷。」既報命，乞歸，而南都陷。舟次桐廬，遇唐王，相得甚歡，陳「四通四塞、三師八友」之議。至福州，遂首政府。時政歸鄭氏，將帥觀望，無肯出死力。道周憤，自請督師，携數諸生出信州，會七建及江、浙諸門人子弟之兵，可四千人，餉絶多亡走。〔一〇〕出師救徽，見卒千二百人，馬十匹，持三十日糧。〔一一〕行至婺源，徽已破，〔一二〕師遂潰。被執，七日不食，不死，復進水漿。至留都，分縶諸從者，獨幽禁城。改繫尚膳監，〔一三〕夜聞鐘，感舊事，得絶句百餘首，〔一四〕益悲憤，不食十四日，猶不死。時統兵大帥日夜遣客勸降，故獨寬其桎梏，加殊禮，使得從容賦詩作字奕棋，如是者三閱月。〔一五〕三月五日，騎擁過西華門，坐不起，曰：「此與高皇帝陵寢近，可死矣。」〔一六〕方刑時，從者跪曰：「公方萬年契闊，請以數語遺家。」乃裂衿齧指血大書曰：「綱常萬古，節義千秋。天地知我，家人無憂。」〔一七〕及門蔡春溶、賴繼謹，俱漳人；趙士超，侯官人；毛玉潔，六合人，繼至，〔一八〕過曹街，抱其頭哭曰：「師乎，魂其少須，吾即來矣！」四子同時就義。傳首至徽。及門陸自巖以千金購得之，合身首殯金陵。〔一九〕越數載，長子霓與門客趙子璧往扶櫬，〔二〇〕歸葬先人墓側。初道周未第時，渡釣龍江，舟覆溺焉，恍惚見一人前導至一殿，額曰倪黃。館選時，元璐名第一，道周第二。

一死北都，一死南都，出處始終若前定然。著述甚富，奏疏、經解、詩文，旁及天文曆數，共四十餘種。〔二一〕《洪範明義》《月令明義》《儒行集傳》《緇衣集傳》四部，懷宗時已進御覽。其《易象正》《三易洞璣》《孝經大傳》《詩記表記集傳》五部，〔二二〕及《榕壇問業》《大滌問業》已刊行於世，惟《易本傳》《詩表》《春秋揆》《疇象》在梁山，《孝經外傳》《解齊環》在大滌，《孝經傳》《三禮定本》《懿畜》在榕壇，或存或亡，多不傳；又有《易命》〔二三〕《詩晷正》《春秋表正》，墜於婺源。門人洪思作《收文序》求遺書而參正焉。奏疏詩文數十卷，尚未刊行。

論曰：道周學貫天人，行本忠孝，入則言朝，出則守墓，講學著書，清修自飭，金陵一節，堪爲殿後矣。古今名人志士，傳者何限？要如文章道學、經濟氣節，大都微有專屬。道周負其聰明氣岸，直欲兼之。古文不循《史》《漢》、八家，詩歌不步漢魏唐宋而博奧黝深、雕鏤古健，風骨成一家矣。論學宗旨於程朱，精微未能洞徹，要非可以「博雜」譏之。天文曆數，推驗無差，幾與康節、季通相伯仲。他若論列人才，敷陳軍國大政，其呂獻可、李伯紀之流歟？晚乃自收成局，以文信國終焉。嗚呼！可不謂奇人、完人者乎？

六合賀進士鳴諧至京師訪鉉於海淀直廬，相與讀《二希堂文集》，至《石齋黃公傳》，起而言曰：《傳》中毛君，鳴諧同里人也，明季以歲貢生任福建某縣丞，同黃公殉節於江寧，載在邑誌，不知其爲石齋門下士，意宦閩後慕石齋之學術人品而執贄歟？邑誌名「至潔」，今《傳》名「玉潔」，點畫之訛，當時或承寫偶誤。〔二四〕夫忠臣義士，豈計後世之傳名？而後之人惟恐其傳之不真，此秉彝之公心也，未敢率易，附識於此。受業雷鋐謹識。

（清蔡世遠《二希堂文集》卷六，乾隆四十八年刊本）

【校勘記】

〔一〕「監修國史實録」中「監」字，據南京博物院藏黄道周崇禎十二年楷書《周順昌神道碑》手卷署銜中「纂修玉牒實録」，及《黄漳浦集》中《恩澤詩八章》自序、《辨仁義功利疏》《救錢龍錫疏》所述與修《神宗實録》情況，當作「預」之類。

〔二〕「浙江學者聞道周至，則大喜，爲築大滌書院而稟學焉，留數月乃去」，誤。詳見洪譜〔二九〕。

〔三〕「馮元飂」，據明孫承澤《山書・東宫講官》，《明實録》崇禎十年十月，《明史》中《馮元飂傳》《張至發傳》《馮元飂傳》，當作「馮元飈」。

〔四〕「張志發」，據明孫承澤《山書・東宫講官》，及《明史》中《黄道周傳》《張至發傳》《馮元飈傳》，當作「張至發」。

〔五〕「侍經筵」迄「道周上疏推獎」句，誤。詳見清陳汝咸等《漳浦縣志》黄道周傳校勘記〔一一〕。

〔六〕「道周前有疏纂述《洪範》《月令》等書」迄「得卒業」段，誤。詳見清陳汝咸等《漳浦縣志》黄道周傳校勘記〔一二〕。

〔七〕「右納言馬思禮左右仲吉」中「馬思禮」，據洪譜、莊譜、《南疆逸史・馬思理傳》，當作「馬思理」。

〔八〕「道周繫獄時，吏日奉紙筆乞書，道周爲書《孝經》百二十本」，誤。詳見《洪譜》〔四九〕。

〔九〕「得遣戍廣西」，誤。詳見洪譜〔五一〕〔五二〕。

〔一〇〕「携數諸生出信州」迄「餉絶多亡走」，詳見《國壽録》〔二一〕。

〔一一〕「出師救徽，見卒千二百人，馬十匹，持三十日糧」，據洪譜，隆武元年十二月初六日黄道周自率中軍的七百六十八人及樂平、德興義勇千餘人，携數日糧，自廣信征伐婺源。

〔一二〕「行至婺源，徽已破」，《黄漳浦集・食盡兵單請自黜疏》追憶：「臣以十月初一至廣信，而敵以九月廿三日破徽州」「臣自九月二十五日往離崇安，而徽之破已二日」。

〔一三〕「至留都，分縶從者，獨幽禁城。改繫尚膳監」，據臺灣《中央研究院歷史語言研究所現存清代内閣大庫藏明清檔案・洪承疇奏揭》稱「職先於正月二十一日具疏，内云黄道周等解到江寧」；《黄漳浦集・待命八章》自序云「自正月二十四日繫禁中」，《黄漳浦集・廿五日既聽質予滯禁城尚膳監中趙毛蔡賴諸友分羈兩地遂不可面爲覓樸被不得悵然寄懷六章》《臥禁城漸聞鐘聲蘧然驚覺次第有懷十二章》等，尚膳監在明朝南京禁城中。

〔一四〕「夜聞鐘，感舊事，得絶句百餘首」，《黄漳浦集》有《臥禁城漸聞鐘聲蘧然驚覺次第有懷十二章》，若以黄道周隆武元年十二月二十五日被俘迄三月十三日後就義期間詩集《石齋逸詩》計之，其一九一五年手書石印本凡五律十三首七十九章，《黄漳浦集》奉凡五絶十八首七十二章、七絶十八首百十四章、五律十三首百十五章、五古六首十一章，此外如《石齋逸詩》贈傅覲光本、弟子何瑞圖編《石齋麟書》本、清順治十二年刊本等所收不詳。

〔一五〕「時統兵大帥日夜遣客勸降」迄「如是者三閲月」段，據臺灣《中央研究院歷史語言研究所現存清代内閣大庫原藏明清檔案・洪承疇奏揭》《黄漳浦集・待命八章》自序等，黄道周於隆武二年二月二十一日稍前解至金陵。

〔一六〕「三月五日」迄「可死矣」段，詳見洪譜〔八五〕

〔一七〕「方刑時」迄「家人無憂」段，詳見《國壽録》〔二四〕。

〔一八〕「六合人」後，光緒《漳州府志・黄道周傳》又注「《六合志》作『至潔』」。

〔一九〕「及門陸自巖以千金購得之，合身首殯金陵」，詳見《國壽録》〔二三〕。

〔二〇〕「長子霓與門客趙子璧往扶櫬」中「霓」字，據《黄漳浦集》中《與外氏書》《京師與兄書》《與内書》《寄家書》《同諸君登鵝鼻山尋陽明洞示麑子四章》《舟中念蔣若椰閣老歸買靈鷲碧霄想念故山因復賦示麑子四章》《誨子》，及明洪思《文明夫人行狀》、洪譜、莊譜、明李世熊《寒支集》等，當作「麑」；「門客趙子璧」當作「門人趙之璧」，詳見清陳汝咸等《漳浦縣志》黃道周傳的校勘記〔三二〕。

〔二一〕「共四十餘種」，考黃道周生平著述單行本至少百二十七種。

〔二二〕「《詩記表記集傳》」，考黃道周生平著述，又據其《坊記集傳》《表記集傳》之清鄭開極輯《石齋先生經傳九種》本、《四庫全書》本，及《黃漳浦集・坊記集傳序》《表記集傳序》，當作「《坊記表記集傳》」。

〔二三〕「《易命》」，據明洪思《黃子傳》，當作「《易筮命》」。

〔二四〕「《傳》中毛君」迄「當時或承寫偶誤」段，詳見《南疆逸史》〔一七〕。

黃道周傳

〔清〕楊陸榮 撰

黃道周，字幼平，漳浦人。天啓二年進士，歷官少詹事。因廷諍楊嗣昌事論戍，既而釋歸。福王立，起吏部左侍郎，陳進取九策。九月，拜禮部尚書協理詹事府。乙酉三月，乞祭告禹陵，瀕行復陳攻取之策，時不能用。江南失守，奉表唐王勸進。王監國，命以本官兼武英殿大學士。〔一〕一日賜宴，鄭芝龍以侯爵欲位道周上，道周與爭，衆議抑芝龍，由是將相大不睦。時國勢衰微，兵權悉歸鄭氏。芝龍早懷二心，每報師期，輒以缺餉不果發。道周憤甚，自請督師出江右。〔二〕七月二十二日，齎一月糧，從廣信出衢州。〔三〕夫人蔡氏在家聞之，嘆曰：「我夫獲死所矣！安有將在内，相在外，而能成厥事者？」道周與監紀職方趙士超、通判毛玉潔、幕客蔡春溶、賴繼謹等以忠義勸士卒，援徽援衢，〔四〕頗有斬獲。十二月，進至婺源，爲大兵所敗，與士超等俱被執。道周欲自經，士超謂曰：「南京不遠，死當魂傍孝陵。」乃止。夫人聞道周被執，貽以書，以「忠臣有國無家，勿内顧」

爲囑。丙戌三月，至江寧，〔五〕我内院洪承疇遣人諭降，道周閉目不應，〔六〕與士超等四人俱戮於市。士超臨刑，罵洪内院不絶口，死尤烈。道周既死，門人陸自巖濳其元並身瘞之，植黃石爲記。〔七〕閲數年，蔡夫人命長子霓載其喪歸，〔八〕於贈公之側，復命將士超等四人葬於道周之側。道周精曆數，殁後家人得其小册，自推終於丙戌云。

（清楊陸榮《殷頑録》卷三，康熙六十年刊本）

【校勘記】

〔一〕「王監國，命以本官兼武英殿大學士」，誤。詳見《國壽録》〔二〇〕。

〔二〕「自請督師出江右」，誤。詳見《明儒學案》〔一四〕。

〔三〕〔四〕「七月二十二日，齎一月糧，從廣信出衢州」與「援徽援衢」，誤。詳見《國壽録》〔二一〕。

〔五〕「丙戌三月，至江寧」，據臺灣《中央研究院歷史語言研究所現存清代内閣大庫藏明清檔案·洪承疇奏揭》、《黃漳浦集》中《待命八章》自序、《廿五日既聽質予滯禁城尚膳監中趙毛蔡賴諸友分羈兩縣遂不可面爲覓樸被不得悵然寄懷六章》《毛玄水别駕趙淵卿司馬賴敬儒蔡時培二中書皆從予就擄相持彌月矣正月二十五日乃分羈他處愴然有懷無從寄問也前後鬱伊凡八絶句》等，黃道周隆武二年丙戌正月十七日自徽州解往江寧，二十一日前抵達。

〔六〕「我内院洪承疇遣人諭降，道周閉目不應」，詳見明黄景昉《黄道周誌傳》〔一〇〕。

〔七〕「門人陸自巖潛其元並身瘞之，植黄石爲記」，與清陳汝咸等《漳浦縣志》黄道周傳同，詳見《國壽録》〔一三〕。

〔八〕「蔡夫人命長子麑載其喪歸」中「麑」字，當作「麑」，詳見《二希堂文集》〔二〇〕。

黃道周傳

〔清〕陳鼎　撰

黃道周，字幼平，福建鎮海衛人。家貧業農，事親以孝聞。年二十四，始發憤讀書，〔一〕遂窮博奧之學，鈎深致遠，高自標置。天啟二年舉進士，選庶吉士，授翰林院編修。時在翰林者，多雍容養望，道周乃作《矯輕警惰文》以諷之，同列皆欽重焉。遼事方急，中左、寧遠相繼陷没，島帥毛文龍自謝鎮江之捷，當關者欲藉之收覺華島以窺寧右，漸圖河西，上其議於朝，當發兵餉數百萬，道周獨決其非策。已而，文龍卒無成。魏忠賢用事，道周拂衣歸。崇禎元年，起原官。〔二〕明年，遼督袁崇焕殺毛文龍，道周前固策文龍不足恃，至是獨撫膺謂闕門之禍自此始。亡何，我兵大入薄京師，帝震怒，即軍中逮袁崇焕。究主者，崇焕言：「由閣臣錢龍錫。」〔三〕上並械繫之。獄具，當龍錫死。道周聞之，嘆曰：「安可使明主有殺輔臣名？」上疏救之，謂：「督臣受劍制閫外，僨事誤國，雖磔裂莫贖。輔臣坐論綸扉，遥度邊事，一不當輒坐死，後之閣臣必且長顧卻慮，不敢任邊事。邊臣亦得以瑕罅閣臣，摭單詞片語爲質。是使綸扉之內，割邊疆爲殊域也。陛下即位甫三載，閣臣受重譴者九人矣。一代之間，寧有幾宰輔？陛下即欲整齊羣下，敷求言功，不過倣虞廷故事，令諸廷臣各陳時政，考詢屢省，因而澄之，何材不服？即欲威柄獨運，操縱海宇，但乘輯瑞之期，綱舉數條，别貴賤輕重，親涣德音，嘉與更始，使天下噩然仰誦神武，何必囹圄償盈，孤卿駢首，使四方傳者咸謂朝廷獄吏甚貴，士紳甚賤乎？」疏入，上大怒，降詔切責。道周不爲挫，復疏言：「前代戮輔臣，惟漢武帝之於劉屈氂，我世宗之於夏言，千六百年僅見此爾，皆非嘉事也。然武帝以英偉之略動若風霆，世宗以淵穆之識同符造化，雖有芟除，不損大業。今震疊方殷，拯援未及；養兵多年，物力已殫；謀臣顧慮，未有一決，即殺一龍錫，無益於邊計，徒隳士氣而傷大體。且陛下以兵躪畿輔，赫然爲誅督臣，縶卿貳，斥郎曹，已過當矣。而閣臣又且不免，庶僚相對，容頭顧身，無復伏波、朱勃，趙王、貫高之誼。即國家緩急，何所賴此全軀掩口爲者？臣故不自量，欲歷疆埸觀要害，一當荷戈横原草，爲纍輔減罪，近臣雪耻，此臣所大願也。」上益怒，竟削籍，〔四〕然龍錫亦竟得減死。道周既家居，益著書講學，臺省交章論薦。九年，擢右中允。〔五〕時帝頗矜英察，值四海多故，疾羣臣結黨行私敗國事，臨朝歎咤，憂形於色。首輔温體仁輒言災眚兵戈皆郡邑無狀所致，非重治無以懲後。屢起大獄，而上以爲能，益信之。道周上言：「天下神器爲之有道，簿書刀筆非所以繩削天下之具也。陛下當法先王，内以至仁憂其臣庶，外以至明至武奠其封疆，引吉甫、召虎之倫躬贊大業，齷齪瑣人何足共圖大計乎？夫郡邑之吏，猶之坌土，所應不過數十里之内，非所以廣召祲氛。天下陰陽風化，皆視當寧之心氣，與二三元老刻責自勵而已，奈何使草土臣庶市其怨色乎？」體仁見而銜之。明年，遷少詹事，兼侍讀學士。偕閣臣入對便殿，問以用人理財策，道周據古今條對甚切，上亦名重之，呼「先生」者三。道周既負重名，天下望以爲相，而性戇直，好面折廷諍，雖屢被譴訶不恤也。中夜讀書至宋臣真德秀傳，拊几歎曰：「古人立朝，一月三十六封事，而吾儕默然已乎！」是時，楊嗣昌奪情用爲兵部尚書，而宣大總督盧象昇丁艱，嗣昌薦陳新甲代之，亦自喪中起復。道周儒者，念「國家即乏人，奈何數以墨衰從事，貽後世笑？」慨然思論之。仰視熒惑逆行，太白晝見，嗣昌所籌寇事滋失策顯，謂馮元飈等：「天象如此，此人必誤國。宜率同列固爭。」乃爲數札子，論邊事、寇事。其一，糾嗣昌、新甲，未上也，會上傳部院舉閣員，元飈謂：「枚卜無出道周上者，疏入或觸忤旨勿下。」其所知謂之曰：「公得政，所挽回者大，奈何必以口舌爭？即輕宰相，獨不爲天下計乎？」道周因而暫止。已而上竟相嗣昌等五人，道周不與焉。上素知道周學行，以其性偏執，非救時相，故後之。道周亦非以不相少有觖望，特恨爲同列所誤，不早擊嗣昌。竟就初稿爲三疏以進。〔六〕上之相嗣昌，疑非朝士意，道周又衆所推而出身強諫，憚其辭直，欲以理折服，因召對羣臣，詰道周曰：「朕聞無所爲而爲者謂之天理，有所爲而爲者謂之人慾。爾三疏適當枚卜不用之時，可謂無所爲乎？」道周奏：「天人，只義利之别。爲利者，以功名爵禄私之己，此是人慾。爲義者，以天下國家爲心，即是天理。臣三疏皆爲天下國家綱常名教，不爲一己功名爵禄，所以自信其無所爲。」上問：「何爲先時不言？」道周曰：「先時猶可不言，至簡用後不得不言。臣今日不言，更無進言之日。且如高官厚爵，誰則不樂？臣緘默數時，亦可偷升斗之禄，但所惜者，千古之綱常，天下之名教耳。」奏未畢，嗣昌出奏曰：「道周説『綱常』二字，臣不生空桑，豈不知有父母？臣聞命之初，瀝血控辭，而明旨迫切，不敢不倉皇奔命。道周品行學術爲人所宗，臣意必有持正之言可以使臣終制而去，不謂其疏中自謂『不如鄭鄤』，臣始歎息絶望。禽獸知母而不知父，鄭杖母，禽獸不如，道周又不如彼，尚何綱常之可言？」道周隨奏：「大臣聞言，義當引退，使小臣得盡其言。漢唐故事，諫官論執政者，執政皆出聽諫官對仗讀彈文。臣雖非言官，未有大臣跪在上前爭辯，不容臣盡言者。」嗣昌曰：「臣爲綱常名教，不容不剖陳，但委覺非體。道周實係清品，爲人望所歸，望皇上放臣歸里。」道周曰：「臣生平耻言人過，今日在上前與嗣昌口角，亦失體。臣知爲天下後世留此綱常名教、天理人心而已。」上曰：「對君有體，何至潑罵污詆大臣？」道周曰：「臣何敢潑罵？疏中只有兩句説『公子開方不省其親，管仲比之猳狗』，李定不持繼母服，當時比之人梟』，此兩句是臣過激，亦惟遇明主始敢直言。宋臣司馬光云：『臣若有所專司，則有所不言。如爲論思之，臣則無不可言者。』今臣爲侍從論思之臣，與嗣昌比肩事上，不比詆毁大臣。臣二十躬耕，手胼足胝；四十喪親，負土成墳，誠不忍見奪情之事。」上曰：「既如此，何又説不如鄭鄤？」道周曰：「章子棄於通國，孟子不失禮貌。孔子自云辭命不如宰予，臣謂文章不如鄭鄤。」上曰：「章子是不得於父，豈鄭鄤杖母之比？爾言不如鄭鄤，正是朋比。」道周曰：「衆惡必察。劉摯謂『人奈何避於權勢，使主上不知是非』。」上曰：「陳新甲諳練軍情，今爲邊疆多事，不得不用。嗣昌薦舉甚多，不止新甲一人，爾謂其『走邪徑，托捷足』，豈朕一人不知，威福予奪盡出臣下乎？」道周曰：「臣不識陳新甲，但人心正則行徑皆正，心邪則行徑皆邪。今新甲在蜀，聞命已兩三月，又辭謝往復，動須八九月。新甲未得來，盧象昇不得去。使新甲可以來，則盧象昇可以不去。」上曰：「陳新甲服將滿，盧象昇父死在途，如何不教他去？」又指《疏》曰：「《疏》中『破非常之格，以奉不祥之人』，試問何爲是奉？冠婚是吉禮，喪禮是凶禮，凶對吉而言，是説禮，非説人。人皆有父母，父母皆有年老之時，是人皆凶人，皆不祥之人矣。」道周曰：「《禮》：三年之喪，君命不過其門。援琴之後，始稱『釋吉』。未釋吉前，則孝子自謂凶人、不祥之人。古者兵禮『鑿凶門而出』。故奪情，在疆外用凶禮則可，在朝中則不可。」上曰：「自謂是孝子，哀毁自謙，豈真是凶，真是不祥？人既可用，何分内外？」道周曰：「臣見嗣昌二年來今日是墨衰，明日是墨衰，不知何日丁艱，何日起復？我朝自李賢奪情，前後五十餘人，多在邊疆，惟白圭曾坐司馬堂，翁萬達以尚書除左司馬，亦自陳以去。向使嗣昌在邊疆則可，在司馬則不可；在司馬則可，在政府則不可。使嗣昌一人爲之猶可，又呼羣引類，使成奪情世界則不可。」上曰：「孔子誅少正卯，當時亦稱聞人，惟行僻而堅，言僞而辯，不免君子之誅。今人心有所爲，借綱常名教大題目來道其私，正此類也。」道周曰：「少正卯欺世盗名，心術不正。臣心正，行無不正，無一毫之私。臣今日不盡言，則臣負陛下，陛下今日殺臣，則陛下負臣。」上斥之曰：「汝讀書有年，止學得一佞口耳！」道周叩頭起，復跪奏：「臣請爲上分别『忠』『佞』二字。夫人臣在君上之前獨立敢言者爲『佞』，豈讒諂面諛者爲『忠』耶？忠佞不分，則邪正不明，何以致治？」上曰：「不是輕以『佞』字加汝。問汝這邊，遁在那邊，非『佞』而何？」羣臣見上變色，皆戰慄流汗，緹校在殿下惴惴將有所縛。上終以儒者優容之，奪六級，降江西按察使照磨。〔七〕十三年，巡撫解學龍薦之，上以其黨，並逮問至京。廷杖，下獄。户部主事葉廷秀、太學生涂仲吉疏救，皆予杖。刑剖主事吴文燉以訊問遲緩，亦杖六十。部議道周永戍烟瘴，上以爲未盡，尚書劉澤深堅執如初，乃得請。十五年，上御講筵，偶言岳飛事，嘆曰：「安得將如岳飛者而用之？」輔臣周延儒曰：「岳飛自是名將，然其破金人事，史或多溢辭。即如黃道周之爲人，傳之史册，不免曰其不用也。天下惜之。」上默然，甫還宫，即傳旨復官。明年，遣祭南海，遂歸。〔八〕十七年，北都陷，福王立，召道周。至南京，見馬、阮用事，拂衣去。唐王在福建，用爲吏部尚書兼大學士。〔九〕鄭芝龍跋扈，道周引祖訓抑之，有隙，乃自請出師駐廣信。〔一〇〕芝龍齮齕之。無兵無餉，手書告身以忠義激發，募衆萬餘人。出衢州，〔一一〕爲婺源令所誘〔一二〕至明堂里，兵潰，被執至南京，死焉。

外史氏曰：嗟乎！明既亡矣，而先生猶踉蹌以圖恢復，不亦難乎？假使南渡以來，馬、阮即死，而任先生以國，或者李綱、趙鼎庶幾再見於南明，而社稷或可苟延於江左。奈何馬、阮不死，又欲誅戮東林，期於斬草除根而後快，則先生危矣。至唐王再起，已死之灰焉能復燃乎？先生曰：「一息尚存也，烏容已耶？」所謂「鞠躬盡瘁，死而後已」

者，其先生歟？

（清陳鼎《東林列傳》卷一二，《文淵閣四庫全書》本）

【校勘記】

〔一〕「年二十四，始發奮讀書」，據洪譜、莊譜，《黄漳浦集》中《乞言自序狀》《與内書》《張凱甫墓表》《張大夫墓表》《張觀察詩序》，及《榕壇問業》等，黄道周五歲入私塾，七歲父購朱熹《通鑑綱目》授之，八歲從胞兄耕讀於漁鼓溪頓坑，九歲學作文，十四歲遊廣東博羅時以《羅浮山賦》《觀海樓賦》稱異，十六歲奉父命習舉藝，十七歲治律吕，二十四歲受聘於張燮家塾，漳州士人相與問《易》。

〔二〕「崇禎元年，起原官」，誤。詳見《明儒學案》〔三〕。

〔三〕「究主者，崇焕言：『由閣臣錢龍錫。』」，據《明史》中《袁崇焕傳》《錢龍錫傳》等，錢龍錫下獄係逆黨高捷、史𡐓、袁弘勳等因其曾主定逆案而誣其主使袁崇焕斬帥通款，並受崇焕重賄等罪所致。

〔四〕「上益怒，竟削籍」，詳見《罪惟録》〔四〕。

〔五〕「九年，擢右中允」，據《黄漳浦集》中《在詞林既九載以實録成得遷宫允猶未謝恩值舊輔錢龍錫非罪下獄四顧廷臣無復言者中夜草疏排衆叩閽並作小詩以别内子六章》《救錢龍錫疏》《恩澤詩八章》自序、《欲辭銀綺揭》《辨仁義功利疏》《申明掌故疏》《三罪四耻七不如疏》《救鄭鄤疏》《讓賢疏》《補牘陳言疏》《遵旨回奏疏》等，崇禎三年十一月二十六日前黃道周因天啓四年與修之《神宗實錄》竣工而陞右中允。

〔六〕「乃爲數札子，論邊事、寇事，「近」竟就初稿爲三疏以進」段，詳見《明儒學案》〔一二〕。

〔七〕「降江西按察使照磨」誤。詳見《國壽錄》〔三六〕。

〔八〕「明年，遣祭南海，遂歸」誤。詳見《國壽錄》〔一三〕。

〔九〕「唐王在福建，用爲吏部尚書兼大學士」誤，詳見《皇明四朝成仁錄》〔一八〕。

〔一〇〕「乃自請出師駐廣信」誤。詳見《明儒學案》〔一四〕。

〔一一〕「出衢州」，詳見《國壽錄》〔二一〕。又，據臺灣《中央研究院歷史語言研究所現存清代內閣大庫藏明清檔案·洪承疇奏揭》、明江日昇《臺灣外紀》記黃道周門人中書舍人陳駿音所憶，及洪譜等，隆武元年十二月二十四日前黃道周自率中軍千七百餘衆自廣信進軍婺源。

〔一二〕「爲婺源令所誘」，詳見明黃景昉《黃道周誌傳》〔八〕。

黄道周列傳

〔清〕張廷玉等 撰

黄道周，字幼平，漳浦人。天啓二年進士，改庶吉士，授編修，爲經筵展書官。故事，必膝行前，道周獨否，魏忠賢目攝之。未幾，内艱歸。〔一〕崇禎二年，起故官。進右中允。三疏救故相錢龍錫，降調，龍錫得減死。五年正月，方候補，遘疾求去。瀕行，上疏曰：「臣自幼學《易》，以天道爲準。上下載籍二千四百年，考其治亂，百不失一。陛下御極之元年，正當《師》之上九，〔二〕其爻云『大君有命，開國承家，小人勿用』。陛下思賢才不遽得，懲小人不易絶，蓋陛下有大君之實，而小人懷干命之心。臣入都以來，所見諸大臣皆無遠猷，動尋苛細。治朝寧者以督責爲要談，治邊疆者以姑息爲上策。序仁義道德，則以爲迂昧而不經；奉刀筆簿書，則以爲通達而知務。一切磨勘，則葛藤終年；一意不調，而株連四起。陛下欲整頓紀綱，斥攘外患，諸臣用之以滋章法令，摧折縉紳；陛下欲剔弊防奸，懲一警百，諸臣用之以借題修隙，斂怨市權。且外廷諸臣敢誑陛下者，必不在拘攣守文之士，而在權力謬巧之人；內廷諸臣敢誑陛下者，必不在錐刀泉布之微，而在阿柄神叢之大。惟陛下超然省覽，旁稽載籍。自古迄今，決無數米量薪，可成遠大之猷；吹毛數睫，可奏三五之治者。彼小人見事，智每短於事前，言每多於事後。不救淩圍，而謂淩城必不可築；不理島民，而謂島衆必不可用。兵逃於久頓，而謂亂生於無兵；餉糜於漏卮，而謂功銷於無餉。亂視熒聽，浸淫相欺，馴至極壞，不可復挽，臣竊危之。自二年以來，以察去弊，而弊愈多；以威創頑，而威滋殫。是亦反申、商以歸周、孔，捐苛細以崇惇大之時矣。」帝不懌，摘「葛藤」「株連」數語，令具陳。道周上言曰：「邇年諸臣所目營心計，無一實爲朝廷者。其用人行事，不過推求報復而已。自前歲春月以後，盛談邊疆，實非爲陛下邊疆，乃爲逆璫而翻邊疆也；去歲春月以後，盛言科場，實非爲陛下科場，乃爲仇隙而翻科場也。此非所謂『葛藤』『株連』乎？自古外患未弭，則大臣一心以憂外患；小人未退，則大臣一心以憂小人。今獨以遺君父，而大臣自處於催科比較之末。行事而事失，則曰事不可爲；用人而人失，則曰人不足用。此臣所謂舛也。三十年來，釀成門户之禍，今又取縉紳稍有器識者，舉網投阱，即緩急安得一士之用乎。凡絶餌而去者，必非鮒魚；戀棧而來者，必非駿馬。以利禄豢士，則所豢者必嗜利之臣；以箠楚驅人，則就驅者必駑駘之骨。今諸臣之才具心術，陛下其知之矣。

知其爲小人而又以小人矯之，則小人之焰益張；知其爲君子而更以小人參之，則君子之功不立。天下總此人才，不在廊廟則在林藪。臣所知識者有馬如蛟、毛羽健、任贊化，所聞習者有惠世揚、李邦華，在仕籍者有徐良彦、曾櫻、朱大典、陸夢龍、鄒嘉生，皆卓犖駿偉，使當一面，必有可觀。」語皆刺大學士周延儒、温體仁。帝益不懌，斥爲民。九年，用薦召，復故官。〔三〕明年閏月，久旱修省，道周上言：「近者中外齋宿，爲百姓請命，而五日内繫兩尚書，未聞有人申一疏者，安望其弭亂除凶，贊平明之治乎？陛下焦勞於上，小民展轉於下，而諸臣括囊其間，稍有人心，宜不至此。」又上疏曰：「陛下寬仁弘宥，有身任重寄至七八載罔效、擁權自若者。積漸以來，國無是非，朝無枉直，中外臣工率苟且圖事，誠可痛憤。然其視聽一係於上。上急催科，則下急賄賂；上樂鍥覈，則下樂巉險；上喜告訐，則下喜誣陷。當此南北交訌，奈何與市井細民，申勃谿之談，修睚眦之隙乎？」時體仁方招奸人搆東林、復社之獄，故道周及之。旋進右諭德，掌司經局，疏辭。因言己有「三罪、四恥、七不如」。〔四〕三罪、四恥，以自責。七不如者，謂「品行高峻，卓絶倫表，不如劉宗周；至性奇情，無愧純孝，不如倪元璐；湛深大慮，遠見深計，不如魏呈潤；犯言敢諫，清裁絶俗，不如詹爾選、吴執御；志尚高雅，博學多通，不如華亭布衣陳繼儒、龍溪舉人張燮；至圜土纍係之臣，樸心純行，不如李汝璨、傅朝佑；文章意氣，坎坷磊落，不如錢謙益、鄭鄤。」鄤方被杖母大詬，帝得疏駭異，責以顛倒是非。道周疏辯，語復營護鄤。帝怒，嚴旨切責。道周以文章風節高天下，嚴冷方剛，不諧流俗，公卿多畏而忌之，乃藉不如鄤語爲口實。其冬，擇東宮講官，體仁已罷，張至發當國，擯道周不與。其同官項煜、楊廷麟不平，上疏推讓道周。至發言：「鄤杖母，明旨煌煌，道周自謂不如，安可爲元良輔導？」道周遂移疾乞休，不許。十一年二月，帝御經筵。刑部尚書鄭三俊方下吏，講官黄景昉救之，帝未許。而帝適追論舊講官姚希孟嘗請漕儲全折以爲非。道周聽未審，謂帝將寬三俊念希孟也，因言：「故輔臣文震孟一生蹇直，未蒙帷蓋恩。天下士，生如三俊，殁如震孟、希孟，求其影似，未可多得。」帝以所對失實，責令回奏。再奏再詰，至三奏乃已。凡道周所建白，未嘗得一俞旨，道周顧言不已。六月，廷推閣臣。道周已充日講官，遷少詹事，得與名。帝不用，用楊嗣昌等五人。道周乃草三疏，一劾嗣昌，一劾陳新甲，一劾遼撫方一藻，同日上之。其劾嗣昌，謂：「天下無無父之子，亦無不臣之子。衛開方不省其親，管仲至比之豭狗。李定不喪繼母，宋世共指爲人梟。今遂有不持兩服，坐司馬堂如楊嗣昌者。宣大督臣盧象昇以父殯在途，提心飲血，請就近推補，乃忽有並推在籍守制之旨。夫守制者可推，則聞喪者可不去；聞喪者可不去，則爲子者可不父，爲臣者可不子。即使人才甚乏，奈何使不忠不孝者連苞引蘖，種其不祥以穢天下乎？嗣昌在事二年，張網溢地之談，款市樂天之説，才智亦可睹矣，更起一不祥之人與之表裏。陛下孝治天下，縉紳家庭小小勃谿，猶以法治之，而冒喪斁倫，獨謂無禁，臣竊以爲不可也。」其論新甲，言其「守制不終，走邪徑，托捷足。天下即甚無才，未宜假借及此。古有忠臣孝子無濟於艱難者，決未有不忠不孝而可進乎功名道德之門者也。臣二十躬耕，手足胼胝，以養二人。四十餘削籍，徒步荷擔二千里，不解扉屨。〔五〕今雖逾五十，非有妻子之奉，婢僕之累。天下即無人，臣願解清華，出管鎖鑰，何必使被棘負塗者祓不祥以玷王化哉！」其論一藻，則力詆和議之非。帝疑道周以不用怨望，而「縉紳」「勃谿」語，欲爲鄭鄤脱罪，下吏部行譴。嗣昌因上言：「鄤杖母，禽獸不如。今道周又不如鄤，且其意徒欲庇凶徒，飾前言之謬，立心可知。」因自乞罷免，帝優旨慰之。七月五日召内閣及諸大臣於平臺，並及道周。帝與諸臣語所司事，久之，問道周曰：「凡無所爲而爲者，謂之天理；有所爲而爲者，謂之人慾。爾三疏適當廷推不用時，果無所爲乎？」道周對曰：「臣三疏皆爲國家綱常，自信無所爲。」帝曰：「先時何不言？」對曰：「先時猶可不言，至簡用後不言，更無當言之日。」帝曰：「清固美德，但不可傲物遂非。且惟伯夷爲聖之清。若小廉曲謹，是廉，非清也。」時道周所對不合指，帝屢駁，道周復進曰：「惟孝弟之人始能經綸天下，發育萬物。不孝不弟者，根本既無，安有枝葉？」嗣昌出奏曰：「臣不生空桑，豈不知父母？顧念君爲臣綱，父爲子綱，君臣固在父子前。況古爲列國之君臣，可去此適彼；今則一統之君臣，無所逃於天地之間。且仁不遺親，義不後君，難以偏重。臣四疏力辭，意詞臣中有如劉定之、羅倫者抗疏爲臣代請，得遂臣志。及抵都門，聞道周人品學術爲人宗師，乃不如鄭鄤。」帝曰：「然。朕正擬問之。」乃問道周曰：「古人心無所爲，今則各有所主，故孟子欲正人心，息邪說。古之邪說，別爲一教，今則直附於聖賢經傳中，繫世道人心更大。且爾言不如鄭鄤，何也？」對曰：「匡章見棄通國，孟子不失禮貌，臣言文章不如。」帝曰：「章子不得於父，豈杖母者比？爾言不如，豈非朋比？」道周曰：「衆惡必察。」帝曰：「陳新甲何以走邪徑，托捷足？且爾言軟美容悅，叩首折枝者誰邪？」道周不能對，但曰：「人心邪則行徑皆邪。」帝曰：「喪固凶禮，豈遭凶者即凶人，盡不祥之人？」道周曰：「古三年喪，君命不過其門，自謂凶與不祥。故軍禮『鑿凶門而出』。奪情在疆外則可，朝中則不可。」帝曰：「人既可用，何分內外？」道周曰：「我朝自羅倫論奪情，前後五十餘人，多在邊疆。故嗣昌在邊疆則可，在中樞則不可；在中樞猶可，在政府則不可。止嗣昌一人猶可，又呼朋引類，竟成一奪情世界益不可。」帝又詰問久之。帝曰：「少正卯當時亦稱聞人，心逆而險，行僻而堅，言僞而辯，順非而澤，記醜而博，不免聖人之誅。今人多類此。」道周曰：「少正卯心術不正，臣心正，無一毫私。」帝怒。有間，命出候旨。道周曰：「臣今日不盡言，臣負陛下；陛下今日殺臣，陛下負臣。」帝曰：「爾一生學問，止成佞耳。」叱之退，道周叩首起，復跪奏：「臣敢將『忠』『佞』二字剖析言之。夫人在君父前，獨立敢言爲『佞』，豈在君父前讒諂面諛爲『忠』耶？忠佞不別，邪正淆矣，何以致治？」帝曰：「固也，非朕漫加爾以佞，但所問在此，所答在彼，非佞而何？」再叱之退，顧嗣昌曰：「甚矣，人心偷薄也。道周恣肆如此，其能無正乎？」乃召文武諸臣，咸聆戒諭而退。是時，帝憂兵事，謂可屬大事者惟嗣昌，破格用之。道周守經失帝意，及奏對又不遜。帝怒甚，欲加以重罪，憚其名高，未敢決。會劉同升、趙士春亦劾嗣昌，將予重譴，而部擬道周譴顧輕。嗣昌懼道周輕，則論己者將無已時也，亟購人劾道周者。有刑部主事張若麒謀改兵部，遂阿嗣昌意上疏曰：「臣聞人主之尊，尊無二上；人臣無將，將而必誅。今黄道周及其徒黨造作語言，虧損聖德，舉古今未有之好語盡出道周，無不可歸過於君父。不頒示前日召對始末，背公死黨之徒鼓煽以惑四方，私記以疑後世，掩聖天子正人心息邪説至意，大不便。」帝即傳諭廷臣「毋爲道周劫持相朋黨」凡數百言。貶道周六秩，爲江西按察司照磨，〔六〕而若麒果得兵部。久之，江西巡撫解學龍薦所部官，推獎道周備至。〔七〕故事，但下所司，帝亦不復閲。而大學士魏照乘惡道周甚，則擬旨責學龍濫薦。帝遂發怒，立削二人籍，逮下刑部獄，責以黨邪亂政，並杖八十，究黨與。詞連編修黃文煥、吏部主事陳天定、工部司務董養河、中書舍人文震亨，並繫獄。戶部主事葉廷秀、監生涂仲吉救之，亦繫獄。尚書李覺斯讞輕，嚴旨切責；再擬謫戍烟瘴，帝猶以爲失出，除覺斯名。移獄鎮撫司掠治，乃還刑部獄。逾年，尚書劉澤深等言：「二人罪至永戍止矣，過此惟論死。論死非封疆則貪酷，未有以建言者。道周無封疆貪酷之罪，而有建言蒙戮之名，於道周得矣，非我聖主覆載之量也。陛下所疑者黨耳。黨者，見諸行事。道周抗疏，祇托空言，一二知交相從罷斥，烏覩所謂黨，而煩朝廷大法乎？且陛下豈有積恨道周？萬一聖意轉圜，而臣已論定，悔之何及？」仍以原擬請，乃永戍廣西。〔八〕十五年八月，道周戍已經年。〔九〕一日，帝召五輔臣入文華後殿，手一編從容問曰：「張溥、張采何如人也？」皆對曰：「讀書好學人也。」帝曰：「張溥已死，張采小臣，科道官何亟稱之？」對曰：「其胸中自有書，科道官以其用未竟而惜之。」帝曰：「亦不免偏。」時延儒自以嗣昌既已前死矣，而己方再入相，欲參用公議，爲道周地也，即對曰：「張溥、黃道周皆未免偏，徒以其善學，故人人惜之。」帝默然。德璟曰：「道周前日蒙戍，上恩寬大，獨其家貧子幼，其實可憫。」帝微笑。演曰：「其事親亦極孝。」甡曰：「道周學無不通，且極清苦。」帝不答，但微笑而已。明日傳旨復故官。道周在途疏謝，稱學龍、廷秀賢。既還，帝召見道周，道周見帝而泣：「臣不自意今復得見陛下，臣故有犬馬之疾。」〔一〇〕請假，許之。居久之，福王監國，用道周吏部左侍郎。道周不欲出，馬士英諷之曰：「人望在公，公不起，欲從史可法擁立潞王耶？」乃不得已趨朝。陳進取九策，拜禮部尚書，協理詹事府事。而朝政日非，大臣相繼去國，識者知其將亡矣。明年三月，遣祭告禹陵。瀕行，陳進取策，時不能用。甫竣事，南都亡，見唐王聿鍵於衢州，〔一一〕奉表勸進。王以道周爲武英殿大學士。〔一二〕道周學行高，王敬禮之特甚。賜宴，鄭芝龍爵通侯，位道周上，衆議抑芝龍，文武由是不和。一諸生上書詆道周迂，不可居相位。王知出芝龍意，下督學御史撻之。當是時，國勢衰，政歸鄭氏，大帥恃恩觀望，不肯一出關募兵。道周請自往江西圖恢復。〔一三〕以七月啓行，所至遠近響應，得義旅九千餘人，〔一四〕由廣信出衢州。〔一五〕十二月進至婺源，遇大清兵。戰敗，被執至江寧，幽別室中，因服著書。臨刑，過東華門，坐不起，曰：「此與高皇帝陵寢近，可死矣。」監刑者從之。〔一六〕幕下士中書賴雍、〔一七〕蔡紹謹、〔一八〕兵部主事趙士超等皆死。

道周學貫古今，所至學者雲集。銅山在孤島中，有石室，道周自幼坐卧其中，故學者稱爲石齋先生。〔一九〕精天文曆數《皇極》諸書。所著《易象正》《三易洞璣》及《太函經》，學者窮年不能通其説，而道周用以推驗治亂。殁後，家人得其小册，自謂終於丙戌，年六十二，始信其能知來也。

（清張廷玉等《明史》卷二五五，中華書局一九七四年標點本）

【校勘記】

〔一〕「未幾，内艱歸」，誤。詳見《國壽録》〔三〕。

〔二〕「正當《師》之上九」，誤。詳見《明儒學案》〔四〕。

〔三〕「九年，用薦召，復故官」，誤。詳見《國壽録》〔五〕。

〔四〕「旋進右諭德，掌司經局，疏辭。因言已有『三罪、四恥、七不如』」，據《黄漳浦集》中《申明掌故疏》《求言省刑疏》《三罪四恥七不如疏》《救鄭鄤疏》等，黄道周崇禎十年五月二十六日閣題陞左諭德兼翰林院侍講，掌司經局事，二十九日聞陞，旋上《求言省刑疏》，六月初三日降旨叩謝陞職，十三日上《三罪四恥七不如疏》。

〔五〕「徒步荷擔二千里」，詳見《東南紀事》〔七〕。

〔六〕「爲江西按察司照磨」，誤。詳見《國壽録》〔三六〕。

〔七〕「久之，江西巡撫解學龍薦所部官，推獎道周備至」，詳見《罪惟録》〔一四〕。

〔八〕「乃永戍廣西」，中華書局點校本原《校勘記》云：「『乃永戍廣西』，『廣西』，本書卷三〇八及《明史稿》傳一三一《周延儒傳》作『辰州』，《國榷》卷九七頁五九一二作『辰州衛』。辰州，辰州衛在湖廣」，誤。詳見洪譜〔五一〕〔五二〕。

〔九〕「十五年八月，道周戍已經年」，據《黄漳浦集》中《寄家書》《免戍辭朝疏》《過靈隱寺》自序、《大滌書院三記》《與孟長民説〈詩序〉》《三易發明》《墓下乞致仕疏》《與張湛虚中丞書》等，及清陸心源《穰梨館過眼録·黄忠端公行書卷》，清陳驤德《吉雲居書畫續録》抄録黄道周《洗心詩》及其自跋，黄道周《易象正》陳之遴、孟應春、朱朝瑛題識，明孫承澤《山書·講筵肆赦》等，黄道周於崇禎十四年十二月十九日出獄改戍四川酉陽，沿途滯留南京、杭州、餘杭大滌書院，十五年六月方抵九江，又因瘧疾滯留九江直至十月接旨解戍還職，其間八月二十五日周延儒等於經筵勸得崇禎帝降旨免黄道周戍並復職。

〔一〇〕「既還，帝召見道周，道周見帝而泣：『臣不自意今復得見陛下，臣故有犬馬之疾。』」，誤。詳見《國壽録》〔一三〕。

〔一一〕「見唐王聿鍵於衢州」，據《黄漳浦集》中《逃雨道人舟中記》《諫親征疏》，弘光元年六月十三日晚黄道周在桐廬或蘭溪舟中晉見唐王聿鍵。

〔一二〕「王以道周爲武英殿大學士」，詳見《國壽録》〔二〇〕。

〔一三〕「道周請自往江西圖恢復」，詳見《明儒學案》〔一四〕。

〔一四〕「得義旅九千餘人」，誤。詳見《國壽録》〔二一〕。

〔一五〕「由廣信出衢州」，詳見《明儒學案》〔一五〕。

〔一六〕「臨行」迄「監刑者從之」段，詳見洪譜〔八六〕。

〔一七〕「幕下士中書賴雍」，《黄漳浦集》中《將出關疏》《時發婺源趙淵卿職方毛玄水別駕賴繼謹蔡時培二中書相失寄示四章》(《石齋逸詩》略同)、《至新安示趙淵卿毛玄水賴繼謹蔡時培四章》《毛玄水別駕趙淵卿司馬賴敬儒蔡時培二中書皆從予就擄相持彌月矣正月二十五日乃分羈他處愴然無從寄問也前後鬱伊凡八絶句》、洪譜、莊譜、臺灣《中央研究院歷史語言研究所現存清代内閣大庫藏明清檔案·洪承疇奏揭》皆作「賴繼謹」，《石齋逸詩》又以表字「敬儒」稱之，然皆未見稱作「賴雍」者。或因《洪承疇奏揭》稱另一義士蔡春溶爲「蔡雍」，故該《明史·黄道周列傳》混淆賴、蔡倆人姓名。

〔一八〕「蔡紹謹」，據《黄漳浦集》中《恭報出關日期略陳軍實情形疏》《將出關疏》《時發婺源趙淵卿職方毛玄水別駕賴繼謹蔡時培二中書相失寄示四章》(《石齋逸詩》略同)、《至新安示趙淵卿毛玄水賴繼謹蔡時培四章》《毛玄水別駕趙淵卿司馬賴敬儒蔡時培二中書皆從予就擄相持彌月矣正月二十五日乃分羈他處愴然無從寄問也前後鬱伊凡八絶句》等，當作「蔡春溶」(字時培)。

〔一九〕「故學者稱爲石齋先生」，詳見莊譜〔四〕。

黄相國傳

〔清〕汪有典 撰

公諱道周，字幼平，號石齋，福建鎮海衛人。家貧業農。年二十四始發憤讀書，〔一〕鬱然負公輔之望，然不屑應童子試、郡縣禮聘之數，始芒鞋布衣出。登天啟壬戌進士，選庶吉士，歷編修、監修國史實録。〔二〕故事，經筵展書官奉書膝行。公謂膝行非禮也，平步進。魏璫目懾之，不爲動。未幾乞歸。崇禎元年，起原官。〔三〕故相錢龍錫坐袁崇焕事逮治，媒蘖者且興大獄，天子怒不測，公草疏救之，貶秩三級，而龍錫卒得減死。九年，臺省交章論薦，擢右中允。〔四〕明年，遷少詹事，兼侍讀學士。公負重名，天下望以爲相，而性戇直，好面折廷諍。時相多舒緩養交，浮沉取大位，公羞之，不忍爲。天子一日開文華，延詞臣，問以用人理財策，公據古今條對甚切，上亦名重之，呼「先生」者三。久之，楊嗣昌奪情用爲兵部尚書，〔五〕尋入閣。而宣大總督盧公象昇丁艱，嗣昌薦陳新甲代之，亦自喪中起。公念國家即無人，奈何數以墨衰從政，貽後世笑？慨然思論之。仰視熒惑逆行，太白晝見，嗣昌所籌寇事滋失策，顧謂馮公元飈等：「天象如此，此人必誤國，宜率同列爭之。」公前召對時被譴訶，幾不免矣。中夜讀書至宋臣真德秀傳，拊几歎曰：「古人立朝一月三十六封事，而吾儕默然已乎？」每見詔書有不便，輒屏人削牘，不起草，手自書之。一字更定，即曰：「此誠不足以格主。」屏弗奏。其欲糾嗣昌也，爲數札子論邊事、寇事，其一言奪情並論新甲，未上也，會上傳部院舉閣員，馮公謂枚卜無出公上者，獨苦其好言事，疏入或觸忤，即推且弗用。公重國事，於己進退固弗恤，而馮公等遣所知日守之，曰：「公得政，所挽回者大，奈何必以口舌爭？即輕宰相，獨不爲天下計乎？」以此久不發。已而上竟相嗣昌等五人，公不與。上素知公學行，謂其性偏執，非救時相，故後之。公亦非以不相少有觖望，特恨爲同列誤，不早擊嗣昌。竟就初稿，爲三疏以進。〔六〕上之相嗣昌，疑非朝士意。公又衆所推，而出身強諫。憚其辭直，欲以理折服，召於平臺切責之。公屢辯不屈，公卿見上變色，戰栗流汗。嗣昌陽引咎，徐出微言挑激帝怒。公引大義力爭，終無撓辭。既對畢，叩頭入班，上目而斥之曰：「佞口！」公再入，至上前叩頭起，復奏曰：「請爲上分別忠佞。」反復又數百言。〔七〕上怒甚，緹校在殿下，惴惴將有所收縛。上終以儒者優容之，奪三官，得江西幕僚以去。嗣昌虛恢自用，又煩碎無大略，其上彝陵也，偕幕士飲酒賦詩，流連名勝；好形家術，過梵刹丘隴，舉鞭馬上，指興替以占驗否，取《華嚴》第四卷，謂可詛蝗已旱，下教郡邑且以上聞。上亦知嗣昌粗疏，言過實，不足仗，顧已撓羣議用之，庶一出行師，邀萬一功，有以謝天下，然竟用以敗，公言乃大酬，而賊已躪秦蹂晉，逡巡畿輔，明事益不可爲矣。公之既貶也，江西巡撫解學龍特薦公，上怒爲黨，並逮治。辭連黄文焕、陳天定、董養河，俱下詔獄。户部主事葉廷秀、太學生涂仲吉疏救，皆予杖。納言馬思理左右仲吉，刑部主事吴文熾訊問遲緩，亦杖。公繫獄，吏日奉紙筆乞書，爲書《孝經》百二十本。〔八〕感「明夷」事，著《易象正》，方草十二圖，錦衣校徵急，公恬然謂曰：「俟吾畫一圖成，就逮耳。」擁之去，至北寺就訊。時奸黨必欲殺公，尚書劉澤深謂公不宜以建言誅，得遣戍廣西。〔九〕既嗣昌敗，復故官，致仕歸。〔一〇〕福王南渡，以少宰召，晉秩尚書。公不欲出，馬士英諷之曰：「人望在公，公不起，欲從史可法擁立潞王耶？」乃不得已趨朝。陳進取九策，而朝政日非，正人多擯不用，公自請祭禹陵，夜泊龍江關，夢高皇帝至，厲聲曰：「卿竟舍我去耶？」對曰：「朝廷舍臣，非臣舍朝廷。」既報命，而南都陷，從唐王，陳「四通、四塞、三師、八友」議，遂首政府。時政歸鄭氏，將帥觀望，無肯出死力，公憤，自請募兵江西，〔一一〕號召義勇，住廣信，無兵與餉，徒以忠義激厲。旬月間，有衆萬餘，與楊公廷麟、萬公元吉遥爲聲援。部伍略定，出軍徽州，兵潰被執。至江寧，絶粒四十日不死。〔一二〕夫人蔡氏聞之，貽公書謂「忠臣有國無家，勿以内顧爲念」。内院洪承疇以公同鄉，使人致意，公罵曰：「承疇死久矣，此必無籍小人冒名耳！」遂被囚繫。〔一三〕赴義時，過東華門，坐不起，曰：「此與高皇帝陵寢近，可死矣！」遂畢命。〔一四〕方刑時，從者請曰：「公方萬年契闊，請以數語遺家。」乃裂衿囓指血大書曰：「綱常萬古，節義千秋。天地知我，家人無憂。」〔一五〕同死者，中書賴雍、蔡紹謹等數十人，〔一六〕俱先候於笪橋，不知也，忽仰視謂行刑者曰：「黃公去矣！冉冉乘雲而上矣！我輩宜速從之。」遂俱死。公精於《易》，歿後，家人於篋中得一小册，自推終於丙戌，年月日俱不爽云。

汪有典曰：嗚呼！觀於烈帝之用人，而知明之亡也決矣。即位甫三載，閣臣受重譴者九人；享國十七年，易相凡五十餘人。如置棋然，局屢更，而局屢敗。無他，好疑自用，而與臣下爭勝也。他不具論，其戊寅之舉閣員也，帝意已屬嗣昌，故特駁廷推，以彰獨斷，示不測。其始也，假英察之名，濟剛愎之私。其繼也，因剛愎之私，致眩迷之失。措置乖方，萬事瓦裂。至嗣昌二府三州十九縣之陷，密本已達，在廷諸臣秘不令知，護前如此，獨何心哉。蓋其所相五人，自嗣昌外，程國祥倡間架之説，蔡國用持朋黨之議，沈復粹朝夕奉佛，方逢年望風雅拜而已，此皆齷齪駑材，堪任以軍國大計乎？夫欲得仗節忠義之臣，當於犯顏敢諫中求之。如公之面折廷諍，雖古社稷臣，何以遠過？帝顧以其強直疏之，獨於庸鄙畏葸貪污陋劣之夫不惜委命焉。夫以祖宗數百年艱難締造之天下，不勝其忿忿之心與臣下爭一日之勝，以僥倖於不敗。臣皆亡，國或亦不盡然乎？

（清汪有典《史外》卷七，清刊本）

【校勘記】

〔一〕「年二十四始發憤讀書」，誤。詳見《東林列傳》〔一〕。

〔二〕「監修國史實録」，誤。詳見《二希堂文集》〔一〕。

〔三〕「崇禎元年，起原官」，誤。詳見《明儒學案》〔三〕。

〔四〕「九年，臺省交章論薦，擢右中允」，誤。詳見《東林列傳》〔五〕。

〔五〕「天子一日開文華」迄「楊嗣昌奪情用爲兵部尚書」段，據《明史》中《楊嗣昌傳》《七卿年表》《鄭三俊傳》《文震孟傳》《姚希孟傳》，《黄漳浦集》中《補牘陳言疏》《遵旨回奏疏》《京師與兄書》，《明實録·崇禎十一年二月》，明孫承澤《山書·司寇下獄》等，黄道周崇禎十一年二月十二日第一次侍經筵，隨班召對，諫用人，救鄭三俊，爲文震孟、姚希孟申雪，被令三次回奏，而楊嗣昌早於前年十月奪情起兵部尚書，去年三月到任。

〔六〕「其欲糾嗣昌也」迄「爲三疏以進」段，詳見《明儒學案》〔一二〕。

〔七〕「既對畢」迄「反復又數百言」段，誤。詳見《國壽録》〔一一〕。

〔八〕「公繫獄，吏日奉紙筆乞書，爲書《孝經》百二十本」，誤。詳見洪譜〔四九〕。

〔九〕「得遣戍廣西」，誤。詳見洪譜〔五一〕〔五二〕。

〔一〇〕「致仕歸」，據《黃漳浦集》中《墓下乞致仕疏》《大滌書院告李忠定公朱文公文》等，崇禎十五年十月一日在九江接旨免戍復職，返抵鎮江作《免戍辭職疏》，閏十一月返抵漳浦，十七年正月作《墓下乞致仕疏》，未報而明朝於三月十九日滅亡。

〔一一〕「自請募兵江西」，誤。詳見《明儒學案》〔一四〕。

〔一二〕「至江寧絶粒四十日不死」，據黃道周手書《石齋逸詩》（一九一五年石印本）中《發自婺源復進水漿示賴敬儒蔡時培二中書》《發自新安謝風雷乃遂絶粒凡十四日復進水漿》，《黃漳浦集》中《新安元夕四章》《燈夕不堪乃遂絶粒是夜雷雨明日甲子抵晚雷雹大作繞營不休凡三晝夜□□遂發予入南都六章》《發自新安絶粒十四日復進水漿至南都示諸友五章》《絶粒十四日不死傅君折得玉梅兩枝寄瓶中聽□弄胡琴六章》《二月朔後引磬不殊起而慨然六章》等，黃道周隆武元年十二月二十五日被俘後，迄次年正月初三日押離婺源前，第一次絶粒七天；十五日在徽州見百姓依舊戲燈，次日遂作第二次絶食，迄二十九日（二十一日前抵金陵），凡十四天；二月初二日，第三次自殺，未遂。

〔一三〕「内院洪承疇以公同鄉，使人致意」迄「遂被囚繫」段，詳見明黃景昉《黃道周誌傳》〔一〇〕。

〔一四〕「赴義時」迄「遂畢命」段，詳見洪譜〔八六〕。

〔一五〕「方刑時」迄「家人無憂」段，詳見洪譜〔八六〕、《國壽録》〔二四〕。

〔一六〕「中書賴雍、蔡紹謹等數十人」中「賴雍、蔡紹謹」，誤。詳見《明史》〔一七〕、〔一八〕。

黃道周傳

〔清〕陳壽祺等　撰

黃道周，字幼平，一字細遵。漳浦人。父季，〔一〕字嘉卿，以字行。好性理書與《通鑑綱目》。嘉靖末倭亂，以大户督造戰艦，〔二〕猝遇叛卒，嘉卿拔劍斷兩卒首，跳身去。事平，部帥苦無功，微聞嘉卿事，夜半進百金，乞兩卒首。嘉卿揮其金，指擲舟中首畀之。由是，得任俠名。訓練族人，以田疇、逄蒙自命。已乃折節爲儒家，人郡市書以授道周。道周八歲能爲文，喜披册走最高峰，倚松石踽踽忘返。年十四，聞博羅韓日纘家多異書，之博羅，遍覽其所藏而歸。十七，治律吕。十八，作《疇象》。十九，以時事策干當事，不用。逾年，之平和，讀書大明山，所謂大峰山也。二十三，父殁，道周念亡父負奇以死，悲痛憤鬱，而作《續騷》。漳浦令黃應舉見之，泣曰：「余亦幼孤，而黃子如此者，其才全也。」天啟壬戌成進士，年三十八。授翰林編修，充經筵展書官。故事，展書官奉書膝行。道周以講筵道尊，平步進，魏忠賢目攝之。崇禎二年，進右中允。〔三〕三疏救故相錢龍錫，帝怒，與降調，而龍錫得減死。五年，遘疾求去，瀕行，上疏曰：「臣自少學《易》，以天道爲準，上下載籍二千四百年，考其治亂，百不失一。陛下御極之元年，正當《師》之上九，〔四〕其辭曰：『大君有命，開國承家，小人勿用。』臣觀陛下開承，應『大君』之實，而小人柄用，懷干命之心。在陛下，以大君之哲，可制小人而有餘；小人以干命之才，可中大君而不覺。自臣入都以來，所見諸大臣治朝寧者，以督責爲要；談治邊疆者以姑息爲上策，序仁義道德則以爲不經；談刀筆簿書則以爲知務，片言可折則葛藤終年，一語相違則株連四起。陛下欲整頓紀綱，諸臣用以滋章法令，摧折縉紳；陛下欲剔弊防奸，諸臣用以借題修隙，斂怨市權，使陛下長駕遠馭之意積漸而入科條之中，臣子悃愊靖獻之思抑鬱而消文網之內。且外廷諸臣敢誑陛下者，必不在於拘攣守文之士，而在權力謬巧之人；內廷諸臣敢誑陛下者，必不在錐刀泉布之微，而在阿柄神叢之大。惟陛下超然省覽，思『地中有水』之象，知民情所由通；體『剛中而應』之文，知《師》功所由立。自古迄今，決無吹毛數睫可成遠大之猷，斂怨樹威可奏雍熙之治。臣思曹、濮愚民可以靜鎮，通、泰鹽徒必不可不收；津、保近防可以酌往，淮、濟聲援必不可不聯。以靜居淮西之民，則易動之方可定；以動鼓兗東之衆，則震鄰之力易專。移潁上之鎮出徐州，則宿遷之上流可斷；簡薊、密之師益寧、錦，則邊疆之固圉有資。急理島上之民，而不藉其援，則島上、登、萊之勢分；　還塞膠、萊之險，而速致其師，則青州、揚、兗之情合。詳此數者，立限數月，可省數年之功。抑小人見事，智恒短於事前，言恒長於事後。不救淩城，謂淩城之必不可築；　不理島民，謂島民之必不可用。兵憒於久頓，則謂亂生於有兵；　餉糜於漏巵，則謂功消於無餉。亂視熒聽，以至極壞不可復挽。陛下及今廷勵羣臣面諮羣策，猶恐不足以起天下之材，致天下之用，而聞警未嘗召對，災見不復修省，遂使素服角帶之虚文亦成日消月靡之實事。臣恐有《師》中小人漫言干命以養亂墜功者。小人之言售，則大君之柄失；　大君之柄失，則丈人長子皆無以正其律矣。《易》曰『大君有命』，以正功也；　『小人勿用』，必亂邦也。功得其正，雖亂必治；　功失其正，雖治必亂。國家養士二百七十年，材官蹶張皆荷異數，而一切消磨久靡成頑亂，至不憂災，至不懼恐，非『大君』所命『開國承家』之意也。」帝不懌，問「葛藤」「株連」所指何事，「收鹽徒」等項「立限數月」作何料理，《師》中堪用者何人。道周上言曰：「臣觀邇年諸臣所目營心計，無一實爲朝廷者；　用人行事，不過推求報復而已。自庚午春後，盛談邊疆，實非爲陛下之邊疆，乃爲逆黨翻邊疆也。辛未春後，盛言科場，非爲陛下之科場，乃爲仇隙翻科場也。此非所謂『葛藤』『株連』乎？臣所欲收鹽徒，防徐口，實津、保，聯淮、濟，輯島民，厚寧、錦，靜濟西之衆，動兗東之師者，非謂登州島民能翔千里溯汶、濟而上也。臣觀登州地形，陡出海外，舟師四遊，與風南北：自石鎮而北，東風稍南，出沙門者，可趣灤河，遞西至於直、沽；自艾山而南，東風稍北，舟人過沙者，可趣海州，遞南至淮口。上下四五百里，信宿可至。臣不懼青州礦徒能越膠河以應亂卒，誠懼淮上鹽徒能呼蒙羽以應舟師。今度於淮上造船必百日乃備，往還文移又當百日，但命淮撫便宜募商，計直散引，收合鹽徒，練成一軍，不俟訓討，自成勁卒，得戰艦數千，可以上搗北出之虛，下收防漕之實。如使數月以後索食江、淮，分防灤、永，難爲力矣。今度礦賊尚脆，不能西斷膠水，雄據一州，但使青、萊、東、兗二十餘縣褰裳奮袵，六七萬人可得，勒限數月，焚舟破釜，可以撲滅。此臣所爲欲『勒限數月』也。臣素不交遊於中外，人材實未周知，然以臣所學：直亮剛方必爲君子，脂韋荏苒必爲小人；仁閔寬宏必爲君子，鴆鷙狡險必爲小人；樂善聞過必爲君子，好讒悦佞必爲小人；難進易退必爲君子，競榮圖寵必爲小人；非道不繇必爲君子，他途借進必爲小人，持此五者衡量天下，十不失一。臣所常識有馬如蛟、毛羽健、任贊化，皆倜儻有氣骨；所習聞者惠世揚、李邦華，百鍊於鋼，名滿天下；梁廷棟，膽決機警，年力方新；其在仕籍者，則徐良彦、曾櫻、朱大典、陸夢龍、鄒嘉生，皆卓犖駿偉，使當一面必有可觀。陛下必欲振作人材，當敦尚風節，表章仁義，勿使猥瑣小人挫辱文章廉隅之士。」語皆刺大學士周延儒、温體仁。帝益不懌，斥爲民。逾月，出都。〔五〕秋，至餘杭。浙江學者聞道周至，築書院於大滌山，請受業。道周爲留數月乃歸。〔六〕講學於榕壇。九年，以薦召復故官。〔七〕明年，久旱修省，道周上言：「近者中外齋宿爲百姓拜命，而五月之内繫兩尚書兩尚書，謂李日宣、陳新甲，〔八〕未聞有申一疏者，安望戡亂除凶，蠲冤解網，贊浩蕩之恩，成霖雨之業乎？」又言：「臣觀天下災祥繫人主之喜怒，人主喜怒繫天下之安危，喜氣行於臣鄰則臣鄰興作，怒氣行於邊鄙則邊鄙廓清。《詩》曰：『君子如祉，亂庶遄已。君子如怒，亂庶遄沮。』君子之喜怒皆以撥亂，故爭於其大，不爭於其細。今大猷不爭，細故是競。朝無一可喜之臣，則臣無一可喜之事；邊無一敢怒之氣，則亂無一遄沮之日。亢陽之極至，爲旱災。陛下焦勞於上，百姓輾轉於下，而諸臣括囊其間。稍有人心，宜不至此。」繼又上疏，極言「天下風化轉移，陰陽若否，皆視當寧之心氣。當寧之心氣静敬和平，天下猶不應者，則二三元老之責」，末言：「陛下仁智端竞甚明，而大臣引伸擴充不力。方此四方多事，獨奈何與市井細民申勃谿之談，修睚眦之報？」時體仁方招奸人搆東林、復社之獄，故道周及之。進右諭德，掌司經局，疏辭，因言己有「三罪、四耻、七不如」。〔九〕其「七不如」，謂「品行高峻，卓出倫表，不如劉宗周。至性奇情，無愧純孝，不如倪元璐。湛心大慮，遠猷深計，有經世之器，不如魏呈潤。犯顏敢諫，清裁絶俗，〔一〇〕不如詹爾選、吴執御。雅尚高致，博學多通，足備顧問，不如華亭茂才陳繼儒、龍溪孝廉張燮。乃至圜土纍繫之臣，樸心醇行，不如李汝燦、傅朝佑；文章意氣，慷慨拓落，不如錢謙益、鄭鄤」。時鄭鄤忤溫體仁，中書舍人許曦訐鄤杖母，論極刑。帝得疏，駭異，責以「顛倒是非」。道周疏辯，語復營護。帝益怒，嚴旨切責。是年秋，太子出閣，選講讀官，〔一一〕道周不與。項煜、楊廷麟各上疏讓道周。閣臣張至發揭言：「煜博『讓賢』之名，使臣冒蔽賢之愆，臣不任受。」因摭「不如鄤」語爲口實。道周遂移疾乞休，不允。尋擢少詹事，充日講官。十一年二月，帝御經筵，詢用人之法，道周請培養人才，且言治邊當審形勢，說甚具。六月，楊嗣昌奪情入閣。道周同日上三疏，其一劾嗣昌，疏曰：「天下無無父之子，亦無不子之臣。衛開方不省其親，管仲至比之豭狗；李定不丁繼母憂，宋臣共指之爲人梟。今遂有不持兩服坐司馬堂如楊嗣昌者。爲人臣者，其家父母不幸委棄，而儼衣冠，擁輿從，飛揚喑叱，抗顏僚友之前，此豈人理所應有也乎？今宣大督臣盧象昇，父殯載途，不視含殮，搥胸飲血，以俟奔喪，而廷臣動推闒遠難移之人以緩其事。象昇請附近撫臣權攝其事，於理可通。今又忽有『並推在籍守制』之旨。夫使守制者可推，是聞喪可以不去；聞喪者可不去，是爲子者可不孝，爲臣者可不忠。即使人材甚乏，奈何使不忠不孝者連苞引蘖，種其不祥以穢天下乎？」其一論新推宣大督臣陳新甲，曰：「臣前閱邸報，見推宣大督臣有『並推在籍守制』之旨。陛下憂邊甚急，求才甚殷，廷臣不任驅使，及於凶人，臣竊痛之。及知會推爲陳新甲，新甲守制未終，又聞其走邪徑托捷足，天下即甚無才，未宜假借及此。夫輕爵禄而言破格，毋寧重爵禄而杜倖門；輕破格以飾功名，毋寧慎倖門以飾道德。古有忠臣孝子無濟於艱難者矣，未有不忠不孝而可進於功名道德之門者也。何必使被棘負塗者祓不祥以玷王化哉？」其一劾遼撫方一藻，則力詆和議之非。時七月三日也。帝疑道周以不用怨望，而「縉紳勃谿」語，欲爲鄭鄤脱罪，乃御平臺，召内閣諸大臣並及道周。帝與諸臣語所司事畢，召道周前曰：「凡無所爲而爲者，謂之天理；有所爲而爲者，謂之人欲。爾三疏，適不用之時，可謂無所爲乎？」道周俯伏對曰：「聖學淵微，非臣所及，然論天人，分在義利：爲利者，以功名爵禄私之於己，事事專爲己私，此爲人慾；爲義者，以天下國家爲心，事事在天下國家，此爲天理。臣三疏皆爲天下國家，非爲一己功名爵禄。臣自信無所爲也。」帝曰：「先時何不言？」曰：「先時御史林蘭友、科臣何楷皆有疏。二人臣同鄉，心嫌不言。」帝曰：「今獨不嫌邪？」對曰：「臣所奏，關天下綱常、邊方大計，今更不言，後將無及。且臣即緘默，可以濫叨升斗，所惜陛下之綱常名教。」語未竟，嗣昌驟進曰：「『綱常』二字，不敢不剖明：君爲臣綱，父爲子綱，君臣固在父子之前。臣父臣母皆受君恩無所逃，臣又逃於何所？臣四疏力辭。聞黃道周人品學術爲人宗師，意必有持正之言可使臣終制，不謂其自言『不如鄭鄤』，臣始絶望。」道周曰：「故事，諫官論執政，執政出聽對仗讀彈文。臣雖非言官，然未有大臣當上前爭辯，不許盡言者。」帝復護嗣昌曰：「對君有體，嫚罵何也？」對曰：「臣疏『猳狗』『人梟』，不無過激。幸明主故得直言。禮義廉耻，國之四維。臣爲一己之私，緘默取富貴足矣。」帝曰：「無端污詆大臣，總有所爲。」對曰：「宋臣司馬光有言『臣若有專司，則有不言；如爲論思，則無不可言』者。臣爲侍從論思之臣，誠不忍見聖世有奪情之事，故言。」帝曰：「如此，又言『不如鄭鄤』，何也？」對曰：「匡章棄於通國，孟子不失禮貌；孔子自云辭命不如宰予，臣亦謂文章不如鄭鄤。」帝曰：「章子不得於父，豈鄤杖母之比？爾言『不如』，豈非朋比？」對曰：「衆惡必察。」帝曰：「陳新甲諳練軍情，爾言其『走邪徑』，豈嗣昌一薦爲邪徑邪？」對曰：「臣不識陳新甲，但人心邪則行徑皆邪，奪情一事，呼羣引類，爲之使成奪情世界，豈非邪徑？臣今日不言，後有言者，則臣之耻也。」帝復詰問久之。道周曰：「宋人惡李定不丁母憂，賜孝子粟帛風之。臣若救鄭，則參嗣昌非所以救鄤也。」帝默然有間，命出候旨。道周曰：「臣今日不盡言，則臣負陛下；陛下今日殺臣，則陛下負臣。」帝曰：「爾一生學問，止成佞耳！」〔一二〕復命起。道周起，復跪曰：「臣請剖明忠佞：夫人臣在君父之前獨立敢言爲佞，將阿諛順旨爲忠邪？敢爭是非辯邪正爲佞，將容悅緘口爲忠邪？忠佞不分則邪正不明，爲政之大戒。」帝曰：「問此逼彼，非佞而何？」叱之出。嗣昌曰：「皇上所諭，誠誅意之法。道周冒盛名，望爲優容。」帝乃召文武諸臣咸聆戒諭而退。是時，帝憂兵事，謂可屬大事者惟嗣昌，而道周守經，既失旨，奏對又不屈，怒甚，欲加重罪，終以其名高未決。會劉同升、趙士春繼劾嗣昌，將予重譴，而部擬道周譴顧輕。嗣昌懼論己者將無已時也，陰搆劾道周者。刑部主事張若麒謀改兵部，遂劾道周「羣黨籍籍，歸過君父」。於是貶道周六級，爲江西按察司照磨，〔一三〕而若麒得兵部。十三年，江西巡撫解學龍薦所部官，推獎道周備至。故事，但下所司，帝不復閱。而大學士魏照乘惡道周甚，擬旨責學龍濫薦。帝怒，立削學龍籍，並逮道周下刑部，責以黨邪亂政，並杖八十。詞連編修黃文煥、吏部主事陳天定、工部司務董養河、中書舍人文震亨，並繫獄。户部主事葉廷秀、監生涂仲吉救之，亦繫獄。尚書李覺斯讞輕，嚴旨切責；再擬謫戍烟瘴，帝猶以失，出除覺斯名。移道周等鎮撫司，掠治鍛煉無所得，仍還刑部獄。刑部尚書劉澤深等言：「道周罪，擬永戍至矣，過此惟論死。論死，非封疆則貪酷，未有以擬建言者。道周建言蒙論，非我皇上覆載之量也。且陛下豈有積恨道周？萬一聖意轉圜，而臣已論定，悔之何及？」仍以原擬上。乃永戍廣西。〔一四〕十五年一月出京，疏請便道携家省墓。〔一五〕八月，帝召輔臣入文華殿，手一編從容問曰：「張溥、張采，何如人也？」對曰：「讀書好學人也。」帝曰：「溥已死，采小臣，科道何亟稱之？」對曰：「其胸中自有書，科道以其用未竟而惜之。」帝曰：「亦未免偏。」時楊嗣昌既死，周延儒再當國，方參用公議，欲爲道周地，即對曰：「即黄道周，亦不免偏，徒以其善讀書，人人惜之。」上默然。蔣德璟、黄景昉、吴甡復交言道周博學清修，在獄手書《孝經》，跋語仰頌聖德，且家貧子幼可憫念，乞免永戍。延儒曰：「皇上心同天地，既赦道周，便可徑用，豈但移戍？」帝微笑不答。次日，敕閣議還其原秩。道周在途疏謝，乞宥學龍、廷秀。疏上，已別有旨赦免。帝召見道周，道周見帝而泣曰：「臣不自意復得見陛下。臣故有犬馬之疾，請賜假歸。」許之。按年譜：復官，謝疏稱：聞旨，十月朔日，即以是月還山。不載入京事。今據《明史》。〔一六〕歸構明誠堂講學，爲明誠之會。福王稱號南京，起道周吏部侍郎。道周不出，馬士英諷之曰：「人望在公。不起，欲從史可法擁立潞王邪？」乃趨朝。九月，拜禮部尚書，協理詹事府事。明年三月，〔一七〕遣祭告禹陵。臨行，上言：「今欲東收兖、濟，北略漳、河，〔一八〕然後問洛陽之鐘簴，掃承德之松楸，上規天壽，此曠日持久，其道誠難。必臣愚計，得一沈鷙之將，簡士三萬，齎糧百日，出贛榆、韋橋，東逾破車，度臨朐，歷博興，直上鹽山，抵滄州。此間千四百里，〔一九〕皆荒曠，如升虚邑。惟臨朐、安邱、樂安、陽信之間稍有屯聚，可因糧而食，盡七晝夜至武清，度白溝，出其不意，從天而下，然後致陛下哀痛之意，祭告灑掃於十二陵，與長安下士拭淚而覲九廟。還則分兵兩道：一下臨清，以收兗、濟；一下邯鄲，以收彰、衛。其用力甚少，奏功甚鉅。此耿弇所發憤於祝阿，劉裕所歡呼於大峴也。」不報。未歸，而南京敗。道路傳福王在黃得功軍，道周上奏太后，請趣馬士英統黔兵至黃得功軍，迎福王；速召金華、江右兵，及閩中潰旅，令立功自贖。俱不報。潞王監國杭州，道周上箋請召劉宗周、姜曰廣、高弘圖、楊廷麟、劉同升以收人心；論馬士英、阮大鋮賣君賣國罪。潞王不能用，不十日而亡。會鄭鴻逵護唐藩至，六月十三日道周謁唐王於桐廬舟中。時諸將爭欲入閩，道周上箋請暫駐衢州以通兩路：「西約虔、臺以爲犄角，北立信州之鎮以通大關，東治三寨之舟以通海道，而西北塞五虎、杉關以斷建昌，北塞清湖、江山以扼小關。閩中絕險，五代以來割據者率偷安自保，不足自拔。」啓上，而唐王已過仙霞嶺。馳書福建巡撫張肯堂、巡按吴春枝。時二臣猶豫未決，得書乃奉王入省。閏六月初八日，行監國事，〔二〇〕而道周在浦城追不及，又所持論與諸勳貴不協，乃遣人入賀而身從洪塘間道歸里。唐王令人邀於道。初九日，入謁。時危疑未定，道周以爲不稱號無以收拾遠邇、號召天下，乃偕諸臣民於七月朔日勸進。〔二一〕庶事草創，凡大小禮節皆道周區畫裁定。晉少保兼太子太師、吏部尚書、武英殿大學士。繼賜號「奉天翊運中興宣猷守正文臣光禄大夫上柱國少傅兼太子太保」，兼吏兵二部尚書、武英殿大學士如故。〔二二〕會賜宴，鄭芝龍爵通侯，欲位道周上，衆議抑芝龍，芝龍怒。道周疏求去，唐王慰留再四。乃疏薦蔣德璟、林欲楫，及朱繼祚、黄斌卿、李世奇、紀文疇、蔡鼎等，而請身行邊。其時兵食大柄皆仰給芝龍。王徒擁空名，藉道周爲重。道周亦知事不可爲，每進見，相對泣下。王雖允道周行，實無兵與餉。二十二日，朝餞啓行，道周提空札數十，手書獎語，激以忠義，所至召募。八月三日，至延平，得秀才陳雄飛、應士鍈及王加封、成仲治等。至建寧，得高萬榮、應天祥，而漳州中書舍人魏桀斌、諸生劉淳、户部員外張天維、諸生商應椿、蔡春溶、張瑞鍾，監紀推官洪榜、〔二三〕賴繼謹，皆先後統兵繼至。抵崇安，得曹樟及莆田秀才林堯佐。道周區爲十營，營三百八十四人，合關外、漳南二營成十二營。是時，朝議不欲道周出關，請留駐鎮守，内消奸宄之萌，外蓄在山之勢。適廣信知府解立敬、知縣蔣元士、鄉紳詹兆恒、王孫蕃等俱遣人迓道周，遂以九月十九日出關。〔二四〕十月朔，抵廣信，而徽州已破，廣信士民請道周入城。時居民離竄，公儲私積俱盡，道周乃因講學集耆老子弟勸助軍實，軍賴以濟。而信州詹兆恒、俞益華，金華鄭守書，常山吕繼望，東鄉張受禄等皆以師來。一時幾及萬人，〔二五〕軍聲頗振。是月九日，分遣諸將一出撫州，一出婺源，一出休寧。上疏曰：「臣前陛辭，稱『便宜行事，不以兵車』，臣實愚昧，徒藉高皇之靈、陛下之威，非謂臣能空手措餉也。自臣爲此言，怨謗沓至，阻卸橫生；炎涼既分，肘踵盡見。以四千之卒，給三月之餉，而臣之心血皮骨消磨盡矣。今存兵不過四營，馬不過十匹。無高國之鼓，九合之助，而欲以樽俎仁義坐收其功，真爲韋跗君子所齒冷也。」二十三日，戰敗於婺源，王加封、李忠遠死焉。既而休寧、撫州之師並潰，士氣不堪再鼓，廣信亦無固志。道周乃疏請命方國安以萬衆搗徽州，解廣信之危，成牽制之功。王命方國安從嚴州，鄭鴻逵從馬金，兩路出師。〔二六〕悉不應。道周召諸將計曰：「與其坐而潰散，無以報朝廷，不如一戰決也。」十二月六日，復自廣信攻婺源。至童家坊，聞樂平已破，凡所募皆不至，信州士民請道周歸。道周以成師而出，義不反顧，獨與樂平、德興二縣鄉勇千餘鼓行而前。二十四日自新建至一都之明堂里。大清兵至，道周策馬令中書賴繼謹督戰。參將高萬榮不受節度，遽引兵登山，大清兵鈔出其後，軍潰。乃以所佩招征印，及帝賚「良弼」印，付中書陳駿音疾馳還。〔二七〕被執，輿至婺源，留七日，不食，繼進水漿。逾年正月十二日至新安，復絶粒不死。二十四日至江寧，幽別室中，從容著詩文數卷。適賴繼謹寄書回，道周不復爲書，附其後曰：「蹈仁不死，履險若夷。有隕自天，舍命不渝。」〔二八〕三月五日臨刑，過東華門，坐不起，曰：「此與高皇帝陵寢近，可以死矣。」監刑者從之。〔二九〕從者乞數語遺家，乃裂衿蘸指血大書曰：「綱常萬古，節義千秋。天地知我，家人無憂。」〔三〇〕門人蔡春溶、賴繼謹、趙士超，及沙縣丞六合毛玉潔繼至，〔三一〕抱頭哭曰：「師魂少須！吾輩即來矣！」遂同日死。道周首至徽州，門人陸自嚴以千金購得之，〔三二〕合身首殯金陵。後長子麑與門客趙之璧扶櫬歸葬。事聞，唐王贈文明伯，謚忠烈，賜祭，妻封一品夫人，長子子中授錦衣衛指揮，次子成錦衣衛正千户，三子和尚寶司丞，四子平中書舍人。有司立廟，一在漳浦，曰報忠；一在福州，曰憫忠。道周之學，深於天人之際，極博窮微，皆本六經，海内從問業者千人，教之必以忠孝。立朝所指陳，深中時弊，論才守，别忠佞，足爲萬世龜鑑。卒之成仁致命，爲一代完人。所居銅山，在孤島，有石室，學者稱石齋先生。〔三三〕國朝乾隆四十一年謚忠端。道光五年，以閩浙總督趙慎畛等請，奉從祀文廟。謹據《欽定勝朝殉節諸臣録》。〔三四〕

（清陳壽祺等《重纂福建通志》卷二一二，同治十年正誼書院刊本）

【校勘記】

〔一〕「父季」，《黄漳浦集·乞言自序狀》同，然據《黄漳浦集·贈考青原公墓碑》臨黄道周篆書全文，當作「父季春」。

〔二〕「以大户督造戰艦」後，《黄漳浦集·乞言自序狀》尚有「從族人造艦」五字。

〔三〕「崇禎二年，進右中允」，據《黃漳浦集》中《救錢龍錫疏》《恩澤詩八章》《欲辭銀綺揭》《在詞林既九載以實錄成得遷宮允猶未謝恩值舊輔錢龍錫非罪下獄四顧廷臣無復言者中夜草疏排衆叩閽並作小詩以别内子六章》《辨仁義功利疏》等，當作「崇禎三年，進右中允」。

〔四〕「正當《師》之上九」，誤。詳見《明儒學案》〔四〕。

〔五〕「逾月，出都」，詳見《罪惟録》〔四〕。

〔六〕「浙江學者聞道周至，築書院於大滌山，請受業。道周爲留數月乃歸」，誤。詳見《二希堂文集》〔一〕。

〔七〕「九年，以薦召復故官」，誤。詳見《國壽録》〔五〕。

〔八〕「兩尚書，謂李日宣、陳新甲」，據《明史·李日宣傳》，李日宣於崇禎十五年入獄；又據《黃漳浦集》中《求言省刑疏》《慎喜怒以回天疏》《論楊嗣昌疏》《論陳新甲疏》等，及《明史·陳新甲傳》、明孫承澤《山書·爭執綱常》等，陳新甲於崇禎七年任宣府巡撫，九年五月内艱歸，十一年六月奪情出任宣大總督，十五年七月處死，而黃道周《慎喜怒以回天疏》作於十年五月二十八日。

〔九〕「進右論德，掌司經局，疏辭，因言己有『三罪、四恥、七不如』」，詳見《明史》〔四〕。

〔一〇〕「犯顔敢諫，清裁絶俗」，《黃漳浦集·三罪四恥七不如疏》作「直言敢諫，貞心絶俗」。

〔一一〕「是年秋，太子出閣，選講讀官」，據《黃漳浦集·請告疏》、《明實録》本年十月，明孫承澤

《山書·東宮講官》等，本年十月下旬因明年二月皇太子將出閣，循例推選東宮講官。

〔一二〕「止成佞耳」，據明孫承澤《山書·爭執綱常》、《明實録》、洪譜、莊譜，當作「止成佞口耳」。

〔一三〕「爲江西按察司照磨」，誤。詳見《國壽録》〔三六〕。

〔一四〕「乃永戍廣西」，誤。詳見洪譜〔五一〕、〔五二〕。

〔一五〕「十五年二月出京」，據北京故宮博物院藏黄道周《爲永明隸書册》署款「正月廿日燈下雙荷庵中」，及《黄漳浦集·寄家書》「正月杪始出都門」，當作「十五年正月出京」。

〔一六〕「道周見帝而泣曰」迄「今據《明史》」段，誤。詳見《國壽録》〔一三〕。

〔一七〕「明年三月」，原作「明月三年」，據《黄漳浦集》中《請修禹廟疏》、《代言題詞》改。

〔一八〕「北略漳、河」後，《南疆逸史》本傳、《小腆紀傳》本傳有「西取應、安」四字。

〔一九〕「此間千四百里」，《南疆逸史》本傳作「此間三四千里」，當是。

〔二〇〕「閏六月初八日，行監國事」，誤。詳見《國壽録》〔一九〕。

〔二一〕「乃偕臣民於七月朔日勸進」，詳見洪譜〔六九〕。

〔二二〕「晉少保兼太子太師」迄「武英殿大學士如故」段，詳見洪譜〔七〇〕。

〔二三〕「監紀推官洪榜」，據清徐鼒《小腆紀年附考》附録「福州舉人陳金城家藏道周出師札付」，及黄道周《榕壇問業》第五期、《孝經集傳》崇禎十六年刊本附校刊姓氏等，當作「監紀推官洪京榜」。

〔二四〕「遂以九月十九日出關」，詳見洪譜〔七三〕。

〔二五〕「一時幾及萬人」，詳見洪譜〔七四〕。

〔二六〕「鄭鴻逵從馬金，兩路出師」中「馬金」二字，當作「馬鈴」，詳見洪譜〔七九〕。

〔二七〕「軍潰」迄「付中書陳駿音疾馳還」段，據明江日昇《臺灣外紀》附録陳駿音所憶，事在「軍潰」前夜。

〔二八〕「適賴繼謹寄書回」迄「舍命不渝」段，詳見洪譜〔八二〕。

〔二九〕「三月五日臨刑」迄「監刑者從之」段，詳見洪譜〔八六〕。

〔三〇〕「從者乞數語遺家」迄「家人無憂」段，詳見《國壽録》〔二四〕。

〔三一〕「沙縣丞六合毛玉潔」，詳見明洪思《黃子傳》〔一〇〕。

〔三二〕「陸自嚴」，據黃道周《易象正》崇禎十六年刊本卷首職銜名、洪譜、莊譜，及朱保炯、謝沛霖《明清進士題名碑録索引》等，當作「陸自巖」。

〔三三〕「學者稱石齋先生」，詳見莊譜〔四〕。

〔三四〕「謹據《欽定勝朝殉節諸臣録》」後，原附清陳夢雷爲黃道周年譜所撰序文一篇，今移入本書「附録二」。

黃道周傳

〔清〕徐嘉 撰

黃道周，字幼平，漳浦之銅山人也。銅山在孤島中，有石室，自幼坐臥其中，故其門下士稱爲石齋先生。〔一〕少家貧。讀書羅浮山，山水暴漲，墜澗中，溯流而出，遇異人授讀書法，〔二〕過目不忘。爲文典奧，原本經術。登天啓壬戌進士，改庶吉士，歷編修，與修國史實錄。故事：經筵展書官奉書膝行。道周謂膝行非禮，平步進。魏忠賢目攝之，不爲動。以母憂歸。〔三〕崇禎初，起原官，疏言：「邇年來諸臣日營心計，不過推求報復而已，爲逆黨而翻邊疆，爲讎隙而翻科場，至邊疆之要塞利害，科場之源流清濁，實無一言及之。萬曆末年，林下諸臣如鄒元標、趙南星等二十餘人廢棄廿年，釀成門户之禍，今又無故取諸縉紳稍有意識者，舉網投阱，而緩急何所得士乎？夫絶餌而去者，必非鯖魚；戀棧而來者，必非駿馬。以利禄豢士，則所豢者必市利之臣；以筆楚驅人，則就驅者必駑駘之骨。陛下必欲振作人材，當敦尚風節，表章仁義，勿使猥瑣小人挫辱文章廉隅之士。昔太祖品騭人才，以執古而不知變者爲最下，蓋指庸碌學究而言，非謂崇尚聖賢、規模先正之士也。」尋以疏救故相錢龍錫，貶三秩。九年，以薦擢右中允。〔四〕給事中李如燦直言下獄，道周言：「陛下詔求直言，而直言者輒斥；清刑獄，而下獄者旋聞。」帝不懌，切責之。道周疏陳己有「七不如」，内有「文章意氣，坎坷磊落，臣不如鄭鄤」語。帝詰責，道周疏辯，謂：「臣與鄭鄤爲庶常時，文震孟疏論魏忠賢，鄭鄤抗疏任之，削籍入山。臣心愧鄤，每執筆不能明白，心輒思以爲不如，真不如也。」帝念道周起廢未久，有旨不究。十一年三月，帝御經筵，問諸臣以用人、理財，道周語甚切直，帝亦名重之，呼「先生」者三。尋楊嗣昌以奪情爲兵部尚書，〔五〕入閣，陳新甲亦以奪情爲宣大總督，道周謂：「國家即無人，奈何數以墨縗從政？」仰視熒惑逆行，太白晝見，嗣昌所籌寇事滋失策，顧謂給事中馮元飈等：「天象如此，此人必誤國，宜率同列爭之。」中夜讀書至《宋史・真德秀傳》，拊几歎曰：「古人立朝一月三十六封事，而吾儕默然已乎？」每見詔書有不便，輒屏人削牘；一字未安，即曰「此誠不足以格主」，屏弗奏。其欲糾嗣昌也，爲數札子論邊事、寇事，其一言奪情，並論新甲，未上也，會命部院推閣員，元飈謂「枚卜無出道周右者」，獨苦其好言事，疏人或觸忤；即推，且弗用，遣所知日守之，曰：「公得政，所挽回者大，奈何必以口舌爭？即輕宰相，獨不爲天下計乎？」以此久不發。

已而竟相嗣昌等五人。道周自恨爲同列誤，竟就初稿爲三疏以上。〔六〕帝召對羣臣於平臺，問道周曰：「無所爲而爲之，謂天理；有所爲而爲之，謂人欲。爾疏當枚卜不用之時，果無所爲乎？」道周曰：「臣心爲國家，自信其無所爲。」又極詆嗣昌。嗣昌曰：「臣不生於空桑，豈遂不知父母？臣再辭，而明旨迫切。道周學行，臣實企仰之，今謂不如鄭鄤，臣始歎息絶望。」道周辯論不少屈。既對畢，叩頭入班，帝目而斥之，曰：「佞口。」道周叩頭復奏曰：「『忠』『佞』二字，臣不敢不辨。獨立敢言爲『佞』，讒諂面諛爲『忠』乎？」〔七〕帝怒甚，然終以儒者優容之，謫江西布政司都事。巡撫解學龍疏薦之，帝怒爲黨，並逮治，予杖八十，下詔獄。户部主事葉廷秀、太學生涂仲吉疏救，皆予杖。道周繫獄，吏日奉紙筆乞書，爲書《孝經》百二十本。〔八〕感「明夷」事，著《易象正》，方草十二圖，錦衣校促行，道周恬然謂曰：「俟吾畫一圖成，就逮耳。」獄具，擬瘴戍，嚴旨斥駁。刑部尚書劉澤深疏言：「道周以建言誅，非皇上覆載之量也。」遂戍辰州。〔九〕道出杭大滌山，與諸生極論朱、陸同異。已而嗣昌敗，道周復故官，遂稱病歸。甲申，南都起吏部右侍郎，〔一〇〕道周不欲出，馬士英遣人諷之曰：「人望在公，公不起，欲從史可法立潞王邪？」道周不得已，乃趨朝。陳進取九策。九月，陞禮部尚書，掌詹事府事。〔一一〕見朝政日非，乃自請祭告禹陵，臨行上言：「今欲東收兖、濟，北略漳、河，西取應、安，然後問洛陽之鐘，掃成德之松楸，[一二] 上規天壽，此曠日持久，其道誠難。臣愚計：得一沈鷙之將，簡士三萬，賫糧百日，出贛榆、韋橋，東逾破車，度臨朐，歷博興，直上鹽山，抵滄州。此間千四百里，[一三] 皆荒曠，如升虛邑，惟臨朐、安邱、樂安、陽信之間稍有屯聚，可因糧而食。盡七晝夜，至武清，渡白溝，出其不意，從天而降，然後致陛下哀痛之意，祭告灑掃於十二陵，與長安士民拭淚而覲九廟。還則分兵兩道：一下臨清，以收兗、濟，一下邯鄲，以收彰、衛。其用力甚少，奏功甚鉅，此耿弇所發憤於祝阿，劉裕所歡呼於大峴也。」南都陷，道周與巡撫張肯堂、總兵鄭芝龍、鄭鴻逵奉唐王聿鍵建號福州，以本官兼武英殿大學士，參贊機務。[一四] 時政出鄭氏，廷臣日請出關，而芝龍輒以餉絀辭。會賜宴，芝龍自以侯爵，欲位首輔上，道周爭以祖制「武職無班文臣右者」，終先道周，由是文武不睦。道周見芝龍無經略志，謂坐而待亡，不如身自出關，奏請「以師相募兵，江西多臣門生故吏，必有肯効死力者。且可連楊廷麟、何騰蛟爲進取計」，遂率門生中書蔡春溶、賴繼謹、陳駿音、兵部主事趙士超、通判毛至潔並子弟可千人以行。次芋源，賦《責躬》詩曰：[一五]「天地何高深，日月猶循環。星宿陳其領，[一六] 動靜恒無端。舉翼不能翔，而作醢雞觀。[一七] 大命一以至，不能復研鑽。鬼神欲告之，翕吸近告難。傷哉草木頹，不得留朱顏！」至延平，乏糧請餉，乞寵斬之，上不得已，給空札數百道。道周親書札付獎語，得之者榮於誥敕。進師建寧，駐崇安，遣通楊廷麟、萬元吉爲聲勢。尋有以「外交諸藩」飛語聞者，上遣使馳示，道周自陳疏曰：「臣田無一畝，居止一椽，幸以是見憫於主上，見信於親友，然不能以是見諒於犬豕豺狼。臣行年六十，無險心醜語爲凶人所讎，無奇功異能爲要人所嫉，獨恃一片肝腸，爲高皇列宗與天下黎獻共對白日耳。臣雖庸下，遭逢陛下，魚水相期，一月之內，四疏乞師。至若子弟慕義勤王，雖天性使然，亦恐臣孤身隻手陷身絕域，每一相見，涕泗漣洳。邇因溽暑未收，毒水四下，臣兵自延過寧，渴而谷飲，病者八九，一日下操，十隊之士，呼半不起。遂損去健將陳伯輿，念其雄略，十射九破；千觔之力，盡於盆水，四顧環堵，何能不哀！今稍稍平復，遂相對勸臣出關。嗚呼！此亦臣子也，顧曾受朝廷之寵眷，而攄憤至此！今在廷諸臣，不滌腸剖胸，誓同分膽共薪，而滃滃訿訿，望影射沙，欲何爲者？陛下不屑爲昭烈，臣亦不屑爲孔明；陛下不屑爲宋高宗，臣亦不屑爲李伯紀。取法不高，則庸佞狎來；視人太卑，則奸豪四至。古今讒賊，偏中於高明；近代人才，沈淪於苟賤。惟陛下垂察！」上覽表，手札慰之。至廣信，聞徽州破，遣將守馬金嶺。〔一八〕勸諭捐助，得萬人，乃部署分道進兵。游擊黃奇壽戰捷於牛頭嶺，遂營之。其出婺源者，參將王加封戰死，游擊李忠被執，奇壽與參將李瑛、倪彪亦潰於童家坊。道周遂馳疏請兵，曰：「臣今年六十有二，才能智勇不過中人，而自請行邊，拮据關外，譬之雞然，風雨如晦，雞鳴不已，有不寤之人，起而刀俎之，亦無可奈何而已。臣少而學道，於物無競，於人寡怨，直以出師之故，爲異志所排。寡識之人，羣起和之，千端百出，以阻其成，旁句曲引，以幸其敗。或叩關門，數日不達。饑疲之衆，寧死中野。臣何所營而坐困於此哉！臣遭會風雲未及一月，五疏求去，直以皇上洞燭遐邇，嘗鑑臣於言語形跡之外，所以苒苒煩嘵，瘁毛鎩羽，以爲朝廷守一日藩籬，非曰能之，亦各盡其義而已。今敵之來日以盛，衆之附日以携，蠢冥何知，惟利是視，貪生怖死，則前後異致，信州閭巷，雞犬方集，今復翻然欲舍而去。據徽人來者咸云：敵一百六十騎守婺境，〔一九〕自海口、暖水，焚掠殆盡。暖水距廣信一百餘里，臣師屯八都者僅千五百人，皆村落新募，月食一兩之卒。其東出馬金嶺者〔二〇〕，僅七百餘人。又千二百人，西去饒、撫，馳收未回。所餘帳下，千二百人而已。臣自八月以來，東弭台、寧之釁，西消金嶺之孽，〔二一〕精力瘁於文告，歲月馳於期會，未有一智一謀佐於其內，一膂一力助於其外，空以老瘁，一意報主，爲愛己所憐，異己所笑。今事勢甚急，可亟命方國安以萬衆從嚴州出老竹嶺，直搗徽州，乘其西馳，可以破敵；即不然，亦可解信州之危，成牽制之勢矣。」上覽表，不能答。〔二二〕道周計窮。婺源令某者，亦門人也，僞致降書，道周信之，決計深入，〔二三〕集門人、諸將議曰：

「敵人雖衆，虛聲耳。若延來春，則彼弓馳馬懈，可破也。奈糧餉不繼何！與其半途潰散，不如決戰，以報朝廷。」因相持泣下。十二月，進兵童家坊，忽報樂平已破，信州士大夫致書相迓，道周以成師既出，義不反顧，遂前次明堂里，僅三百人，馬十匹，糧三日。〔二四〕壬寅，天微曙，降將張天禄率兵猝至，道周揮賴繼謹等鏖戰，參將高萬榮請引兵登山，憑高可恃。正移師間，騎兵從間道突出，箭如雨，從者俱散。道周曰：「吾死此矣！」遂被執。輿至婺源，天禄勸之降，道周罵不絕口。未幾，門人趙士超、賴繼謹、蔡春溶、毛至潔亦解至。〔二五〕道周絕粒，作《自悼》詩八章。發婺源，過新安，絕粒十四日不死，復進水漿。至金陵，幽於禁城。已，改繫尚膳監。〔二六〕諸當道承貝勒意勸降，道周曰：「吾手無寸鐵，何曾不降？」勸者曰：「降須薙髮。」佯驚曰：「汝薙髮邪？幸是薙髮國來，若穿心國來，汝穿心邪？」洪承疇親詣求見，道周喝曰：「承疇死久矣。松山之敗，先帝痛哭遥祭，焉得尚存？此無籍小人冒名耳！」〔二七〕承疇上疏乞貸死，朝旨不許。〔二八〕道周在館，與門人講習吟詠如常，著詩文數卷。素善書翰，人爭求之，終日握管不辭也。門人寄家書，道周書蔡春溶書函曰：「蹈仁不死，履險若夷。有隕自天，舍命不渝。」又書賴繼謹書函曰：「綱常萬古，性命千秋。天地知我，家人何憂！」〔二九〕明年三月壬子，赴市曹，過東華門，坐不起，曰：「此與高皇帝陵寢近，可死也。」既見市有豎福建門牌者，指曰：「福建，吾君在焉，死於此可也。」南嚮再拜，遂受刑。〔三〇〕上聞之，大哭，贈文明伯，謚忠烈。道周精天文、曆數、皇極諸書。所著《三易洞璣》《易象正》，學者窮年不能通其説，道周以之推驗治亂，其説多中。自推行年，終於六十二歲丙戌，至是竟驗云。

士超等皆從死。士超，字淵卿，福州人，官職方主事；賴繼謹，字敬儒，官中書；蔡春溶，字時培，諸生，皆漳州人。或作賴雍、蔡紹謹者，誤也。毛至潔，字去水，六合人，官廣信通判，曾割股愈親疾。或作玉潔，亦誤也。〔三一〕

諸人死後，門人星散，惟餘杭何瑞圖，字羲兆；紹興吕叔倫，字漢亹，二人者抱道周遺書入山，終身不出，節最高。餘附見他傳。

我朝賜道周專謚曰忠端，士超、春溶、繼謹、至潔通謚俱烈愍。〔三二〕

王加封，字抱赤，建寧右衛副千户之臣子。之臣富而儉，老且死，命舁巨簏廳事，召親友告之曰：「吾以儉起家，與諸君子分甘絶少。然吾豈吝者哉？欲善用吾財耳。」開簏散千金。加封故豪俠，甲申國變，募義勇從軍婺源死。黄道周爲文祭之。

又有洪京榜者，龍溪廪生，隆武改元，投効戎行，道周題授中書舍人，兼監紀推官。道周殉難，京榜不知所終。〔三三〕

（清徐鼒《小腆紀傳》卷二三，中華書局一九五八年版）

【校勘記】

〔一〕「故其門下士稱爲石齋先生」，詳見莊譜〔四〕。

〔二〕「遇異人授讀書法」，詳見《明儒學案》〔二〕。

〔三〕「以母憂歸」，誤。詳見《國壽録》〔三〕。

〔四〕「九年，以薦擢右中允」，誤。詳見《東林列傳》〔五〕。

〔五〕「十一年三月」迄「尋楊嗣昌以奪情爲兵部尚書」段，誤。詳見《史外》〔五〕。

〔六〕「其欲糾嗣昌也」迄「竟就初稿爲三疏以上」段，詳見《明儒學案》〔一二〕。

〔七〕「既對畢」迄「讒諂面諛爲忠乎」段，詳見《國壽録》〔一一〕。

〔八〕「道周繫獄，吏日奉紙筆乞書，爲書《孝經》百二十本」，誤。詳見洪譜〔四九〕。

〔九〕「遂戍辰州」，詳見洪譜〔五一〕、〔五二〕。

〔一〇〕「甲申，南都起吏部右侍郎」，誤。詳見《國壽録》〔一八〕。

〔一一〕「道周不得已」迄「掌詹事府事」段，詳見《南疆逸史》〔八〕。

〔一二〕「掃成德之松楸」，據《明史·地理志》、《南疆逸史》本傳、《重纂福建通志》本傳，當作「掃承德之松楸」。

〔一三〕「此間千四百里」，詳見《重纂福建通志》〔一九〕。

〔一四〕「以本官兼武英殿大學士，參贊機務」，詳見《國壽録》〔一九〕。

〔一五〕「遂率門生中書蔡春溶」迄「次芋源，賦《責躬》詩曰」段，據《黃漳浦集·將出關疏》及明何喬遠《閩書·建置志》，芋源驛在福州郊外閩江邊，又據《黃漳浦集》中《恭報招征啟行疏》、《恭報出關日期略陳軍實情形疏》、《將出關疏》等，及洪譜、莊譜，黃道周隆武元年七月二十二日朝餞出師時「未有一士一卒」，趙士超與漳州親友門生尚在召募中，八月上、中旬過建安或建陽時，賴繼謹、蔡春溶等親友門生所率漳州義士方才抵達。陳駿音、趙士超、毛玉潔抵軍日期不詳。又，「通判毛至潔」，詳見《黃子傳》〔一〇〕。又，據《石齋逸詩·自輓》黃道周識語：「在尚食監中作，與《責躬》《辭墓》《寄友》《誨子》《告兄》諸篇，相次在末。」

〔一六〕「星宿陳其領」中「領」字，清陳壽祺編《黃漳浦集》作「巔」，是。

〔一七〕「而作醯雞觀」中「醯雞」二字，清陳壽祺編《黃漳浦集》作「醯蠓」。

〔一八〕〔二〇〕〔二一〕「遣將守馬金嶺」、「其東出馬金嶺者」、「西消金嶺之孽」中「馬金嶺」、「金嶺」，當作「馬鈴嶺」、「鈴嶺」，詳見洪譜〔七九〕。

〔一九〕「據徽人來者咸云：敵一百六十騎守婺境」後，《黃漳浦集·孤軍莫救危疆難支疏》尚有「又五百騎徇婺源」七字。

〔二二〕「上覽表，不能答」，據《黃漳浦集·孤軍莫救危疆難支疏》末附隆武帝硃批：「卿久在行間，心苦力疲，糧餉告匱，而猶相機分擣，深見老成，爲國遠猷。敵出廣信，着戚鎮方國安從嚴，定虜侯鴻逵從馬鈴兩路進剿，以牽其後。兵部速飛飭。」

〔二三〕「婺源令某」迄「決計深入」段，詳見明黄景昉《黄道周誌傳》〔八〕。

〔二四〕「遂前次明堂里，僅三百人，馬十匹，糧三日」，詳見《二希堂文集》〔一一〕。

〔二五〕〔三一〕〔三二〕「毛至潔」，詳見《黄子傳》〔一〇〕。

〔二六〕「至金陵，幽於禁城。已，改繫尚膳監」，誤。詳見《二希堂文集》〔一三〕。

〔二七〕「諸當道承貝勒意勸降」迄「此無籍小人冒名耳」段，詳見明黄景昉《黄道周誌傳》〔一〇〕。

〔二八〕「承疇上疏乞貸死，朝旨不許」，詳見《南疆逸史》〔二二〕。

〔二九〕「門人寄家書」迄「家人何憂」段，詳見洪譜〔八二〕。

〔三〇〕「明年三月壬子」迄「遂受刑」段，詳見洪譜〔八六〕。

〔三三〕「京榜不知所終」，明洪思《收文序》説其父洪京榜「暮年亦兩入武夷，一登雁蕩，閴不見人，然後歸卧東山，獨任收文，將以盡補夫子之亡書」，又據《收文序》可知洪京榜康熙四年以前去世，臨終囑咐洪思繼續搜集黄道周遺文，並「授以易史孝經行之事」。

〔附録二〕年譜按語序跋題識眉批提要

收文序

〔明〕洪思 撰

二十年漳上亂如雨，夫子之文章欲墜於地，猶秋蓬耳！學士逡巡未敢言，不亦異乎！夫子之道，忠孝而已矣！其孝如曾子。及其仕也，故其直如柳下，其氣似孟子；及其死也，故其風似伯夷。知進退存亡而不失其正者，其惟黃子乎！故其學皆可以爲《易》，其行皆可以爲《孝經》。嗚呼！斯道不講之日久矣，黃子氏出，人始知有君與有親。以象而明《易》，以數而正《洪範》，以《詩》而考《樂》，以《春秋》而定《禮》，以《孟子》而廣《孝經》，以《論語》而正《儒行》，然後立天人之大業，以本於《易》；立臣子之大節，以歸於《孝經》，而斯道昭。黃子起於漳海之濱，教於榕壇而談求仁，教於鄴山而談樂性，教於榕壇而談格物物格，教於梁山而談誠明明誠。子弟從之，自武夷達於大滌，問業者可千人。今黄子以忠孝示天下，而天下尸而祝之，將二十年所矣。其文太滿泛，猶放失在海内，吾黨咸未有一人敢起而收文明忠烈公之文萍散者，是海内之所流歎而峭責於吾黨。余也，生稍後矣，始知向學，天下已騒。一日，爲先君洪子鼓枻入江，過諸翁之麓，得舟中受「敬身」書，以講以習，不能終日。黄子以留都之召行，雖入江之日淺，空山無人，還讀我書，且憤且樂，至今未忘諸翁也。丙戌以來，少年太苦，一節甚微，匿蒹葭白露中，翦蓬頭而爲漁，復洗硯理《洪圖》以宣究黄子「敬身」之指趣，作五教之圖以爲經，作三極之圖以爲史，蓋始於《孝經》而終於《易》，閉户看松，以揆其義，深惟先子所欲論述。而後乃今，收其書爲《石齋十二書》，蓋十經與二録：有《黄子易象正》十有七卷，有《黄子三易洞璣》十有六卷，蓋聖人以通三極之書也，而《易本象》四卷亦附離之；有《黄子孝經大傳》四卷，蓋聖人以明五教之書也，而《孝經贊》一卷亦附離之；有《黄子洪範明義》四卷，蓋王者性命建極之書也；有《黄子月令明義》四卷，蓋王者政事因時之書也；有《黄子坊記集傳》四卷，蓋聖人以禮立坊之書也；有《黄子表記集傳》四卷，蓋聖人以仁立表之書也；有《黄子儒行集傳》四卷，蓋王者任使知人之書也；有《黄子緇衣集傳》四卷，蓋王者好惡感民之書也；有《黄子三禮定》十有三卷，蓋聖人以正禮樂之書也。凡十經七十有七卷，爲《黄子》之上部。然而猶有亡書宜力尋之，有《黄子録》六十有六卷，有《黄子外録》三十有三卷，蓋猶《孟子書》之有《孟子外書》也，凡二録九十有九卷，爲《黄子》之下部。然而猶有遺文宜力尋之。嗚呼！其於文也，爲温城，爲賈生；其於理也，爲程氏，爲考亭，至於今日，乃兼之。故自漢宋以來，未有黄子也！先子在榕壇掌門人修業事，潛心夫子十有五年，既知其志行之所在，遭時多故，乃不得論述，門人嗟痛。至於余，其譜曆多無所從，稽其講貫者常稀，其對問者或不詳，深念哉！而余何敢忘也？乃述《黄子譜》二十有二篇，蓋如孔璇與叔仲會之記仲尼，凡四卷，爲是書之初部；乃述《黄子講問》二十有九篇，蓋如冉雍與卜商之撰仲尼，凡十有六卷，爲是書之終部。此皆先子之所授，與余所采獲之漳上者，頗定治其部居，爲百九十有六卷。書大體如此矣，實未常一日發騰走句吴、於越間力尋之餘深考其亡書，有曰《易本象》者，有曰《三易軒圖》者、《三易箕圖》者，蓋以竭《易》之務，今或亡矣；有曰《孝經外傳》者，有曰《孝經定本》者、《孝經别本》者，蓋以竭《孝經》之義，今或亡矣；有曰《詩序正》者，有曰《詩揆》者、《詩表》者，蓋以昭《詩》樂之務，遂暢《詩》律之説，今或亡矣；有曰《春秋表正》者，有曰《春秋揆》者、《春秋軌》者，蓋以昭《春秋》禮之義，遂暢《春秋》曆之説，今或亡矣；有曰《典謨集傳》者、《政官集傳》者，蓋爲太子讀書而作，時在講筵，甫奉詔纂書，不數月以論楊、陳謫官，將去國，進所纂就六十有九卷書於承華宮而去，此或未就之書，今或亡矣；　有曰《禹貢明義》者、《吕刑明義》者，蓋以明古之王者未有不薄徵緩刑，將以入告烈皇，今或亡矣。余深考其遺文，唯一時書問之好、序言與墓石之托、四方詩郵之往來最爲多，蓋今其人多雲亡，然一日驅驅窺其庭，必尚有人；　爲人子者，必不敢以此没其親，否則一日驅驅呼其門，必尚有人；　爲人弟者，必不忍以此掩其昆，否則一日驅驅聲其闔，必尚有人；　爲人妻者，必不願以此晦其夫，否則一日驅驅索其鄉，必尚有人；　爲人友者，必不樂以此滅其友。以故求之，而或出焉。然而收文之日已暮，人心非小變也，今漳上豈遂無復遺士，咸逡巡未敢言？天下可知宜復一日驅驅走天下之深山大澤中，或尚有人？先子暮年亦兩入武夷，一登雁蕩，不見人，然後歸卧東山，獨任收文，將以盡補夫子之亡書。今是書乃不得論次，亦命也夫！而余奚敢忘也？憶余十有八，殊孟浪，雖喜閉户，未能著書。先子一日召余曰：「爲我作《洪圖》。今《易史》不作，則人無由知本朝曆年之美乃如此；　今《孝經行》不作，安能使先王之本教遂昭著於天下？吾見夫子之爲《易》、《孝經》多在詔獄中，十指困於拷掠，指節尚摇摇未續時便寫之，至今血猶滲漉紙墨間，稍一流覽便如聞有鋃鐺桁楊之聲，人皆謂其可以御鬼也。故時有一圖之《易》，有一本之《孝經》出詔獄，中人爭購之，殆其流入宮中、外國者多矣。今吾老矣，恐不能盡補夫子之亡書，爾必勉之！」因授思以《易史》、《孝經行》之事。退而頗有述焉，爲《六經》、《六史》十二圖，以娱老父於空山，所謂《洪圖》。今思既孤，遭亂益浪家，自匿無所，日陸陸潛釣澤中，荒棄先人所欲論述，罪莫大焉！時詣鄰山，陟諸翁，肩望見講堂基盡爲禾黍，因悵然過夫子家，欲觀其墓下圖書以歸。黄氏諸孤謂思既兩世任是書，難復辭矣。爲移釣川鷄犬來夫子家，與黄季子共硯論次是書，一年而亡書猶未集，收文之日蓋已暮矣，方斯文之摇落，收之如掃秋梧之葉矣。失今不務，後獨且奈何哉！吾先子達行在所時，見書之才屬草未脱草者多，意者今皆招征明堂里之役失之矣。其亡於軍中者，今過其墟，戰地秋風、鬼燈夜雨之際，如將見之！其亡於省中者，今過其墟，墓下秋風、講堂夜雨之際，如將見之！其亡於漳上與浦中者，今過其墟，墓下秋風、講堂夜雨之際，如將見之！

門人洪思謹序

（清陳壽祺編《黃漳浦集》卷首附，道光十四年刊本）

洪譜道光本「書後贅語」*

〔清〕林廣穫 撰

黄子年譜，漳上舊刻莊子鶴先生本，行世已久，近省垣又重刻之，以冠《全集》卷首，而洪石秋、鄭白麓二先生本，世不多見。道光甲辰，懿戚曾君省，偕家弟廣邁，得洪譜鈔本，亟梓而行之，屬穫校字。穫乃颺言曰：淵哉，是書也！莊譜博而繁，鄭譜核而簡，惟是爲醇懿高古，發皇黄子之藴也。傳誌稱先生與其尊人皆漳海高足弟子，黄子嘗爲之序言曰：「余起海濱，自爲《易象正》《孝經大傳》以來，天下高賢未有能明是説洞達如《洪圖》者。」則先生淵源大旨可知矣。顧是譜義例，未盡歸一，又偶有脱落，戊申、丙戌二年附記於丁未、乙酉之後，未合易紀傳爲編年體制。豈世無本，傳鈔日久，沿誤而然耶？抑當時文網猶嚴，有不盡言盡意之旨耶？今從原鈔舊本付刻，以昭敬慎之意；而莊、鄭二

* 標題中「洪譜道光本」五字，係點校者所加。

譜及羣書所載，有足相發明者，與曾君商榷得若干條，附贅簡首，極知僭逾，無所逃罪，然於先生尊聞之義，或不至有所謬云。

後學龍溪林廣權敬書

（明洪思《黃子年譜》卷末附，道光二十四年曾省等校刊本）

洪譜道光本眉批*

〔清〕曾省　林廣邁　林廣穫　撰

萬曆十三年

明神宗萬曆十三年乙酉二月己卯九日庚戌丑時，黄子生於銅山之深井。〔一〕

謹按黄子生年月日時，可考者如此。諸家刻本將「酉」作「卯」，是以月支爲年；將「乙」作「己」，是以年干混月，皆筆誤也。

字幼玄

按《明史》列傳及各傳誌作「字幼平」。若然，則四公曧子不宜復名「子平」矣。恐誤。〔二〕

按莊譜云子「初字螭若」。或云「若螭」，引《續騷》「始呼余以若螭」爲證。門人□□註《騷》，已正其誤也。

---

* 標題、職銜名、年份、洪譜原文，係點校者所加。

子在白屋時，鄉之先生，則有若方伯薛公，則有若大夫林公，則有若觀察鄭公，皆時下白屋而從之游。石秋子云，時漳上諸鄉先達，爭以上賓之禮禮子，蓋自大夫深州林公、方伯薛公始也。林諱茂桂，字德芬。薛公諱士彥，字道譽。鄭諱懷魁，字輅思。

萬曆二十年至二十五年之間

莊譜云：「二十二年甲午，子十歲。丹臺《序》云：『十歲作古文詞，若有神授也。』」

萬曆二十五年

師如平和

四明施公

按「師」宜作「子」。修譜時未更正。

施公諱邦曜，四明人，世稱四明先生。

萬曆二十六年

至博羅，聞有大夫韓公，其人好士而家多書，徑詣之語。

莊譜云：　韓公諱日纘。〔三〕

萬曆三十二年

本朝有陳剩夫

「本朝」句下，或疑有闕。按陳布衣先生字剩夫，明天順三年詣闕上《程朱正學纂要》，時不能用，有《布衣遺集》行世。

萬曆三十五年

道光丁亥歲，子銅山祖塋有奸人謀侵隙地，山石忽成苔字，若「黄山」「黄界」。「黄」字，或真或隸，凡八九處。都人士作爲詩歌以紀異。奸謀遂寢。

黄公又大異，以爲彼所謂仲蔚、子平之流者乎？

按「子平」恐是「平子」，無考，不敢臆改。

萬曆三十六年

「自子始入州府」以下

莊譜云：「三十六年戊申，黄子二十有四歲。初館於浦中盧司徒家。是秋，張公紹和乃言於太史高公，致書迎子居於蘭水之霏雲室。」按「自子始入州府」以下，宜依莊本另譜。

盧公諱維楨，字司典。高公諱克正，字中川。張公，即所稱汰沃徵君者。

蘭水，今南靖治地。〔四〕

蔣公諱孟育，字道力。

萬曆三十七年

倪鴻寶亦夢之

倪公元璐，字鴻寶，與子齊名，一死北都，一死南都，出處若合符契，有《倪黃合刻》行世。

萬曆三十九年

是時，邑試張公、郡試閔公，皆以子爲第一。

張公諱鵬霄。閔公諱夢得。

萬曆四十年

時學使張公得子文及《一歲寒暑之候論》

按別本俱作「學使馮公諱挺」。〔五〕

當時有銅山陳子士奇者，門人所謂西陳；有銅山陳子瓆者，門人所謂南陳，非帖括之徒與？

「西陳」字弓甫。「南陳」字賓玉。

按同時又有漳浦陳公興言以部郎監臨清倉，慈溪劉公振之以鄢陵令，清苑王公世琇以歸德司李，建昌蕭公漢以鍾祥令，皆守官不屈，罵賊死，見子《集》内《王仲弢傳》。南都繼亡，死國者華亭陳公子龍、夏公允彝也。如梁山徐公晉斌輩，湮没不傳者尚多，惜乎無從起繫籍門下諸賢於九原而一問之。

又有銅山孝廉劉子善懋之清夷，與丹山孝廉張子若化、進士張子若仲之静温。

劉公善懋字□□。〔六〕張公若化字雨玉，若仲字聲玉，後遭亂偕隱丹竈山中以没。

萬曆四十三年

莊譜云：「督學鄭公諱三俊校漳士，子試居第五。明年，鄭中蜚語，以子歸，同行至水口，而兄匪石公以母命止之，乃還。故子於鄭公感遇尤深。」

萬曆四十六年

秋八月，子舉於鄉第七人。

按是科典試者，内翰丁公，諱紹軾。禮科張公，諱孔教。分校者，晉江令張公，諱履端。

十一月，子如京師，作《逆流序》。

子《自序》云：「納足舸中，妨帽礙眉，必不得已，刻管細書，盈十餘行，自謂多矣。

已抵長安，發篋出腐，乃近五十頭，序而存之，曰《逆流小草》云。」

萬曆四十七年

己未年，莊譜云：「是年，哀其雜作爲《駢枝別集》行世，非其好也。」

天啟元年

僖宗天啟元年辛酉，黃子三十有七歲。

按《明史》及諸家刻本俱作「熹宗」。

天啟二年

同考順天試者韓公諱日纘得子之文

「順天」二字疑衍。

「子爲庶常時」迄「鄭鄤常以爲怯」段

時子以迎養太夫人在途，懼禍發及母，疏弗果上。未幾歸里，旋復丁艱，而魏璫亦授首矣。璫禍雖烈，幸不及子，殆天留之，以殿有明二百七十五年之終局。賢人與國互爲存亡，豈偶然哉！

天啟五年

與劉御史其忠隔一邸舍

劉公字長瑄，世稱元如先生，長泰之西湖人。

予既以講筵獲罪

鄭譜「當魏璫時，經筵故事，展書官必奉書膝行。子以經筵道尊，不宜有此，獨以平步進。魏璫目之，不能難也。」按子《辨明仁義疏》亦云：〔七〕「臣侍經筵僅一日，以忤璫去。」即此事也。

曰青原玄石

按諸家刻本「玄石」作「玄穸」。

天啟六年

娶夫人蔡氏

考《文明夫人傳》云，〔八〕夫人生鶴峰徵士家。計部諱乾釜公姪女。幼通書史，有至性。十歲，與女弟割臂愈親疾。長，適黄子。時子以抗疏忤權相，累遭貶削，入詔獄，夫人無幾微見於詞色。子殉國，夫人乃率幼少諸孤遁跡深山，備嘗苦況，猶以文公之孫有朱浚，魏公之孫有張鏜，家世忠孝相勸勉。

嗚呼！天毓孝徽，作配忠烈，造物締合之奇至於如此！

崇禎三年

按莊譜云，上年，子汰家從，携孥出關，至是寄家鄭園。

出典試浙江

莊譜：　時同典浙江試者，科臣熊□陽也。〔九〕

崇禎五年

因築書院於大滌山

按全謝山《大滌山房祀典議》云：〔一〇〕「漳海大儒，其寒芒在日星之間，天生與蕺山作對，顧不之祀，而屑屑於提舉諸君，亦何爲者？」又云：「漳海正命，門人星散，何羲兆、呂漢甍二公，抱其遺書居山房，終身不出，以遺民終，亦可傳也。何諱瑞圖。呂諱叔倫。」

然子自出都以來

「子自出都」，别本無「自」字，衍文也。

崇禎七年

子談經之餘

按莊譜云，於是，著《懿畜》前、後二篇。

崇禎十一年

章未十上

按莊譜及本疏，「章未十上」之下，有「書乏萬言」句。〔一一〕

三疏遂同封以進，時秋七月初三日也。至初五日，上持三疏不下，子疏言嗣昌爲本兵時，兵革之事情可奪，今政本風化之原不可奪。

按三疏雖同時並進，而子草疏在未枚卜之前，故疏内論楊嗣昌只發其在樞、邊之罪而已。至嗣昌入閣後，子隨衆召對。「政本風化」云云，乃面奏語也。《平臺召對記》云：「三疏與此，微有異同，但不及此之明晰耳。」

東事方殷，遼撫臣方一藻、宣大督臣陳新甲、樞輔臣楊嗣昌，皆庸懦怯兵，朋謀誤國，故子發疏論之。

楊、陳奪情，乃其餘罪也。按子尚有擬請誅楊嗣昌等疏，一言溢地、均輸之失計，一言割地、撫賞之非策。〔一二〕《集》内文多闕録。

臣以同鄉林蘭友、何楷有疏。

林公，字□□，號□□。〔一三〕何公，字玄子，號黄如。

崇禎十三年

未幾而江西巡撫解公諱學龍以薦剡聞

解公號石帆。

按邸報，薛以罪死，蔡尋廢卒。

按莊譜謂薛國觀、蔡國用二罪輔也。

而計部主事葉公諱廷秀毅然上疏

葉公號潤山。

時祭酒諸生涂仲吉上書請代子

涂公，納言一榛先生次子，字幼安，小字德公。

崑山諸生朱永明

按莊譜，朱，紹興諸生，此作「崑山」，未知孰是？〔一四〕

崇禎十五年

先生曰

按譜內凡以「先生」稱子者，宜改歸劃一，蓋筆誤，未盡刪也。

崇禎十六年

余五月十日實始啟疆

按「余」字，疑當作「子」。

崇禎十七年

曹公諱廣，字遠思。

時有疑子不討賊者，詩云：「萬國共傳《衣帶詔》，一人方誦《水嬉詩》。〔二五〕」今讀《與陳臥子書》，知燕都之信尚未通也。即《水嬉序》內亦云：「誠得井閈之內，舊楫同舟；膚敏之羣，明心競進。雖挾碣石以導渤海，蹋焦原以出孟門，猶或可爲。」是子之志未嘗須臾忘天下也。蚍蜉撼樹，庸有當乎？詩存某集中，恐誤後人，亟辨於此。

弘光元年（隆武元年）

按《文明夫人傳》云：〔二六〕子自禹陵歸，知國事已去，潛刺「大明孤臣黃某」七字於裾，屬門人曰：「他日以此識吾屍。」

潞藩賜子食，命李進、高起潛、孫元德三內侍侍坐。

按《潞王監國記》「侍坐」下，有「子請面謁」等句。

十一日，信州解太守、蔣令君、詹公、王公俱來請子入信州。

按解守諱立敬，蔣令諱士元，詹公諱兆恒，王公諱孫蕃。

復當逃之巖岫

按疏内作「復當還之巖岫」。

臣兄某

按《青原公墓碑》作諱士珍，號匪石先生。

卿身若暖，朕始心和。

按疏内作「卿身若暖，朕心始和」。〔一七〕

又具席奉子，子罵不食。

考《文章節義傳》云：「時大帥經略，乃子同年且同鄉，夜分微服持名帖過招子，子愕然大慟曰：『吾友死封疆久矣，何物鼠輩玷污清名！』始慚而退。」今其人身列《貳臣傳》中，薰蕕相去奚啻霄壤！

正月十二日

按鄭譜云：「隆武二年丙戌，黄子六十有二歲。」陳恭甫云：「自正月十二日以下，宜依鄭白麓本另譜，以符黄子自推年曆至六十二歲止之數。莊譜與洪譜同。

有中書蔡春溶，龍溪人。

蔡春溶字時培，子内弟也。

遂以三月五日，完節於金陵之曹街。

按何羲兆《麟書紀略》作三月十五日，黄梨洲《明儒學案》作三月七日，與《明史》及諸家傳誌不符，未知何據。

鄭譜云：「時懷陵故相爲子紀傳，不叙捐軀始末。哀哉！猶有耻心之存也。」

子有四子

《文明夫人傳》云：〔一八〕「長公麑子、次公麐子，又同日死於兵。三麐子早世。惟麐子與麑子之孤僅存。天之降災於忠烈人也如此！」按麐子，即子平先生也。後諸門人修年譜，收遺文，子平先生實與有力焉。

謚忠烈

按今謚忠端，郡縣專祠。道光五年，崇祀東廡，配享廟廷。

而子之長公復偕同人趙之璧往留都招子之魂，遂以是歲秋九月十五日回至鄴山。

按本傳，先是門人陸魯瞻自巖以千金奉子齒髮合遺蜕殯鍾陵，四生與焉。後迎子櫬歸北山，四生亦同時從葬，壙皆左侍。師、弟就義之盛，今古罕倫！

（明洪思《黄子年譜》眉批，道光二十四年曾省等校刊本）

【校勘記】

〔一〕「黃子生於銅山之深井」，誤。詳見洪譜〔一〕。

〔二〕「按《明史》列傳及各傳誌作『字幼平』。若然，則四公靨子不宜復名『子平』矣。恐誤」，據上海博物館收藏黃道周弘光元年二月十七日隸書跋文彥可繪《顧大章介石書院圖》自署「漳海黃幼平道周」，中國歷史博物館收藏黃道周崇禎十六年三月二十六日《癸未春偶作》墨卷、上海博物館收藏黃道周同年九月二十三日《送謝南夫曾叔祁鄭牧仲鄭奚仲王自位詩》墨卷皆鈐用「昔云玄度」「今字幼平」二方印章，以及《黃漳浦集·畫釣臺八松記》自稱「漳海黃幼平」等衆多例證，皆表明洪譜、《明史》本傳等記黃道周「字幼平」無誤。北齊顏之推《顏氏家訓·風操》：「古者，名以正體，字以表德，名終則諱之，字乃可以爲孫氏。」「江南至今不諱字也。河北士人全不辨之。」

〔三〕「莊譜云：韓公諱日纘」，按清陳壽祺編《黃漳浦集》附《莊譜》無此文。

〔四〕「蘭水，今南靖治地」，據洪譜本年上文「張公歸蘭水」、「始入蘭水」等句，及方志《張燮傳》、明何喬遠《閩書·方域志·龍溪縣》等，「蘭水」在此泛指漳州府。

〔五〕學使馮公「諱挺」，詳見洪譜〔一三〕。

〔六〕「劉公善懋字□□」中「□□」，原係空闕，據黃道周《孝經集傳》崇禎十六年刊本所附校刊者姓字，以及《徐霞客游記》上海古籍出版社一九八二年版所附黃道周《分闔十六韻》，當作「完公」二字。

〔七〕「《辨明仁義疏》」，《黄漳浦集》題作「《辨明仁義功利疏》」。

〔八〕〔一六〕〔一八〕「《文明夫人傳》」，《黄漳浦集》所附題作「《文明夫人行狀》」。

〔九〕「熊□陽」中「□」，原係空闕，據莊譜、鄭譜本年，以及《明史》中《王紀傳》《楊漣傳》《周宗建傳》《張鳴鶴傳》，當作「德」字。

〔一〇〕「《大滌山房祀典議》」，清全祖望《鮚埼亭集外編》（《四部叢刊初編》本）題作「《大滌山房祠石齋先生議與杭守杜君》」。

〔一一〕「書乏萬言」，詳見洪譜〔三二〕。

〔一二〕「按子尚有擬請誅楊嗣昌等疏，一言溢地均輸之失計，一言割地、撫賞之非策」，據《黄漳浦集》，此指崇禎十年閏四月所草《擬論楊嗣昌不居兩喪疏》，疏中未見「請誅楊嗣昌」之語。

〔一三〕「林公，字□□，號□□」中「□□」、「□□」，原係空闕，《明史·林蘭友傳》作「字翰筌」，清徐鼒《小腆紀傳·林蘭友傳》作「字翰筌，號自芳」。

〔一四〕「按莊譜，朱，紹興諸生，此作『崑山』，未知孰是」，詳見莊譜〔七八〕。

〔一五〕「《水嬉詩》」，《黄漳浦集》題作「《蓬萊峽端陽水嬉賦得山光摇芙蓉溪鱗磬魚龍並用爲韻同而遠朂之季容尊光諸兄弟咏之十章》」。

〔一七〕「按疏内作『卿身若暖，朕心始和』」，《黄漳浦集·闕外謝袍膳疏》、洪譜、莊譜皆作「卿身若暖，朕始心和」。

洪譜道光本提要*

《續修四庫全書提要》

黃子年譜一卷道光甲辰刊本

清洪思述。思字浩士，號石秋，福建龍溪人。思與其父圖皆學於道周，〔一〕嘗收道周遺書，爲道周及蔡夫人作傳，又成是譜。曰黃子者，尊師也，然書中有數處仍稱先生，則義例未盡歸一矣。中同莊譜十之九而無其繁。思與莊起儔同爲道周弟子，所記同起儔者十九，然各不相謀，詳博遜起儔，時或過於簡約，如十二年己卯條下，所云「十朋」，自管、葛、鄭、董至梅、張、周、沈，凡二十六；「九串」，自屈、賈、魯、李至張、趙、李、馬，凡三十人，不爲各注其名，孰知所指？其他關涉之人，亦多舉姓而遺其名者。據《莊譜》，萬曆戊申，二十四歲，初館於浦中盧司徒家，是秋張公紹和乃言於太史高公，致書迎居於蘭水

---

* 標題係點校者所加。

之霏雲室，此則缺戊申一年，而以其事附丁未年後，非也。其以丙戌正月十二日後事，附乙酉年後，則與莊譜同。惟朱永明，莊譜以爲紹興人，此以爲崑山人，未定孰是。〔二〕譜記道周完節，爲三月五日，與莊譜同，而何義兆《麟書紀略》作三月十五日，黄梨洲《明儒學案》作三月七日，各異其説，尚待詳考。〔三〕是本始刊於道光甲辰，間有脱衍譌誤，悉仍不改。龍溪林廣穫據莊、鄭二譜，及他書所載若干條，識於書眉，中一條云：「時有疑子不討賊者，詩云：『萬國共傳衣帶詔，一人方誦《水嬉》詩』。今讀《與陳臥子書》，知燕都之信尚未通。」按此條最要，燕都之變，在三月十九日，而《水嬉序》尚作於夏五月三日，得此可以釋疑矣。書後有廣穫《跋》。

（《續修四庫全書提要・史部》，臺灣商務印書館一九七二年版）

【校勘記】

〔一〕「思與其父圖」中「父圖」，誤。據黄道周《榕壇問業》第五期、《孝經集傳》卷末附《校刊姓氏》、清徐鼒《小腆紀年附考》録黄道周領給洪京榜之札付、《黄漳浦集・洪尊光易洪圖孝經洪圖序》等，洪思父名京榜，字尊光。

〔二〕「惟朱永明」迄「未定孰是」段，詳見莊譜〔七八〕。

〔三〕「譜記道周完節」迄「尚待詳考」段，詳見洪譜〔八六〕。

洪譜同治本卷首題識（節録）*

〔清〕曾廷瀾　撰

（上略）黄子年譜凡有三：莊子鶴先生本，省垣刻之，以冠《全集》，顧不能家有其書，鄭白麓先生本，世亦不多見；而斯譜則石秋洪先生所譔。先生自幼隨其尊人遊黄子之門，乃見而知者。丙戌後，逃入敬身山，罕與外人接。晚年憫師文之散軼，出而收之，[二]故先生於黄子最爲有功。而斯譜亦敘最詳悉，鄉僅有鈔本而已。道光間鄉先達曾有刊佈，遭甲子劫灰，片板不存矣。（中略）爰集同人，鳩金再爲鐫刻，並附《敬儒先生行略》於後，俾後人得有所參考焉。

同治十年歲次辛未荔月穀日後學蘭水曾廷瀾謹識

（明洪思《黄子年譜》卷首，同治十年曾天南等重刊本）

---

* 標題係點校者所加。

【校勘記】

〔一〕「晚年惘師文之散軼，出而收之」，誤。詳見本書《點校前言》。

重編黃漳浦遺集序

〔清〕陳壽祺　撰　陳喬樅　識

漳浦石齋黃公遺書，見於公門人洪思石秋子《收文序》凡四部，百九十有六卷，富哉，纂述之大業也。《經解九種》，吾鄉鄭幾亭宮諭視學浙江，以康熙癸酉授剞劂，今板存福州鼇峰書院。《文集》十三卷，則康熙甲午龍巖鄭玫虛舟取石秋所編刻之，近又重刻於漳，非全集也。余往在京師，從鄉人乞得一部。既歸里，始聞公之遺書廑存漳州一士人家，寤寐求之。嘉慶丙子，屬友人展轉假其藏本以來，乃海澄鄭白麓中書所編，文三十六卷，詩十四卷，視虛舟本增多數倍，字句間有小異。余以虛舟本所遺，繕寫十餘册，人間始有副墨矣。又鈔得石秋及莊起儔所撰《黄子年譜》各一卷，逸文一卷。又購得《易本象》二册、《鄴山講義》一册、近體五七言詩一册、逸詩一册，皆刻本。又《駢枝別集》一册，公蚤歲刻；《大滌函書》一册，門下士刻，皆昔已行世，而今始見，余謹藏之。頃嘉興沈鼎甫大理督閩學，聞其得公《全集》鈔本數十册於漳人，急假校對，則倍於虛舟本，而不及白麓本四之一，其文有剌取，已刻者，題有點竄者，蓋石秋與公季子子平編次原本。然有五十篇爲白麓所遺，將白麓未及覩此本邪？余悉録而益以它時所見卷册遺文、遺詩數十，彙爲一編，重定目録，而仍存洪、鄭二家舊次，蓋積十有餘年，然後公之遺集乃得攬其全，以慰平生饑渴矣。雖然石秋親執業於公之門，去公之殁不二十年，加以兩世采獲之勤，猶嘆息亡書之未集，而余生百數十載之後，私淑無由，未嘗如石秋所言一日走天下之深山大澤，區區綴輯，惡足以尋墜緒？然自石秋與黄季子相論次以來，歷幾亭、白麓、虚舟諸君子所表章，緜緜繩繩，若存若亡，今庶幾復還公纂述之舊，其亦可以少釋學者之憾乎。嘗論公德性似朱紫陽，氣節似文信國，經術似劉子政，經濟似李忠定，文章似賈太傅、陸宣公，非獨以殉國震耀宇宙。又以公之學與文，在勝朝當與劉誠意、方正學上下馳騁，與國家相爲終始，不可以成敗興亡言也。公能爲秦、漢、魏晉之文，書問間亦降格爲應俗小品，要非其所措意。蓋公文以章疏論策爲最，其大者在國家紀綱法度、賢奸義利、刑政兵食、治亂得失之源，其端皆元本經術，貫古今而裨治道。使天啓、崇禎之間，其言見用，則天下事尚可爲，中興之業易成也。及南渡再隳，唐藩迫脅，天之所壞，固不可支，豈得咎出師之否臧哉。其它碑版之製，闡發忠孝，精氣鬱勃；軍旅之作，倚馬萬言，百函並發；餘力所及，猶《騷》心《選》理，咄咄逼真；詩則崛奇獨造，不施鞚勒，所謂天人之才，獨立無儔，天下庸得而步趨之哉。國朝乾隆中，公與明季殉節諸大臣首被褒揚，子專謚。時國家博采天下遺書，裕陵特諭謂公與劉宗周皆一代完人，其書惟當改易違礙字句，無庸銷燬。聖人之宏，與天地同量，所以植綱常而旌忠藎，豈不偉哉。道光四年，余具呈大吏，乞疏請以公從祀孔子廟。明年春，禮部議，上如所請。其年秋八月朔日，兩府率文武吏，奉主入祀孔子廟東廡，位明儒羅欽順之次如議，備牲醪鼓吹如令典。時方舉鄉試，郡州諸生雲集，鄉士大夫及青衿數千人從行禮焉。嗚呼，盛矣！而余適以此時編定公《全集》，蒐羅完備。然則，斯文顯晦之數，殆有天焉，非偶然也。公《經解九種》，及《榕壇問業》，咸已著録《四庫》，惟《文集》未及進，然公之文如日月江河，萬古常新而不廢，在處宜有神物護持，後有好義如鄭宫諭等，必取而謀公之海内也夫。

大清道光六年丙戌夏四月福州後學陳壽祺謹序

八年戊子，總督金匱孫宫師遂信捐五十金，爲貲鋟公《全集》五十卷，《年譜》二卷，序録、目録二卷，庚寅竣工。又續有補刻若干篇，並《補遺》《年譜》，附蔡夫人事。甲午春，先大夫病篤，遺命喬樅：以《漳浦全集》蒐羅已極完備，惟板片浩繁，慮收藏不慎，或致散缺，辜負數十年苦心，宜請存貯司庫，俾垂久遠，以廣流傳。喬樅謹遵遺命呈請，蒙藩憲鄭批准，委員收領，出具存案。

（清陳壽祺編《黃漳浦集》卷首附，道光十四年刊本）

莊譜陳壽祺校本提要*

《續修四庫全書提要》

漳浦黄先生年譜二卷道光刊黄忠端公全集本

清陳壽祺輯。是譜以莊起儔本爲主，而採洪思本以補之。其莊、洪二本全同或略同者，亦附注每條之下。莊、洪二本不紀丙戌，自正月十二日以下，即叙在乙酉年下，鄭亦鄒本獨否，壽祺從之。他所採鄭本，尚有數條。其莊、洪二本沿誤者，亦未及校也。仍題「鄴山弟子莊起儔編」，則以資於莊氏者較多故耳。

（《續修四庫全書提要・史部》，臺灣商務印書館一九七二年版）

---

* 標題係點校者所加。

莊譜黃鳴盛刊本附舊跋*

〔清〕黃元鋐　撰

忠烈公年譜，校之正史，頗有異同，蓋諸弟子親承訓誨，患難相從，誓同殉國，故記其言行皆確切不浮也。鋐自弱冠流寓京江，未歸故里訪求手澤，心切憾焉。庚寅仲夏，見蔡聞之先生家藏此册，珍同拱璧，鋐借鈔十日，再拜還之。泣思公一生大節略備於斯，能使海濱多士禮樂教化同於鄒、魯，天生我公豈偶然哉。惜鋐需次成都，未能刊刻以廣其傳，惟愿世世子孫克肖公於萬一，是則鋐之所厚望也夫！

姪曾孫元鋐薰沐敬書

（明莊起儔《漳浦黃先生年譜》卷末附，道光九年黃鳴盛刊本）

* 標題係點校者所加。

莊譜黃鳴盛刊本卷首題識（節録）*

〔清〕栗毓美 撰

石齋先生忠節在天壤間，（中略）道光癸未今上復允疆臣請以公從祀文廟，（中略）公裔孫前署陳留令鳴盛家藏明莊子鶴所譔公年譜四卷，云得之蔡文勤公手抄，將鋟版以永其傳。昔方望溪侍郎嘗記公逸事，言其「在金陵獄中，日誦《尚書》《周易》，數月貌加豐。正命之日，憶人有以卷索書者既許之矣，和墨伸紙作小楷及行書，幅甚長，以大字竟之，加印章畢，從容就義」。每讀侍郎此文，覺公生氣凜然，至今如在。以譜中失載，聊附及之，亦俾黃氏後人無忘先烈焉爾。

道光九年歲在己丑夏六月河南督理通省鹽法水利糧務道渾源後學栗毓美謹識

（明莊起儔《漳浦黃先生年譜》卷首附，道光九年黃鳴盛刊本）

---

* 標題係點校者所加。

莊譜黄鳴盛刊本序（節録）*

〔清〕劉蔭棠 撰

余弱冠即聞長者言黄石齋先生爲有明一代完人。（中略）乙丑秋，僚友黄卉町過余，持鈔本年譜一册見示曰：「此族祖忠端公言行録也，君見之否？」（中略）余曰：「（中略）然則付梓以廣其傳可乎？」黄子曰：「是吾研農業師之先見也。」刻成，持贈，予拜受焉。（中略）翌日，述諸黄子，黄子曰：「旨哉！吾忠端公之大節詼於數言矣。請略次之，以弁其端。」余敬謝之而不獲也，用附諸簡末，以快吾今日之所見，而與天下愛忠端公者共證也。

道光九年己丑八月朔後學芇林劉蔭棠

（明莊起儔《漳浦黄先生年譜》卷首附，道光九年黄鳴盛刊本）

* 標題係點校者所加。

莊譜黃鳴盛刊本跋(節録)*

〔清〕玉麟　撰

黄忠端公年譜及其夫人節孝賢媛諸詩,(中略)卉町爲余門下士,持此見示。勸其付梓,因貧乏未遑。余亟捐俸三十金,命其先刻《部院奏題稿》及《遺詩》,再刊《年譜》,以廣其傳。(中略)丙戌仲冬卉町回豫省親,書此贈行,以爲流傳秘笈之左券。

研蓀玉麟跋

(明莊起儔《漳浦黄先生年譜》卷末附,道光九年黄鳴盛刊本)

* 標題係點校者所加。

莊譜黃鳴盛刊本提要*

《續修四庫全書提要》

黃忠端公年譜四卷道光九年刊本

明莊起儔撰。起儔，字子鶴，福建龍溪人。起儔學於黃道周，嘗偕道周出師至建陽。是譜記道周事蹟，較他譜爲詳，可與《明史》本傳互參，有可正《明史》之誤者：本傳道周字幼平，而譜云字幼玄，按道周第四子麑子復名子平，不應犯父諱，則本傳誤也。〔一〕又據譜，道周於崇禎壬午遣戍，在途復官，即乞假還閩，乃本傳載道周在途疏稱學龍、廷秀賢，既還，帝召見道周，道周見帝而泣：臣不自意今復得見陛下，臣故有犬馬之疾，請假許之云云，全非實事。又，本傳載福王監國，用道周吏部左侍郎，道周不欲出，馬士英諷之曰：「人望在公。公不起，欲從史可法擁立潞王耶？」乃不得已，趨朝，陳進取九策，

* 標題係點校者所加。

拜禮部尚書云云，據譜，道周於聞報後，止附疏陳贛閩形勢，未至都晉禮部尚書，則本傳云云亦誤也。〔二〕又，本傳載從道周殉難者：中書賴繼謹、蔡雍、兵部主事趙士超。譜於三人外，尚有「别駕毛玉潔」，而「蔡雍」則作「蔡之溶」，〔三〕趙士超係馬，〔四〕非兵部主事。其他所記，若解學龍、葉廷秀之獄，衢州勸進以後婺源被執以前，皆可補本傳所未及。至於著書講學，本傳不涉隻字，譜乃詳悉不遺，尤足資也。然亦不免少有舛謬：如開卷記道周初字螭若，引《續騷》詞爲證，門人某註《騷》，曾正其誤。又崇禎庚辰條下云，是時薛國觀、蔡國用當國，而楊、陳俱用事，按謂楊嗣昌、陳新甲也。道周虞不免，未幾因江西巡撫解學龍之薦而逮命下，而本傳則云，大學士魏照乘惡道周甚，則擬旨責學龍，帝遂發怒，立削二人籍，逮下刑獄，按本傳是也。又譜記至乙酉止，丙戌正月十二日以後即叙在乙酉年後。與記道周自推年曆至六十二歲止者，尚缺一歲，亦不照原稿。藏道周裔孫鳴盛家，〔五〕譜後附蔡夫人及韓、吴二婦詩，爲鳴盛所增。按韓、吴二婦，與譜無涉，宜删。道周在隆武時原謚忠烈，乾隆時始賜謚忠端，此題忠端，宜改。書爲蔡世遠校刊。〔六〕編首舊列纂修弟子姓氏十五人。刊書時，弁以道光三年禮部議准從祀文廟原奏，〔七〕及栗毓美、劉蔭棠二序。〔八〕

（《續修四庫全書提要・史部》，臺灣商務印書館一九七二年版）

【校勘記】

〔一〕「本傳道周字幼平」迄「則本傳誤也」段，誤。詳見本書《附録二·洪譜道光本眉批》〔二〕。

〔二〕「又，本傳載福王監國」迄「則本傳云云亦誤也」段，誤。詳見《國壽録》〔四四〕。

〔三〕「蔡之溶」，該莊譜黄鳴盛刊本實作「蔡春溶」，是。

〔四〕「趙士超係馬」，當作「趙士超係司馬」。

〔五〕「藏道周裔孫鳴盛家」前，據文意及清黄元鉉《跋》，當脱「清黄元鉉抄本」之類語句；「裔孫鳴盛」前，據黄元鉉《跋》及該本附黄鳴盛曾祖母、祖母、母親諸詩文，當脱「族」字。

〔六〕「蔡世遠校刊」，據黄元鉉《跋》、清栗毓美《識》，當作「蔡世遠家藏本」。

〔七〕「道光三年」，據《黄漳浦集》卷首附該奏文與清陳壽祺《重編黄漳浦遺集序》，當作「道光五年」。

〔八〕「及栗毓美、劉蔭棠二序」，實尚有玉麟一跋。

黃玉璘藏黃道周年譜序*

〔清〕陳夢雷 撰

公博極羣書，窮探《易》理。當天步方艱之日，非不知委蛇之可以全軀，非不知權謀之可以濟變，非不知曆數有屬，而卷土之無期，餒卒羸師、鈍戈折戟之不足以當如虎如貔之萬一也。而公方且毅然危言侃論於天威方赫之時，講肄從容於旁午倥偬之日，撫殘招潰，負餱裹創，以嬰鋒飲血於金戈鐵馬之衝。蓋其義利之辨明，可否之識精，死生之分決，卒至勢窮力屈，師熸身擄，乃師弟相對，從容賦詩，以一死成公之仁。我國家亦不得不死公，以完公之節。然公以身殉社稷，諸戰旅皆甘以身殉其帥，諸弟子亦甘以身殉其師，烈血耀於千秋，義聲垂諸天壤。天之屈公於一時，安知非正以伸公於百世？義理之命既立，氣數之命亦豈得獨操其權哉。歲戊寅，蒙恩自遼左召還京師，得交於公孫文伯，

* 標題係點校者所加。

文伯出公年譜見示，屬夢雷一言。夢雷敬諾不辭。或詰之曰：「文伯幼丁兵燹，三俘三贖，至於逋逃易姓。卒歸，諸父冥冥默相，不可謂非忠烈公之靈。然文伯戮力聖朝，隨征楚、蜀、滇、黔，輓輸邊塞，又大殊忠烈公之志。子之序之也，將謂之何？」夢雷應之曰：「不然。我國爲有明臣子，報君父之大仇而取天下於流寇，自古帝王未有如我國家得天下之正者也。世祖章皇帝定鼎之初，爲懷宗設位禮葬，訪長平公主，駙馬、土田、邸第，備物而嫁之，自古帝王待勝國，未有如我國家之仁者也。我皇上三幸江南，親奠鍾山，典禮有加，御書崇獎，自古帝王於前代陵寢，未有如我國家禮敬之備者也。吾以爲忠烈公在天之靈，當有爲欷歔而感泣者。公生，以轟轟烈烈之大節，捐軀蹈刃，爲有明全三百載名教之經；公歿，而以其明明赫赫之英靈，陰使其一孫戮力馳驅，以酬我國家千萬年忠厚之德。公跡若抗天之命，而適以存天之心；文伯則敬天之命，允當乎天之心。是志也，固上質之有明之列祖列宗，並質之千萬世之忠臣義士而無愧者也。」

（清陳壽祺等《重纂福建通志·黃道周傳》附，同治十年正誼書院刊本）

黄玉璘藏黄忠烈公年譜序*

〔清〕王源 撰

源讀黄忠烈公年譜，而嘆立國之初不可以不厚也，立國之道貴有以維繫天下之人心，千百年固結而不可解。人心所以固結於千百年而不解者何哉？忠孝耳，氣節耳。忠孝則不忍於君親，氣節則不肯陷其身於不義。忠烈當鼎革之際，中原覆矣，江左傾矣，楚越望風潰矣。唐王以崎嶇播越之餘，建號閩海，令不出八郡之外，以狡詐怯懦跋扈之賊帥主於内，而公以空名督師於其外，號召羸弱烏合之衆，無終月之糧，張空弩而當大敵，其不足有爲可知。乃公則奮然不顧，收既散之人心，挽不可復爲之天命，孤軍力抗，繼之以死。於戲！公之成仁取義固無愧矣，然學之有夙，不待死而後見。乃吾觀於古今興亡之際，往往視敵國之忠義爲仇，既殺其身，復荼毒其子孫，以爲是抗吾者皆吾賊也，不重

* 標題係點校者所加。

戮之則抗我者衆，從我者少，不知帝王之興自有天命，原非人力所能爭。吾苟不仇敵國之忠義，天下之有人心者孰不感激於忠義？吾誅敵國之叛亂，天下之懷二心者孰不悚然畏沮於叛亂？當世祖定鼎之初，即訪明之殉難諸臣，設壇致祭，隆以贈謚；既下七閩，而公之妻子宴然安堵，故守土賢者類能仰體朝廷培養忠義之心，時時致禮於公之妻子，而明之叛賊降附圖富貴者十誅八九。夫公豈復以妻子爲念哉？顧國家所以篤忠義之氣者如此，而誅亂賊者又如此，則與公之殺身成仁、捐軀報國之意不異世同符乎？公之精靈不泯，可無憾矣。公諸孫近始出而應試：德紹，文章最古雅，選拔入成均；玉璘，需次爲縣令。玉璘，字文伯，工詩文，磊落多義慨，庚辰與予訂交都門，出忠烈公年譜使爲序。源竊以公之精忠浩氣自並川嶽不朽，無待予小子之言以爲重，而國家所以培養忠義、固結人心者，不可不急爲表彰也。故論次之，以爲天下後世勸。讀是編者，尚其有感而興焉？

（清王源《居業堂文集》卷一二，《叢書集成初編》本）

鄭譜抄本提要*

《續修四庫全書提要》

黄漳浦年譜一卷傳抄本〔一〕

清鄭亦鄒輯。亦鄒，字居仲，號白麓，福建海澄人。康熙乙未進士，官内閣中書。是譜出莊、洪二譜後，視洪譜更略，惟隆武二年丙戌六十二歲另列一條，不附乙酉之後，識勝莊、洪。他條可補二譜之闕者：乙丑四十一歲條下，《洪譜》有講筵罪語而不詳其事，此則云「當魏璫時，經筵故事：展書官必奉書膝行。道周以爲經筵道尊，不宜有此，獨以平步進，魏璫目攝之，不能難也」；又弘光元年六十一歲條下，莊、洪二譜俱不涉鄭芝龍一字，此則云「是時朝廷草次兵食大事俱仰給鄭芝龍，隆武雖擁空名，實爲寄生，獨倚道周爲重。道周知事不可爲，每陛見，相對泣下，輒請行邊。翌日朝宴，又與芝龍爭執朝

* 標題係點校者所加。

班。上疏乞歸，隆武慰留再三。道周又見芝龍不軌，復請行邊」。按此二條，所繫甚要，不知莊、洪二氏何以竟忽之也？

（《續修四庫全書提要・史部》，臺灣商務印書館一九七二年版）

【校勘記】

〔一〕「黃漳浦年譜」，謝巍《中國歷代人物年譜考録》（中華書局一九九二年版）著録所見鄭譜抄本題作「黃石齋年譜」。

金譜卷首按語*

〔清〕金光耀 撰

按子年譜自莊本外，有石秋洪氏本、白麓鄭氏本。洪，名思，字浩士，號石秋子，龍溪人。莊，漳浦人，〔一〕一字子鶴。鄭，名亦鄒，字居仲，號白麓，海澄人。莊氏較詳，且隨子出師至建陽而返，猶多目見之事，遂以莊氏爲定本，洪氏附之。鄭氏爲後，所載稍略。〔二〕噫嘻！子在世六十有二年，自五歲入小學，而後政蹟事業湮没而無可考者十居六七，即三氏之記載，亦各就聞者、見者而言其大概。兹耀就三氏之本集而成之。

（清金光耀等《先儒黄子年譜集成》卷首，清刊本）

【校勘記】

* 標題係點校者所加。

〔一〕「漳浦人」，當作「龍溪人」，詳見莊譜〔一〕。

〔二〕「按子年譜自莊本外」迄「所載稍略」段，係抄襲竄改莊譜陳壽祺校本卷首按語者，然而竟在卷末襲用洪譜銜名「洪思浩士述」五字。詳見本書《點校前言》。